亡命ハンガリー人列伝

Kaori Kimura
木村香織

目次	2
はじめに	6
各時代の亡命の波	9
オーストリア＝ハンガリー二重君主国地図	12
旧ハンガリー王国都市解説	16
年表	20

第一章　ハンガリー建国〜オスマン帝国支配〜ハプスブルク帝国支配 （1000年〜1867年）　25

オーストリアに反旗を翻しトランシルヴァニア公名乗るも敗北、オスマン亡命
ラーコーツィ・フェレンツ二世　II.Rákóczi Ferenc　36

■コラム　オスマン帝国のハンガリー人亡命者コミュニティーがあった街　42
■コラム　1848年革命の敗北――第一の亡命の波　44

1848年革命で敗北後、アメリカで人気に。後に「ドナウ連邦構想」まとめる
コッシュート・ラヨシュ　Kossuth Lajos　50

1848年革命恩赦で帰国、二重君主国外相としてベルリン会議でボスニアまで取得
アンドラーシ・ジュラ　Andrássy Gyula　55

1848革命後、死刑宣告、伊ガリバリディ参加、恩赦で国立博物館館長就任
プルスキー・フェレンツ　Cselfalvi és lubóczi Pulszky Ferenc Aurél Emánuel 58

「強いハンガリー」論提唱、アウスグライヒも支持し、宗教・教育大臣就任した作家
エトヴェシュ・ヨージェフ　Eötvös József　61

1848年革命後、ブラームスと演奏旅行、ヴィクトリア女王のお抱えヴァイオリニストにも
レメーニ・エデ　Reményi Ede　64

1848年革命、フランクフルト国民議会ハンガリー代表、帰国後は科学アカデミー議長
サライ・ラースロー　Keméndi Szalay László　66

メンデルスゾーンに師事、ブラームスと意気投合、リストとワーグナーに反対宣言
ヨアヒム・ヨージェフ　Joachim József　68

■コラム　ハンガリー王国のユダヤ人コミュニティー：シュバイア・ケッヒロート　70

第二章　オーストリア＝ハンガリー二重君主国時代 （1867年〜1918年）　71

パリ・コミューンに参加した第二インターナショナル創始者の一人
フランケル・レオー　Frankel Leó　81

ペテルブルグで「皇帝のソリスト」得るもロシア革命で渡米ジュリアード音楽院教鞭
レオポルト・フォン・アウアー　Leopold von Auer　84

少数民族自治認める「東のスイス」構想抱いたハンガリー少数民族担当大臣
ヤーシ・オスカール　Jászi Oszkár　88

ユダヤ人独立国家建設目指し、「世界シオニスト協会」設立、死ぬまで議長の座に
ヘルツル・テオドール　Herzl Theodor　91

■コラム　アウスグライヒから崩壊まで――オーストリア＝ハンガリー二重君主国からの亡命 94

第三章　ハンガリー第一共和国～ハンガリー・ソヴィエト時代 （1918年～1919年）　99

「アスター革命」でハンガリー共和国初代首相、第二次大戦後凱旋帰国後再度亡命
カーロイ・ミハーイ　Nagykárolyi Károlyi Mihály Ádám György Miklós … 108

ハンガリー・ルーマニア戦争後、ソヴィエト政権の後始末を任された社民内閣首脳
ペイドル・ジュラ　Peidl Gyula … 111

ロシアに続く世界第二の赤色革命政権ハンガリー・ソヴィエト共和国の指導者
クン・ベーラ　Kun Béla … 113

ハンガリー・ソヴィエト共和国で革命評議会議長を務めた社会民主主義者
ガルバイ・シャーンドル　Garbai Sándor … 116

ハンガリー・ソヴィエト政権で財務大臣就任、後にソ連を代表する経済学者に
ヴァルガ・イェネー　Varga Jenő … 118

貴族出身でありながら反戦運動・ソヴィエト政権に参加、カール・ポランニーと結婚
ドゥチンスカ・イロナ　Duczyńska Ilona … 122

赤色テロルの理論家、赤軍指揮官から『歴史と階級意識』で東欧代表する思想家へ
ルカーチ・ジェルジュ　Szegedi Lukács György Bernát … 124

エイゼンシュタインにも影響を与えた映画理論家・脚本家
バラージュ・ベーラ　Balázs Béla … 128

■ コラム　大学名変遷 … 131

第四章　ハンガリー王国時代（1920年～1946年）　133

一節　政治家・学者 … 147
海軍提督からハンガリー王国摂政に就任し、ナチス・ドイツから圧力受けつつ連合国と和平探る
ホルティ・ミクローシュ　Vitéz Nagybányai Horthy Miklós … 148

■ コラム　トリアノン条約によるハンガリーの損失 … 154

伊傀儡ピンドス・マケドニア公国元首に祭り上げられた反共・反ナチ・親ユダヤの貴公子
チェスネキ・ジュラ　Vitéz cseszneki és milványi gróf Cseszneky Gyula … 156

ナチスから「騎士鉄十字章」を授与されるもユダヤ人移送停止、和平交渉模索
ラカトシュ・ゲーザ　Vitéz csíkszentsimonyi Lakatos Géza … 158

オーストロ・ファシズムから英亡命、『大転換』で社会経済学者として世界的名声
カール・ポランニー　Karl Polanyi … 160

科学哲学「暗黙知」概念提唱、実兄カール・ポランニーと疎遠に
マイケル・ポランニー　Michael Polanyi … 164

大衆社会論に影響を与えた『イデオロギーとユートピア』が知識社会学の基盤に
カール・マンハイム　Karl Mannheim … 167

■ コラム　トリアノン条約とハンガリー系少数民族たち … 169

二節　芸術家 … 173
コダーイと共に『ハンガリー民謡集』出版、「音楽人民委員」でもあった民族音楽学の祖
バルトーク・ベーラ　Bartók Béla Viktor János … 174

戦時下英 BBC からプロパガンダ放送、1956 革命後、英再亡命し「亡命作家同盟」主宰
イグノトゥス・パール Ignotus Pál ……………………………… **178**

陶器製造でドイツ・ソ連・アメリカで活躍したポランニー兄弟の姪
エヴァ・ザイゼル Eva Striker-Zeisel ……………………… **180**

「第一次反ユダヤ法」でアルゼンチンに逃れたボールペンの発明者
ビーロー・ラースロー Bíró László József ………………… **184**

「水中のスイマー」で「歪み」を追求、『パリの日』で米で大成功を収めた写真家
ケルテース・アンドル Kertész Andor …………………… **186**

『パリの夜』で国際的名声を勝ち得、MoMa 個展、二度のフランス芸術文化勲章受賞
ブラッシャイ Brassai ……………………………………… **190**

国際写真家グループ「マグナム・フォト」結成した世界最高のフォト・ジャーナリスト
ロバート・キャパ Robert Capa ………………………… **192**

『ライフ』誌のケネディ大統領選挙キャンペーンで知られるロバート・キャパの弟
コーネル・キャパ Cornell Capa ………………………… **196**

フランス・レジスタンスで活躍したユダヤ系ハンガリー人写真家
マルトン・エルヴィン Marton Ervin …………………… **198**

■ **コラム　ハンガリーにおけるホロコースト** ……………………**200**

三節　物理学者・逃亡者（「戦争犯罪人」） ………………… **207**
人類史上最高の IQ300 頭脳を持ち、マンハッタン計画にも参加した数・物理学者
ジョン・フォン・ノイマン John von Neumann ………… **208**

■ **コラム　原子爆弾開発に関わったユダヤ系ハンガリー人　亡命学者たち** ………**211**
大統領への嘆願書提出、マンハッタン計画から外され、戦後は核抑止論者に転じた
レオ・シラード Leo Szilard ……………………………**213**
米政府機関要職にも在籍し、ノーベル物理学賞含む数々の賞を受賞するも晩年哲学に傾倒
ユージン・ポール・ウィグナー Eugene Paul Wigner ……**220**
オッペンハイマーとも対立し、イグノーベル賞を受賞した事もある「水爆の父」
エドワード・テラー Edward Teller ……………………**224**

ナチスの後押しを受けホルティ摂政を引きずり落とし権力の座に就いた矢十字党の党首
サーラシ・フェレンツ Szálasi Ferenc ………………… **228**

ユダヤ人虐殺関与、カナダで美術商等営み 67 年間逃亡、最高裁一時停止直後死亡
チャターリ・ラースロー Csatári László Lajos ……… **232**

大量虐殺に関与するとされるも、証拠不十分で無罪確定した一ヶ月後の 97 歳で死亡
ケーピーロー・シャーンドル Képíró Sándor ………… **234**

■ **コラム　第二次大戦におけるスウェーデンの立場とラウル・ワレンバーグの活躍　236**

第五章　ハンガリー第二共和国時代（1946 年〜 1949 年） ………… 243

戦後初の連立内閣で第一党、独立小農業者党の代表として第二共和国初代首相に選出
ナジ・フェレンツ Nagy Ferenc ………………………… **250**

アイヒマンと交渉した事で告発され、暗殺されるも名誉回復されたシオニスト
カストナー・ルドルフ Kasztner Rudolf ……………… **253**

ビタミン C 発見し、ノーベル生理学医学賞受賞、連合国との和平の密使としても奔走
セント゠ジェルジ・アルベルト　Nagyrápolti Szent-Györgyi Albert ⋯⋯ **258**

第六章　ハンガリー人民共和国時代（1949 年～ 1989 年）⋯⋯⋯⋯⋯ **263**

政敵ライクを反ティトー運動で処刑しミニスターリン化するもスターリン批判で失脚
ラーコシ・マーチャーシュ　Rákosi Mátyás ⋯⋯⋯⋯⋯⋯⋯⋯⋯⋯ **275**

ラーコシ失脚後、ユーゴとの和解に呼び出され、帰国直後にハンガリー「革命」勃発
ゲレー・エルネー　Gerő Ernő ⋯⋯⋯⋯⋯⋯⋯⋯⋯⋯⋯⋯⋯⋯⋯ **280**

ハンガリー「革命」ソ連軍侵攻から 15 年間、アメリカ大使館に匿われた枢機卿
ミンツェンティ・ヨージェフ　Mindszenty József ⋯⋯⋯⋯⋯⋯⋯⋯ **283**

「なんの強要もありません」――ライク事件連座の文学的自白回想録が歴史資料に
サース・ベーラ　Szász Béla ⋯⋯⋯⋯⋯⋯⋯⋯⋯⋯⋯⋯⋯⋯⋯ **287**

■コラム　国に残った 1956 年「革命」の立役者、偉大な政治哲学者
ビボー・イシュトヴァーン　Bibó István ⋯⋯⋯⋯⋯⋯⋯⋯⋯⋯⋯⋯ **289**

ライク事件で駐仏カーロイ・ミハーイ大使と共にハンガリーとの関わり絶った東欧研究の祖
フランソワ・フェイトー　François Fejtő ⋯⋯⋯⋯⋯⋯⋯⋯⋯⋯⋯ **294**

スターリニズム批判や『真昼の暗黒』で知られ、各地を放浪、女性遍歴多数で最後は自殺
アーサー・ケストラー　Arthur Koestler ⋯⋯⋯⋯⋯⋯⋯⋯⋯⋯⋯ **297**

ノリリスクやクラスノヤルスクなどの僻地に送られた「ハンガリーのソルジェニーツィン」
レンジェル・ヨージェフ　Lengyel József ⋯⋯⋯⋯⋯⋯⋯⋯⋯⋯⋯ **302**

ロンドン・スクール・オブ・エコノミクスで「反証可能性」科学哲学を深める
ラカトシュ・イムレ　Lakatos Imre ⋯⋯⋯⋯⋯⋯⋯⋯⋯⋯⋯⋯⋯ **306**

「1956 革命」のフィルムが米 CBS で放送、アメリカン・ニューシネマの旗手となる
コヴァーチ・ラースロー　Kovács László ⋯⋯⋯⋯⋯⋯⋯⋯⋯⋯⋯ **309**

「1956 革命」のフィルムをアメリカに持ち出し、カメラマンとして大成
ジグモンド・ヴィルモシュ　Zsigmond Vilmos ⋯⋯⋯⋯⋯⋯⋯⋯⋯ **311**

世界各地の名門交響楽団の指揮者に就任するも、43 歳の若さでイスラエルで溺死
ケルテース・イシュトヴァーン　Kertész István ⋯⋯⋯⋯⋯⋯⋯⋯⋯ **313**

稀代の投機家、ポパー提唱「開かれた社会」実践するもオルバーンから睨まれる
ジョージ・ソロス　György Soros ⋯⋯⋯⋯⋯⋯⋯⋯⋯⋯⋯⋯⋯ **315**

1956「革命」時にスペインからの帰国命令を拒否した歴史に名を残す名サッカー選手
プシュカーシュ・フェレンツ　Puskás Ferenc ⋯⋯⋯⋯⋯⋯⋯⋯⋯ **319**

フランスに出国後、日本に定住したユダヤ系数学者兼大道芸人
ピーター・フランクル　Péter Frankl ⋯⋯⋯⋯⋯⋯⋯⋯⋯⋯⋯⋯ **323**

第七章　民主化以降 ⋯⋯⋯⋯⋯⋯⋯⋯⋯⋯⋯⋯⋯⋯⋯⋯⋯⋯ **325**

2015 年夏：ハンガリーに押し寄せる難民たちとハンガリー政府の対応 ⋯⋯⋯⋯⋯⋯⋯ 329

参考文献 ⋯⋯⋯⋯⋯⋯⋯⋯⋯⋯⋯⋯⋯⋯⋯⋯⋯⋯⋯⋯⋯⋯⋯⋯⋯⋯⋯⋯⋯⋯ 339

あとがき ⋯⋯⋯⋯⋯⋯⋯⋯⋯⋯⋯⋯⋯⋯⋯⋯⋯⋯⋯⋯⋯⋯⋯⋯⋯⋯⋯⋯⋯⋯ 351

はじめに

本書について

　本書の目的は、18世紀から現代において各時代時代に様々な理由により自分の生まれた地を去り、他国に亡命したハンガリー人たちの歩んだ人生を通じ、ハンガリー（東欧）の歴史を紹介することである。

　「ハンガリー人亡命者」というテーマは、ハンガリーでは学術的にだけでなく一般的にも多くの人の興味を引くテーマである。ハンガリーではこのテーマで多くの研究書が出されているだけではなく、約6200人の亡命文学者を扱う『ハンガリー亡命文学者辞典』まで存在しているほどである。中央ヨーロッパに位置するハンガリーという国は、隣国との関係において複雑な国境線の変化を繰り返してきた国であり、その国境の変化、時代の流れに翻弄された多くのハンガリー人が自らの生まれた土地を離れ、外国に移住することを決意した。その結果、移住した土地でその才能を発揮することとなったハンガリー人たちが生まれたのである。

　本書で扱う「ハンガリー人亡命者」であるが、まず、「ハンガリー人」という部分から定義したい。ここで言う「ハンガリー人」は、旧ハンガリー王国を含め、その領土内で生を受けた者、オーストリア＝ハンガリー二重君主国領内で生まれ、自らを「ハンガリー人」として見なしていたであろう者を指している。民族的・人種的（四章で触れるが、この「人種」という言葉は1920年に時のハンガリー政府が「ヌメルス・クラウズス」という法律を制定した時に使用した言葉である。もっとも、人間の人種を確定することなど到底不可能なのであるが、あえてここでこの言葉を使うのは、四章でその法律に少し触れて

いるからである）にハンガリー人という意味ではない。本書の「亡命者」の定義としては、「何らかの理由で国外に出ることを余儀なくされた者および自らの選択で外国に移住した者」とした。それは、ハンガリー史において重要な人物をより多く紹介したかったこと、そして、できるだけハンガリー史の細部にも焦点を当てたかったことが理由である。本書で扱っている人物は、政治的な理由で外国に出て、亡命（難民）申請をし、受け入れられた者という意味での「亡命者」では必ずしもない。職を求め外国へ出て大成した者、戦争に負けて逃亡し外国で自らの出生を隠して暮らした者、研究を遂行するために外国の研究機関に召喚された者も本書では多く扱っている。また、できるだけ幅広い分野から、その分野を代表しうる活躍をしたであろう人物を取り上げるよう努力した。しかし、その歴史的重要度と知名度の高さの基準が厳密ではない点は断っておきたい。

　本書で扱った人物以外にも著名な亡命ハンガリー人は数多くいる。そのため、本書で取り上げた人物の選定については賛否があって当然であると思っている。本書を執筆するにあたり、ハンガリー史において重要な役割を果たしていると考える人物は「亡命者」という意味を広げてでも取り上げた。筆者は亡命ハンガリー人偉人を羅列することによって「ハンガリー人＝頭のいい民族」という陳腐なステレオタイプを作り上げることをよしとしない。そういう意味で、学術的な文脈で語られることが多い「ハンガリー人亡命者」たちを「列伝」という読みやすい形で取り上げながらも、各登場人物を取り巻いていた社会状況に組み込ませ、幅広い層の人に手に取っていただける本を作りたいと思った次第である。

　さらにコラムでは、登場人物に関係する読

者の興味を引くであろうテーマを取り上げたが、取り組み切れず、執筆を断念したトピックもあった。これらについてはお許しいただきたい。

人名の表記について

　ハンガリー人は、姓名の順で氏名を表記する。したがって、本書ではこの規則に則って表記した。しかしその例外として、西欧やアメリカで活躍し、一般的に名姓の順でその名を広く知られている者たちについては、その都度断りをいれ、名姓の順でその名を表記している。ハンガリー人以外の人名については、日本語の書籍や論文、ウィキペディア、新聞が採用している表記を参考に、採用する表記を決定した。

　ハンガリー出身者以外の人物については、その国で採用されている順で表記した。

　各人物の生い立ちの記述の際、基本的にその人物のファーストネームで記述した。これは、その家族（両親・兄弟）のことに触れる際に混乱を避けることが目的である。また本書全体の統一を図るため、家族の記述がなくてもファーストネームで記述した者もいる。

地名の表記について

　トリアノン条約以前のハンガリー王国内の都市名は、本書では特別に記載していない限りハンガリー語からのカタカナ表記による名称を用いた。しかし、トリアノン条約（1920年）以降の記述の際、スロヴァキア、ルーマニア、ユーゴスラヴィアに編入された都市について書いた場合、その国で使われている言語での呼称で表記した。しかし唯一の例外は、現ルーマニア領クルジュ・ナポカをコロジュヴァールで統一したことである。トランシルヴァニアに住むハンガリー人の文化的な中心地の役割を担ったこの街は、1920年以

降の記述でもたびたび登場するが、その街が帰属する国家は第二次世界大戦後までに数回変わっており、その都度表記を変えると混乱を招く恐れがあることがその理由である。

固有名詞について（カタカナ表記について）

　ハンガリー語の固有名詞は極力ハンガリー語の発音に従って表記したが、一般的に広く用いられている表記があればそれを採用した。そのため必ずしもハンガリー語の発音に忠実とは言えないものもあるが、それは読者が持っている知識と合致する表記が好ましいと考えたからである。

　「ブダペスト」の表記であるが、ハンガリー語の発音に従って表記すると「ブダペシュト」となるが、これも一般的に広く使われている「ブダペスト」を用いた。この街は19世紀に「ブダ」「オーブダ」「ペシュト」が合併し誕生するのであるが、合併前の街の記載をする際および雑誌・新聞名にその名が使われている場合にのみ例外的に「ペシュト」と表記することで統一した。

　「V」の表記は「ヴ」を用いた。

　ロシアの地名表記で、サンクト・ペテルブルグ（Санкт-Петербург）、エカテリンブルグ（Екатеринбург）という二つの都市名について。ロシア語の発音の原則として、単語の最後にある г（g）の音は無声化する、つまりグ（г）→ク（к）となるというものがある。しかし、ロシア語には格変化があり、主格では無声化し к（k）の音となった г（g）が、格変化した場合には г（g）の音として再度現れるのである。そのため筆者は、ロシア語名詞の主格の発音だけに引っ張られ、日本語のカタカナ表記をする際に г（g）があった痕跡自体が無くなるのはおかしいと考えた。ロシア人言語学者にこのことを相談したところ、日本語の「グ」の発音はそんなに強

い音ではないため、むしろ「ク」よりも「グ」の方が実際の音に近いのではないかとの回答を得た。以上のことを考慮し、また他のドイツの都市と差別化するという意味も含め、本書では上記の2都市名を「〜ブルグ」と表記することにした。

それ以外の国の地名については、日本語の書籍やウィキペディア、新聞が採用している表記を参考に、その国で使われている言語での名称をカタカナ表記にしたものを採用した。

ハンガリー1956年革命について

本編六章の冒頭部分でも述べるが、今日では「1956年革命および自由への闘争」と憲法に記してあるこの1956年10月23日から11月までにハンガリーで起きた一連の事件は、「1956年革命」いう呼称を使うことが義務付けられており、外国のメディアも「Revolution」と記すことが多くなってきている。しかし筆者はその一連の事件を考察したうえで、義務付けられているからと言ってその事件を単に「革命」の一言で記すにはまだ抵抗がある（この点については、今後自身の研究で見方が変わる可能性はあるが、現時点ではそうであるということである）。しかし本書では、革命を起こした側の意向をくみ、1956年「革命」と括弧つきで記したいと思う。これは、僭越ながら、ここで筆者が括弧つきの表現にすることで、筆者が何を思いこの表現にしたのかを考え、読者がさらなる調査をするきっかけになればとの想いを込めてでもある。

刊行物、書籍、論文の表記

刊行物、書籍、論文の表記については、基本的に日本語訳があり、それが広く知られているものに関してはそれを採用した。採用す

る際、日本語の書籍や論文、ウィキペディア、新聞が採用している表記を参考にした。日本語訳がないものについては、ハンガリー語、英語、ロシア語については筆者の訳となる。ハンガリー語からの訳については、ハンガリー語・日本語の通訳の方に助言をもらった。ドイツ語については、筆者の知識が乏しいため、ロシアのオーストリア・ハンガリー研究者と相談して訳を決定した。そのため、ロシア語を介した日本語訳となっている。

アイコンの説明

人物のプロフィールで、亡命した年を「▶」のマークで、その後何らかの理由でハンガリーに帰国した年を「▷」のマークで表した。

本書の構成

本編は全部で七章から成る。四章だけは取り上げる人物が多く、他との調和を図るため、例外的に三項に分けた。

その他

1919年3月から同年8月に存在した「ハンガリー・ソヴィエト共和国」について、誤解を避けるために特筆しておくが、「ソヴィエト」は「議会・理事会・評議会」という意味であり、ソヴィエト（ロシア）との繋がりを表しているわけではない。

各時代の亡命の波

先ほども触れたように、ハンガリーはその時代時代で多くの亡命者、移民、難民を生み出してきた。その歴史の流れ自体は本編で触れるのでここでは詳しくは書かないが、さっと駆け足でその特徴を見ていきたいと思う。

第一の波（1848 年の革命の敗北）

第一の大きな亡命の波は 1848 年から1849 年の革命（通称、諸民族の春）の時に訪れた。革命に敗れたハンガリー人を含む人々は、オスマン帝国その後、西欧諸国に、そしてアメリカへと流れていったのである。この時の亡命の波については 1 章のコラムで詳しく書いているのでそちらを参照してほしい。

第二の波（19 世紀末、経済移民の増加）

次の波は 19 世紀末にやってきた。この時代には大西洋を越え、アメリカ大陸に渡る経済移民の数が増えたのである。それはヨーロッパ全体にみられる傾向であった。19 世紀終わりから第一次世界大戦が始まるまで、約五千万人がヨーロッパ全体からアメリカ大陸に渡ったと言われている。特にアメリカ合衆国への経済移民の数は多く、アメリカ合衆国の人口増加の一因がこの 19 世紀末のヨーロッパからの人口流入だと言われている。この時、オーストリア＝ハンガリー二重君主国のハンガリー王国からの経済移民は約二百万人にのぼると言われている。この時にアメリカに移った人々の多くは農村から職を求め移住した者たちであった。この時のアメリカの様子は 2 章のコラムで詳しく書いている。

第三の波（カーロイ政権とハンガリー・ソヴィエト共和国政権の崩壊後）

1918 年、オーストリア＝ハンガリー二重君主国は第一次世界大戦に敗れ、解体された。それに伴い 2 つの革命が起きた。最初はカーロイのアスター革命である。カーロイ政権は王政を廃止し、政治の民主化を図ったのである。しかし、戦後に山積みになった多くの問題処理に手をこまねいていたカーロイ政権に失望した国民の中から共産主義者たちが台頭し、1919 年 3 月ハンガリー・ソヴィエト共和国樹立が宣言されたのである。しかし、この政権は約 4 か月で崩壊した。このハンガリー・ソヴィエト政権に関わっていた人たちの多くは亡命したが、その主な亡命先の一つはモスクワであった。モスクワではコミンテルンの仕事などに従事するなど、積極的に政治活動に関わり、「共産主義者」として育っていった。この時にモスクワに亡命した人物で、第二次世界大戦後にハンガリーの政治の舞台で活躍する者も多くいた。

ハンガリー・ソヴィエト共和国崩壊後に政権に就いたフリードリッヒ・イシュトヴァーンは、ハンガリー・ソヴィエト共和国時代に刊行された著作物を回収した。そしてその著者の多くがハンガリーから隣国のオーストリアやチェコスロヴァキア、またドイツに亡命していった。この時、亡命した左派の政治家や知識人たち、特にハンガリー・ソヴィエト政権の前のカーロイ政権に関わっていた人たちは主にウィーン・プラハ・ベルリン・パリに集まっていったようである。中でもウィーンにはその多くが集い、亡命政治活動を行った。1920 年代には『ウィーン・ハンガリー新聞（Bécsi Magyar Újság）』を始め、約 50 のハンガリー語の新聞や雑誌がウィーンで出版されたということである。また、1919 年 11 月にはカーロイの滞在先であった

ボヘミアでカーロイとヤーシを中心に亡命者の政治団体を作る試みがなされた。

第四の波（戦間期、反ユダヤ色が緩やかに、それでも確実に浸透していった時代）

　ハンガリー・ソヴィエト共和国政府にはユダヤ人が多くいた。また、19世紀以降ブダペストにおけるユダヤ人の経済・金融界での活躍は、ハンガリー社会においてユダヤ人へのある種の妬みのようなものを生み出す結果となった。また、ハンガリー・ソヴィエト共和国政権はユダヤ人を重用したため、その崩壊後には社会の反ユダヤ的感情が徐々に表れていった。それが最初に表に出たのは、1920年に制定されたヌメルス・クラウズスである（4章参照）。ユダヤ人の大学入学者数を制限する結果となったこの法律の制定の影響で、ユダヤ人の若者の多くが外国に出たのである。

　1930年代に入ると、ナチス・ドイツが台頭してくる。ドイツと同盟を結ぶことを選択したハンガリーでは、ユダヤ人に対する締め付けが厳しくなっていった。元々、知的職業（弁護士・医者・教授など）等に就くユダヤ人の割合が高かったが、第一次・第二次反ユダヤ法によりそれらが大幅に制限され、職にあぶれたユダヤ人たちは西欧へと流れていった。その地でも住みにくくなっていくと、多くのユダヤ人がアメリカ・南米に渡っていった。後に原子爆弾を作り出したテラーやウィグナー、シラードもこの時期にアメリカに職得て大西洋を渡ったのである。

　それ以外にも、1920年代から1930年代におけるソ連の経済的発展に伴い、ハンガリーからソ連への移住者が増えた。少し移民や亡命者とは違うカテゴリーの話になるが、第一次世界大戦時にオーストリア＝ハンガリー二重君主国軍の一員として戦い、ロシ

アの捕虜になったハンガリー人たちが極東に送られ、その地で家庭を持っただけでなく、集落（村）をつくりそこで自分たちの子供たちのために学校を建て、ハンガリー語も教えていたとの記録も残っている。そのような集落は幾つかつくられたようで、そのうちの一つの集落の記録によれば、そこには約300人以上のハンガリー人が住んでいて、『極東ハンガリー新聞（Távol-Keleti Magyar Újság）』という名の新聞も発行されていたということである。少し話が脇道に逸れたが、ソ連に経済的理由から移住したハンガリー人たちは故郷からほど近いウクライナやベラルーシ方面だけでなく、ウズベキスタンやトルクメニスタン、コーカサス地方や極東方面にも散らばっていったようである。彼らはそれらの地のコルホーズなどで働き、ソ連の経済を足元から支える役割の一翼を担った。

　1920年代から1930年代、30万人がハンガリーから他国へ亡命したと言われている。

　1930年代後半から第二次世界大戦末まで、著名な研究者たちや音楽家がアメリカに亡命・移住した。しかし、アメリカが特に亡命者・移民を受け入れていたというわけでは必ずしもない。この時代は特にユダヤ人が多く亡命していったが、亡命することが金銭的に可能であったユダヤ人たちは1944年にハンガリーにおいてホロコーストの嵐が吹き荒れる前に出国することができた。しかしそうでない者たちはハンガリーに残るしかなかった。

　戦後の1947年〜1949年までの間でハンガリー人が多く移住していったのは北米、ヨーロッパだけでなく、オーストラリア、南米である。彼らの多くは仕事を求めて移住していった。またこの時期、政権の交代と共に亡命を決意する政治家、知識人も数多くいた。

第五の波（1956年「革命」）

戦後、亡命の大きな波がやってくるのは、1956年「革命」の時である。この1956年10月23日から11月に起こった一連の事件の結果、約21万人が難民として国外に出たと言われている。この時多くの人が逃れたのは隣国のオーストリア、ユーゴスラヴィアである。その後、亡命者としてアメリカ合衆国、カナダ、南米、オーストラリア、南アフリカなどに流れる者もいた。また、西欧の国としては、フランス、西ドイツ、イギリス、スイス、ベルギー、オランダ、スウェーデンなどに渡っていった。

この1956年「革命」に関わった人物にミンツェンティ枢機卿がいるが、彼はソ連軍が軍事介入してきた11月4日、ブダペストのアメリカ大使館に政治的避難所を求め、それ以降15年間出てこなかった。彼は1971年9月にハンガリーからの出国許可がでて、ウィーンに亡命したのである。また、イムレ・ナジは同じく11月4日にユーゴスラヴィア大使館に匿われた（その後、ソ連とユーゴスラヴィア大使館で話し合いがされ、「安全と自由を保障する」とした約束の元、ユーゴスラヴィア大使館から出るが、出たところでソ連軍に拘束されルーマニアにその身柄を移された後、1958年6月に絞首刑に処された）。また、本書にでてくる人物で、サッカー選手のプシュカーシュがいるが、彼はちょうどサッカーの試合でスペインにいたところ、この「革命」の知らせを受け、チームメンバーと共にその地に残ることを決めたのである。

少し駆け足であったが、以上が時代ごとの大まかな「亡命の波」である。この時代の波に翻弄されハンガリーを去ることを決意し、その亡命した土地で（個々の分野において）活躍した亡命者たちの人生を本編では追っていく。

筆者の意図と補遺

筆者は法政大学法学部政治学科卒業後、モスクワ大学歴史学部の修士課程と博士課程を修了し、現在はロシア科学アカデミー・スラヴ学研究所で研究員（リサーチ・アソシエイト）をしている。その研究テーマは第二次世界大戦以降のソ連・東欧の歴史（主にソ連の外交文書を介してみる）であり（博士論文：**«Югославско-венгерские отношения в 1945-1956 гг.»**：日本語訳「1945年〜1956年におけるユーゴスラヴィア・ハンガリー外交関係」）、近年は主にソ連・東欧におけるユーゴスラヴィア政治亡命者（1948年〜1956年）を研究対象としていたため、17世紀からのハンガリー人亡命者を扱った本書の執筆に筆者が適任かと問われれば即答しかねる。しかし、縁あってハンガリーをその研究対象に選び、またその縁でブダペストに住むことになった者として、特別な知識なしでも幅広く一般に、それこそ子供から大人にまでハンガリー（東欧）の歴史を紹介できたらという想いを込めて、この執筆依頼を受諾した。本書を執筆していく過程において、ニュートラルに記述することを意識していたが、筆者のロシアで研究してきたというバックグラウンドから、記述においてロシア的視点が入り込んでいる部分も多く見受けられるであろう。その点はそういう見方もあると一笑していただけたら幸いに思う。

11

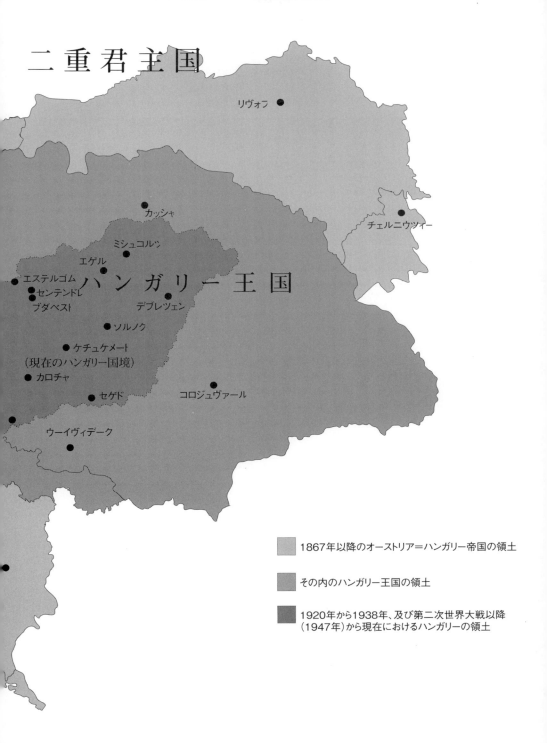

旧オーストリア＝ハンガリー二重君主国の地名表

スロヴァキアの地名			
ハンガリー語		スロヴァキア語	
ボルシ	Borsi	ボルシャ	Borša
エペルエシュ	Eperjes	プレショフ	Prešov
カッシャ	Kassa	コシツェ	Košice
コマーロム	Komárom	コマールノ	Komárno
ナジマヨル	Nagymajor	ストラニャーニ	Stráňany
ニィトラ	Nyitra	ニトラ	Nitra
オラーパタク	Oláhpatak	ヴラホヴォ	Vlachovo
ポジョニ	Pozsony	ブラチスラヴァ	Bratislava
テルベゲツ	Terbegec	トレブショフツェ	Trebušovce
トレンチェーン	Trencsén	トレンチーン	Trenčín

オーストリアの地名			
ハンガリー語		ドイツ語	
ボルドグアッソーニ	Boldogasszony	フラウエンキルヒェン	Frauenkirchen
カボルド	Kabold	コベルスドルフ	Kobersdorf
キシュマルトン	Kismarton	アイゼンシュタット	Eisenstadt
クゥプチェーニィ	Köpcsény	キッゼー	Kittsee
ラコンパク	Lakompak	ラッケンバッハ	Lackenbach
ナジマルトン	Nagymarton	マッテルスブルク (旧名、マッテルスドルフ)	Mattersburg (旧名、Mattersdorf)
ネーメトケレストゥール (1899年以降、 ショプロンケレストゥール)	Németkeresztúr (1899年以降、 Sopronkeresztúr)	ドイチェクロイツ	Deutschkreutz

14

ルーマニアの地名

ハンガリー語		ルーマニア語	
ブラッショー	Brassó	ブラショフ	Braşov
キラーイ	Királyi	クラヨーヴァ	Craiova
コロジュヴァール	Kolozsvár	クルージュ・ナポカ	Cluj-Napoca
レレ	Lele	レレイ	Lelei
ナジカーロイ	Nagykároly	カレイ	Carei
ナジヴァーラ	Nagyvárad	オラデア	Oradea
ナジセントミクローシュ	Nagyszentmiklós	シンニコラウ　マレ	Sânnicolau Mare
シェゲシュヴァール	Segesvár	シギショアラ	Sighişoara
サトマールネーメティ	Szatmárnémeti	サトゥ・マーレ	Satu Mare
テメシュヴァール	Temesvár	ティミショアラ	Timişoara
ウーイラク	Újlak	ウイラク	Uilac

セルビア・クロアチアの地名

ハンガリー語		セルビア語	
アダ	Ada	アダ	Ada
ナーンドルフェヘールヴァール	Nándorfehérvár	ベオグラード	Beograd
パンチョヴァ	Pancsova	パンチェヴォ	Pančevo
サバトカ	Szabadka	スボティツァ	Subotica
ウーイヴィデーク	Újvidék	ノヴィ・サド	Novi Sad
ヴェルシェツ	Versec	ヴルシャッツ	Vršac

ハンガリー語		クロアチア語	
フィウメ	Fiume	リエカ	Rijeka
カーロイヴァーロシュ	Károlyváros	カルロヴァッツ	Karlovac
ザーグラーブ	Zágráb	ザグレブ	Zagreb

ウクライナの地名

ハンガリー語		ウクライナ語	
ムンカーチ	Munkács	ムカーチェヴォ	Мукачево
ウングヴァール	Ungvár	ウジホロド	Ужгород

旧ハンガリー王国都市解説

16世紀から17世紀のポジョニ
(http://indafoto.hu/nemzetikonyvtar)

ポジョニ
Pozsony

現スロヴァキア領ブラチスラヴァ

　現在、スロヴァキアの首都として知られているブラチスラヴァは、ドイツ語ではプレスブルク（Pressburg/ Preßburg）、ハンガリー語ではポジョニと呼ばれていることからも分かるように、歴史に翻弄された街であった。現在の名称、ブラチスラヴァに変わるのは、チェコスロヴァキア第一共和国建国後の1919年である。

　紀元前はこの地にケルト人が定住していたと言われている。紀元後5世紀から6世紀にかけて、スラヴ人たちがこの地に入り、定住した。最初にこの街の名が文献に出てくるのは10世紀になってからのことである。10世紀初頭には、ハンガリー王国国境の要の街として栄えた。11世紀に入るとハンガリー王国に組み込まれ、オーストリアとハンガリー王国の商業の中継都市としてその地位を確立していった。その後、ドイツ人が入植してくると、中世都市として整備された。15世紀には王国自由都市（Szabad királyi város：ハンガリー王国で最も重要な都市につけられた称号。ハンガリー貴族の支配を制限するために王から特定の特権を与えられ、自治を認められた街）となった。ハンガリー王マーチャーシュ一世（MatthiasⅠ：1458年生～1490年没。中世ハンガリーの最盛期を築いた人物。その最盛期には、ハンガリー王、クロアチア王、ボヘミア王、オーストリア大公の地位を兼任した）の時代には文化・経済の中心となる。

　ハンガリーの大部分がオスマン帝国の支配下に置かれると、ポジョニが1536年から1784年までハンガリー王国の首都となった。ハンガリー議会もこの地に移動してきた。1563年から1830年までの間、ハンガリー国王、女王の戴冠式はポジョニの聖マルチン大聖堂で行われていたほどハンガリーにとっては重要な街であった。マリア・テレジアもハンガリー王として1741年にここで戴冠式を行っている。

　19世紀に入ると、スロヴァキア人たちの民族としての自覚が芽生え、スロヴァキア人の文化の中心地として発展するようになる。19世紀後半には街の近代化も進められていった。

　1918年、オーストリア＝ハンガリー二重君主国が解体され、チェコスロヴァキアが誕生した。それに伴い、スロヴァキア国民議会が発足し、ポジョニは1919年にチェコスロヴァキアの一部となったのである。そして同年2月、その名をポジョニ（プレスブルク、プレシュポロク）からブラチスラヴァに改称した。

16世紀から17世紀のコロジュヴァール
(http://indafoto.hu/nemzetikonyvtar)

コロジュヴァール
Kolozsvár

現ルーマニア領クルージュ・ナポカ

16世紀、トランシルヴァニア公国に組み込まれ、その文化、宗教の中心地となったコロジュヴァール。この街には13世紀頃からザクセン人とハンガリー人が入植しだし、街は急速に発展していったという歴史がある。ハンガリー王国の中央集権化を進め、中世ハンガリーの最盛期を築いた王、マーチャーシュ一世はこの街出身である。15世紀、ザクセン人とハンガリー人の人口比率が同じくらいだったことから、彼はコロジュヴァールの主席判事がザクセン人とハンガリー人から交互に選出されるよう命じた。

オスマン帝国とハンガリー王国の戦争の影響でザクセン人の人口が減少すると、ハンガリー人の人口比率があがり、その影響でコロジュヴァールはハンガリー人貴族と知識階級の中心都市として発展していった。そして18世紀末にはハンガリーで最初の新聞が発行されたり、初の劇団が誕生するなど、市民文化も花開いていった。19世紀に入るとトランシルヴァニアにおけるハンガリー人の民族運動の中心地にもなった。

1861年から1867年にかけてはトランシルヴァニア公国の首都となり、トランシルヴァニア議会が置かれた。1867年のアウスグライヒ後、トランシルヴァニア公国は再びハンガリー王国に編入され、コロジュヴァールは王国第二の都市となった。

第一次世界大戦後、大部分のトランシルヴァニア地方と共にルーマニア王国に組み込まれた。1940年の第二次ウィーン裁定により、コロジュヴァールはハンガリー共和国に入るが、第二次世界大戦後の1947年、パリ条約により正式にルーマニアへの帰属が確定した。現在の名称、クルージュ・ナポカに改名されるのは1974年のことである。元々、この街はルーマニア語でクルージュ（Cluj）と呼ばれていたが、ローマ時代の文献に最初にでてくる名前はナポカ（Napoca）であった。そのことを記念して、当時の政権がクルージュ・ナポカにしたということである。

ウーイヴィデーク
Újvidék

現セルビア領ノヴィ・サド

13世紀から15世紀にかけて、現在のノビィ・サドの辺りには、いくつもの小さい集落が存在していた。それらは主にマジャール人、スラヴ人のものであったようである。しかし16世紀から17世紀にかけて、オスマン帝国直轄領になると、多くのマジャール人はこの地を去った。そしてこの時期に存在していた集落には主にセルビア人が暮らしていたようである。

17世紀に入るとこの地域におけるハプスブルク家の支配がはじまった。正教を信じているセルビア人の多くはドナウ川の左岸に

居住し、街が形成されていった。この街はセルビア人の街という意味であるラッツェン・シュタット（Ratzen Stadt）という名で呼ばれるようになる。1748年、この街はノヴィ・サド（Novi Sad：ラテン語では、Neoplanta）と正式に定められ、マリア・テレジアによって神聖ローマ帝国の帝国自由都市としての地位を与えられた。18世紀から19世紀にかけて、セルビア人の人口が大半を占める街に成長し、自身の国家を持たなかったセルビア人にとってこの街は、文化、政治の中心地であった。

1848年革命が始まると、ノヴィ・サドはハプスブルク家傘下のセルビア人自治州とされた。1849年にハンガリー王国軍の攻撃により街は破壊され、多くの人口が失われた。1849年から1860年まではオーストリア皇室直属の自治州となるが、それが廃止されるとハンガリー王国に組み込まれた。そして、アウスグライヒ以降は、オーストリア＝ハンガリー二重君主国のハンガリー王国の一部となったのである。ハンガリー王国はマジャール化政策を推し進め、ほとんどセルビア人で占めていた街の民族構成は変化していった。

1918年、オーストリア＝ハンガリー二重君主国が解体されると、民族議会はヴォイヴォディナ地域はセルビア王国へ編入されることを決定し、1918年12月、セルビア人・クロアチア人・スロヴェニア人王国の一部となった。後にこの国はユーゴスラヴィア王国となるが、その時ノヴィ・サドはドナウ州の一部となったのである。

1941年、ユーゴスラヴィア王国は枢軸国の侵略を受け、ノヴィ・サドを含む地域はハンガリー王国に併合された。1942年1月にはハンガリー軍、ハンガリー憲兵による民間人への大量虐殺事件が起きた。1944年、第二次世界大戦も終盤に差し掛かるとパルチザンがノヴィ・サドに入り、枢軸国への協力者やハンガリー人、ドイツ人住民を殺害したのである。

1945年、ノヴィ・サドは新たに社会主義国として出発したユーゴスラヴィアの都市となった。そして、現在はセルビアに属している。

カッシャ
Kassa

現スロヴァキア領コシツェ

古くからハンガリー王国の王国自由都市として認められた、ハンガリー王国の主要な都市の一つである。交通路の要所に位置したため、商工業が発展した。

第一次世界大戦後はチェコスロヴァキア領となるが、1938年の第一次ウィーン裁定により再度ハンガリーに編入された。第二次世界大戦末期、ハンガリー政府によりカッシャおよびその周辺地域に住んでいたユダヤ人のほとんどは強制収容所に移送されたという歴史もある。

1945年1月、ソ連軍により街が「解放」されると、ソ連軍がプラハを解放するまでの期間はチェコスロヴァキアの首都として機能した。そして4月には第二次世界大戦後における社会主義政権の方針を定めた「コシツェ政府綱領」が出されたのである。この間、ドイツ系、ハンガリー系住民は街を追われ、徒歩で国境まで移動させられたのである。

戦後はチェコスロヴァキアに組み込まれた。そして1993年にチェコスロヴァキアが解体されると、スロヴァキアの都市となったのである。

コマーロム
Komárom

現在、ドナウ川から北はスロヴァキアの街コマールノ、南はハンガリーの街コマーロムとなっている

　ハンガリーとスロヴァキア国境の町。19世紀末からドナウ川をはさんだ一つの都市だったが、トリアノン条約によりドナウ川から北がチェコスロヴァキア領となった。現在、ドナウ川から南はハンガリーの都市コマーロム、北側はスロヴァキアの都市コマールノとなっている。

　この街は18世紀に多くの自然災害の被害に遭っている。特に、1763年と1783年に起きた地震では街がほぼ全壊するという甚大な被害を受けた。その後、見事に復興を遂げたのである。

　1848年のハンガリー革命の時は、ハンガリー革命軍の最後の要塞としての機能も果たした。またこの革命の際、街は破壊されたのである。その後、戦略的に重要な場所にあったこの街は、オーストリア帝国軍の基地として再建されていった。1896年、ドナウ川の南側の街ウーイスゥーニ（Újszőny）が北側の街コマーロムと統合され、さらに発展していった。

　その後、第一次世界大戦後に誕生したチェコスロヴァキアの国境がドナウ川のラインと定められたため、北側はチェコスロヴァキア領に、南側はハンガリー領になったのである。コマールノ（北側）はチェコスロヴァキア時代、ハンガリー人たちの文化の中心地としての役割を果たした。

　第二次世界大戦では、ドイツ軍の防衛基地として大きな役割を果たした。そのため、空襲を受けたこともあったという。南北を繋いでいた橋は破壊され、特にドナウ川の南側は壊滅的な被害を受けたということである。

　戦後は上記の通り、北側はチェコスロヴァキア領（1993年からはスロヴァキア領）に、南側はハンガリー領となり、現在に至る。

年表

	ハンガリー	世界の出来事	日本の出来事
1000	イシュトヴァーン一世戴冠 ハンガリー王国が成立する		
1018	現スロヴァキア地域がハンガリーに組み込まれる		
1102	ハンガリー王カールマン、クロアチア王として戴冠する		
1192			源頼朝、征夷大将軍に任命される
1241	モンゴルの襲来（～ 1242 年）		
1274			モンゴル襲来（文永の役） （1281 年、弘安の役）
1282		ハプスブルク家のオーストリア支配がはじまる	
1333			鎌倉幕府滅亡
1338			足利尊氏、征夷大将軍に任命される
1370	ハンガリー王ラヨシュ 一世、ポーランド王位を継承する		
1387	神聖ローマ皇帝カール４世（ボヘミア王）の息子、ジギスムントがハンガリー王ジグモンドとなる		
1436	ジグモンドがボヘミア王として即位する		
1467			応仁の乱（～ 1477 年）
1526	モハーチの戦い オーストリア・ハプスブルク家のボヘミア・ハンガリーの支配がはじまる		
1529		第一次ウィーン包囲	
1541	オスマン帝国軍、ブダを占領 ハンガリー王国を３分割する		
1549			キリスト教伝来
1568			織田信長、京都入城
1570	トランシルヴァニア公国成立		
1573			室町幕府滅亡
1582			本能寺の変
1590			豊臣秀吉、全国統一
1600			関ヶ原の戦い
1603			徳川家康、征夷大将軍に任命される
1618		三十年戦争が始まる（～ 1648 年）	
1683		第二次ウィーン包囲	
1686	オスマン帝国軍よりブダを奪還する		
1699		オスマン帝国とヨーロッパ諸国がカルロヴィッツ条約を結ぶ	
1703	ラーコツィ＝フェレンツ二世、ハプスブルクからの解放戦争を開始する（～ 1711 年）		

1711	サトマールの和議		
1740		マリア＝テレージア、ハプスブルク世襲領を相続する、オーストリア継承戦争が勃発する（～1748年）	
1765		神聖ローマ皇帝ヨーゼフ二世が即位する マリア＝テレージアとの共同統治	
1772		第一次ポーランド分割	
1780		マリア＝テレージアが死去するこれ以降、ヨーゼフ二世が単独で統治	
1784	トランシルヴァニアで農民蜂起が起こる		
1785	ヨーゼフ二世、永代農奴制を廃止する		
1793		第二次ポーランド分割	
1795		第三次ポーランド分割	
1802	ハンガリー民族意識の高まり民族博物館の基礎を設置する	ヨーロッパにおける民族意識の高まり	
1814		ウィーン会議	
1825	ポジョニでハンガリー議会が開催される 科学アカデミーが創られる		
1844	ハンガリー語が公用語化される		
1848	3月15日、ペシュト革命勃発 3月23日、バッチャーニ内閣誕生 4月、皇帝がハンガリー独自の政府を承認、「4月法令」承認 6月、クロアチアで議会が開催される（イェラチッチが皇帝により総督に任命される） ルーマニアで民族蜂起 7月、ブダで国会が開かれる 8月、ミラノで民衆蜂起 9月、バッチャーニ内閣退陣 12月、ハンガリー国防委員会、デブレツェンに移る	2月、フランスで二月革命勃発 3月、ウィーンで三月革命勃発 5月、フランクフルト国民議会開催（～1849年） 10月、ウィーンで十月革命勃発 12月、オーストリア皇帝、フランツ＝ヨーゼフが即位する	
1849	1月、帝国軍がブダに入城する 4月、ハンガリー政府がデブレツェンにて独立宣言を発する ハンガリー軍ペシュト奪還 5月、ブダ奪還 6月、デブレツェン政府がペシュトへ帰還 7月、政府、再びブダを離れる 8月、ヴィラーゴシュの戦いで革命軍が敗れる		
1853	農奴解放令	クリミア戦争勃発（～1856年）	ペリー、浦賀に来航する
1858			日米修好通商条約
1860	「十月勅書」が発布される		

1861	「二月勅令」が発布される		
1867	5月、「アウスグライヒ」成立 6月、フランツ=ヨーゼフ一世、ハンガリー王として戴冠する（オーストリア=ハンガリー二重君主国成立）		大政奉還 明治政府樹立
1868			（明治元年） 戊辰戦争（～1869年）
1871	アンドラーシが外相に就任する		廃藩置県
1873	ブダペストが形成される（ブダ、ペシュト、オーブダの合併）		
1877			西南戦争
1889			大日本帝国憲法公布（1890年施行）
1894			日清戦争
1896	ブダペストにヨーロッパ大陸で初の地下鉄が始動する		
1902			日英同盟
1904			日露戦争（～1905年）
1905		血の日曜日事件（ロシア）	
1908		オーストリア=ハンガリー二重君主国、ボスニア=ヘルツェゴヴィナを併合する	
1912	「血の木曜日」事件	第一次バルカン戦争勃発	（明治45年、大正元年）
1913		第二次バルカン戦争勃発	
1914		6月、サラエヴォ事件 7月、オーストリア=ハンガリー二重君主国、セルビアに宣戦布告（第一次世界大戦勃発）	
1917		2月、ロシアで二月革命が起きる 10月、ロシアで十月革命が起きる	
1918	10月23日、ハンガリー国民評議会結成 10月31日、アスター革命 11月、ハンガリー共和国宣言 11月、ハンガリー共産党結成	オーストリア=ハンガリー二重君主国崩壊	
1919	3月、ハンガリー・ソヴィエト共和国樹立 8月、ハンガリー・ソヴィエト共和国崩壊	パリ講和会議、ヴェルサイユ条約	
1920	3月、ハンガリー王国復活、ホルティが摂政となる 6月、トリアノン条約に調印する		
1922	国際連盟に加盟する		
1923			関東大震災
1926			（大正15年、昭和元年）
1929		世界恐慌	
1930	独立小農業者党結成		
1931			満州事変
1932	ゲムベシュ内閣発足		5.25事件

1933	ゲムベシュ、ヒトラーを訪問する		国際連盟を脱退する
1935	サーラシ、民族意思党を結成		
1936			2.26 事件
1937	ハンガリー民族社会主義党結成（後の矢十字党につながる）		日中戦争勃発（～1945年）11月、日独伊防共協定締結
1938	5月、イムレーディ内閣発足 11月、第一次ウィーン裁定 12月、第一次反ユダヤ法発布	ドイツでヒトラーが政権に就く	
1939	1月、日独伊防共協定に参加する 3月、矢十字党が合法化される 4月、第二次反ユダヤ法発布 国際連盟を脱退する	8月、独ソ不可侵条約締結 9月、ドイツ軍がポーランドに侵攻する（第二次世界大戦勃発）	
1940	8月、第二次ウィーン裁定 11月、日独伊三国同盟に加入する		9月、日独伊三国同盟締結
1941	ソ連に宣戦布告する 12月、第三次反ユダヤ法発布	独ソ戦が始まる	4月、日ソ中立条約締結 12月、太平洋戦争が始まる（～1945年）
1942	3月、カーライが首相になる	スターリングラード攻防戦が始まる（～1943年）	10月、マンハッタン計画始まる
1944	3月、ドイツ軍がハンガリーを占領する 9月、ソ連軍がハンガリーに入る 10月、矢十字党のクーデターが起こる、サーラシ政権誕生 12月、デブレツェンで臨時政府が誕生する、		
1945	2月、ソ連軍によるブダペスト「解放」 1月20日、モスクワで休戦協定を締結する 4月、ハンガリー全土「解放」 11月、総選挙が行われる、独立小農業者党第一党となる ティルディ内閣発足	2月、ヤルタ会談 5月、ドイツ降伏 7月、ポツダム会談	3月、東京大空襲 8月6、9日、広島、長崎に原子爆弾投下 10日、ソ連対日参戦 14日、ポツダム宣言受諾 9月2日、ポツダム宣言に調印する
1946	王政を廃止、共和国宣言		日本国憲法公布（1947年施行）
1947	パリ講和条約に調印 総選挙で共産党が第一党になる	コミンフォルム結成	
1948	2月、ソ連と友好協力相互援助条約を結ぶ 12月、ミンツェンティ枢機卿が逮捕される	6月、ユーゴスラヴィアがコミンフォルムから除名される	
1949	5月、外相ライクが逮捕される（ライク事件） 8月、ハンガリー人民共和国宣言 9月、ライク裁判 10月、コミンフォルム第三回大会がブダペストで開催される	コメコン発足	
1951			サンフランシスコ平和条約 日米安全保障条約
1952	ラーコシが首相に就任する		
1953	ナジ・イムレが首相になる	3月、スターリン死去	

年			
1955	ナジ・イムレ首相解任 国際連合に加盟する		
1956	ラーコシ、第一書記解任 ゲレーが第一書記となる ライクの名誉回復 10月、ブダペストで市民デモ（ハンガリー 1956年「革命」）、ソ連軍の介入 11月、カーダール政権誕生	2月、ソ連共産党二十回大会 6月、ポズナニ暴動が起きる	日ソ共同宣言
1958	ナジ・イムレ死刑執行		
1968		ワルシャワ条約機構軍、チェコスロヴァキアに侵攻	
1972	憲法改正、「社会主義国家」と規定される		
1987	「民主フォーラム」結成		
1988	カーダール退陣する		
1989	複数政党制が承認される 汎ヨーロッパ・ピクニック ナジ・イムレの名誉回復 複数政党制、大統領制の導入 憲法改正、「共和国」と規定される、	11月、ベルリンの壁崩壊	1月、天皇崩御、平成に改元される
1990	アンタル政権発足	10月、東西ドイツの統一	
1991	3月、ソ連軍完全撤退	湾岸戦争勃発 12月、ソ連が崩壊する	
1998	フィデス、第一次オルバーン内閣誕生		
1999	NATO加盟	ユーゴ空爆	
2001		アメリカ同時多発テロ	
2004	EU加盟		
2007	シェンゲン協定に加盟		
2010	フィデス、第二次オルバーン内閣誕生		
2011	憲法改正、国名が「ハンガリー」となる		3月、東日本大震災
2015		ヨーロッパにおいて難民問題が深刻になる	
2018	「ストップ・ソロス法」可決		
2019			4月、天皇退位、改元

第一章

ハンガリー建国〜オスマン帝国支配〜ハプスブルク帝国支配
(1000 年〜 1867 年)

聖イシュトヴァーンの王冠

ハンガリー王国の紋章

　1000年、ハンガリー王イシュトヴァーン一世がキリスト教に改宗した。それにより、イシュトヴァーン一世はローマ教皇からハンガリー国王として認められ、カトリック諸王国の一員としてのハンガリー王国が誕生したのである。その後、数世紀を経てハンガリー王国は北部のモラヴィア（スロヴァキア）、南部のヴォイヴォディナ、クロアチア、東部のトランシルヴァニアなどにも勢力を伸ばし、大きな勢力圏を確立した。この時代の領域は「聖イシュトヴァーンの王冠の地」または「大ハンガリー」と呼ばれ、ハンガリー人の歴史観において重要な概念となっていくのである。

　そんなハンガリー王国も、オスマン帝国の勢いに逆らうことはできなかった。1541年、オスマン帝国軍によってハンガリーの首都であったブダが征服されるとハンガリーの領土は3つの政治的支配区域に分割され、それは17世紀後半まで続いたのである。北はエステルゴムから南はナーンドルフェヘールヴァール（Nándorfehérvár：現セルビア領ベオグラード）、西はアドリア海沿岸から東はテメシュヴァール（Temesvár：現ルーマニア領ティミショアラ）までの地域がオスマン帝国の直轄領、トランシルヴァニアは自治共和国となり、オスマン帝国保護下におかれた。残りの東部のナジバーニャ（Nagybánya：現ルーマニア領バヤ・マレ）からエゲル、スロヴァキア全体、ザグレブそしてアドリア海沿岸までがハプスブルク家が継承するハンガリー王国（王領ハンガリー）であった。それまでハンガリー王国の首都はブダであったが、1536年よりポジョニ（Pozsony：現スロヴァキア領ブラチスラヴァ）に移された（1783年まで）。

ハンガリー建国～オスマン帝国支配～ハプスブルク帝国支配（1000年～1867年）

17世紀のハンガリー王国（王領ハンガリー）――ハプスブルク帝国とオスマン帝国との戦い

　ハンガリー王国（王領ハンガリー）はオーストリアのハプスブルク家にとってオスマン帝国と対峙する最前線であった。ハンガリー王国内では、中央集権化を進めようとするウィーン政府と、封建的支配を維持しようとするハンガリー貴族たちとの対立があった。しかし、オスマン帝国の脅威に対して防御姿勢をとり続けていたハプスブルク家にとっては、ハンガリー貴族の協力を得ることは必要不可欠であったため、この地域で積極的な政治姿勢に転じることは困難であった。また、ハプスブルク家はハンガリーにおけるカトリックの強化には成功したが、ハンガリー王国内のプロテスタント勢力に対しては比較的温和な政策を採った。17世紀中盤以降、ハプスブルク家はイエズス会の力を借り、宣教活動によってカトリック教会に復帰させることを目指していった。イエズス会のおかげで、ハンガリー西部にはバロック様式の宗教美術が広まり、その活動はある程度の成功を収めた。特にハンガリー大貴族たちはカトリックを受け入れ、それとともにハプスブルク家に近づいていった。しかし、プロテスタントであった中小貴族はカトリック化することに抵抗し、クルツと呼ばれる反ハプスブルク勢力を形成していった。そしてその勢力は、しばしばハプスブルク支配に対し反乱を起こした。

　17世紀後半にはヨーロッパにおいて史上最大の版図を実現していたオスマン帝国は、ハンガリーで起こった反ハプスブルク勢力の反乱をさらなる領土拡大の契機ととらえ、ハンガリーからハプスブルク帝国の領土に侵入する機会を窺っていた。そして1683年にウィーンを攻撃、これを包囲した（第二次

レオポルト一世

Kara Mustafa：第二次ウィーン包囲を指揮したオスマン帝国の大宰相

モハーチの戦い

ウィーン包囲）。それに対し、ハプスブルク軍はヨーロッパ諸国（ポーランド・ヴェネツィア・ロシアなど）からの援軍の力を借りて反撃する。オスマン帝国とヨーロッパ諸国（いわゆる神聖同盟）との16年に渡る戦いの始まりである。

ウィーンを陥落できなかったオスマン帝国の混乱に乗じ、ハプスブルク帝国は1686年にブダを包囲し、9月にはブダをオスマン帝国から解放した。勢いに乗ったハプスブルク帝国は翌年モハーチの戦いに勝利すると、トランシルヴァニアに侵攻していった。

1697年のゼンタの戦いの敗北を機にオスマン帝国と神聖同盟の和平交渉が進められ、1699年1月にカルロヴィッツ条約が締結された。これにより、ハンガリー及びトランシルヴァニアはハプスブルク帝国に割譲された。ここにハンガリーは150年にわたるオスマン帝国の支配から解放されたこととなる。

ハプスブルク帝国とハンガリー

ハンガリーは今度はハプスブルク帝国の支配下に置かれた。さらにトランシルヴァニアはハンガリー王国には帰属せず、ハプスブルク帝国直属の領土となった。1687年10月の時点で、ハンガリー国会はハプスブルク家のハンガリー王位の世襲を承認してる。また、1691年には、トランシルヴァニアの政治的自立は認められたものの、トランシルヴァニア公の地位はハンガリー王が世襲することとなった。ハンガリー王国の行政機関はそのままポジョニに置かれていた。

ハプスブルク帝国の支配下に置かれたハンガリーでは、各地でハンガリー解放を求める民衆の暴動が起きた。ハンガリー貴族の一部、特にトランシルヴァニアの貴族たちと国内のプロテスタント信者たちはハンガリー王位の世襲制がハプスブルク家に握られていることに反感を抱いていた。そんな中、1703

年10月トランシルヴァニア出身の大貴族、ラーコーツィ・フェレンツ二世の動きとほかの反乱軍の動きが連動し、ハプスブルク帝国からの独立戦争が起こったのである。

ラーコーツィ・フェレンツ二世は、貴族・農民・ハイドゥク（バルカン半島における盗賊を意味する言葉。しかし、オスマン帝国支配に抵抗するために戦ういわゆるゲリラ戦士的な者もいて、「自由のための闘士」というポジティブなとらえられ方をすることもある）たちの支持を受け、1703年末までにはハンガリー国土の大半を解放した。そして、1704年には自らがトランシルヴァニア公フェレンツ二世であることを宣言し、1705年にはハンガリー議会において、ハンガリーの「統治長官」に選ばれた。これは事実上の国王の身分に相当した。

ハンガリーは再び独立の日の目を見るかのようであったが、次第にラーコーツィ軍内部の対立が激化し、軍を保つことが難しくなっていった。そんな中、1708年のトレンチーン（Trenčín: 現スロヴァキア領）の戦いで反乱軍の多くの指導者が武器を捨て、ハプスブルク帝国皇帝への忠誠を誓った。戦況が不利になったラーコーツィ・フェレンツは、1710年の冬、ロシア皇帝ピョートル一世に協力を仰ぐためロシアに赴いた。しかしその間、ラーコーツィ・フェレンツ二世の代理を務めていたカーロイ・シャーンドルが勝手にハプスブルク帝国と平和交渉を行い、ハプスブルク軍と反乱軍は1711年4月サトマールで和約を結んだのである。

この和議では解放軍に寛大な恩赦が与えられ、ハンガリーとトランシルヴァニアにおける「自由権」、信仰の自由が認められた。つまり、ハンガリー貴族が国制や自らの特権を認められる代わりに、ハプスブルク家の王位継承権を認めるというものであった。ラー

ラーコーツィ・フェレンツ二世

コーツィ・フェレンツ二世はハプスブルク家が約束した恩赦を信用せず、ポーランド、後にフランス・オスマン帝国へと亡命していった。この後1722年、ハンガリー議会はハプスブルク家の世襲王位継承権を正式に認め、ハンガリーは「王国」という形態を維持したままハプスブルク家に統治されることになった。そしてハンガリーにはハプスブルクの総督府がおかれた。しかしその代わりに、ハンガリー議会はハンガリー国法の尊重、貴族の特権などを認めさせることに成功したのだった。

新しくハンガリーを支配することになったハプスブルク家は、マリア・テレジアのもとで中央集権的な国家を目指していった。ハプスブルク家所領の女系相続に反対するプロイセン、フランス、スペイン、バイエルンからの干渉により、1740年に勃発したオーストリア継承戦争（1748年まで続いた）を自国

マリア・テレジア

ハンガリー王としてのマリア・テレジア

領内の勢力ではハンガリー議会の協力を得て（ほかにも、グレートブリテン、ネーデルラントがオーストリア大公側に付いた）乗り切ると、国内改革にも着手していった。マリア・テレジアは、中央集権的国家づくりのためにはハンガリー貴族の力の抑制が重要であると考え、常備軍の設置し、中央集権化された行政、財政、司法制度を確立していった。もちろんハンガリー貴族から激しい抵抗を受けた。しかし、ハンガリー議会は、オーストリア継承戦争に協力した見返りに、ハンガリー貴族の自治権継続を勝ち取ることができた。つまり、ハンガリー貴族は行政的にハプスブルク家と一体化することは免れたのである。

しかし、ハンガリーの国内産業の中心は農業であった。貧しい農民は領主に隷属し、厳しい支配の下におかれた。ハプスブルク帝国では、1781年にオーストリアとボヘミアに農奴制廃止例を出し、農民に移動、結婚の自由、土地保有権などを与えたが、ハンガリーではこれは1785年まで受け入れられなかった。

ハンガリー人の民族としての目覚めと1848年革命

19世紀に入ると、自由主義的なハンガリー貴族たちはハンガリー人として民族的に意識するようになる。そして、その流れのなかで文化的な意識が高まり、ハンガリー民族博物館やハンガリー科学アカデミーなどがつくられていった。詩や戯曲をはじめとするハンガリー語文芸運動がさかんになったのもこの頃であった。また、1830年代から1840年代には、ハンガリー王国内でハンガリー語を公用語化する動きがおこった（1784年にハプスブルク帝国皇帝ヨーゼフ二世はドイツ語の公用語化を進めたが、ハンガリーではこれに反発し、公用語をラテン語とする動きが高

まっていたのであった）。しかし、これはハンガリー王国内の非ハンガリー人にもハンガリー語を強要するものであったため、逆に彼らの民族的自覚を呼び起こし、反発された（当時のハンガリー王国領土には、北にはスロヴァキア人、南にはクロアチア人、東にはトランシルヴァニアのルーマニア人が住んでいた）。

　自由主義的なハンガリー貴族たちは民族運動を展開し、それは徐々に社会改革を求める運動になっていった。1840年代には、中貴族であったコッシュート・ラヨシュらがハンガリーの経済的自立、貴族の免税特権廃止、農奴の解放、更にはハプスブルク帝国からのさらなる自立と立憲制の導入を求め、改革運動を進めていった。

　そんな中、ハプスブルク帝国領クラクフ共和国で1846年2月ポーランド人が蜂起し、暴動がおこった。この暴動はハプスブルク政府によって鎮圧され秩序は回復されたが、クラクフ共和国は自治権を失い、11月にはハプスブルク帝国領ガリツィア（現ポーランド南部とウクライナ東部）に帰属させられた。これがハプスブルク帝国領内で初めて起こった大規模な民族蜂起（通称、11月蜂起）であり、この後ハプスブルク帝国領内の諸民族たちは、1848年革命へと進んでいく。

　1848年2月に起こったパリ革命は、翌月にはヨーロッパ全体に波及していった。そしてそれはハプスブルク帝国領内も例外ではなかった。パリの革命成功の知らせが届いた3月1日、ハンガリーのポジョニでは国会が開かれていた。3月3日、野党を率いるコッシュート・ラヨシュは下院でハンガリー人による責任内閣の組閣、貴族特権の廃止、農奴の解放、国防体制の改革、ポジョニからペシュトへの議会の移転などを要求した。

　3月15日、革命的気運の高まったペシュトで、詩人のペテーフィや小説家のヨーカイらの呼びかけに応じた急進派の学生たちがデモを行った。デモ隊は民族博物館前の広場で大集会を開き、市庁舎に押し寄せ彼らの主張である「12項目」を承認させ、牢獄に押しかけ、政治犯を解放させた。

　一方、ポジョニの議会は3月23日に大貴族であったバッチャーニ・ラヨシュ（Batthyány Lajos：1807年生〜1849年没。ハンガリーの貴族、政治家。ハンガリー王国の首相を務めた）を首相とする内閣を成立させた。混乱の拡大を恐れたオーストリア皇帝（ハンガリー王）フェルディナント一世（ハンガリー王としては五世）は、4月7日、ハンガリー人の要求をすべて受け入れた。そして自由主義的な貴族であったバッチャーニ内閣が成立した。また、4月11日にはオーストリア皇帝フェルディナントは、ハンガリー王としてハンガリー憲法を遵守する宣誓

ペテーフィ

をおこない、これによりハンガリーは議会制立憲君主国家となった。また皇帝は、農奴の解放や法の前の平等、国民の選挙権を盛り込んだ、通称「四月法令」と呼ばれる改革法令を承認した。そして4月14日には議会をポジョニからペシュトに移し、これ以降ハンガリーの政治の中心はペシュトになる。

コッシュートをはじめとするハンガリーの急進派たちは、ハンガリー王国を独立民族国家にしようと考えていたが、ハンガリー革命のマジャール民族主義的性格に懐疑の念を抱いていたハンガリー王国内に住む非マジャール系の諸民族から民族自決権を求められていた。中でもクロアチア人はハンガリー王国政府路線に不信感を抱いており、6月5日ついにクロアチアの独立を宣言した。しかし、ハンガリー王国政府がこれを承認しなかったため、8月16日、クロアチア総督イェラチッチはハンガリーに対して宣戦布告した。これと同じ時期にスロヴァキア人、セルビア人、ルーマニア人も民族自決を求める運動を起こしている。

オーストリア皇帝はクロアチアのイェラチッチをうまく取り込み、ハンガリーに攻め込ませた。そして、ハンガリー王国では9月10日にバッチャーニ内閣が辞職に追い込まれたのである。その後、国会が9月16日にコッシュートら6名の国防委員会をつくった。これ以降、この委員会を中心に、ハプスブルク帝国と対立することになる。オーストリア皇帝は軍事的手段をもって1848年革命（通常、諸国民の春として知られるヨーロッパ各地の民族蜂起のひとつ）の弾圧に乗り出したのである。

1848年12月2日、フェルディナントが退位すると、フランツ・ヨーゼフ一世が即位した。フランツ・ヨーゼフは諸国民、諸民族の協調による大オーストリア建設を目標とし

たが、ハンガリーのコッシュートは、新皇帝がハンガリー憲法を遵守するという宣誓をおこなわない限りハンガリー王として承認しないと宣言すると、新皇帝はハンガリーへの軍事的侵攻をもってこれに応えた。

ハプスブルク帝国からの攻撃を受け、次々にハンガリーの都市はハプスブルク帝国の手に陥ちていった。1848年12月31日、国防委員会はペシュトを離れ、デブレツェンに移った。それからすぐ帝国軍はブダとペシュトに入城したのである。1849年4月14日、コッシュート率いるハンガリー政府は、デブレツェンにおいてハンガリーの独立を宣言するとともに反撃にでた。そして、4月24日にはペシュトを、5月21日にはブダを奪還することに成功したのである。

これを知ったオーストリア皇帝フランツ・ヨーゼフは、ロシア皇帝、ニコライ一世からの援軍の申し出を受け入れ、ふたたびハンガリーに侵攻していった。ハンガリー王国内の非マジャール系住民からの協力を得ることもできず、ハンガリー国民軍は徐々に敗退していき、ついにコッシュートはハンガリー国民軍総司令官であったゲルゲイに全権を譲り、オスマン帝国へ亡命した。そして、1849年8月13日、ハンガリー軍はヴィラーゴシュの戦いに敗れ、降伏した。

この敗北後、ハンガリーはハプスブルク帝国軍の軍政下におかれ、戒厳令が布かれた。ハンガリーはトランシルヴァニア、クロアチア王国、ヴォイヴォディナから切り離され、独自の国会や内閣も奪われた。そして、独立戦争の参加者は軍事法廷にかけられ、次々に裁かれていった。

民族解放を求めて始まった1848年革命は失敗に終わったが、それでも国内の諸民族の自由と解放を求める声はますます高まっていった。そんな気運のなか、ハプスブルク帝

国は国家組織再編に着手していったのである。皇帝フランツ＝ヨーゼフは中央集権的な絶対主義体制をめざした。そして、帝国内のドイツ化政策を推進していった。

アウスグライヒ——オーストリア＝ハンガリー二重君主国誕生

　絶対主義体制を通してきたハプスブルク帝国であったが、帝国内の諸民族からは抵抗に遭っていた。またイタリア解放戦争に敗れると、内政的にも、外交的にも窮地に陥った。そこで、皇帝は1860年10月に「十月勅書」を発布し、絶対主義体制の緩和にのりだした。この憲法により、各地方議会は帝国議会に議員を送ることが認められたほか、すべての民族は平等とされ、さらに帝国内で各民族の言語が公用語とされた。ハンガリーでも国会や県議会が認められた。しかし、わずか数か月後の1861年2月に「二月憲法」が発布され、帝国の中央集権体制が再び強化された。

　これを受けて1861年4月、改革派の指導者であったデアーク・フェレンツ（Deák Ferenc：1803年生〜1876年没。ハンガリーの政治家。アウスグライヒ実現の立役者）はオーストリア帝国政府に対し、1848年憲法の遵守を要求した。皇帝はこれを拒否、8月にはハンガリー国会は解散させられた。

　1865年、皇帝はハンガリーとの妥協の道を探り始めた。7月には「二月憲法」を廃止し、「十月勅書」を復活させ、それに伴いハンガリーの国会も復活した。また、1866年プロイセンとの戦争に敗れたハプスブルク帝国は、大国としての地位を維持するためにハンガリーとの協調路線を採ることを決意したのである。

　1867年2月、皇帝とハンガリーとの間で「アウスグライヒ」の名で知られる協定が調

デアーク・フェレンツ

フランツ・ヨーゼフ一世ハンガリー王としての戴冠

クルツ

印された。皇帝フランツ・ヨーゼフ一世はアンドラーシ・ジュラ（Andrássy Gyula：1823年生〜1890年没。オーストリア＝ハンガリー二重君主国における初代ハンガリー王国首相。ハンガリー貴族であり政治家）を首相とするハンガリー内閣を任命した。そして5月にはハンガリー国会で「アウスグライヒ」が承認され、翌6月8日、フランツ・ヨーゼフはハンガリー国王として戴冠式をむかえた。ここにハプスブルク帝国はオーストリア皇帝がハンガリー国王を兼ねる二重君主国となったのである。

　他国から支配されていたハンガリー人たちは、反体制勢力（例えば、反ハプスブルク軍事勢力として、新教派の中小貴族に武装農民集団が加わり、「クルツ」という集団がうまれた）や農民の暴動という形で、支配に対して抵抗した。そしてその戦いに敗れた指導者たちのなかには国外に亡命することを余儀なくされた人々もいたのである。本書第一章では、ハプスブルク家支配からハンガリー独立のための最初の大きな戦い（1703年〜1711年）に敗れ、亡命したラーコーツィ・フェレンツ二世から1848年革命に敗れ、亡命したコッシュート・ラヨシュらまでをみていく。

34　　　　ハンガリー建国〜オスマン帝国支配〜ハプスブルク帝国支配（1000年〜1867年）

ハンガリー王国革命政府（1848年〜1849年）

国家最高責任者		国家最高責任者であった期間
バッチャーニ・ラヨシュ （Batthyány Lajos）	首相	1848年3月17日 〜1848年10月2日
コッシュート・ラヨシュ （Kossuth Lajos）	国防委員会	1848年10月2日 〜1849年4月14日
コッシュート・ラヨシュ （Kossuth Lajos）	執政官	1849年4月14日 〜1849年5月1日
セメレ・ベルタラン （Szemere Bertalan）	執政官	1849年5月2日 〜1849年8月11日

1848年革命記念日の3月15日は祝日となっており、ブダペストの様々な場所でイベントが開催されている

オーストリアに反旗を翻しトランシルヴァニア公名乗るも敗北、オスマン亡命

ラーコーツィ・フェレンツ二世
II.Rákóczi Ferenc

- 👶 1676年3月27日ボルシ（Borsi：ハンガリー王国）生
- ▶ 1711年　ポーランドに亡命
- ▶ 1713年　フランスに亡命
- ▶ 1717年　オスマン帝国に亡命
- ⚰ 1735年4月8日　テキルダー（Tekirda：オスマン帝国）没

　フランスの太陽王ルイ一四世は、晩餐会で琥珀色の芳醇な香りのワインを口にし、こう唸った。「王のワインにして、ワインの王である！」

　ルイ一四世を唸らせたワインは、ヴェルサイユから遥か1800キロ離れた地で造られたものであった。ハンガリーの片田舎の町、トカイ。18世紀初頭、この街の最大ブドウ栽培面積を誇るワインセラーを経営していたラーコーツィ家の当主、フェレンツ二世が贈ったものであった。晩餐会に出席していたロシア皇帝ピョートル一世やプロイセン王フリードリヒ二世もこのワインの虜になったと言われている。

　この上質なワインの収入で得たお金は、当時ハプスブルク帝国の支配下に置かれていたハンガリーの独立のための戦争資金にまわされた。そしてその独立戦争の指導者が、このワインセラーの経営者、ラーコーツィ・フェレンツ二世である。

　ラーコーツィ・フェレンツ二世が生まれたのは、ハンガリー王国のボルシャであった。フェレンツ二世の家は13世紀から続くハンガリーの名家で、17世紀にはハンガリー王国で最も裕福な貴族であった。フェレンツ二世の父、フェレンツ一世はその父の存命中にトランシルヴァニア公の称号を受けたが、オスマン帝国は1657年のポーランド遠征の失敗が原因で父を廃位し、ラーコーツィ家の者がトランシルヴァニア公の地位に就くことを禁止した。そのため、フェレンツ一世は王領ハンガリーにあった自らの領地に引っ越したのである。そしてそこでフェレンツ二世は生まれたのである。母はクロアチア総督（バン）ペータル・ズリンスキの娘、ズリーニ・イロナ（イロナ・ズリンスカ）であった。

　フェレンツ二世には兄のジェルジュと姉のユリアナがいたが、兄のジェルジュは生後すぐに亡くなっていたため、次男であったフェレンツが家督を継ぐことになっていた。

　フェレンツ二世が生後4ヵ月の時に父が急死した。子供たちの後継人は、父フェレンツ一世の遺言でハプスブルク家の神聖ローマ帝国皇帝レオポルト一世となった。しかし、母のイロナには子供の養育権が認められ、一家は1680年まで自然豊かなムンカーチ城、シャーロシュパタク（Sárospatak：ハンガリー北東部に位置する街）、レゲーツ（Regéc：ハンガリーの北東部に位置する村。スロヴァキアとの国境に近い）で暮らした。一家が住んだ王領ハンガリー（現在のスロヴァキア東

部からウクライナ西部)は当時、反ハプスブルク派やプロテスタントの武装蜂起が恒常的に起きている地域であり、フェレンツ二世は反ハプスブルクの空気を感じながら育ったのである。

母の再婚と一家の運命

　1682年、母イロナはハンガリーの大貴族であり、当時頻発していた反ハプスブルク蜂起の指導者であるテケリ・イムレと再婚した。テケリはオスマン帝国のスルタン・メフメト四世側につきハプスブルク軍と戦ったことから、上ハンガリー(現在のスロヴァキア。当時の王領ハンガリー内の13郡)の王として認められていたが、1683年の第2次ウィーン包囲の失敗により、その頃からテケリの立場は危うくなっていった。

　オスマン帝国が王領ハンガリーの覇権を失ったことを悟ったテケリは、ポーランド王であるヤン三世ソビェスキの仲介でレオポルト一世と和解交渉を始めたが、そのことが元でオスマン帝国からの信用を失ってしまった。しかし皮肉なことに、その後多くの家臣やハンガリー貴族たちがレオポルト一世との和解に成功したため、自らの覇権を維持するためにテケリに残された道は、オスマン帝国と結ぶ道のみであった。その後、テケリはオスマン帝国に協力し、大トルコ戦争ではハプスブルク軍と戦うが、徐々に劣勢となり没落していった。後の1699年1月に結ばれたカ

ルロヴィッツ条約によりハンガリー王国はハプスブルク帝国の支配下に置かれるようになる。この時多くのハンガリー人反乱者には恩赦が出されたが、テケリはその対象外であった。そのためテケリは妻イロナと共にオスマン帝国に亡命した。

さて、少し遡ること1689年、フェレンツ二世と姉のユリアナ、母イロナが住んでいたムンカーチ城が陥落すると、後見人であるレオポルト一世の監視下におかれることとなり、一家そろってウィーンに送られた。そして、一家はレオポルト一世の許可なしにウィーンを離れることを禁じられた。後見人の下におかれてはいたが、ラーコーツィ家の財産は没収されることはなく、フェレンツ二世が17歳になるまでは母イロナが管理していた。1694年、フェレンツ二世はドイツ諸侯の娘シャルロッテ・アマーリエと結婚し独立、自分の領地および財産を管理するようになった。

ルイ十四世との密約

ラーコーツィ・フェレンツ二世はベルチェーニ・ミクローシュ伯爵と交友を結ぶようになる。ハプスブルクの絶対主義に支配されつつあるハンガリーを憂いているベルチェーニに共感したラーコーツィ・フェレンツ二世は、彼と共にハンガリーの政治的主権回復を目指し、ハンガリー独立のために戦う決心をしたのであった。

それと同じ頃、フランス王ルイ一四世はオーストリア・ハプスブルク家が中欧地域で覇権を伸ばしていくことを危惧し、それに対抗しうる同盟者を探していた。そこで白羽の矢が立ったのがラーコーツィ・フェレンツ二世であった。ラーコーツィ・フェレンツ二世にとってもこのフランスとの同盟は都合がよかった。ラーコーツィ・フェレンツ二世はルイ一四世と協定を結び、ハンガリー独立のための戦いの支援の約束をとりつけることに成功した。しかしこの密約はハプスブルク側に漏れ、ラーコーツィ・フェレンツ二世は1700年4月に逮捕され、収監されてしまう。その後、ラーコーツィ・フェレンツ二世は脱獄に成功し、ポーランドへ逃れた。そしてベルチェーニと再会し、フランスから支援を受け、独立戦争を始めることを決意する。

ハプスブルク帝国との戦い

1701年に始まったスペイン継承戦争により、オーストリア軍は当時スペイン領だった北イタリアへ侵攻していった。ハンガリー国内に駐留していたオーストリア軍の大部分も駆り出されたため、ハンガリー国内は実質上留守になった。この状況を好機とみたクルツ（反ハプスブルク勢力）の反乱軍がムンカーチ（Munkács：現ウクライナ領ムカーチェヴォ）で蜂起し、ラーコーツィ・フェレンツ二世がその指導者となるよう勧められた。ラーコーツィ・フェレンツ二世はそれに応じ、1703年6月15日、立ち上がった。

ラーコツィの紋章

初めのうち、ハンガリー貴族の大半は、ラーコーツィ・フェレンツ二世の蜂起を支持しなかったが、徐々にラーコーツィ・フェレンツ二世の熱意に押され、支持するようになった。また、農民やハイドゥク（自由のための闘士）は積極的に反乱軍へ加わっていった。ラーコーツィ・フェレンツ二世の軍は、1703年末までにハンガリーの大半を解放した。

ラーコーツィ・フェレンツ二世は1704年にはトランシルヴァニア公であることを宣言、1705年9月にはハンガリー議会において、事実上のハンガリー国王の身分に相当する「統治長官」に選ばれた。そしてレオポルト一世の死に際して、新王ヨーゼフ一世のハンガリー王としての即位を認めず、1707年、議会でハプスブルク家のハンガリー王位継承権の失効を宣言した。

しかし、この好機も長くは続かなかった。ラーコーツィ・フェレンツ二世軍はフランスから期待したよりも援軍を受けることはできなかった。また、自らの軍を維持するための資金力もなかったのである。このように軍事的にも経済的にも厳しい状況に追い込まれラーコーツィ・フェレンツ二世軍は、1708年からヨーゼフ一世の神聖ローマ帝国軍に劣勢を強いられていった。特に、1708年8月のトレンチーンの戦いでは反乱軍の多くの指導者が武器を捨て、ハプスブルク帝国皇帝への忠誠を誓った。また、フランスのルイ一四世はハンガリー君主を名乗るラーコーツィ・フェレンツ二世との条約締結を拒み、ハンガリーは実質的に孤立無援の状態となった。そんなハンガリーにはロシアと同盟を結ぶ道しか残されていなかった。

ラーコーツィ・フェレンツ二世は、1710年の冬、ロシア皇帝ピョートル一世に協力を仰ぐためロシアに赴いた。しかしその間、ラー

コーツィ・フェレンツ二世の代理を務めていたナジカーロイ＝カーロイ・シャーンドル伯爵が勝手にハプスブルク帝国と平和交渉を行い、ハプスブルク帝国軍と反乱軍は1711年4月にサトマールで和約を結んだ。この和約により、反乱に参加した者にはハプスブルク家に忠誠を誓うことを条件に大赦が与えられた。また、信教の自由と基本法の遵守が公式に宣言された。ラーコーツィ・フェレンツ二世はこの条件を信用せず、1711年2月ポーランドに亡命することを決意した。

亡命生活――オスマン帝国へ

亡命先のポーランドでラーコーツィ・フェレンツ二世はロシア皇帝ピョートル一世の支持を受け、ポーランド王候補に挙げられた。しかし、既に1709年にポーランド王としてアウグスト二世が復位していたため、結局ラーコーツィ・フェレンツ二世のポーランド王としての即位は実現しなかった。ラーコーツィ・フェレンツ二世は1712年までダンツィヒ（Danzig: 現ポーランド領グダニスク）にシャーロシュ伯爵という名で滞在していた。ここではポーランド貴族から賓客として扱われていた。

ラーコーツィ・フェレンツ二世は1712年11月にイギリスに渡るが、ハプスブルク帝国からイギリスへの圧力により、最終的に入国の許可がおりず、停泊している街から出ることが許されなかった。そのため、1713年1月フランスに渡った。そして4月27日、ルイ一四世にいかに自分がフランスのために尽くしてきたかを書いた覚書を送った。しかし、1713年のユトレヒト条約にも、1714年のラシュタット条約にもハンガリーとラーコーツィ・フェレンツ二世のことについては一切触れられていなかった。

1715年9月1日にルイ一四世が崩御する

39

テキルダーでの様子

ブダペスト国会議事堂前のラーコツィ像（筆者撮影）

と、オスマン帝国の招聘を受け、ラーコーツィ・フェレンツ二世は移住の決意を固めた。オスマン帝国は当時もハプスブルク帝国と緊張関係にあったのである。1717年10月に約40名の従者とともにオスマン帝国領ガリポリに到着した。ラーコーツィ・フェレンツ二世はそこで歓迎を受けた。しかし、帝国内でキリスト教軍団を組織し、対ハプスブルク戦争の援護したいというラーコーツィ・フェレンツ二世の願いは、オスマン帝国政府にまともに取り合われることはなかった。

1718年7月21日、オスマン帝国はハプスブルク帝国とパッサロヴィッツ条約を結び、これにより、オスマン帝国は亡命ハンガリー人たちの引き渡し要求を拒否できることになった。2年後、オーストリア公使が亡命ハンガリー人の引き渡しを要求したが、オスマン帝国のスルタンは人道的理由からこれを拒否した。

ラーコーツィ・フェレンツ二世は従者と共にテキルダー（コラム参照）という街に落ち着いた。テキルダーには大規模なハンガリー人居住区が形成されており、多くの亡命ハンガリー人たちがラーコーツィ・フェレンツ二世を慕ってここに移住した。その中でも随筆家であったミケシュ・ケレメンは、「私には祖国を離れる特別な理由はない。ただ公を深く愛しているということ以外は」と語ったとされている。

最終亡命地——テキルダー

ラーコーツィ・フェレンツ二世はその生涯を終えるまで18年間をテキルダーで過ごした。1733年のポーランド継承戦争の勃発によって、ラーコーツィ・フェレンツ二世にもハンガリー帰国実現の希望が生まれたが、結局最後までその望みが叶うことはなかった。1735年4月8日、ラーコーツィ・フェレン

ツ二世はテキルダーで59歳の生涯を閉じた。

ラーコーツィ・フェレンツ二世の遺言により、彼の家族と彼を慕って亡命した仲間に彼の遺品が残された。また、オスマン帝国のスルタンとフランスの在外公館あてに、彼を慕って亡命してきたハンガリー人たちを彼らに託すという内容の手紙が送られた。彼の内臓はテキルダーのギリシャ教会に埋葬されたが、心臓はフランスに送られた。そして、オスマン帝国当局の許可を受け、彼の遺体はコンスタンティノープルのガラタ地区にあるフランス教会に埋葬された。そこはラーコーツィ・フェレンツ二世の母、ズリーニ・イロナが埋葬されている教会であり、ラーコーツィ・フェレンツ二世はその遺言にもとづき母の隣に埋葬されたのである。

ラーコーツィ・フェレンツ二世の亡骸は、約170年後の1906年10月29日、カッシャ（Kassa：現スロヴァキア領コシツェ。当時はハンガリー領であった）にある聖エルジェーベト聖堂に移された。今そこにはラーコーツィ・フェレンツ二世とその息子、そして母イロナが眠っている。

ラーコーツィ・フェレンツ二世は今でもハンガリーの英雄であり、ブダペストだけではなくハンガリーの多くの街に銅像が建てられている。また、お財布を開ければ500フォリント札に、スーパーに行けばハンガリーの国民食であるサラミのパッケージに、ビールの缶にと、日常いろいろな所でその肖像画を目にする。つくりあげられた英雄像なのか否かはわからないが、ラーコーツィ・フェレンツ二世は現在でもハンガリーでポジティブに受け入れられていることは確かである。

現スロヴァキア、コシツェに安置されているラーコツィ
(http://www.agt.bme.hu/varga/foto/voltak/voltak.html)

サラミのパッケージ

ビールのパッケージ

41

テキルダーにあるラーコーツィの家博物館

■コラム　オスマン帝国のハンガリー人亡命者コミュニティーがあった街

テキルダー（Tekirdağ）

　トルコ料理に「テキルダー・キョフテシィ（Tekirdağ Köftesi）」というものがある。牛または羊のひき肉を練り、小さく細い棒状に丸めて焼いたハンバーグのようなもので、バルカン半島でもよくみられる料理である。この料理の名前になっているテキルダー。そこには18世紀よりハンガリー人亡命者のコミュニティーが存在した。

　テキルダーはトルコ最大の都市イスタンブルの西135キロ、マルマラ海沿岸に位置している。イスタンブルからは高速道路で約2時間で着くことができるため、別荘地としてとても人気が高い。

　街自体の歴史は紀元前4000年までさかのぼることができる。元は古代ギリシアの街であり、当時はロドストース（Ραιδεστός）と呼ばれていた。ハンガリー語では現在でもこの名称（Rodostó）が用いられることが多い。オスマン帝国時代はテクフルダー（Tekfurdağı）と改名された。そして現代のトルコ共和国ではその音が少し変化したテキルダーという名称が採用されている。

　亡命時代のラーコーツィ二世は1720年にこの地に居を構え、1735年に亡くなるまでそこで過ごした。彼が過ごした家は1980年代にハンガリー政府に寄贈され、現在はラーコーツィ博物館（The Rákóczi Museum, Tekirdağ）になっている。また、1906年にラーコーツィの遺体がカッシャ（現、コシツェ）に移された際は、彼の身の回りのものもすべてカッシャに移された。それらの遺品は現在、コシツェの「ロドストーの家博物館」

（ラーコーツィ二世の家博物館）で見ること
ができる。

　テキルダーにある聖母マリア教会には亡命
ハンガリー人の共同墓地が存在する。ここに
眠っているのは、祖国へ帰ることのできな
かったハンガリー人亡命者たち、またはオス
マン帝国に残ることを自ら決めたハンガリー
人亡命者たちである。

　現在テキルダーはハンガリーの２つの都
市、ケチケメート（Kecskemét）とシャーロ
シュパタク（Sárospatak）と姉妹都市になっ
ている。

ヴィディン（Vidin）

　ブルガリアの北西端のルーマニアとの国
境、ドナウ川沿岸に位置していて、ブルガリ
アにとって重要な港がある街、ヴィディン。
ドナウ川の対岸はルーマニアであり、２キロ
メートルほどしか離れていない。

　ドナウ川沿岸ということもあり、古代から
ケルト人やローマ人がこの地に住んだ。この
街の名はスラヴ人がこの地をブディンと呼ん
だことに由来している。中世においてはブル
ガリアの重要な都市であり、主教座がおかれ
ていた。亡命ハンガリー人が一時匿われた要
塞は、10世紀から14世紀につくられたも
のである。

　現在のハンガリーのホードメズゥーヴァー
ロシュヘイ（Hódmezővásárhely：ハンガリー
南部の都市）と姉妹都市を結んでいる。

シュメン（Shumen）

　ヴィディンからさらにドナウ川を下り、内
陸に入る。ブルガリア北東部に位置する街、
シュメン。ここにも19世紀ハンガリー亡命
者たちのコミュニティーがあった。

　ローマ人はトラキア人が紀元前よりこの地
に要塞を築き、スラヴ人がこの地に来てから

はブルガリア文化、宗教の中心地として栄え
た。ヴィディンにいた多くのハンガリー人亡
命者たちは、このシュメンに送られ、この場
にハンガリー人居住地が誕生した。後に彼ら
は更にオスマン帝国の奥に入ったキュタヒヤ
に送られた。

　現在この街はハンガリーのデブレツェンと
姉妹都市になっている。

革命政府

■コラム　1848年革命の敗北
　　　　——第一の亡命の波

　1848年から1849年にかけてヨーロッパ大陸を揺るがせた革命の嵐は、ハプスブルク帝国の一部であったハンガリーを避けて通ることはなかった。そしてその嵐が収まった後に残った現実は、ハンガリー人にとって耐えがたいものであった。ハプスブルク帝国皇帝フランツ・ヨーゼフ一世の命を受けた帝国軍司令官ユリウス・ハイナウは、ハンガリーに戒厳令を布き、厳しい報復行動を開始した。帝国警察は、隠れていた革命加担者を探し出し、次々に逮捕していった。1849年10月6日、アラド（Arad: 現ルーマニア領）で13人の反乱軍側将軍たちが処刑された。また、同じ日ペシュトでは、ハンガリー首相であったバッチャーニが銃殺刑に処された。1850年1月、ペシュトで、すでに政治亡命者として他国に亡命していた35人の革命指導者たちにに不在で死刑判決が下され、1200人以上に長期の禁固刑が言い渡された（しかし、これは国際的な批判を受け、実際の刑期は短縮された）。

　1848年から1849年の独立革命をトランシルヴァニアの地で戦っていた、ハンガリー人、ポーランド人の軍人（オーストリア帝国領内のポーランドでは過激な革命運動は起こらなかったが、1830年のポーランド11月蜂起に参加し、その後ポーランド王国からガリツィアに亡命してきたポーランド人将校たちはコッシュート率いるハンガリー軍に加わっていた）たちは、1849年8月の時点でオスマン帝国領内に逃れた。また、ハプスブルク帝国領内のイタリアで戦っていたハンガ

リー軍人たちはピエモンテ（Piemonte: 現イタリア領）の方に逃れた。また、ハプスブルク帝国領内の王領ハンガリーで戦っていたハンガリー軍人たちは、身を隠し、隣国へ亡命する機会をうかがっていた。

　ハンガリー革命軍のなかでも、コマーロム（Komárom）に駐屯していたクラプカ・ジェルジ（Klapka György）将軍率いる部隊が一番長く抵抗を続けていた。しかし、ほかの部隊が続々と降伏する中、クラプカ将軍の部隊は1849年9月にはコマーロム明け渡しの交渉に入った。そして、10月2日から5日の間に、以下の条件でハプスブルク軍にコマーロムを明け渡すことに同意した。

1）降伏後、退陣の際に手を出さないこと。
2）降伏後30日以内に出国許可証を申請した者には、出国許可を与えること。

　この条件により、コマーロムで降伏した数百人の軍人たちは、ほかの部隊の軍人たちとは異なり、合法的に国外に亡命することができた。彼らは初め、ドイツのハンブルクに逃れ、その後はイギリス、アメリカ、オーストラリア、またはアフリカの地に移った。ハプスブルク帝国政府は、新たな脅威を避けるため、亡命者たちをできるだけヨーロッパから遠く離れた地へ送ろうとした。

亡命──ハンブルクへ逃れた者たち

　ハンブルクに逃れた亡命者には、クラプカ・ジェルジ将軍、エステルハージ・パール伯爵、ウーイハージー・ラースロー将軍、雑誌『Pressburger Zeitung』『Pannónia』の編集長バンジャ・ヤーノシュ、従軍技師コストカ・ヤーノシュ、音楽家で作曲家であったレメーニ・エデなどがいた。ハンブルクの街は亡命者たちを温かく迎えた。当時、多くのハ

ンガリー人は、多少のドイツ語の教養は身につけていたため、あまり不便を感じるようなことはなかったようである。しかし、1849年の冬には亡命者たちが持っていた財産は底を尽き始めたため、彼らには新たな資金源を見つける必要があった。ハンブルクの地で仕事を見つけた者もいたが、亡命者の大半は定住の地を求め、イギリス、アメリカに移っていった。

亡命──オスマン帝国へ逃れた者たち

　コッシュート・ラヨシュを筆頭に、革命で活躍した、セメレ・ベルタラン（Szemere Bertalan：1812年〜1869年没）、バッチャーニ・カーズメール伯爵（Batthyány Kázmér：1807年生〜1854年没）、メーサーロシュ・ラーザール将軍（Mészáros Lázár：1796年〜1858年没）、ユゼフ・ベム将軍（Józef Bem：1794年生〜1850年没）、ヘンリク・デンビンスキ将軍（Henryk Dembiński：1791年生〜1864年没）などは南のオスマン帝国に逃れた。ヴィラーゴシュの戦いに敗れ、オスマン帝国に逃れた軍人は約5、6千人に上った。その大半はハンガリー人であったが、ハンガリー軍として戦ったポーランド人、イタリア人、ドイツ人なども含まれていた。

　彼らは初め、オスマン帝国国境の街ヴィディン（この街は現在はブルガリア領である。当時ブルガリアはオスマン帝国の支配下にあった）へ逃れ、オスマン帝国政府よってヴィディン要塞に匿われた。ヴィディンに亡命した人たちは、国籍・職種・階級もさまざまであったようである。ヴィディンの亡命者コミュニティーについて、ペシュト民族劇場の俳優であったり監督でもあったエグレッシ・ガーボル（Egressy Gábor)は日記に次のように述べている。

45

「我々の亡命者コミュニティーは、ハンガリーのミニチュアのようである。ここにはハンガリー人もいれば、ドイツ人、スロヴァキア人、ポーランド人、チェコ人、セルビア人、ルーマニア人、フランス人、イギリス人、イタリア人、ギリシャ人、アルメニア人、ユダヤ人、そしてロマもいる。様々な出身の人がいて、軍人も民間人もいる。（以下省略）」

亡命者の大半は男性であったが、女性も約60人ほどいたと記録されている。バッチャーニの妻や、後にこの地で合流したコッシュートの妻などもその内の一人であった。

オスマン帝国政府は、特に革命の指導者たちを手厚くもてなし、ヴィディンの要塞に匿った。後にオスマン帝国政府は、そこからさらに東に位置する街、シュメンにヨーロッパ風の住居を設け、コッシュートをはじめとする革命の指導者たちはそこへ移った。ベッドやソファーなどのヨーロッパ風の家具はブカレスト（18世紀から19世紀にかけてハプスブルク帝国とロシアからの影響を受けるようになっていったルーマニアの都市であるブカレストは、ヨーロッパ的な街であった。この後1881年にルーマニア王国ができるとブカレストは「東欧の小パリ」と讃えられるくらい発展した）から取り寄せた。他の亡命者たちは、ヴィディンのドナウ川岸に設けられた避難所のテントに住んだ。一般的に、一つのテントに2人から5人が住み、家族には一つのテントを与えられた。ある程度の財産が有り、支払いが可能な亡命者たちは街に住むことが許されたが、次から次へと押し寄せる亡命者の波により、街はすぐに住居不足に陥り、野宿する亡命者たちも見受けられるようになっていった。オスマン帝国政府は民間人の亡命者にまでは手が回らず、寒さ、飢え、不衛生による病気が蔓延し、1849年の10月には数百人の死者がでた。

革命の指導者の立場にあった亡命者の中にはオスマン帝国は西の国へ向かう最初のステップであり、長く住むところではないと思っていた者が多くいた。その中には、パスポートを偽造し脱出し、パリに到着できた者もいたようである。

ハプスブルク帝国側からの圧力とオスマン帝国側との対話

ハプスブルク帝国政府及びロシア政府は、1849年の8月末の時点でコッシュートら革命の指導的立場にあった亡命者たちの引き渡しをオスマン帝国政府に要求したが、オスマン帝国政府は人道的理由でそれを拒否した。しかし、亡命者たちの引き渡し拒否は、オスマン帝国が望まない戦争の引き金になりかねなかった。そこでオスマン帝国政府は、コンスタンティノープルでコッシュートの代理人に「もし亡命者たちがイスラム教に改宗し、オスマン帝国国籍を取得すれば引き渡しはしない」と伝えた。

これを受けてコッシュートはイスラム教への改宗を拒み、自分の仲間にも改宗を踏みとどまるよう説得した。しかしその後オスマン帝国政府が再度イスラム教への改宗及びオスマン帝国国籍取得を要求すると、多くのハンガリー人、ポーランド人亡命者たちはその要求に応じる姿勢を見せた。イスラム教改宗及びオスマン帝国国籍取得の条件を受け入れることで、ヨーロッパでポーランドの宿敵、ロシアとの戦いを続けられると考えたベム将軍は、最初にこの要求を受け入れた人の中の一人であった。将軍に倣ってイスラム教改宗及びオスマン帝国国籍取得した人は約300人に上った。そしてその中には後にオスマン帝国軍に入った者もいた。

1849年10月、ハプスブルク帝国とロシア帝国は、ロシア国籍のポーランド人亡命者

たちをフランスに送り、ハンガリー人亡命者
たちをオスマン帝国領土の内地に抑留するこ
とを条件に、彼らの引き渡し要求を取り下げ
た。コッシュートら革命指導者たちは小アジ
アのキュタヒヤに送られることが決まった。
また、元下級軍人や民間人であった亡命者た
ちにはハプスブルク政府から恩赦が提案さ
れ、ヴィディンの避難所に住んでいた3000
人以上の亡命者たちがハンガリーに戻ること
とを許された。1849年末の時点でオスマン
帝国領内に残ったハンガリー人亡命者は約
500人、ポーランド人亡命者は約1000人
であった。

亡命者たちのオスマン帝国での活動

　シュメンでは、フランスの新聞『La
Press』やドイツ語の新聞『Augsberger
Allgemeine Zeitung』などのヨーロッパの新
聞が手に入り、亡命者たちはそこから情報を
得ていた。また、ハンガリー語の新聞を発行
する者たちもあった。

　1850年2月半ば、コッシュート、バッ
チャーニ、メーサーロシュら革命の指導者を
含む総勢約45名のハンガリー人亡命者たち
が小アジアのキュタヒヤに送られた。彼らは
約2か月かけて移動し、4月、目的地に到着
した。これ以降、キュタヒヤのハンガリー人・
ポーランド人居住区の人口は、約100人に
なった。

　コッシュートら革命指導者たちがキュタ
ヒヤに送られた後のシュメールには、約300
人の亡命ハンガリー人たちが残っていた。
コッシュートはキュタヒヤに送られた後も、
イスラム教に改宗し、トルコで腰を落ち着け
ようとするハンガリー人亡命者たちに、踏み
とどまるよう説得を続け、またアメリカへの
移住を勧めた。その結果、シュメールに残っ
た亡命者たちの間で、アメリカ移住を希望す

る亡命者たちのグループが出来上がったので
ある。

　1849年の冬の時点でアメリカに亡命した
ハンガリー人たちは約50名いた。彼らはア
メリカ政府に働きかけ、コッシュートらトル
コに抑留されているハンガリー人亡命者たち
の解放協力の約束をとりつけた。1851年5
月、キュタヒヤ抑留者たちはアメリカの援助
を受けられることが決まったが、コッシュー
トら指導的な立場にあった8人の亡命者た
ちは9月までキュタヒヤに留まった。彼ら
がアメリカへ出国できたのは、オーストリア
首相、フェリックス・シュヴァルツェンベ
ルク（Felix Schwarzenberg：1800年生〜
1852年没）がオスマン帝国当局に、ハンガ
リー人亡命者たちのオスマン帝国再入国禁止
をとりつけた後であった。また、ハプスブル
ク帝国におけるコッシュート不在の裁判で、
彼に死刑の判決がでたのもこの頃であった。
1851年9月、コッシュートらはイズミルか
らアメリカの船ミシシッピ号に乗り、出港し
た。

　最後のキュタヒヤ抑留者たちがアメリカへ
向けて出港すると、オスマン帝国領内におけ
るハンガリー人亡命者問題は一応の解決をみ
た。オスマン帝国で生きていくことを決めた
ハンガリー人亡命者たちが次に活躍するの
は、1853年のクリミア戦争であった。彼ら
は自分たちのヨーロッパ言語の知識を活か
し、通訳として活躍した。1850年代後半ま
でに多くのハンガリー人亡命者がコンスタン
ティノープルに残っていた。コンスタンティ
ノープルのプロテスタント教会は1857年に
ハンガリー人亡命者の子供たちのための学校
設立を計画するなど、コンスタンティノープ
ルのハンガリー人社会の活動を充実させてい
た。また、オスマン帝国に残ることを決めた
ハンガリー人亡命者たちもこの頃までにはト

47

ルコ人社会にある程度溶け込んでいたようである。

イギリスへ逃れた者たちの活動

　オスマン帝国は多くのハンガリー人亡命者たちにとって、西のヨーロッパの国、またアメリカへ亡命するための通過点に過ぎなかった。彼らはイギリス、フランス、スイス、ベルギー、ドイツ、またはイタリアを目指していた。その中でも、特にロンドンがハンガリー人亡命者たちの中心地となっていった。ロンドンは19世紀半ば、ヨーロッパを代表する大都市であった。そこにはハンガリー人亡命者のほかに1848年の革命で亡命を余儀なくされた各国の政治家なども集っていたのである。ハンガリー人たちは1850年のはじめ頃からロンドンに流れてきた。

　その少し前、1848年の時点で、ハンガリー革命政府の代表者であったプルスキー・フェレンツや、テレキ・ラースロー（Teleki László：1811年～1861年没）などがロンドンに亡命していた。彼らは、自分たちの仲間をハンブルクやオスマン帝国からイギリスに亡命させようと奔走した。また同時に、住居や仕事の確保、そして語学教室の開設などの受け入れ体制の充実も図った。自由主義的政治家の指導の元、ロンドンにハンガリー人亡命者受け入れ委員会が発足し、寄付を募るなど、イギリス側としてもある程度ハンガリー亡命者たちを受け入れる姿勢はあったようである。しかし、イギリス側としては、ハンガリー人亡命者たちへの長期に渡る援助はする用意はないという姿勢は崩さず、職に就くことができなかった亡命者たちの多くは、1852年までにアメリカに渡った。例えば、コッシュートと共にキュタヒヤに抑留され、その後イギリスに逃れたメーサーロシュ・ラーザールは、イギリス、フランスに住み、

1853年にアメリカへ渡った。1858年にアメリカ市民権取得後、仕事でスイスに向かう途中、病魔に襲われ死亡した。

　ヨーロッパに残ったハンガリー人亡命者たちだけでなく、アメリカに渡った亡命者たちにも言えることであるが、彼らは居住先を何回か変えている。それは、独立のために立ち上がるための資金や援助を求めてのことであった。

　イギリスではロンドンのほかにジャージー島（Jersey：イギリス海峡に浮かぶチャンネル諸島の島の一つ）に小さなハンガリー人亡命者たちの居住地が形成され、そこにはテレキ・シャーンドル伯爵（Teleki Sándor：1821年生～1892年没）やメーサーロシュらが居を構えた。また、ロンドンと並び、ヨーロッパにおけるハンガリー人亡命者たちの中心地となったのはパリであった。パリにはテレキ・ラースロー伯爵、バッチャーニ・カーズメール伯爵、エステルハージ・パール伯爵などが住んだ。

アメリカへ逃れた者たちの活動

　アメリカに最初のハンガリー人亡命者が渡ったのは、1849年の冬のことであった。1849年12月16日、ニューヨーク市民はウーイハージー将軍（Újházy László：1795年生～1870年没）をはじめとする約50人のハンガリー革命功労者を迎えた。アメリカ政府は彼らを温かく迎え、それぞれの街の予算で亡命者たちをホテルに迎え入れた。この時にアメリカに渡ったハンガリー人亡命者たちこそが、トルコに抑留されているコッシュートらをアメリカに渡れるようにするために、アメリカの政治家たちに働きかけた人たちであった。彼等の働きかけによりコッシュートらは1851年12月にアメリカに渡った。

コッシュートを始めとするハンガリー人亡命者たちは、ハンガリー独立のための活動への援助を得るために、アメリカ、イギリスにおいて民衆に演説を行ったが、最終的にそれにより大きな政治的援助を得ることはできなかった。彼らの多くは、ヨーロッパとアメリカを行き来し、ハンガリー人亡命者たちの活動を充実させることに奔走した。

1867年にハプスブルク帝国とハンガリーとの間で結ばれた和約、「アウスグライヒ」によってハプスブルク帝国は、オーストリア皇帝がハンガリーの国王を兼ねる二重君主国となった。これに対し、コッシュートやウーイハージーら、急進的なハンガリー人亡命者たちは、真のハンガリー独立ではないとし、反対意見を表明した。しかし、ハンガリー人亡命者の大半は、この和約を「彼らが求めていた形」ではないが、「政治的現実」として受け止めたのであった。

恩赦を受け、帰郷した者たち

コラムの結びとして、1848年革命後、他国へ亡命したが恩赦を受け、帰郷したハンガリー人たちのことに少し触れたい。

亡命地における先の見えない不安、新しい環境への適応の難しさから、ハンガリー人亡命者たちの中には次第に望郷の念が芽生えていったことは言うまでもない。それは、ハンガリー人亡命者たちが国外脱出した直後から始まったようである。1849年の秋にオスマン帝国に逃れたハンガリー人亡命者たちの中には、ヴィディンの街から逃げるようにハプスブルク帝国領内に戻った人々もあった。しかし、帰郷後ハプスブルク帝国軍に組み込まれた人々の中には、軍の中での彼らへの扱いに耐え切れず、再度第三国へ亡命した人も珍しくなかったということである。

1850年代後半、多くのハンガリー人亡命

1880年のコッシュート

者の中に個人的な恩赦を受け、帰国する人たちがピークに達した。また、1860年代前半のハプスブルク帝国・ハンガリー王国の政治体制の変化から、独立運動続行の難しさを悟り、帰郷を希望する亡命者たちが増えていった。そして、1867年、アウスグライヒに伴い、フランツ・ヨーゼフはすべての亡命者たちに向け恩赦をだし、それにより、ハンガリー人亡命者の大多数が帰郷した。この1867年の恩赦ではハンガリー人亡命者たちに下された罪が消されたのである。この頃に帰郷したハンガリー人亡命者の中で、特に1848年革命期に指導的立場にあった者の中には、帰郷後国家の重要なポストに就いた者もいた。帰郷しなかったハンガリー人亡命者は、亡命地に順応し、根付くことができた人たち、もしくは、1848年革命の指導者、コッシュート・ラヨシュの様に、「アウスグライヒ」に根本から反対していた人たちであった。

1848年革命で敗北後、アメリカで人気に。後に「ドナウ連邦構想」まとめる

コッシュート・ラヨシュ
Kossuth Lajos

- 1802年9月19日　モノク（Monok：ハンガリー王国）生
- ▶ 1849年〜1851年　オスマン帝国に亡命
- ▶ 1851年〜1852年　アメリカに亡命〜イギリス・フランスに身を寄せる
- ▶ 1861年　イタリアに亡命
- 1894年3月20日　トリノ（Torino：イタリア）没

　ブダペストの中心、国会議事堂前の広場。晴れた休日には多くの観光客や市民が訪れ、その美しい景色を楽しんでいる。この広場につけられた名前は「コッシュート・ラヨシュ広場」。1848年革命の英雄を称えている。
　コッシュート・ラヨシュは1802年、ハンガリー北部、スロヴァキアと接するゼンプレーン県（Zemplén vármegy）の小さな町、モノク（Monok）でプロテスタントの下流貴族の家に生まれた。父方は13世紀よりスロヴァキアに住むスロヴァキア系であり、ラヨシュの叔父コッシュート・ユライは熱狂的なスロヴァキアの愛国主義者であった。また、母方はルター派のドイツ人であり、父母ともにハンガリー系ではなかった。しかし、ハンガリー王国を構成する貴族として、その民族性が問題視されることはなかったようである。ラヨシュ自身は自分をハンガリー人として認識していた。
　ラヨシュの母は彼を敬虔なルター派として育てた。1808年、コッシュート家はシャートラヤウーイヘイに移り住み、ラーヨーシュはそこのエスコラピオス修道会のコレギウムで学んだ。その後、シャーロシュパタクのカルヴァン派のコレギウムで学ぶと、ペシュト大学の法学部に進学した。卒業後は、ゼンプレーン地方（Zemplén vármegye：現スロヴァキア東部の地方）で弁護士として働き始めた。彼の雄弁さ、分析力の高さから、その名が知られるようになり、1825年には、1812年以来、実に13年ぶりに開かれた国会の下院議員に選ばれ、ラディカルな社会改革を主張するようになる。
　1832年から1836年ポジョニの国会開会中に発行した「議会通信」の内容がウィーン政府批判を含む内容であったため発行禁止となり、1837年に懲役4年の実刑を受けた。3年後に釈放され、1841年には『ペシュト新聞（Pesti Hírlap）』を発行。編集長として急進的社会改革と民族独立を掲げて世論を刺激、ハンガリー国民の支持を受けた。

ハンガリーにおける民族意識の高まりとコッシュート

　1830年代から1840年代にかけて、ハンガリーでは自由主義的な貴族を中心に言語・文化を土台にした民族的自覚が高まっていった。ハンガリー語文学が初めて高まりを見せたのもこの頃であったし、ハンガリー民族博物館、ハンガリー民族劇場などが盛んにつく

られていった。また、国会ではラテン語に代わるハンガリー語公用化に向けて動いていた。

この時期、国会ではセーチェニ・イシュトヴァーンら穏健的改革派たちがハンガリーをハプスブルク帝国内にとどめた上での経済的自立、農奴の有償解放など、漸進的な改革を主張していた。それに対し釈放後、政界に復帰したコッシュート・ラヨシュは、急進的な改革派のリーダーとして、経済的自立はさることながら、貴族免税特権の廃止、農奴の強制的有償解放、国会に責任を負うハンガリー政府の樹立、ハンガリー軍の設置、ハプスブルク帝国からの自立を政治目標に掲げていた。そしてコッシュートらは1844年のハンガリー国会において、ハンガリー語を公用語とする法案の制定を強く主張した。同年、言語令が可決され、ハンガリー語が正式にハンガリーの公用語となったのである。

コッシュートの急進的な改革は、先鋭的なマジャール民族主義に基づくものであった。そしてそれは、同じく固有言語と文化的背景を持つ、ハプスブルク帝国内の非マジャール系諸民族たちの反発を招いたのである。

1848年革命

1848年2月に起こったパリの革命成功の知らせが届いた3月1日、ハンガリーのポジョニでは国会が開かれていた。3月3日、野党を率いるコッシュート・ラヨシュは下院でハンガリー人による責任内閣の組閣、貴族特権の廃止、農奴の解放、国防体制の改革、ポジョニからペシュトへの議会の移転などを要求した。ハンガリー1848年革命の幕開けである。

3月15日のペシュトでの蜂起を受けて、混乱の拡大を恐れたオーストリア皇帝フェルディナント一世は、ハンガリー人の要求を

バッチャーニ・ラヨシュ

受け入れ、自由主義的な貴族であったバッチャーニを首班とした内閣が成立した。そしてコッシュート・ラヨシュはこの内閣で財務大臣に就任した。

コッシュートら急進派たちは、ハンガリーを独立民族国家にしようと考えていた。しかし、ハンガリー国内の非マジャール系諸民族たちはコッシュートら急進派たちのマジャール民族主義に基づく改革の進め方に懐疑の念を抱いており、これに強く反発した。これを機にオーストリア政府は再び強硬策に転じ、9月10日、バッチャーニ内閣は辞職に追い込まれた。これを受けて、ハンガリー国会は9月16日、コッシュートら6名からなる国防委員会をつくった。これでコッシュートは実質上政権を掌握したことになる。これ以降、この委員会を中心にオーストリア帝国と対立することになる。オーストリア皇帝は軍事的手段をもってハンガリー革命の弾圧に

乗り出したのである。

1848年12月31日、国防委員会はペシュトを離れ、デブレツェンに移った。1849年4月14日、コッシュート率いるハンガリー政府は、デブレツェンにおいてハプスブルク家のハンガリー王位継承権を否定し、ハンガリーの独立を宣言した。そして、コッシュート自らは執政官の就任した。その後、軍勢も巻き返し、4月24日には帝国軍の手に陥ちていたペシュトを、5月21日にはブダを奪還した。

オーストリア皇帝フランツ・ヨーゼフは、ロシア皇帝ニコライ一世からの援軍を受けると、ふたたびハンガリーに侵攻していった。ハンガリー国民軍は徐々に敗退していき、ついにコッシュートは8月11日、ハンガリー国民軍総司令官であったゲルゲイに全権を譲り、オスマン帝国へ亡命した。

コッシュート亡命生活——オスマン帝国、イギリス、アメリカ

コッシュートは初めオスマン帝国国境の街、ヴィディン（現ブルガリア）へ逃れ、オスマン帝国政府よってヴィディンの要塞に匿われた。後にオスマン帝国政府は、更に東に位置する街、シュメンに亡命者のためのヨーロッパ風の住居を設け、コッシュートはそこへ移った。

ハプスブルク帝国政府及びロシア政府は、1849年の8月末の時点でコッシュートら亡命者たちの引き渡しをオスマン帝国政府に要求したが、オスマン帝国政府は人道的理由でそれを拒否した。しかし、亡命者たちの引き渡し拒否は、オスマン帝国が望まない戦争の引き金になりかねなかった。そこでオスマン帝国政府は、コンスタンティノープルでコッシュートの代理人に「もし亡命者たちがイスラム教に改宗し、オスマン帝国国籍を取得す

れば引き渡しはしない」と伝えた。しかし、コッシュートはイスラム教への改宗を頑なに拒み、自分の仲間にも改宗を踏みとどまるよう説得したという。

1849年10月、亡命者たちをオスマン帝国領土の内地に抑留することを条件に、引き渡しの要求を取り下げた。そして、ハンガリー人亡命者たちは小アジアのキュタヒヤに送られることが決まったのである。この時ハプスブルク政府は、向こう15年間コッシュートをキュタヒヤに抑留することを要求していた。

コッシュートは亡命者たちのリーダーとして、仲間たちが離散することだけは避けたかった。そして、また、キュタヒヤ送りを中止させ、できるだけオスマン帝国のヨーロッパ側、つまり、コンスタンティノープルよりも西側（フィリポポリス、エディルネ、ガリポリ半島の周辺）に留まることを目指した。最終的にそれは叶わなかったが、キュタヒヤに送られる時の従者の数を増やさせることには成功した。1850年2月、コッシュートはバッチャーニ、メサロら約40名と共に小アジアのキュタヒヤに送られた。4月12日キュタヒヤに到着、その後キュタヒヤには約100名のハンガリー人及びポーランド人が送られた。ここでコッシュートは家族と合流することができた。

コッシュートはキュタヒヤでも亡命者たちのリーダーとして活躍した。イスラム教に改宗し、トルコに腰を落ち着けようとするハンガリー人亡命者たちに、踏みとどまるよう説得を続け、セルビア、またアメリカに移住するよう勧めた。その結果、シュメンに残った亡命者たちの間で、アメリカ移住を希望する亡命者たちのグループが出来上がったのである。

アメリカを目指して

　1849 年の冬の時点でアメリカに亡命した
ハンガリー人たちは約 50 名いた。彼らはア
メリカ政府に働きかけ、コッシュートらトル
コに抑留されているハンガリー人亡命者たち
の解放協力の約束をとりつけた。1851 年 5
月、キュタヒヤ抑留者たちはアメリカの援助
を受けられることが決まったが、コッシュー
トら指導的な立場にあった 8 人の亡命者た
ち（バッチャーニ、ペルツェリなど）は 9
月までキュタヒヤにとどまった。彼らがアメ
リカへ向けて出国できたのは、オーストリア
首相、フェリックス・シュヴァルツェンベル
ク（Felix zu Schwarzenberg：1800 年生〜
1852 年没。オーストリアの政治家。優秀な
人であったようで、外交、軍事の両方で活躍
した）がオスマン帝国当局にハンガリー人亡
命者たちのオスマン帝国再入国禁止をとりつ
けた後であった。また、ハプスブルク帝国に
おけるコッシュート不在の裁判で、彼に死刑
の判決がでたのもこの頃であった。

　コッシュートらはイズミル（トルコ）から
アメリカの船ミシシッピ号に乗り、出港し
た。コッシュートはマルセイユにおいて、フ
ランス経由でのイギリスへの出国許可を求め
るが、それはフランスのナポレオン三世に聞
き入れられなかった。コッシュートはそのフ
ランスの態度に抗議したが、ミシシッピ号を
動かしていたアメリカはフランス政府の決定
に従った。それを受けてコッシュートはアメ
リカの中立的な態度に幻滅し、ジブラルタル
海峡でミシシッピ号を降り、その後イギリス
に入った。

　コッシュートは 9 月 23 日にサウサンプト
ン（Southampton）に上陸し、約 3 週間イ
ギリスに滞在した。ロンドンでは熱烈な歓迎
を受けたといわれている。コッシュートはサ
ウサンプトン、バーミンガム、マンチェスター

をはじめ、イギリスの各都市で演説し、多く
の聴衆を集めた。

　その後、コッシュートは「移動の自由」権
を得ると、12 月から翌年 1852 年の 6 月ま
でアメリカに滞在した。コッシュートはア
メリカ滞在中に 40 以上の都市を訪れ演説を
行った。「ハンガリー独立の英雄」の人気ぶ
りは、当時彼の名を冠した街が 50 以上存在
したという事実から説明がつく。コッシュー
トはアメリカの上院、下院ともに迎え入れら
れ、そこでも演説を行った。また、ホワイト
ハウスにも招待され、歓迎を受けた。コッ
シュートのアメリカ、イギリスでの演説は人
気を博したものの、それにより政治的援助が
得られることはなかった。また、コッシュー
トはヨーロッパとアメリカを行き来し、ハン
ガリー人亡命者たちの活動を積極的にリード
していった。

晩年のコッシュート

　コッシュートは 1861 年にイタリアに移
り、1865 年からはトリノに住んだ。そこが
コッシュートの亡命生活最後の地となったの
である。

　この頃になるとコッシュートは 1848 年革
命時にハンガリー至上主義政策を採ったこと
で諸民族の反感を買い、革命自体が失敗に終
わったことを自覚するようになった。また、
同時代にヨーロッパ各地で高まっていった、
例えば汎スラヴ主義などの地域再編運動を考
慮に入れつつ、革命失敗の反省も生かし、亡
命者仲間と共に「ドナウ連邦構想」をまとめ
た。この構想は、1862 年 5 月に公表された。
その中には、「関税・通貨・度量制の共通化」
「連邦政府の持ち回り制」「連邦・地方自治
体による公用語選択の自由」「結社・集会の
自由」などが盛り込まれていた。コッシュー
トらは、ドナウ川流域地域の相互協力を基に

53

したハンガリー再生とこの地域の民主的再編成をめざしたのである。結局この構想は実現しなかったが、この考え方はその後も引き継がれていく。

1867年、ハプスブルク帝国とハンガリー王国の間でアウスグライヒが成立するが、コッシュートは真のハンガリー独立ではないとし、これに強く反対した。また、「ハンガリーがハプスブルク帝国のくびきにある限り、いかなる恩赦も受け入れない」と明言したといわれている。

1879年、オーストリア＝ハンガリー二重君主国で、「ハンガリー国民が10年以上国外に住むとハンガリー国籍が剥奪されること」を定めた法律が制定された。急進的な野党はこの法律に反対したが、その甲斐もなしく強硬的に施行された。国籍剥奪を避けるためには、オーストリア＝ハンガリー二重君主国在外公館に出向し許しを請い、忠誠の誓いを立てなければならなかった。コッシュートはもちろんそれをよしとせず、1889年に彼のハンガリー国籍は消滅した。そして彼はその死の瞬間まで、オーストリア＝ハンガリー二重君主国の「国民」になることを認めなかったのである。

1892年、ハンガリーのいたるところで、コッシュートの90歳を祝う行事が催された。ペシュトではコッシュートに名誉市民の称号を与えることが決定し、ほかのハンガリーの都市でもこれに倣った。また、いろいろな都市からトリノのコッシュートの元に祝いのための使節が送られた。

コッシュートは1894年3月20日トリノで死去した。ハンガリー国会は、コッシュートを国葬することを決定した。皇帝フランツ・ヨーゼフは、コッシュートの最後の魂の安息場所としてハンガリーに埋葬することを拒みはしなかった。コッシュートの遺体はハンガリーに移され、ブダペストにあるケレペシ墓地に埋葬された。

ハンガリーの民族音楽の祖、バルトーク・ベーラは1903年、1848年革命におけるコッシュート・ラヨシュの功績を称え「コッシュート交響曲」をつくった。交響曲のクライマックスは、革命におけるハンガリーの運命を象徴するかのような曲調で終わっている。

ケレペシ墓地：コッシュートの棺　荘厳なモザイクに囲まれ安置されている（http://www.agt.bme.hu/varga/foto/kerepesi/kerepesi.html）

1848年革命恩赦で帰国、二重君主国外相としてベルリン会議でボスニアまで取得

アンドラーシ・ジュラ
Andrássy Gyula

- 1823年3月3日オラーパタク（Oláhpatak：ハンガリー王国）生
- ▶ 1849年　オスマン帝国に逃亡
- ▶ 1851年　イギリス・フランスに亡命
- ▷ 1858年　恩赦によりオーストリア＝ハンガリー二重君主国へ帰国
- 1890年2月18日　ヴォロスコ（Volosca：オーストリア＝ハンガリー二重君主国）没

　アンドラーシ・ジュラは、1823年3月3日、ハンガリー王国のオラーパタクで生まれた。ハンガリー大貴族の家系であり、父は、アンドラーシ・カーロイであった。

　アンドラーシの家は政治的には保守派であったため、ジュラ少年は愛国主義的教育を受け育った。ブダペスト大学カトリック高等学校（Budapesti Egyetemi Katolikus Gimnázium）を卒業すると、当時の貴族の慣習に従い、外国を視察旅行して周った。そして、彼が尊敬していたセーチェニ・イシュトヴァーンと知り合ったのもこの頃であった。セーチェニ・イシュトヴァーンはこの時、アンドラーシ・ジュラに政治家としての潜在的な能力を見出したと言われている。

　ジュラは外遊から帰国すると、ゼンプレーン県委員会からポジョニの国会議員として選ばれた（1847年～1848年会期）。1848年からのハンガリー独立革命では、積極的にコッシュート・ラヨシュを擁護した。1848年4月よりゼンプレーン県委員会の保安官長官に任命され、シュワフトの戦い（1848年10月にウィーン近郊のシュワフトで起こったハプスブルク帝国軍とハンガリー王国軍の大規模な衝突）では、ゼンプレーンの国民軍を指揮した。そして、1849年の春には大佐の位に昇格した。その後アンドラーシ・ジュラは、デブレツェンのハンガリー革命政府の外交団代表として、コンスタンティノープルに送られ、ハンガリー独立ための援助を求め奔走した。

オスマン帝国での活躍

　1849年8月、ハンガリー独立革命軍が実質上敗れると、彼は帰国するすべを失った。その後一定期間オスマン帝国に残り、コンスタンティノープルでコッシュート・ラヨシュの代理人としてオスマン帝国政府と交渉にあたった。ハプスブルク帝国政府とロシア帝国政府がオスマン帝国にハンガリー人およびポーランド人亡命者たちの引き渡しを要求してきた際、オスマン帝国政府と交渉にあたったのもアンドラーシ・ジュラであった。アンドラーシ・ジュラは、この時コッシュート・ラヨシュへ文書を送り、オスマン帝国政府が突きつけてきた条件「イスラム教への改宗及びオスマン帝国国籍の取得」を知らせた人物であった。

　その後アンドラーシ・ジュラは、イギリス

へ亡命した。その地で、ハンガリー系である
ケンデフィ・エカチェリーナと結婚した。
1851年、ハプスブルク帝国でハンガリー独
立革命に関する裁判が開かれ、コッシュー
ト・ラヨシュ同様、不在裁判においてアンド
ラーシ・ジュラに死刑の判決が下された。ア
ンドラーシ・ジュラはその後、パリに移り住
んだ。

恩赦と帰国後の活躍、政界復帰

　1857年、アンドラーシ・ジュラは恩赦を
受けて帰国した。

　帰国後、アンドラーシ・ジュラはデアーク・
フェレンツと共にハプスブルク帝国との協調
路線を推進していった。1861年4月にデアー
ク・フェレンツはハンガリーがハプスブルク
帝国の一部であると認めたうえで、1848年
に一時認められた憲法と同君連合の復活を要
求したが、これはハプスブルク側より拒否さ
れた。しかし、国際情勢の変化（1864年に
起こったポーランドでの蜂起や1866年のプ
ロイセンとの戦争における敗北など）からハ
プスブルク側も帝国の再編成を考えるように
なっていった。その結果、ウィーン宮廷はハ
ンガリーとの妥協路線でいくことを決意した
のである。

　1867年ハンガリー王国の広大な自治が認め
られ、独自の政府と議会をもつことが認め
られた。そして2月20日、皇帝フランツ・
ヨーゼフ一世はアンドラーシ・ジュラを首相
兼国防相に任命した。5月29日、ハンガリー
国会は「アウスグライヒ」法を承認し、正式
にハプスブルク帝国とハンガリー王国の「ア
ウスグライヒ」が成立した。そして、6月8日、
フランツ・ヨーゼフ一世はハンガリー国王
としても戴冠し、ここにオーストリアとハン
ガリーの二重君主国が誕生した。

　1867年に発足した内閣は、自由主義的な
アンドラーシ・ジュラを首相とする内閣で
あったが、この時の国会は、1848年当時の
選挙法によって1865年に選ばれた議員から
成っていた。与党は、デアーク・フェレンツ
率いる、貴族、大地主を基盤とした党であり、
最大野党は、ティサ・カールマン率いる、中
小貴族や知識人を基盤とした、いわゆる「中
道左派」政党であった。この党は、アウスグ
ライヒ構造自体は容認しつつ、ハンガリーの
自治拡大を目指していた。ほかにも当時の
コッシュート・ラヨシュの立場を支持し、ア
ウスグライヒを批判する野党もあった。

　アンドラーシ・ジュラは、1871年11月
14日、オーストリア＝ハンガリー二重君主
国の外相に就任した。オーストリア＝ハンガ
リー二重君主国には、オーストリア、ハンガ
リーそれぞれに独立した政府と議会があり、
オーストリア首相、ハンガリー王国首相とも
に皇帝により別々に任命されていた。しか
し、対外的には単一国家として外交権を行使
していたため、外務省、国防省、財務省の
3省は統一されていた（これらの機能は主に
ウィーンが占めていた）。そして、双方の首
相、統一外相、統一国防相、統一財務省によっ
て、オーストリア＝ハンガリー二重君主国共
通の閣僚評議会が成り立っており、統一外相
が共通閣僚評議会議長を兼任していた。つま
り、アンドラーシ・ジュラはハンガリー王国
首相とオーストリア＝ハンガリー二重君主国
外相および閣僚評議会議長を兼任していたの
である。

　アンドラーシはオーストリア＝ハンガリー
二重君主国の外相として、ロシア帝国の動き
を抑え、ドイツ帝国との提携を進めていっ
た。当時、オーストリア＝ハンガリー二重君
主国内では「バルカン問題」が非常に重要な
問題であり、帝国内のスラヴ系民族の独立運
動を煽る汎スラヴ主義やロシア帝国のバルカ

ベルリン会議

ン政策が帝国の領土保全を脅かすのではと危惧していた。バルカン問題に関しては、1876年7月8日、ロシア帝国皇帝アレクサンドル二世と当時のロシア外相ゴルチャコフ（Александр Михайлович Горчаков：1798年生～1883年没。帝政ロシアの政治家。アレクサンドル二世のもとで外務大臣を務めた人物）がライヒシュタット（Reichstadt:現チェコ領ザークピ）でフランツ・ヨージェフ、アンドラーシ・ジュラと会談し、密約が結ばれた。この密約により、オーストリア＝ハンガリー二重君主国はロシア帝国の勢力がベッサラビアからコーカサス地方に及ぶのを容認し、ロシア帝国はオーストリア＝ハンガリー二重君主国の勢力がボスニアに及ぶのを容認した。また、両国ともバルカン半島にスラヴ系国家を形成しないことで同意した。

しかし1877年に露土戦争の結果結ばれたサン・ステファノ条約により、バルカン半島でロシアの支持を受けたセルビア、モンテネグロがそれぞれ独立し、さらにロシアの影響下にある大ブルガリア公国が成立することが定められた。その決定を見直させるため、ドイツとイギリスを説得し、1878年にベルリン会議を開かせた。

アンドラーシの活躍—ベルリン会議での収穫

ベルリン会議でロシアのバルカン半島への野心を打ち砕いたうえ、アンドラーシは、ボスニア・ヘルツェゴヴィナの行政権と占領権を獲得するなどの成果を得た。しかしハンガリーでは帝国内にスラヴ系住民を増加させることへの不満から、ボスニア・ヘルツェゴヴィナの獲得は激しく反対された。ベルリン会議の結果、ロシア帝国との関係は冷却化したが、ドイツとの関係は強化され、翌年、1879年には独墺同盟を結んだ。そして、アンドラーシ・ジュラは同年10月2日に外相を辞任し、政界を退いた。

アンドラーシ・ジュラは1890年2月18日、イストリア地方のヴォロスコ（Volosko:現クロアチア領）でその生涯を閉じた。彼は晩年、病気療養のためトレビショフ（Trebišov: 現スロヴァキア領）で過ごし、そこからハンガリーの行く末を見守っていたという。彼はトレビショフに妻と共に眠っている。

1848革命後、死刑宣告、伊ガリバリディ参加、恩赦で国立博物館館長就任

プルスキー・フェレンツ
Cselfalvi és lubóczi Pulszky Ferenc Aurél Emánuel

- 1814年9月17日　エペリェシュ
  （Eperjes：ハンガリー王国）生
- ▶ 1849年　イギリスに亡命
- ▷ 1866年　ハンガリーに帰国
- 1897年9月9日　ブダペスト
  （Budapest：オーストリア＝ハンガリー二重君主国）没

プルスキー・フェレンツは、1814年9月17日、エペリェシュに生まれた。父親の名は、プルスキー・カーロイ・エマヌエル（Pulszky Károly Emmanuel：1756年生～1841年没）といった。父親は1800年、ハンガリー王フェレンツ一世（1768年生～1835年没。Franz Joseph Karl von Habsburg-Lothringen。ハプスブルク＝ロートリンゲン家第4代の皇帝。神聖ローマ帝国最後のローマ皇帝、フランツ二世であり、最初のオーストリア皇帝フランツ一世でもある。ハンガリー国王としてはフェレンツ一世であり、ベーメン国王としては、フランティシェク二世である）から貴族の称号を受け、その後 Cselfalvi et Lubócz の名を名乗るようになる。母親は名家の出身で、名をフェイェールヴァーリ・アポローナと言った。母方のおじには、考古学者のフェイェールヴァーリ・ガーボル（Fejérváry Gábor：1780年生～1851年没）がいる。

プルスキー・フェレンツは、初めミシュコルツで教育を受けた後、エペリェシュで高等教育を受けた。その後ペシュトに移り、ハンガリー王立大学の法学部を卒業した。この頃、エトヴェシュ・ヨージェフと知り合い、交友関係を結んだ。青年時代、フェレンツは伯父であるフェイェールヴァーリ・ガーボルの影響を強く受けた。フェレンツは何回か伯父についてヨーロッパ各国へ見聞旅行へ出た。若きフェレンツの目には、おじの古代と古美術の収集への情熱がとてもまぶしく映ったようである。

フェレンツは1834年から、シャーロシュ県（Sáros）で弁護士として働いた。1837年、再びおじのフェイェールヴァーリ・ガーボルと共に西ヨーロッパへ旅立ち、その後ハンガリーに戻ってくると、シャーロシュ県の議会代表となり、政治の世界に入っていったのである。

プルスキー・フェレンツ、政界へ

ハンガリーに戻ると、フェレンツはポジョニの国会で働きはじめる。その国会の場で、フェレンツは、デアーク・フェレンツやクゥルチェニ・フェレンツ（Kölcsey Ferenc：1790年生～1838年没。ハンガリーの言語学者であり、詩人、政治家）などの、ハンガリーの「改革時代」を代表とする政治家たちと知り合った。また、ペシュトにおいて、ヴゥルシマルティ・ミハーイ（Vörösmarty

Mihály：1800年生〜1855年没。ハンガリーの詩人、作家、弁護士。ハンガリー科学アカデミーのメンバー。ハンガリーにおけるロマン派を代表する文学者の一人）、バイザ・ヨージェフ（Bajza József：1804年生〜1858年没。ハンガリーの詩人、批評家。またツツォル・ゲルゲイ（Czuczor Gergely：1800年生〜1866年没。ハンガリーの詩人、言語学者）などの偉大な文学者とも交友を持った。

1844年、フェレンツはウィーンの銀行家の娘、ウォルター・テレジアと結婚した。二人の間には4人の子（アーゴシュトン、カーロイ、ポリクシニア、ガリバルディ）が生まれた。

フェレンツは1848年3月から4月の間、臨時警察委員会のメンバーであった。その後ハンガリー金融庁にポストを与えられ、さらに同年エステルハージ・パール・アンタル（Esterházy Pál Antal：1786年生〜1866年没。ハンガリーの外交官、1848年に成立したバッチャーニ・ラヨシュ内閣の外相となり、オーストリア政府と妥協を結ぶべく奔走した）の援助のもとウィーンに移り、同等の職に就いた。1848年9月から10月の間、ウィーンで働いた。

しかしその後、フェレンツは革命家たちとの関係を疑われた。そしてウィーンを追われ、ブダペストに戻った。ブダペストでは、12月末まで農業、産業、商業委員会の委員を務めた。

1848年革命、そして亡命

ハンガリー1848年革命に参加したフェレンツは、その革命が失敗すると、1849年コッシュート・ラヨシュと共にロンドンに亡命した。このロンドンへの渡航は、ハンガリー革命の支持者を得る目的もあったが、その目的は達成することはできなかった。しかし、ハンガリー亡命者たちへの援助体制を整えるためには重要な渡航であったのである。そしてその後もフェレンツはコッシュート・ラヨシュと運命を共にするべく、アメリカに渡ったのである。

1852年、被告人不在のまま行われた軍事裁判でプルスキー・フェレンツは死刑を宣告された。1860年、イタリアに渡り、主にトリノに住んだ。イタリアでは、ジュゼッペ・ガリバルディ（Giuseppe Garibaldi：1807年生〜1882年没。イタリア統一運動を推進し、イタリア王国に貢献した。軍人）のアスプロモンテの戦いに参加し、その試みが失敗に終わったのち、ナポリに拘束されたこともあった。1861年の国会選挙の際、フェレンツはシャロシュ郡の代表として選ばれたが、当時はハンガリー入国が許されなかった。

恩赦、そして帰国

1866年、エトヴェシュの力添えもあり、アウスグライヒ締結を妨げないという条件のもと、オーストリア皇帝から恩赦が出された。そして、フェレンツはハンガリーに戻り、再び政治の世界に返り咲いた。1867年から1876年、そして1884年にはハンガリーの

ハンガリー国立博物館　この建物は1837年から1847年にかけて建てられた。（筆者撮影）

『わが人生、わが時間』

ケレペシ墓地：プルスキーの墓 (http://www.agt.bme.hu/varga/foto/kerepesi/kerepesi.html)

国会議員に選出された。党はデアーク・フェレンツ率いるデアーク党に入党した。

フェレンツは政治活動のほかにも、ハンガリー科学アカデミーではすでに 1838 年からメンバーとして学問にも従事していた。革命後に帰国した後、文学部門の部長として統括した。また、1895 年から、亡くなるまでの 2 年間、アカデミーの副（第二）会長も務めた。

そのほかに、1869 年から 25 年間ハンガリー国立博物館の館長も務めていた。そして、フェレンツはハンガリーの芸術と科学の発展のために力を尽くした。積極的に海外の美術コレクションの購入を促進するだけではなく、博物館においては考古学の研究も担当した。また、1872 年からは、美術館や図書館を統括する職に就いた。

フェレンツの研究書としては、『ハンガリーにおけるジャコバン派 (Die Jacobiner in Ungarn oder Die Verschwörung des Abts. Originalroman, 1-3.)』（1851 年、ライプツィヒ、英語版はロンドンでも出されている）『わが人生、わが時間 (Életem és korom I-IV)』（1880 年〜1882 年、ペシュト）、『ハンガリーの考古学 (Magyarország archeológiája.I-II)』（1897 年〜1898 年、ブダペスト）などがある。また、アメリカ亡命時代に妻と共同で発行したジャーナル、『白、赤、黒 (White, red, black)』（1853 年、ニューヨーク、レッドフィールド）も興味深い文献である。ハンガリーの問題に関するフェレンツの論文の多くは、ペシュト・アカデミーで出版された。フェレンツはハンガリーの芸術と科学の発展のために力を尽くしたのである。それ以外にも様々な学術協会の会員であった。

1897 年 9 月 9 日、プルスキー・フェレンツは、ブダペストで人生の幕を閉じた。

「強いハンガリー」論提唱、アウスグライヒも支持し、宗教・教育大臣就任した作家

エトヴェシュ・ヨージェフ
Eötvös József

＊ハンガリー語では最初のEは発音せず、ウトヴェシュに近い発音になるが、日本語表記は慣例に倣い「エトヴェシュ」とする。

- 1813年9月3日　ブダ（Buda：ハンガリー王国）生
- ▶ 1848年　ミュンヘンに移住
- ▷ 1851年　ハンガリー王国に帰国
- 1871年2月2日　ペシュト（Pest：ハンガリー王国）没

　エトヴェシュ・ヨージェフは1813年9月3日、男爵エトヴェシュ・イグナーツとリリエン・アンナ女男爵（バロネス）のもとに生まれた。賢人を多く輩出した家系であり、ハンガリー最古の国立の大学、ブダペスト大学に冠せられている物理学者エトヴェシュ・ロラーンド（Eötvös Loránd：1848年生～1919年没。男爵。物理学者であり、ブダペスト大学の教授。後にハンガリーの教育大臣となる）は、ヨージェフの息子である。

　ヨージェフは、王立カトリックカレッジ（現ブダペスト大学付属カトリックギムナジウム）で高等教育を受けた後、1831年までハンガリー王立大学で哲学と歴史学を学んだ。フランス啓蒙主義者として名を馳せていたプルジンスキー・ヨージェフ（Pruzsinszky József：1767年生～1830年頃没）がヨージェフの家庭教師となると、若きヨージェフは彼から多大なる影響を受け、政治と哲学に興味を持つようになった。また、親友であるサライ・ラースローは、この頃よりヨージェフの文学的傾向を見出していたという。

　大学を終えると、ヨージェフは法曹界でもキャリアを積んだ。1832年のポジョニでの国会に参加し、この頃法律試験にも合格している。1835年にはハンガリー裁判所のメンバーとなり、1837年にはエペリェシュ（Eperjes：現スロヴァキア領プレショフ）の公証人となった。

　学問の分野においては、ヨージェフは1835年9月14日にはハンガリー科学アカデミーの特別会員として選出されている。その後1839年11月23日には、アカデミーの正式会員に選ばれた。この後、1855年にはアカデミーの第二（副）会長に選ばれ、1866年3月18日には会長に就任している。

　ヨージェフは1836年から1837年の間、ドイツ、スイス、オランダ、フランス、イギリスなどを旅し、文学、政治の新しい風潮を肌で感じ、見聞を広めていった。ロマン主義の著名人たちとも交友関係を結んだのもこの頃であった。

作家としてのエトヴェシュ・ヨージェフ

　ハンガリーに戻ったのち、ヨージェフは最初の政治論文を発表する。その題名は、「刑務所の改革」といった。ヨージェフは、1840年までボルショド県（現在のハンガリー北東部に位置する地方。トリアノン以降北半

分はスロヴァキアの領土となる）のシャーリ（Sály）という小さな村に住み（父の遺産であった）、執筆活動に没頭した。1840年の国会開会前に、ブダに移り、ペシュトの自宅に移り住んだ。ヨージェフが名声を得るようになるのもこの頃であった。ヨージェフの政治活動初期の演説の一つに、ユダヤ人への市民権付与を提唱する内容のものがあり、これは1841年に出版されている。

ヨージェフは、彼の進歩的な考えを新聞『ペシュト新聞（Pesti Hírlap)』に投稿し、掲載した。ヨージェフの思考の核は、次の通りである。ヨージェフは、国会において必要不可欠な改革を、「純粋な民族国家政府であるハンガリー」の自治に基づく選挙制度によってのみ実施されうると信じていた。カルパチアに住む諸民族たちには、「純粋な民族国家」の概念を侵さない範囲での「強いハンガリー」論を提唱した。「国家の政府は、民族意識を呼び起こされた人々の政治的および言語的要求をみたさなければならず、彼らに近隣諸国の政府よりも高い「自由」を提供しなければいけない」と考えていた。このヨージェフの考えが顕著に表れているのが、『村の公証人（A falu jegyzője)』（1845年）と題された作品である。これはハンガリー文学の中で、古典作品の一つとされている。また、『ハンガリーの農民戦争』（1850年）などの中にもその考えが表れている。1841年、セーチェニ・イシュトヴァーン伯爵がまだ刊行されて間もない『ペシュト新聞（Pesti Hírlap)』を攻撃した際、ヨージェフは『東の民族とペシュト新聞（Kelet népe és Pesti Hírlap)』というパンフレットを書き、これに抗議した。このパンフレットは、1843年の議会でも再発行された。

ヨージェフは1842年にロシュティ・アグネーシュ（1825年生〜1913年没）と結婚

した。2人の間には、女の子が3人、男の子が2人の計5人の子が生まれた（男の子の1人は生まれて間もなく早世）。この兄弟の3人目の子供が後に物理学者、そして、大臣となるロラーンドであった。

1848年のハンガリー革命の時までには、ヨージェフはハンガリーの作家、政治家としてすでに名声を得ていた。その名声は、ウィーンにまで届いており、オーストリアも無視できない存在であったようである。1848年革命の際、ヨージェフの自由主義的な考えは広く人気を博し、ヨージェフはバッチャーニ（Batthyány Lajos：1807年生〜1849年没。ハンガリーの政治家）内閣に宗教・教育大臣として入閣した。ヨージェフはこの政権で、デアーク・フェレンツ（Deák Ferenc：1803年生〜1876年没。ハンガリーの政治家）やセーチェニ・イシュトヴァーン（Széchenyi István：1791年生〜1860年没。ハンガリーの貴族。自由主義の立場を採る政治家）と並び平和主義的中庸の考えを表明した。

1848年革命後

1848年秋、エトヴェシュ・ヨージェフはコッシュート・ラヨシュの政治的急進主義に抗議し、ミュンヘンへ移り住んだ。ヨージェフはミュンヘンで執筆活動を行い、ハンガリーにおける出来事に影響を与えていった。ヨージェフの『19世紀の支配思想が国家に及ぼす影響（A XIX. század uralkodó eszméinek befolyása az államra)』（1851年〜1854年、ドイツ語版ウィーン、ライプツィヒ）はハンガリーの文学や世論に大きな影響を与えた。

ハンガリーへの帰還――学問の世界および政界での再活躍

　1851年にハンガリーに戻ると、ヨージェフはすべての政治運動から距離を置いた。その後1859年に論文「オーストリアの権力と統一の補償（Die Garantien der Macht und Einheit Oesterreichs）」（1859年、ドイツ語版ライプツィヒ）を出版した。1861年の国会では、ヨージェフはデアーク・フェレンツを献身的に支持した。その後、数年間社会が安定すると、ヨージェフは文学作品執筆活動に戻り、前述のとおり、1855年にはアカデミーの第二（副）議長に選ばれ、1866年3月18日にはアカデミー議長に選出された。

　1865年と1867年の国会では、ヨージェフは再びデアーク側に立ち闘った。1867年2月にアンドラーシ・ジュラ政権が発足した際、再び宗教・教育大臣の座に就いた。このことにより、ヨージェフは実質的に自分の理想を実現する機会を得たのであった。1867年、国会はユダヤ人に対する平等権の補償する法案を採択した。ヨージェフの最大の功績は、普通教育法、国民民族法の採択であった。国民民族法は、教育、宗教、裁判、行政における多言語性を認めたものであり、当時としてはリベラルなものであったのである。

　しかし、ローマカトリックからの激しい抗議に遭い、ヨージェフの理想であった宗教の自由を実現するのは非常に困難であった。ヨージェフはカトリック教徒であると同時にシャルル・ド・モンタランベール（Charles Forbes René, comte de Montalembert：1810年生～1870年没：フランスの作家、政治家、アカデミー会員）を尊敬していた。それゆえローマ教皇の不可謬性に関する教義に関しては、強い疑念を呈していた。また、1867年にオーストリアとハンガリーが結んだアウスグライヒを強く支持した。

ヨージェフの死とその遺産

　政府での仕事からくるストレスからか、ヨージェフは体調を崩し、1871年2月2日、死亡した。1879年5月3日、ヨージェフの功績を称え、ペシュトのエトヴェシュ広場に彼の銅像が建てられた。

　エトヴェシュ・ヨージェフは、ハンガリー文学、政治の両面において、重要な役割を果たしたと言える。彼は詩や小説などで人生、社会、政治に関する自らの哲学を表した。文学者としては、小説『カルトジオ会（Karthausi）』でその名声を得た。また、その代表作には『村の公証人（A falu jegyzője）』（1845年）、『1514年のハンガリー（Magyarország 1514-ben）』（1847年）、『姉妹（Nővérek）』（1857年）がある。

　エトヴェシュ・ヨージェフに敬意を表し、1895年にフランスの高等師範学校（エコ・ノルマル）を模してつくられた学校には「エトヴェシュ・ヨージェフ男爵カレッジ」の名がつけられた。そしてこの学校はその後長年にわたり、多くの各界著名人を輩出した。後にこの学校は、自らの息子の名を冠したエトヴェシュ・ロラーンド大学に吸収された。

ブダペスト5区　エトブシュ広場にあるエトブシュ・ヨージェフ像

1848 年革命後、ブラームスと演奏旅行、ヴィクトリア女王のお抱えヴァイオリニストにも

レメーニ・エデ
Reményi Ede

- 1828 年 1 月 17 日　ミシュコルツ
  （Miskolc：ハンガリー王国）生
- 1849 年　1848 年革命に参加したとして、国を追われる
- 1860 年　恩赦を受け、ハンガリーに戻る
- 1898 年 3 月 15 日　サンフランシスコ
  （San Francisco：アメリカ合衆国）没

* レメーニ の名はエドゥアルト（Eduard）でエデはその愛称である。レメーニ・エデ音楽賞（Reményi Ede zenei díj）やレメーニ・エデ室内管弦楽団（Reményi Ede Kamarazenekar）など、公共の楽団や賞の名前でも愛称が使われていることから、本書では愛称のエデで表記する。

レメーニ・エデの名で知られるヴァイオリニストは、誕生時の名はホッフマン・エドワルド（Hoffmann Eduard）といった。彼は 1828 年 1 月 17 日にハンガリー王国の街、ミシュコルツで生を受けた。その苗字からも推測できる通り、彼の生まれた家はユダヤ人の家庭であり、父、ホッフマン・ヘンリクは金の細工師であった。3 歳上の兄、アンタル（Reményi Antal：1825 年生～ 1912 年没）は後に有名な旅行家になる人物である。

エデは初等教育を地元ミシュコルツで受けた。子供の時からすでに音楽の才能を見出されており、1842 年にはウィーン音楽院（Konservatorium der Gesellschaft der Musikfreunde：現ウィーン国立音楽大学）に入学することができた。そこでヨゼフ・ベーム（Joseph Böhm：1795 年生～ 1874 年没。ハンガリー王国ペシュト市生まれのユダヤ人バイオリニスト。ヨーロッパで活躍し、1819 年のウィーン音楽院創設時には教授として迎えられた）の指導のもと、1845 年まで学んだ。

1848 年革命と亡命生活──音楽家たちとの交流

1848 年 3 月 15 日、エデの故郷であるハンガリー王国ではハプスブルク帝国からの独立を求める革命が勃発した。エデもそれに参加したが革命は失敗に終わり、亡命を決意したのである。エデはイスタンブル、パリ、ロンドンを経て、アメリカに渡り、音楽家として活動した。

1852 年にヨーロッパに戻ると、数多くの著名な音楽家たちと交流を深めた。1853 年には当時弱冠 20 歳であったヨハネス・ブラームス（Johannes Brahms：1833 年生～ 1897 年没。ハンブルク出身の音楽家。作曲家としてだけではなく、ピアニスト、指揮者としても有名である。レメーニから教えられたジプシー音楽はブラームスの後の作曲活動に大きな影響を及ぼしており、それは「ハンガリー舞曲集」などに色濃くみられる）がエデの伴奏を務め、一緒にヨーロッパを演奏旅行して周った。また、ワイマールに滞在し、

リスト・フェレンツの指導を受けたこともあった。1854年には一時期ロンドンに住み、ヴィクトリア女王のお抱えヴァイオリニストとして活躍した。1855年には再度アメリカに渡り、そこで1860年に皇帝の恩赦を受けハンガリーへの帰国許可が出るまで活動した。

恩赦、ハンガリーでの生活――民族劇場のコンサートマスターに

　1860年、ハンガリー王国に戻ると、エデは皇帝フランツ・ヨーゼフのお抱えヴァイオリニストとなった。この後は、ハンガリーを代表するヴァイオリニストとして国内外で活躍していくのである。

　1870年、エデはハンガリー民族劇場のコンサートマスターとして迎え入れた。しかし、彼はあえてこの職に長く留まることはしなかったようである。また、文化的公共事業にも多額の寄付をしている。特に、1848年革命で活躍した詩人、ペテーフィ・シャーンドルとハンガリーの近代化に力を注いだセーチェニ・イシュトヴァーンの銅像を建てるために、チャリティーコンサートを行い、その売り上げを寄付したのである。また、1872年には音楽家であり、政治家でもあったファーイ・アンタル（Fáy Antal。1805年生～1872年没）の娘、ギーゼルと結婚している。

　エデは一定期間パリ、ロンドン、アメリカに住んでいたこともあった。アメリカではニューヨーク管弦楽団と演奏したほか、ホワイトハウスに招かれ、大統領の前で演奏することもあった。

　エデの演奏旅行はヨーロッパ、北米だけではなく、中米、さらには南アフリカ、セイロン、アジア、そしてオセアニアへも広がっていった。1886年には日本も訪れており、神戸、横浜の居留地で公演を行っている。その後、東京の鹿鳴館で演奏会を開いたほか、明治天皇をはじめとする皇族が出席する御前演奏会も行っており、明治天皇の御前で5曲ほど演奏されたということである（演奏された曲名は分かっていない）。このことは、2002年に昭仁天皇と美智子皇后がハンガリーを訪問した折、その挨拶の中で1886年にエデが御前演奏会を行ったことに言及されている。

　ヴァイオリンを愛し、世界中でコンサートを行ったエデであったが、そんな彼の死は突然訪れた。1898年3月15日、サンフランシスコでの公演中に突然亡くなったのである。同年5月、ニューヨークで彼の追悼式が行われた。また、エデの生まれ故郷ミシュコルツ市は、彼の功績を称え、レメーニ・エデ音楽賞をつくった。

　レメーニ・エデは、ショパンやシューベルトのピアノ曲をヴァイオリン用に編曲し、発表している。また、自らヴァイオリン協奏曲も書いている。また、ブラームスの「ハンガリー舞曲集」をめぐり、盗作を疑いブラームスを訴えたこともあったということである。

Kiskunfélegyháza にあるレメーニ・エデの記念プレート（https://szoborkereso.hu/）

1848年革命、フランクフルト国民議会ハンガリー代表、帰国後は科学アカデミー議長

サライ・ラースロー
Keméndi Szalay László

- 1813年4月18日　ブダ（Buda：ハンガリー王国）生
- ▶ 1848年　ドイツに亡命
- ▷ 1855年　ハンガリー王国に帰国
- 1864年7月17日　ザルツブルク（Salzburg：オーストリア帝国）没

サライ・ラースローはブダの知識人の家に生を受けた。父、サライ・ペーテル（Keméndi Szalay Péter：1763年生〜1825年没）は、ハンガリー王府秘書官であり、母はルドルフ・テレーズ（1774年生〜1848年没）といった。ラースローには兄がおり、兄、サライ・アーゴシュトン（Keméndi Szalay Ágoston：1811年生〜1877年没）もまたラースローと同様に、学問の道を志し、ハンガリー科学アカデミーの正会員となる人物である。父、ペーテルは1825年、ラースローが12歳の時に亡くなっており、父の死後兄弟は母親の手で育てられた。

サライ・ラースローはハンガリー王立大学の法・哲学部で学んだ。彼の指導教官はホルヴァート・イシュトヴァーン（Horvát István：1784年生〜1846年没。ハンガリーの歴史家）であった。その後は、クゥルチェニ・フェレンツの所で研修生となり、学んだ。1833年、ラースローは法律の学位を取得したが、法律家としての実践は行わなかった。しかし、1830年代の終わりころまでには、法律家・自由主義者として名声を得ることになる。大学在学中からエトヴェシュ・ヨージェフと交友があり、彼の自由主義改革派サークルに属していた。ラースローは当時の知識階級の慣習に則り、1836年から1839年までオーストリア、ドイツ、ベルギー、フランス、スイス、イギリスなどのヨーロッパ各地で学び、見聞を広めた。

1836年、ラースローはハンガリー科学アカデミーの会員となり、1837年からはキシュファルディ・グループ（a Kisfaludy Társaság：1836年にハンガリーの劇作家キシュファルディ・カーロイにより設立されたグループ。ハンガリーの文学作品を世に広めることを目的として活動しており、その活動は1852年まで続いた）のメンバーとなった。

1840年、ラースローは刑法草案作成のための全国委員会に参加した。草案（陪審、広報、口頭試問、聴聞会について）の作成において、提案書の作成と編集に携わったのである。1843年にはハンガリー国会に参加し、自由民主派の立場を採った。国会の場では、民族の権利について演説を行った。

1843年から1844年まで、ラースローは新聞『ペシュト新聞（Pesti Hírlap）』の議会特派員を務めた。1844年7月からは、コッシュート・ラヨシュから『ペシュト新聞（Pesti Hírlap）』を引き継いで編集長となり、1845年までその編集の仕事に携わった。サライ自身も新聞に記事を書き、ハンガリーの民主的

議会制の制定、行政の中央集権化と自治委員会の設置を第一目的とする改革を提唱した。1845年からは編集長の座をチェンゲリ・アンタル（Csengery Antal：1822年生〜1880年没。ハンガリーの政治家、経済学者、ジャーナリスト）に譲り、それ以降はラースローは『ペシュト新聞（Pesti Hírlap）』の一記者として働いた。

1845年、ラースローはベーケフィ・フランチェスカと結婚した。

1848年革命と亡命生活

1848年革命の際、ラースローはデアーク・フェレンツ側に立ち、法務省の成文化部門の責任者を務めた。そして、1848年6月には、パーズマーンディ・デーネシュ（Szomori és somodori ifj. Pázmándy Dénes：1816年生〜1856年没。ハンガリーの政治家）と共にフランクフルトのドイツ国会のハンガリー代表を務めた。フランクフルト国民議会は同年8月、正式に独立した国家ハンガリーの代表としてサライ・ラースローを受け入れた。その後、ラースローはパリ、ロンドンにハンガリー政府全権代表として派遣されたが、そこでは独立国家ハンガリーの代表として受け入れられることはなかった。

1848年革命が失敗に終わると、ラースローはスイスに亡命し、チューリッヒ、ロールシャッハなどに住んだ。そしてこれ以降、亡命生活中は歴史学に専念していった。ラースローの代表作、『ハンガリーの歴史』は1852年から1859年の間にライプツィヒ、ペシュトで出版された。ラースローは、ハンガリーの歴史を重要な歴史的転換点に基づいて27冊の本に分けて書いた。ラースローはその中で立法権の形成、制度や法律の発展に着目して論を展開しているが、経済や文化の発展には特に触れなかった。

1855年、ラースローはペシュトに戻った。そして、1861年からは政治の世界に返り咲き、ペシュト市5区の議会代表となった。また、同年からハンガリー科学アカデミーの議長となり、その職を死ぬまで務めた。

病気を患っていたラースローは、ドイツの温泉保養地バート・ヴィルトバート（Bad Wildbad：ドイツ南西部、バーデン＝ヴェルテンベルク州）で湯治を試みるが、1864年7月17日、ペシュトの自宅に戻る途中、ザルツブルクでこの世を去った。7月20日には彼の遺体はハンガリーに運ばれ、22日に埋葬された。1865年12月11日、古くからの友人であったエトヴェシュ・ヨージェフはハンガリー科学アカデミーにおいてサライ・ラースローの追悼演説を行った。ブダペストの5区にはサライ・ラースローの功績を称え、彼の名を冠した道がある。そこには記念プレートも掛けられている。

ブダペスト5区　Szalay utca7番地に掛かっている記念プレート（筆者撮影）

メンデルスゾーンに師事、ブラームスと意気投合、リストとワーグナーに反対宣言

ヨアヒム・ヨージェフ
Joachim József

- 1831年6月28日　クゥプチェーニィ（Köpcsény：ハンガリー王国）生
- 1839年　ウィーンに渡る。その後、ヨーロッパ各地を周り活躍する
- 1907年8月15日　ベルリン（Berlin：プロイセン王国）没

ソロ・ヴァイオリニストとしてその名を知られているヨアヒム・ヨージェフもハンガリー出身者である。厳密に言うと政治的理由で「亡命」したわけではないが、本書ではハンガリー国外で活躍したハンガリー人として扱う。

ヨアヒム・ヨージェフは1831年6月28日にハンガリー王国領のクゥプチェーニィ（Köpcsény：現オーストリア、ブルゲンラント州に位置する街、キッゼー）で生まれた。家はユダヤ人の家系であった。父は羊毛の商人であったようである。8人兄弟の第7番目の子であった。1833年、ヨージェフが2歳の時に家族はペシュト（現ブダペスト）に移住している。

ヨージェフは5歳になると、当時ペシュトのオペラハウスのコンサートマスターだったスタニスラフ・セルワチェンスキィ（Stanisław Serwaczyński）のもとでヴァイオリンのレッスンを始めた。セルワチェンスキィは当時ペシュトで最高のヴァイオリニストと評されていた人物である。ヨージェフが初めて人前でコンサートを行ったのは1839年、7歳の時であった。

音楽家への道──ウィーン音楽院・ライプツィヒ音楽院にて

その後ウィーンに渡り、ウィーン音楽院に入学した。そこでヨージェフはヴァイオリンの稽古に励んだ。1843年、12歳になる年にメンデルスゾーン（Jakob Ludwig Felix Mendelssohn Bartholdy：1809年生～1847年没。ドイツ、ロマン派の作曲家であり、指揮者、ピアニスト。ライプツィヒ音楽院を設立するなど、19世紀のドイツ音楽に多大なる影響を与えた人物である。元々ユダヤ人の家系であった）の勧めでライプツィヒに渡り、ライプツィヒ音楽院（Hochschule für Musik und Theater "Felix Mendelssohn Bartholdy" Leipzig：1843年創立）に入学した。メンデルスゾーンは1835年にゲヴァントハウス（Gewandhaus：ライプツィヒにある音楽ホール。1781年にオープンした）の指揮者になっているのだが、自らが奔走して資金を集め、ライプツィヒ音楽院を設立した。そこにヨージェフを入学させるよう進言したのである。ヨージェフはライプツィヒ音楽院ではメンデルスゾーン自身に師事した。

ライプツィヒ音楽院に入った年、ゲヴァントハウスでメンデルスゾーン、クララ・シューマン（Clara Josephine Wieck-Schumann：1819年生～1896年没。19世紀のピアニス

トであり作曲家。ロベルト・シューマンの妻）らと共演しデビューを果たしている。ヨアヒム・ヨージェフ弱冠12歳であった。3年後の1846年にはメンデルスゾーンに伴ってロンドンでも演奏している。しかし翌年の1847年、恩師であるメンデルスゾーンは亡くなった。

ドイツでの活躍──ライプツィッヒ、ハノーファー、ベルリン

　1848年、17歳になる年にライプツィヒ・ゲヴァントハウス管弦楽団に入り、その後2年間そこで活動した。また、ゲヴァントハウス弦楽四重奏団でも活躍した。1850年、ヴァイマルに移り、そこのオーケストラのコンサートマスターに就任した。ヴァイマルでは、同じハンガリー出身のリスト・フェレンツ（Liszt Ferenc：1811年生〜1886年没。ハンガリー王国出身であり、ヨーロッパで活躍したピアニスト、作曲家。ハンガリー人としてのアイデンティティーを持っていたと言われているが、実質的にハンガリー語を話さず、家系、母語ともにドイツ系であった。作品はドイツロマン派に位置づけられることが多い）やリヒャルト・ワーグナー（Wilhelm Richard Wagner：1813年生〜1883年没。ドイツの作曲家、指揮者。ロマン派。多くのオペラ曲を残している）と交流をもった。しかし、彼らとヨージェフの音楽に対する方向性は違っており、次第に疎遠となっていった。
　1852年、ヨージェフはハノーファーに移った。そこで、ロベルト・シューマン（Robert Alexander Schumann：1810年生〜1856年没。ドイツロマン派の作曲家）、クララ・シューマン、ヨハネス・ブラームス（Johannes Brahms：1833年生〜1897年没。ドイツの作曲家、ピアニスト、指揮者であった人物。バッハ、ベートーヴェンと共に、ドイツ音楽における三大Bとも称される）などと親しくなった。特にヨージェフとブラームスは意気投合し、共同でリストやワーグナーらの音楽に反対する宣言文をだした。また、この時期ヨージェフは歌手のアマーリエ・ヴァイスと結婚した（彼らの結婚は1884年まで続いた）。
　1866年、ヨージェフは王立音楽アカデミー創立のためにベルリンに招かれた。ヨージェフは自分のオーケストラをつくった。また、1869年には「ヨアヒム弦楽四重奏団」をつくり、ますます活躍した。特にこの「ヨアヒム弦楽四重奏団」は高く評価され、世界屈指の四重奏団と評された。ヨアヒム・ヨージェフは1907年にその生涯を閉じるまで、ベルリンで暮らした。生涯音楽の世界にいた人物であった。

ブダペスト5区 Dorottya utca 5番地の壁にかかってる記念プレート

■コラム　ハンガリー王国のユダヤ人コミュニティー：シュバイア・ケッヒロート

　現在はその大部分の地域がオーストリアのブルゲンラント州に入っているが、当時のハンガリー王国の西部に位置していたショプロン県やモション県には、大きなユダヤ人コミュニティーが存在した。この地域の領主たち（エステルハージ家、バッチャーニ・シュトラットマン家など）は、ユダヤ人たちを迫害することはなく、共存する道を選んだ。そのためこの地方ではユダヤ人たちの文化が花開き、彼らのコミュニティーが発展していったのである。この地方のユダヤ人コミュニティーは、17世紀の終わりから19世紀初めにかけてハンガリー王国内で最も裕福なコミュニティーであった。そのコミュニティーがあった7つの都市は以下の通りである（順不同）。

- ナジマルトン（Nagymarton：現オーストリア・ブルゲンラント州、マッテルスブルグ）
- キシュマルトン（Kismarton：現オーストリア・ブルゲンラント州、アイゼンシュタット）
- ショプロンケレストゥール（Sopronkeresztúr：1899年に改名され、Németkeresztúrとなる。現オーストリア・ブルゲンラント州、ドイチェクロイツ）
- ラコンパク（Lakompak：現オーストリア・ブルゲンラント州、ラッケンバッハ）
- カボルド（Kabold：現オーストリア・ブルゲンラント州、コベルスドルフ）
- クゥプチェーニ（Köpcsény：現オーストリア・ブルゲンラント州、キッゼー）
- ボルドグアッソニィ（Boldogasszony：

別名をFertőboldogasszonyといった。現オーストリア・ブルゲンラント州、フラウエンキルヒェン）

　エステルハージ家が領有していたナジマルトンやショプロンケレストゥールには、ユダヤ教の口伝律法・タルムードを学ぶ神学校、イシェヴァが設置され、この地方のタルムード学の中心地となった。ナジマルトンにはハシディズム（超正統派ユダヤ教運動）の宮廷（ユダヤ教の教えにしたがった生活をおくる共同体のこと）が誕生した。ヴァイオリニストのヨアヒム・ヨージェフが誕生したのは、クゥプチェーニであった。そのほかにも、ショプロンには幾つかのシナゴーグが今でも残っている。

　これらのコミュニティーは、1938年にオーストリアがナチス・ドイツに併合されると解体されてしまった。そしてそこに住んでいた多くのユダヤ人がホロコーストの犠牲者となったのである。第二次世界大戦後20年以上経った1972年、アイゼンシュタット（キッシュマルトン）にオーストリア・ユダヤ博物館がつくられた。この博物館の建物は、ハンガリー王国主席ラビであったザムソン・ヴェルトハイマー（Samson Wertheimer：1658年生～1742年没。ドイツ出身のオーストリアの宮廷銀行家。後にハンガリー王国の首席ラビとなり、アイゼンシュタットに住んだ）がエステルハージ家の援助のもとに建てたものである。

＊タルムード
ユダヤ教の「口伝律法」を収めた文書。現代のユダヤ教の多くの宗派が聖典として認めており、ユダヤ教徒の生活と信仰の基本としている。

第二章

オーストリア＝ハンガリー二重君主国時代
1867 年〜 1918 年

ティサ・カールマン

オーストリア皇帝とハンガリーの間で結ばれた「アウスグライヒ」により、ドイツ系民族とマジャール民族とが帝国内の諸民族（主にスラヴ系）を支配するという二重君主国構造がつくられた。この二重君主国のなかで、ハンガリーは地主貴族たちが主導権を取り、封建的な性格を保ちながらも急速な資本主義化を図る農業国へと成長していった。

第1章の導入部分でも触れたが、オーストリア皇帝フランツ・ヨーゼフ一世は1867年、アンドラーシ・ジュラを首相とするハンガリー内閣を任命した。この時の国会の与党は、デアーク・フェレンツが率いる大地主や上層ブルジョワジーを基盤としており、最大野党は、中小貴族と知識人を基盤とした、ティサ・カールマーン（Tisza Kálmán：1830年生〜1902年没。ハンガリーの政治家。大地主貴族出身）率いる「中道左派」であった。この党は、アウスグライヒの構造は概ね認めてはいたが、ハンガリーのより広範囲の自治を求めていた。また、「極左派」と呼ばれる野党は、アウスグライヒに真っ向から批判する姿勢をみせていた。この党は後の1874年に「独立党」となった。このようにハンガリーではアウスグライヒの導入についての賛否がわかれたのである。

しかしその後、ティサは次第に見解を変えてゆき、1875年3月、ついにデアークの党とティサの党が合同し、「自由党」が結成された。そしてその自由党が同年夏の選挙に圧勝し、ティサ・カールマンがハンガリー王国の首相となった。彼はアウスグライヒ体制を維持しつつ、1848年革命の目指した自由主義を実現しようとした。

ハンガリー王国の経済発展

ハンガリー王国の経済は、アウスグライヒ以降めざましく発展していった。1867年にはハンガリー最初の近代銀行が設立されただけでなく、ハンガリーの農業地帯とウィーンを結び付ける鉄道の建設もラッシュをむかえた。資本主義が勃興する中、1873年1月にはブダ、ペシュト、そしてオーブダが合併してブダペスト市が誕生し、オーストリア＝ハンガリー二重君主国ハンガリー王国側の首都として栄えていった。

しかしこの経済勃興の波も、1873年5月にウィーン証券取引所を襲った恐慌の影響を受け、徐々にひいていった。それに加え、1870年代末からの農業恐慌の波も深刻であった。これは、ハンガリーにとってそれまで重要であった穀物輸出先のドイツとオーストリアが、ロシアやルーマニアからの穀物輸入量を増やしたため、ハンガリーの穀物価格が著しく低下するという結果をもたらしたのであった。この世紀末の「大恐慌」時期、ハンガリーから北米などへの移民が広がって

いったのである。

アウスグライヒ体制においてハンガリーは独自の外交権を持たず、オーストリア=ハンガリー二重君主国として外交を行っていた。1871年、当時のハンガリー首相であったアンドラーシ・ジュラがオーストリア=ハンガリー二重君主国の外務大臣の座に就いた。アンドラーシ外相の第一の外交目標は、バルカン半島でのロシアの動きを抑えることであった。アンドラーシ外相は、露土戦争後に締結されたサン・ステファノ条約（露土戦争の講和条約。1878年3月にロシア帝国とオスマン帝国の間で締結された）によりロシアの影響下にある大ブルガリアをつくることに強く反発した。そしてそれを阻止するためにドイツとイギリスを説得し、同年6月にベルリン会議を開かせることに成功した。この会議において列強諸国がロシアの野望を砕く決定を下した上に、ボスニア・ヘルツェゴヴィナのオーストリア=ハンガリー二重君主国による「占領」を認めさせたのだった。しかし、この決定はハンガリー王国内では強い反発にあった。ハンガリー王国民の間では、オーストリア=ハンガリー二重君主国内の「スラヴ人」人口を増加させることでオーストリア・ドイツ人、マジャール人の主導権が脅かされるのではないかとの危惧があったからだった。このような状況をドイツと同盟を結ぶことにより解決しようと考え、アンドラーシ外相は翌年1879年に独墺同盟を結んだのである。

労働者運動の高まり

アウスグライヒ以降の経済発展に伴いブルジョワジーが成長してくると、労働者階級との格差が顕著になっていった。そんな状況の下、労働者運動も活発化していった。フランケル・レオーの指導の下、「ハンガリー全労働者党」がつくられた。1890年代にはハンガリー社会民主党も結成された。また、それと同時に「独立党」や「48年党」などの民族主義的野党もその動きを活発にし、「独立・48年党」として集結した。

ハンガリー王国諸民族の民族意識の高まりとブダペストの発展

アウスグライヒにより、ハンガリーはトランシルヴァニアとクロアチアを支配下に置いたが、この時期マジャール系民族の間ではマジャール人としての民族意識が高まっていった。その「民族主義」は国内の諸民族に対し「マジャール化」を強要した。一例を挙げるなら、この時期、北部のスロヴァキア系住民に対しスロヴァキア語の普及活動を禁止、ハンガリー語教育を義務化した。またトランシルヴァニアにおいてもルーマニア系住民に対し同様のことを行った。1896年、ブダペストは建国1000年祭に沸いたが、この1000年祭では、マジャール人によるこの地の征服以来の「栄光の歴史」が様々な形で表現され、結果的にこの行事は国内の諸民族に「ハンガリーの歴史的な偉大さ」を誇示する目的で行われたのである。

ハンガリーでは、ほかの東欧諸国と異なり、ユダヤ教徒の解放が1867年には法律により実現していた。ハンガリー（特に都市部）に住むユダヤ人はその程度の差こそはあれ社会に同化することができ、ハンガリーの経済や文化の舞台で活躍することができた。ブダペストの中心に位置するドハーニ通りにあるシナゴーグは19世紀半ばに建てられたものであり、ヨーロッパ一の大きさを誇る。当時のブダペストに住むユダヤ人たちの経済力の強さを示すものであると言えよう。

ブダペストは19世紀の末から20世紀初頭にかけ、オーストリア=ハンガリー二重君

ブダペスト西駅

ブダペスト民族学博物館（筆者撮影）

主国の一方の首都として、当時のウィーンの発展に負けないくらいのめざましい文化的発展を遂げた。それまでの文化の担い手は貴族であったが、それが市民へと移行し見事に花開いたのであった。ブダペストのシンボルである国会議事堂の建物は、1885年に着工し、1904年に完成した。また、ブダペストにおける世紀末建築で有名な地政学博物館や工芸博物館の建物もこの時期に完成したものである。また、ロンドンに遅れること3年、ヨーロッパ大陸初の地下鉄が開通した。街では図書館も整備され、カフェ文化も花開いた。カフェは知識人、小説家、詩人、画家などの社交の場となり、ここから多くの世紀末作品が生まれていったのである。民族音楽家のバルトーク・ベーラやコダーイ・ゾルターン（Kodály Zoltán：1882年生〜1967年没。ハンガリーの作曲家、民族音楽家）など、国際的に有名な音楽家が活躍したのもこの時期であった。

ハンガリーにおける社会主義の目覚め

　ハンガリーの20世紀は、政治的不安で幕を開けた。社会民主党の指導の下、普通選挙を求める労働者の激しいデモやストライキが起き、それは時には流血の事態にまで発展した。また、諸民族のハンガリー人たちへの不満が爆発し、各地で反ハンガリー運動が展開されていった。また、当時の野党は、民族主義的勢力がアウスグライヒ体制を強く批判し、ハンガリーの完全独立を求め、その運動を展開していった。

　そんな中1905年1月、ロシアのサンクト・ペテルブルグで血の日曜日事件が起こった。それが発端となり、第一次ロシア革命の波がロシア全土に広がっていった。ハンガリーもその影響を受け、労働者や農民のストが頻発した。1905年9月に起きた大規模な労働条

ブダペストのカフェ文化

件の改善や普通選挙権を求めるデモ（「赤い金曜日」事件）がその最たる例である。このような民衆運動を前にして、ハンガリーの指導者たちはお互いの主張を引っ込め、妥協点を見出すことを強いられた。そしてハンガリーの指導者たちはオーストリアへの強硬姿勢を緩め、アウスグライヒ体制を守ることにしたのである。

　この頃、オーストリア＝ハンガリー二重君主国の外交は緊張を帯びていた。帝国の最大の外交的関心はバルカンと東方問題であった。帝国はドイツとの同盟関係を強化し、さらにバルカン半島に進出していった。バルカン問題に関しロシアとは巧みに利害調整をしていた。1908年7月にオスマン帝国で青年

地下鉄が造られた当時のイメージはこんな感じであった

ガブリエル・プリンツィップ

サラエヴォ事件

トルコ革命が勃発すると、オーストリア＝ハンガリー二重君主国は革命による混乱に乗じ、1878年以来「占領」してきたボスニア・ヘルツェゴヴィナを「併合」した。ボスニア・ヘルツェゴヴィナにおいて民族意識が高まり、再びオスマン帝国の影響力が強まることを恐れた結果であった。

ボスニア・ヘルツェゴヴィナのセルビア人たちは、オーストリア政府に強い不満を持っていた。セルビアとオーストリア＝ハンガリー二重君主国の関係は、これ以前の1906年に起きた激しい貿易摩擦（通称、豚戦争）の結果、悪化の一途をたどっていた。そんな中、敢行されたオーストリア＝ハンガリー二重君主国によるボスニア・ヘルツェゴヴィナの併合は、セルビアの強いナショナリズムが呼び起こされるきっかけとなったのである。

またロシアは、バルカン半島への南下政策で重要な同盟国であるセルビアの意向に応え、オーストリアに強硬な姿勢を取ることを余儀なくされた。この後、ロシアは汎スラヴ主義を掲げて南スラヴ人たちのナショナリズム運動を支持し、汎ゲルマン主義のオーストリアとは対立を深めていった。

ボスニア・ヘルツェゴヴィナの併合により、ボスニア・ヘルツェゴヴィナでは反オーストリア運動である「青年ボスニア」運動が台頭した。そして運命の1914年6月28日が来るのである。ボスニアのサラエヴォでセルビア人青年ガブリエル・プリンツィップがオーストリア皇帝帝位後継者のフランツ・フェルディナント夫妻を暗殺するという事件が起きたのである。

オーストリア皇太子フランツ・フェルディナントの暗殺と第一次世界大戦

　1914年の時点では、オーストリア＝ハンガリー二重君主国内の民族主義運動指導者たちもこの二重君主帝国の消滅を望んでいたわけではなかった。彼らが望んでいたのは、オーストリア＝ハンガリー二重君主国内の諸民族の連合による連邦国家にすること、すなわち、オーストリアとハンガリーの二カ国連邦構造から三か国連邦に、さらには四か国連邦へと拡大することであった。この点において、皇太子であったフランツ・フェルディナント大公は帝国内の諸民族を思想的・精神的により緊密に結び付けることを目指し、民族間の協調を最優先にする政策を採った。そのため、反オーストリア勢力にとってはこのフランツ・フェルディナント大公こそ最大の脅威だったのである。また、フランツ・フェルディナント大公の帝国内の諸民族（特にスラヴ系民族）に対する融和政策は、バルカン半島に勢力を拡大しようとしていたロシアにとっても危険であった。大公の構想通り、

オーストリア＝ハンガリー二重君主国内のスラヴ系民族たちがオーストリア政府と和解することになれば、彼らに対するセルビアの影響力は低下し、ロシアのバルカン半島における目論見を頓挫させることになりえるからである。

オーストリア皇太子の暗殺は第一次大戦の引き金となった。ウィーン政府はドイツへ軍事的支援を要請し、セルビアへ軍事侵攻して報復すべきだと主張した。しかし、皇帝フランツ・ヨーゼフ一世とハンガリー首相ティサ・イシュトヴァーンは、セルビアに対する軍事行動を起こせば、ロシアの反発を招きかねないと危惧していた。オーストリア・ハンガリー政府内部における討議でハンガリー首相ティサは慎重論を唱えていたのだが、ついに1914年7月28日、オーストリア＝ハンガリー二重君主国はセルビアに宣戦布告した。

宣戦布告を受けセルビアはまずロシアに軍事支援を要請した。それを受け、ロシアは総動員令を出してセルビアを援護した。一方、ドイツはロシア政府に戦争準備停止を要求したが、ロシアがこれを拒否したため、ロシアに宣戦布告、オーストリア＝ハンガリー二重君主国側に立って参戦した。これに応じてイギリス・フランスも参戦、その上、ロシアのボスポラス海峡・ダーダネルス海峡への領土的野心を警戒したオスマン帝国も参戦した。オーストリア＝ハンガリー二重君主国対セルビアという二者の局地的な争いは、ほどなくヨーロッパ全体を巻き込む戦争へとその規模を拡大していったのである。

初めはオーストリア＝ハンガリー二重君主国とドイツ側が優勢であったが、戦争が長期化するにつれ、状況は悪化していった。ハンガリー国内は宣戦布告当初、挙国一致で戦争を遂行していく構えを見せたが、自由主義的な貴族カーロイ・ミハーイが新たに設立した「独立・48年党」（19世紀後半に設立された同名の党とは別物）は、無併合の講和を掲げた。1916年11月、皇帝フランツ・ヨーゼフ一世が死去し、カール一世（ハンガリー王、カーロイ4世）が帝位に就くが、戦況は変化しなかった。

1917年2月（ユリウス暦3月）、ロシアで二月革命が起こると皇帝ニコライ二世は退位、ロシアの帝政は崩壊した。そして、10月（ユリウス暦11月）にボリシェヴィキの指導者、レーニンが政権を取る（十月革命）と「無併合、無賠償、即時講和」を掲げ、停戦を訴えた。このロシア革命の影響はウィーンやブダペストにも波及し、反戦デモやストライキが組織されるようになっていった。

カーロイ・ミハーイ

オーストリア＝ハンガリー二重君主国敗戦へ

　1918年10月、オーストリア政府首相マックス・フサレク・フォン・ハインライン（Max Hussarek von Heinlein：オーストリアの政治家。1918年7月25日から10月27日までオーストリア＝ハンガリー二重君主国のオーストリア帝冠領の首相）はオーストリア領内の諸民族の動揺を抑えるために各民族に自治権を保証し、オーストリアを連邦制にすると発表した。それと同時にアメリカのウィルソンが提唱した「14か条」に基づく講和の席に着く準備があるということを明言した。皇帝カール一世は10月16日、正式に「オーストリア＝ハンガリー二重君主国は連邦内の各民族がそれぞれの領土内で固有の政治的共同体を形成する連邦国家となる」ことを宣言したが、時はすでに遅かった。帝国内の諸民族の指導者たちはオーストリア＝ハンガリー二重君主国の敗戦は避けられないことを悟っていたのである。彼らは滅びゆく帝国との結びつきを断ち切り、独立を目指すほうが得策だと考えたのである。

　1918年10月、プラハでは独立チェコスロヴァキアの国家構想の準備を進め、10月18日にチェコスロヴァキアの独立を宣言、28日に正式にチェコスロヴァキア共和国の成立が宣言された。同日、ブコヴィナの国民会議がルーマニアへの帰属を宣言、またクロアチアはスロヴェニア人・クロアチア人・セルビア人国家の形成を目指し、オーストリア＝ハンガリー二重君主国との関係を断つことを宣言した。ハンガリーでも10月25日、カーロイ・ミハーイの呼びかけに応じ国民評議会を結成し、ハンガリー独立への準備をすめていった。

　11月に入るとオーストリア・ハンガリー統一軍も消滅し、11月4日には休戦条約に調印した。オーストリア皇帝カール一世は、11月11日、一切の国事行為には関与しないとの意思を表明し、翌日12日、ウィーンにおいてドイツ系オーストリア共和国の成立が宣言された。これをうけてハンガリーでは、その少し前に組閣したカーロイ・ミハーイ内閣が、ハンガリー王カーロイ四世（オーストリア皇帝カール一世）の廃位を宣言したのである。こうして1867年から約50年間続いたオーストリア＝ハンガリー二重君主国は崩壊した。20世紀初頭、ヨーロッパは新たな民族国家の時代をむかえたのである。

＊バナト共和国

バナトは中央ヨーロッパからバルカン半島の北部に位置する地域である。1918年11月、バナト共和国はティミショアラで「建国」が宣言され、ハンガリー政府がそれを承認した。その指導者にはロート・オットー（Róth Ottó：1884年生〜1956年没。ユダヤ系ハンガリー人の弁護士であった）が就いた。しかし、「建国」宣言からわずか2週間後にセルビア王国軍がこの地に入り、「共和国」はあっけなく終わりを告げた。そしてその後、バナトは領土的にルーマニアとセルビアに分けられたのである。

その後この地域は、セルビア人・クロアチア人・スロヴェニア人王国に組み込まれた。最終的には、ヴェルサイユ条約、トリアノン条約で国境が画定し、現在は、その東部をルーマニア・西部をセルビアが、北部をハンガリーがそれぞれ領有している。

オーストリア＝ハンガリー二重君主国時代（1867 年〜 1918 年）

ハンガリー王	首相	首相在位期間
フランツ・ヨーゼフ一世 (Franz Joseph I)	アンドラーシ・ジュラ (Andrássy Gyula)	1867 年 2 月 20 日 〜 1871 年 11 月 14 日
ハンガリー王 フェレンツ・ヨージェフ一世 (I. Ferenc József)	ローニャイ・メニヘールト (Lónyay Menyhért)	1871 年 11 月 14 日 〜 1872 年 12 月 5 日
（ハンガリー王としての在位期間）	スラーヴィ・ヨージェフ (Szlávy József)	1872 年 12 月 5 日 〜 1874 年 3 月 21 日
1867 年 6 月 8 日 〜 1916 年 11 月 21 日	ビットー・イシュトヴァーン (Bittó István)	1874 年 3 月 21 日 〜 1875 年 3 月 2 日
	ヴェンクハイム・ベーラ (Wenckheim Béla)	1875 年 3 月 2 日 〜 1875 年 10 月 20 日
	ティサ・カールマーン (Tisza Kálmán)	1875 年 10 月 20 日 〜 1890 年 3 月 15 日
	サパーリ・ジュラ (Szapáry Gyula)	1890 年 3 月 15 日 〜 1892 年 11 月 19 日
	ヴェケルレ・シャーンドル (Wekerle Sándor)	1892 年 11 月 19 日 〜 1895 年 1 月 15 日
	バーンフィ・デジュー (Bánffy Dezső)	1895 年 1 月 15 日 〜 1899 年 2 月 26 日
	セール・カールマーン (Széll Kálmán)	1899 年 2 月 26 日 〜 1903 年 6 月 27 日
	クエン＝ヘーデルヴァーリ・カーロイ (Khuen-Héderváry Károly)	1903 年 6 月 27 日 〜 1903 年 11 月 3 日
	ティサ・イシュトヴァーン (Tisza István)	1903 年 11 月 3 日 〜 1905 年 6 月 18 日
	フェイェールヴァーリ・ゲーザ (Fejérváry Géza)	1905 年 6 月 18 日 〜 1906 年 4 月 8 日
	ヴェケルレ・シャーンドル (Wekerle Sándor)	1906 年 4 月 8 日 〜 1910 年 1 月 17 日
	クエン＝ヘーデルヴァーリ・カーロイ (Khuen-Héderváry Károly)	1910 年 1 月 17 日 〜 1912 年 4 月 22 日
	ルカーチ・ラースロー (Lukács László)	1912 年 4 月 22 日 〜 1913 年 6 月 10 日
カール一世 (Karl I.)	ティサ・イシュトヴァーン (Tisza István)	1913 年 6 月 10 日 〜 1917 年 6 月 15 日

ハンガリー王 カーロイ四世 (IV. Károly) (ハンガリー王としての在位期間) 1916年11月21日 ～1918年11月13日	エステルハージ・モーリツ (Esterházy Móric)	1917年6月15日 ～1917年8月23日
	ヴェケルレ・シャーンドル (Wekerle Sándor)	1917年8月23日 ～1918年10月29日
	ハディク・ヤーノシュ (Hadik János Kelemen Béla)	1918年10月29日 ～1918年10月31日
	カーロイ・ミハーイ (Károlyi Mihály)	1918年10月31日 ～1918年11月16日

パリ・コミューンに参加した
第二インターナショナル創始者の一人

フランケル・レオー
Frankel Leó

- 1844年2月25日　ウーイラク（Újlak：ハンガリー王国）生
- ▶ 1861年　南ドイツに移住する
- ▶ 1867年　フランスに移住する
- ▶ 1871年　スイスに逃れ、その後ロンドンに移り住む
- ▷ 1878年　ウィーンで拘束後、ブダペストへ戻される
- ▶ 1889年　フランスに戻る
- 1896年3月29日　パリ（Paris：フランス）没

　1844年2月25日、フランケル・レオーはハンガリー王国領オーブダ市ウーイラクの医者の家庭に生まれた。

　4年制の学校を終えた後は、金細工師として働いた。

　ユートピア的社会主義者たちの作品に触れ、フランケル・レオーは早くに社会主義運動に参加するようになる。若き日のレオーにとっての英雄はコッシュート・ラヨシュで

あった。レオーは1861年、ハンガリーを出て南ドイツに移り住んだ。そこで初めて労働運動に参加した。その運動は、プロイセンの労働運動の指導者フェルディナント・ラッサール（Ferdinand Johann Gottlieb Lassalle：1825年生～1864年没。政治学者、哲学者、法学者、社会主義者。ドイツ社会民主党の母体となる全ドイツ労働者同盟の創設者である）の影響を受けており、レオーはラッサールの新聞『社会民主主義（Sozialdemokrat）』に参加した。

　1867年末、レオーはフランスに移住し、宝石商として働いた。また、それと同時にウィーンの社会民主主義新聞『人民の声（Volksstimme）』の特派員でもあった。フランスでは、第一インターナショナル（国際労働者協会。1864年9月28日にヨーロッパの労働者、社会主義者により創設された国際政治結社）パリ支部の議長のうちの一人を務めた。そしてレオーは徐々にフェルディナント・ラッサールの考え方からウジェーヌ・ヴァルラン（Eugène Varlin：1839年生～1871年没。フランスの社会主義者。第一インターナショナルのメンバーであった）の左派的なミューチュアリズム（相互主義。無政府主義による経済理論の一つ。元々は哲学者ピエール・ジョセフ・プルードンにより提唱された）のグループに加わった。そしてその後の1869年、ロンドンでカール・マルクスと知り合ったことをきっかけにマルクス主義の側に移行した。

パリ・コミューンへの参加

　レオーは1871年3月18日のパリ蜂起に積極的に参加し、パリ・コミューンの設立に重要な役割を果たした。1871年3月、パリ13区のコミューンメンバーとなり、社会経済および金融部門の指導役を務めた。そし

パリコミューン最初のポスター
(http://historic.ru)

ケレペシ墓地：フランケル・レオーはこの労働者パビリオンに祀られている（筆者撮影）

て、労働・産業組合委員会に入ったのちすぐにその指導者となり、コミューン執行委員会の委員に就任した。4月に入ると、レオーは財務委員会に任命され、市民の労働についての法令、パリ・コミューンにおける社会的および経済的行為に関する法令の制定を担当した。

　蜂起の際に負傷したレオーは、1871年5月ベルサイユ軍からの追跡を避けるためにフランスを去り、スイスに逃れた。反革命勢力はフランケル・レオー不在のまま彼を軍事裁判にかけ、最高刑すなわち死刑を言い渡した。同年8月、レオーはロンドンに移り、第一インターナショナルの理事会でオーストリア＝ハンガリー二重君主国内の労働運動を担当した。第一インターナショナル内で内部闘争が勃発すると、レオーはバクーニン（Михаил Александрович Бакунин：1814年生〜1876年没。ロシアの思想家、哲学者で無政府主義者であり革命家でもあった）を中心とするアナキスト（無政府主義者。マルクスはプロレタリア独裁の立場より、アナキズムを批判した）のグループよりもマルクス・エンゲルス側を支持した。

　1872年、フランケル・レオーはフランスの軍事裁判において、不在のまま「殺人共謀罪」が言い渡されたが、フランス側は有罪の根拠を提示しなかったため、イギリス当局はレオーの引き渡しを拒否した。

不在裁判、そしてウィーンでの活動

　1876年、ウィーンにおいて第一インターナショナルの特別任務についていたレオーは、オーストリア当局に拘束され、ハンガリー王国府に引き渡された。レオーは1878年に釈放された後、ペシュト（1873年よりブダペストになっている）で普通選挙権を求める社会主義者たちの大会を開いた。また、ハン

ガリーにおいて1880～1890年に存在していたハンガリー労働者党（これはハンガリーにおいて初めて設立されたハンガリー労働者左派の政党であった）の創設者の一人であった。その傍ら、ブダペストで刊行されていたドイツ語雑誌『労働者の週刊誌（Arbeiter Wochen-Chronik）』の編集の仕事もこなしていた。

1881年、レオーは反国家勢力を組織したとして1年半の懲役刑を宣告された。釈放後は、フランス、オーストリア、イギリスなどを転々としていた。しかし、そこでも労働運動には積極的に参加し続けた。1884年、ウィーンにおいて『ウィーン一般新聞（Wiener Allgemeine Zeitung）』誌の特派員として働き始めた。また同時に雑誌『平等（Gleichheit）』でも働いた。1889年、18年ぶりにフランスに戻った。そして、そこでもフランス語やドイツ語の社会主義雑誌のために働いたのであった。フランケル・レオーは第二インターナショナル（1889年から活動した国際社会主義者組織。第一インターナショナルの後続組織である。1920年のジュネーヴで開かれた大会が最後であった）の創始者の一人であり、その第三回会議までは出席していた。

フランケル・レオーの死

1896年3月29日、フランケル・レオーはパリにおいて52歳でその生涯を閉じた。葬儀には、何千ものフランス人労働者たちが集まり、レオーの死を悼んだと言われている。レオーの亡骸はパリ最大の墓地ペール・ラシェーズ墓地（パリの東部に位置する。エディット・ピアフやショパン、ビゼーなどの世界的著名人の墓もここには多く存在している）に埋葬された。フランケル・レオーが再び祖国に帰ってきたのは、1968年3月である。レオーの亡骸は現在ブダペストのケレペシ墓地（ブダペストの8区にあり、ハンガリーでも重要な墓地とされている。幾つかのセクションに分かれており、フランケル・レオーは「労働者運動の祭壇」に埋葬されている）に眠っている。

1951年、ハンガリーでフランケル・レオーを記念した切手が発売された。また、1953年には、当時ジグモンド王通りという名であった道が新たにフランケル・レオー通りと改名された。

ブダペスト2区　フランケル・レオー通り（筆者撮影）

ペテルブルグで「皇帝のソリスト」得るも
ロシア革命で渡米ジュリアード音楽院教鞭

レオポルト・フォン・アウアー
Leopold von Auer

ハンガリー語
アウエル・リポート
Auer Lipót

- 1845年6月7日　ヴェスプレーム
  （Veszprém：ハンガリー王国）生
- 1918年　アメリカに移住する
- 1930年7月15日　ロシュヴィッツ
  （Loschwitz：ドイツ国）没

　ハンガリーが生んだ偉大なヴァイオリニストであるレオポルト・フォン・アウアー（ハンガリーの習慣に則って姓名を明記すると、アウエル・リポートとなるが、本書では一般的に広く使われている名で明記する）は、1845年6月7日、ハンガリー王国のヴェスプレーム（Veszprém：ブダペストから約110キロの場所にある。バラトン湖の近く）に生まれた。両親はチェコ出身のユダヤ人であり、1836年にヴェスプレームに移り住ん

だ。その夫婦の第四番目の子がレオポルトであった。レオポルトの父は画家であったようで、一家の生活は苦しかったと言われている。

　レオポルトに最初にヴァイオリンを教えたのは、地元のオーケストラのコンサートマスターだった。後にレオポルト自身が回想録で記しているが、当時、ヴァイオリンは音楽をやりたいハンガリー少年にとって、「お金のかからない楽器」であったようである。レオポルトは幼少のころよりヴァイオリンの才能を見出され、その学び舎をブダペスト音楽院に変え、勉強を続けた。1856年、レオポルトは弱冠11歳でコンサートを開くようになった。

　レオポルトの演奏はブダペストの音楽愛好家の目に留まり、ウィーン音楽院への奨学金を得ることができた。そしてレオポルトは同年、父親と共にウィーンへ赴いた。

　音楽の都ウィーンでは、ヤーコブ・ドント（Jakob Dont：1815年生～1888年没。オーストリアのヴァイオリニスト）に師事した。ドントはレオポルトにヴァイオリンの基礎を徹底的にたたき込んだのである。また、ゲオルク・ヘルメスベルガー一世（Georg Hellmesberger Sr.：1800年生～1873年没。オーストリアの指揮者、作曲家）のクラスにも出席したりするなど、レオポルト少年はウィーン音楽院であらゆるものを吸収していった。1858年にはウィーン音楽院で銀メダルを受けている。

　レオポルトが13歳になるころには、奨学金は底を突いた。そのため、父と共にドイツ、オーストリア、ハンガリーを演奏旅行しながら、音楽で身を立てる術を模索していった。それはとても難しかったが、パリではベルリオーズ（Louis Hector Berlioz：1803年生～1869年没。フランス・ロマン派の作曲家）やロッシーニ（Gioachino Antonio

Rossini：1792年生〜1868年没。イタリア
の作曲家。「ウィリアム・テル」序曲や「セ
ビリアの理髪師」などのオペラ曲で有名）と
も交流をもつことができ、レオポルトのキャ
リアのためにはとても有意義な時間であった
と言える。ロッシーニのおかげで、若きレオ
ポルトはパリの音楽界を知ることになった。
その数カ月後、レオポルトは父と共にドイツ
のハノーファー（当時は独立した王国であっ
た。現在のドイツの北部に存在した国家。
1814年のウィーン会議で王国として成立し
た。1866年にプロイセン＝オーストリア戦
争に敗れ、プロイセン王国に併合されるまで
続いた。首都はハノーファー）　に向かった。

アウアーの音楽の開花

　ハノーファーでは、当時ハノーファーでコン
サートマスターをしていたヨアヒム・ヨー
ジェフに会い、教えを乞うた。ハノーファー
王国は、音楽家を積極的に保護したようであ
る。レオポルトはヨアヒムのもとでヴァイオ
リニストとしてキャリアを積むとともに、ヨ
ハネス・ブラームス（Johannes Brahms：
1833年生〜1897年没。ハンブルク出身の
音楽家。作曲家としてだけではなく、ピアニ
スト、指揮者としても有名である。レメーニ
から教えられたジプシー音楽はブラームス
の後の作曲活動に大きな影響を及ぼしてお
り、それは「ハンガリー舞曲集」などに色濃
くみられる）、クララ・シューマン（Clara
Josephine Wieck-Schumann：1819年生〜
1896年没。ドイツのピアニストであり、作
曲家でもある。幼少のころより神童と呼ばれ
た。19世紀を代表する女性ピアニスト。夫
は作曲家であったロベルト・シューマン。ブ
ラームスとは家族ぐるみの付き合いであり、
夫の死後はブラームスと恋愛関係になったと
いう説があるが、噂の域をこえてはいない）

など、数々の著名な音楽家たちと交流をもっ
た。このハノーファーでのヨアヒムとの出会
いにより、レオポルトの音楽性は一気に広
がったのである。
　ハノーファーには数年住んだのち、1864
年、レオポルトはゲヴァントハウスでコン
サートを行うためにライプツィヒに向かっ
た。弱冠19歳でソリストとしてゲヴァント
ハウスの舞台に立ち、成功を収めたレオポル
トは、デュッセルドルフにコンサートマス
ターとして招待された。レオポルトは後に
「ライプツィヒは音楽的観点から言うと、ベ
ルリンやウィーンよりも重要である」と述べ
ている。デュッセルドルフで職を得ることが
できたおかげで、レオポルトの生活は安定し
たが、彼はソリストとしてのキャリアを捨て
たわけではなく、日々練習を重ねていった。
その後1866年には、ハンブルクにコンサー
トマスターとして招待された。
　1864年夏、レオポルトはドイツの保養地
ヴィースヴァーデン（Wiesbaden：ヘッセン
州にある温泉地）にいた。そこで、ロシア人
ピアニスト、ニコライ・ルービンシュテイン
（Николай Григорьевич Рубинштейн：
1835年生〜1881年没。ユダヤ系ロシア人
のピアニストであり、作曲家、指揮者でもあ
る人物。アントン・ルービンシュテインの弟
である。チャイコフスキーの親友であったよ
うである。モスクワ音楽院の創設者であり、
初代学長）と知り合い、交友を持つように
なった。ニコライ・ルービンシュテインの
兄、アントン・ルービンシュテイン（Антон
Григорьевич Рубинштейн：1829年生〜
1894年没。ユダヤ系ロシア人のピアニスト
であり、作曲家、指揮者でもある人物。サン
クト・ペテルブルグ音楽院創設者）とは、
1868年の夏、ロンドンのコンサートで共演
している。その後、当時のサンクト・ペテル

ブルグ音楽院学長であったニコライ・ザレ
ンバ（Николай Иванович Заремба：1821
年生～1879年没。ロシアの音楽理論家、作
曲家である。1867年から1871年までサン
クト・ペテルブルグ音楽院の学長を務めた）
に同音楽院の教授の職を打診され、レオポル
トはそれを受けた。

サンクト・ペテルブルグでの活動

　サンクト・ペテルブルグ音楽院はレオポル
トを温かく迎え入れた。レオポルトはサンク
ト・ペテルブルグ音楽院において最年少の教
授であった。当時、ロシアにおいては西洋音
楽文化はまさに花開いたばかりであり、レオ
ポルトは学生たちに熱心に教えた。教鞭を執
るかたわら、コンサート活動も熱心に行い、
レオポルト・フォン・アウアーの名声は一気
に高まっていった。

　1873年、レオポルトは皇帝劇場付きのソ
ロ・ヴァイオリニストとなり、翌年には「皇
帝のソリスト」という称号を得た（当時の
ロシア皇帝はアレクサンドル二世）。また、
ボリショイ・カーメンヌイ劇場（Большой
Каменный Театр：1784年から1886年ま
で存在した、ロシア帝国を代表する劇場。現
在のマリインスキー劇場の前身）など、帝政
ロシアを代表する劇場でコンサートマスター
としてオペラやバレエ音楽を演奏した。

　レオポルトはロシア革命後の1918年まで
サンクト・ペテルブルグに滞在していた。ロ
シアに来た当初はサンクト・ペテルブルグ音
楽院と3年契約を結んだのだが、通算49年
ロシアにいたことになる。レオポルトはロシ
アの生活には溶け込めていたようである。ロ
シアに滞在中、ロシア正教に改宗したりも
した。また、1874年に医師の娘であったナ
ジェージダと結婚もし（結婚生活は1901年
まで続いた）、4人の子を儲けている。

渡米

　ロシア革命はレオポルトにも影をおとし
た。これ以上ロシアで活動できないとわかる
と、1918年、レオポルトはアメリカに渡る
ことを決めた。アメリカでは自らの年齢のた
め大きなツアーを組んだりはしなかったが、
1918年3月にカーネギーホールで演奏会を
行ったのを封切りに、ボストン、シカゴ、フィ
ラデルフィアなどで演奏した。また、マン
ハッタンのアッパーウエストサイドにあった
自宅で、数名の生徒にプライベートレッスン
も行った。1926年よりジュリアード音楽院
（1905年創立。ニューヨークに本部を置く
音楽大学。世界で最も優秀な音楽大学の一つ
として選ばれている）で教鞭を執り、1928
年にはフィラデルフィアのカーティス音楽学
校（ペンシルベニア州フィラデルフィアに本
拠地を置く音楽大学。1924年創立）でも教
えた。また、ニューヨークでは2度目の結
婚をしている。相手は、ピアニストであった
ワンダ（Wanda Bogutska Stein）で、ツアー
の時にレオポルトの伴奏を務めた人物であっ
た。

　レオポルトは夏にはヨーロッパを旅行し
た。1930年はドイツ・ドレスデン近郊の街、
ロッシュヴィッツに行った。そしてその旅行
中の1930年7月15日、同地で肺炎のため
亡くなったのであった。彼の遺体はアメリカ
に運ばれ、ニューヨーク州ウエストチェス
ター郡にあるファーンクリフ墓地（Ferncliff
Cemetery and Mausoleum）に埋葬された。

　レオポルト・フォン・アウアーは、とても
優秀なヴァイオリン教師であったようであ
る。彼の門下には多くの有名なヴァイオリニ
ストたちがいる。また、多くの作曲家たちか
ら信頼され、作品を献呈されている（チャイ
コフスキーもヴァイオリン協奏曲を献呈し
た）。また、いくつかのヴァイオリン曲を作

曲している。

　サンクト・ペテルブルグ音楽院にはレオポルト・フォン・アウアーにちなんで名づけられたホールが存在する。また、アウアーがサンクト・ペテルブルグ音楽院で教え始めてから40周年にあたる1908年には、第一回レオポルト・アウアー国際ヴァイオリン・カルテットコンクール（Международный конкурс скрипачей и квартетов имени Леопольда Ауэра）が行われた。このコンクールは105年後の2014年に再度開かれ、それ以降は毎年開かれている。また、サンクト・ペテルブルグで彼が住んだ建物はまだ残っている。

　ハンガリーでもレオポルト・フォン・アウアーが生きた軌跡はみることができる。彼の生まれ故郷ヴェスプレームには記念碑がたてられている。また、2014年にはアウアーの名を冠した国際ヴァイオリン大会が開催された。ブダペストのリスト音楽院では、学生たちによって1990年にアウアーにちなんだカルテット（Auer String Quartet）が結成され、かれらは2000年にリスト・フェレンツ賞を受賞した。また、彼の人生は2010年につくられたドキュメンタリー・フィルム『根と枝（Gyökerek és ágak）』で見ることができる。

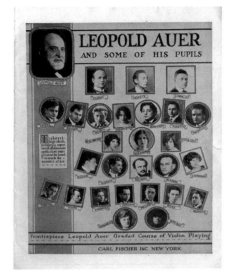

アウアーの生徒たち

ヴェスプレーンにあるアウアーの記念プレート

少数民族自治認める「東のスイス」
構想抱いたハンガリー少数民族担当大臣

ヤーシ・オスカール
Jászi Oszkár

出生時の名
ヤーコブビッツ・オスカール
Jakobuvits Oszkár

- 1875年3月2日　ナジカーロイ
（Nagykároly：オーストリア＝ハンガリー二重君主国）生
- ▶ 1919年　ウィーンへ亡命
- ▶ 1925年　アメリカ合衆国に移る
- 1957年2月13日　オーバリン（Oberlin：アメリカ合衆国オハイオ州）没

ヤーシ・オスカール（出生時の名は、ヤコブビッツ・オスカール）は、中流階級のユダヤ人の家庭に生まれた。父親、ヤコブビッツ（ヤーシ）・フェレンツ（Jászi Ferenc：1838年生〜1910年没）はヒューマニストで、開業医であり、物書きでもあった。母、リーベルマン・ロージャ（Liebermann Róza：1853年生〜1931年没）は父親にとっては二番目の妻、すなわち再婚相手であった。

ヤコブビッツ一家は、長い間ユダヤ人の宗教や伝統から離れて暮らしていたが、1881年にハンガリー王国東部でおこった改革宗教運動の際、カルヴァン派（プロテスタントの一派で改革派と呼ばれる）に改宗した。そして一家は同年、苗字をヤコブビッツ（Jakobuvits）からヤーシ（Jászi）に改名した。ヤーシ・オスカールは生涯にわたり、ユダヤ人の「ヨーロッパ社会への同化」という考え方を支持していた。オスカールには2人の兄弟がいた。兄、ヤーシ・ヴィクトル（Jászi Viktor：1868年生〜1915年没）は弁護士であり、後にデブレツェン改革派大学の教授となった。妹のヤーシ・アリス（Jászi Alice：1877年生〜1935年没）はダンサーであった。

オスカールは、ナジカーロイにあるエスコラピオス修道会系の高等学校を優秀な成績で卒業した。その後は17歳で王立ブダペスト大学の法学部に入学し、1896年には同学で博士号を取得した。そして、農業省で職を得た。

オスカール、国家とは何かを考える

農業省では経済課で10年間働いた。受け取る賃金は少なかったが、その代わり自由な時間を持つことができたということである。オスカールは、ハンガリーの農業政策を研究し、国政が「厳格であり無慈悲である」ことを感じるようになる。公務員という立場から、政治的内容の記事を書くことは許されなかった。そこで、オスカールはエレメール・オスカールというペンネームで執筆活動をした。

プルスキー・アーゴシュト（Pulszky Ágost：1846年生〜1901年没。ハンガリーの哲学者、社会学者、政治家。ハンガリー科学アカデミーのメンバー）とピクレル・

ジュラ（Pikler Gyula：1864 年生～1937年没。ハンガリー法の専門家、ブダペスト大学教授、社会学学会員。ハンガリーを代表する国家と法の実証哲学論者であり、海外にも広くその名を知られている）という 2 人の王立ブダペスト大学教授の下に、国家という概念に対するアプローチとして「現代社会学的思考、社会学の方法論」などを研究・提唱するサークルがあった。1899 年の夏、オスカールはこのサークルの仲間数名と共に、社会問題を現実的に提示する方法を模索し、新しい雑誌を刊行することを決定した。そして翌年の 1900 年 1 月、『20 世紀（Huszadik Század）』（1900 年から 1919 年に発行された雑誌。1918 年のアスター革命の際は政治的、思想的に重要な役割を果たした。1919年に発禁となった）という社会学雑誌を刊行し、その後 20 年間この雑誌の編集者、著者の一人として活躍した。また、1901 年にはプルスキー教授がつくった科学協会のメンバーとなった。

学問の世界における活躍

その後、オスカールは大学で私講師（ドイツの高等教育機関において、教授職には就いていないが、教授資格を持ち、教育活動を行う権利を与えられた者）としてキャリアを積むことを望んだ。しかし同時に政治にも関心をもち、社会主義政党を発足させ、ハンガリーナショナリズムを訴えることにも力を注いだ。1905 年、オスカールはパリに行き、フランスの学問や政治の在り方を勉強した。6 か月程度のフランス滞在であったが、この期間はオスカールの政治観を形成するのには大きな役割を果たしている。オスカールはフランスの社会学者エミール・デュルケーム（David Émile Durkheim：1858 年生～1917 年没。総合社会学の提唱者。社会学以

外にも、教育学、哲学の分野でも幅広く活躍した）のアプローチを支持し、マルクスを「社会主義の盲目的崇拝物」として、マルクス主義を批判した。また、ハンガリー人について、ハンガリーから世界に大きな影響を及ぼすような知的傾向は存在せず、西洋の進んだ考えからは後れをとっている」と考えるようになった。

ハンガリーに帰国すると、雑誌『20 世紀（Huszadik Század）』の編集の他、オスカールはいくつかの社会科学図書館を設立したり、社会科学の自由学校をつくったりもした。オスカールは当時の国家のあり方を批判した。

オスカールがハンガリーに戻ったのは、ティサ内閣が崩壊し、まさに労働運動が活発に行われていた頃であった。1905 年 8 月、オスカールは数名の友人と共に政治団体をつくり、政治の道にも本格的に進むことを決意したのであった。オスカールは、「今日の憲法は、経済、文化の担い手が半世紀かけて創り上げたハンガリーという国には、もはや対応していない。それを打破する鍵はハンガリーの労働者たちが握っている」と考えた。オスカールは 1906 年 6 月に教育省の職を辞任し、学問および政治に専念することを決意したのである。

1910 年、オスカールはコロジュヴァール大学において社会学の助教授に就任した。そこでオスカールは政治の在り方を模索し、学生に伝えていった。オスカールは、普遍的な参政権、根本的な土地改革、自治区域、教育の国家統制の国家における重要性を説いたのである。

第一次世界大戦勃発——政治の世界へ

1914 年 6 月 28 日にサラエヴォでフランツ・フェルディナント大公が暗殺されると、

ヤーシ・オスカールは武力報復を否定した。オスカールは、第一次世界大戦勃発直前、旧知であるアディ・エンドレ（Ady Endre：1877年生～1919年没。20世紀ハンガリーを代表する詩人。ハンガリー文学全体を通して最も重要な詩人の一人とされている）に以下のような手紙を送っている。「我々は史上最悪の悲劇に直面している。もし今から奇跡が起こらなかったとしたら……。」オスカールは実際、1915年の秋から1917年半ばまで出征し、前線にでている。

1918年、ヤーシ・オスカールはハンガリー国民評議会の結成に参加した。そして、カーロイ政権では、ハンガリーの少数民族担当大臣の地位に就いた。オスカールはハンガリー国内の少数民族の代表者と話し合いの場を持ち、彼らの意見に耳を傾けた。その中で、ハンガリーの歴史的領土内の少数民族の領域自治を認める「東のスイス」構想を示すが、諸民族の独立や協商国の介入、そして政権内の対立の中でその試みは挫折した。そして翌年1月には辞任した。

亡命―ウィーンでの活躍、そしてアメリカへ

ヤーシ・オスカールは、カーロイ政権が倒れた後に成立したハンガリー・ソヴィエト共和国政権を「新たなる中世」と名付けた。共産主義に否定的だったヤーシは同年5月にウィーンへ亡命した。ハンガリー・ソヴィエト政権が倒れた後、ウィーンは「白色テロル」を逃れて国外に亡命した知識人の拠点のひとつとなっていった。そこでヤーシはその代表的存在として革命理念の再現を目指したのである。同年10月からハンガリー語の新聞『ウィーン・ハンガリー新聞（Bécsi Magyar Újság）』が発行されていたが、1920年流通禁止処分を受け、それ以降ヤーシはその編集部と関わりを持つようになる。ヤーシはこの新聞の編集と主導権を委託され、この新聞が廃刊になる1923年まで自分たちの主張を発信する媒体として利用したのである。また、1921年12月、ヤーシ・オスカールはウィーンで「ドナウ文化同盟」構想を発表している。

ヤーシ・オスカールはその後、アメリカ合衆国に移り、1925年から1942年に退職するまで、アメリカ合衆国オハイオ州のオーバリン大学（Oberlin College）で教鞭を執った。そこで教授の職を得て、主に政治学や歴史学を教えたのである。オスカールは毎年ヨーロッパを訪れたが、ハンガリーへの入国は認められなかった。

第二次世界大戦が終わり、ハンガリーにソ連軍が駐留した。だが、オスカールは戦後すぐの数年間は、ドナウ諸国の民主化が実現されることを期待していたようである。しかし、1947年にブダペストを訪れた時、その期待は裏切られたと悟ったのである。その後は亡くなるまで学問の世界に身を置き、数多くの論文を出した。ヤーシ・オスカールは1957年2月13日、アメリカ合衆国のオーバリンでこの世を去った。

オスカール が没したのはオーバリンではあるが、ブダペストのファルカシレーチ墓地（Farkasréti temető）には彼の墓石がある（http://www.agt.bme.hu/varga/foto/farkasreti/farkasreti.html）

ユダヤ人独立国家建設目指し、「世界シオニスト協会」設立、死ぬまで議長の座に

ヘルツル・テオドール

ドイツ語表記
Herzl Theodor

ハンガリー語表記
Herzl Tivadar

- 1860年5月2日　ペシュト（Pest：ハンガリー王国）生
- 1878年　家族と共にオーストリア、ウィーンへ移住する（厳密に言うと「亡命」ではないが、ハンガリー王国外で活躍した著名人としてこの本に入れる）
- 1904年7月3日　エートラッハ（Edlach：オーストリア＝ハンガリー二重君主国）没

ヘルツル・テオドールは、1848年革命後の急速にオーストリア絶対主義化が進んでいった1860年5月2日、ブダペストに生まれた。テオドールの父、ヘルツル・ヤーコブ（Herzl Jakab：1836年生〜1902年没）は元々ジモニ（Zimony：現セルビア領ゼモン。20世紀後半まで独立した街として発展したが、現在はベオグラードの一部となっている）にルーツがあった。ヤーコブはブダペストでビジネスを展開し、成功をおさめていた。テオドールには一人姉がいたが、その姉は1878年チフスにかかり命を落としている。父、そして母ディアマント・ジャネット（Diamant Jeannette）の教育のもと、家族は家でドイツ語を話していた。ヘルツル家は政治とは一線を画し、子供たちにはコスモポリタン的なドイツ文化の教養を身に着けさせた。ハンガリー出身のシオニズム運動の創始者であり、「シオニズム運動の父」と呼ばれたテオドールは、ユダヤ文化とも一線を画した家庭に育ったのである。テオドールは、ドイツ文化を深く愛していた。

テオドールは青年期、スエズ運河を建設したフェルディナン・ド・レセップス（Ferdinand Marie, Vicomte de Lesseps：1805年生〜1894年没。フランスの外交官であり、実業家であった）に憧れていたがその道での芽は出ず、人文系の学問の道へ進んだ。

姉・パウリナの死後1878年、家族はウィーンに移り住んだ。テオドールはウィーン大学に入学し、法律を学んだ。1881年、法学を学ぶ学生であるテオドールは、ブルシェンシャフト（Burschenschaft：ドイツのイェーナ大学で1815年に創設されたドイツの学生結社連合）の運動に興味を抱き、ブルシェンシャフト・アルビア（Die Wiener akademische Burschenschaft Albia）のメンバーとなった。しかし、後にこの団体組織が反ユダヤ主義的性格を帯びてくると、それに抗議し脱退している。

1884年に法学博士号を取得したテオドールは、ウィーンとザルツブルクにおいて短期間法律のキャリアを積んだのち、ジャーナリズムと文学に専念することを決意した。テオ

ドールは後に自らの自伝に以下の様に書いている——「ユダヤ人である限り、私は法学の道で大成することはないだろう。だから私はザルツブルクから去り、法律の道からも去ったのである」。

『ウィーン新聞』ではジャーナリストとして、また『新自由新聞（Neue Freie Presse)』ではパリ特派員として働いた。ヨーロッパ各地へ取材に出ることもあった。後に、『新自由新聞』の文学編集者となり、コメディーやドラマの脚本も手掛けた。この頃のテオドールの記事、作品は、まだユダヤ人に焦点を当てて書かれたものではなかった。テオドールの作品は脚光を浴び、ウィーンだけでなくベルリンやプラハの劇場などでも上演され、一躍オーストリアを代表する脚本家となった。

1889年、テオドールはジュリー・ナッシャウアー（Julie Naschauer：1868年生～1907年没）と結婚した。

1891年から1895年にかけて、テオドールは『新自由新聞』のパリ特派員として働いた。パリでは仕事のほかに政治サークルで活動していたりもしたが、その中で幾度なく反ユダヤ発言に出くわした。その影響もあり、テオドールの考え方も徐々に変わっていった。そしてその影響は、1894年に書かれた戯曲「ゲットー」に色濃く表れている。

シオニストとしての目覚めとその活動

テオドールのシオニスト的な考え方が決定的なものとなったのは、1894年のドレフュス事件だった。「ユダヤ人に死を！」というスローガンがパリの通りを横行していた時、テオドールは「現在のヨーロッパ問題を解決する方法は、ユダヤ人国家を建設する以外にあり得ない」と感じたのである。つまり、テオドールは大学時代から卒業後の時期まで信じ

ていた、ユダヤ人がドイツ社会へ同化することでヨーロッパ問題を解決できるという考え方から、徐々にそれを否定する側へと移行し、最終的には「ユダヤ人は自らがヨーロッパから出なければいけない」と考えるようになったということである。『新自由新聞』社のテオドールの記事を担当していた編集者は、彼のシオニスト的な政治発言を記事にすることを拒んだ。テオドールは、文学者として成功をおさめたい反面、ユダヤ人のための政治活動にも携わりたいという想いのはざまでジレンマに陥っていた。この頃、テオドールは慈善活動家であったモーリッツ・フォン・ヒルシュ男爵（Moritz (Zvi) von Hirsch：1831年生～1896年没）に自らの考えに対する賛同・援助を求めたが、それは実を結んではいない。

『ユダヤ人国家』

1896年2月、テオドールはその代表作である『ユダヤ人国家』を出版した。ライプツィヒとウィーンで発表されたこの作品は、すぐに大きな反響を呼んだ。同年、この本はドイツ語からヘブライ語、英語、フランス語、ロシア語、ルーマニア語に翻訳され、多くの人々の目に触れることになった。この本の中で、テオドールは「ユダヤ問題を解決させることは、一つの国家からまた一つの国家へ移住すること、または住んでいる国家の社会に溶け込むことでは始まらない。ユダヤ人の独立国家をつくることからはじまるのである。ユダヤ人はヨーロッパから去り、アルゼンチン、もしくはできることなら、彼らの歴史的故郷であるパレスチナに移住するべきである」という考えを述べている。また、ユダヤ人たちが失ったものは国家であり、ユダヤ人たちは自らの国家を建設することでのみ、反ユダヤ主義から解放され、自らの文化を表現することやユダヤ教の教義を支障なく実践すること

ができると説いている。

ヘルツル・テオドールの考えは、ユダヤ人世界全体に急速に広まってゆき、国際的に注目を集めた。ホヴェヴェイ・ツィヨン（または、ヒバット・ツィヨンの名で知られている。19世紀後半にロシア帝国領内で起こったポグロムを受け、イスラエルの地へ帰還を提唱した複数のシオニズム団体の総称）など、すでにシオニストとして活動していた人たちは、テオドールの考えに賛同したが、一部のユダヤ人は、彼の考えは、ユダヤ教のメシア待望思想に対立しているため、神への冒涜だとして批判した。

「世界シオニスト協会」設立

1897年、テオドールはオーストリアのウィーンにおいて「世界シオニスト協会」を設立した。そして同年、スイスのバーゼルにおいて第一回シオニスト会議が、テオドールのイニシアチブのもと開かれたのである。その会議の場でヘルツル・テオドールは議長に選ばれ、1904年にこの世を去るまでその地位にあった。第一回シオニスト会議は、各国のユダヤ評議会によって選ばれた代表者200人が参加し、その中で目標が「パレスチナにユダヤ人のための、国際法で守られた国家をつくること」と定められた。

テオドールはこれ以降、彼の考えを積極的に広めてゆき、ユダヤ人、非ユダヤ人問わず支持者を増やしていった。ヨーロッパにおける数々の著名人、政治家、国家元首と会見し、自らの考えを説明、ユダヤ人国家設立実現のために力を尽くしたのである。1898年10月、テオドールは初めてエルサレムを訪れた。そしてその時、ちょうどエルサレムを訪問していたドイツ皇帝ヴィルヘルム二世に謁見する機会を得た。また、ユダヤ人国家建設のためオスマン帝国のスルタンに直接働きかけたりもした。そのほかにも、イギリス、エジプトなどの首脳とも会談し、援助を求めた。

ヘルツル・テオドールの死は突然訪れた。1904年初頭、テオドールは心臓病と診断され療養していたが、1904年7月3日、オーストリアのニーダーエスターライヒ州のエドラッハ村（Edlach）で、心筋梗塞で死亡した。

テオドールは生前より、「送る言葉」や献花なしの最貧階級が送るような葬儀を希望していた。そして、ユダヤ人が自らの遺体をパレスチナの地に送ることができるようになるまでは、父の横に安置され続けることを望んだ。それにも関わらず、約6000人の人々が葬儀に参列し、ヘルツル・テオドールの死を悼んだと言われている。葬儀の場では、当時13歳であったテオドールの息子、ハンスがカディッシュ（ユダヤ教の祈り）を読んだという。1949年、ヘルツル・テオドールの遺体はウィーンからエルサレムのある山の頂上に運ばれた。そして、その山はヘルツル・テオドールにちなみ、ヘルツル山と名づけられた。テオドールの生家はブダペストのユダヤ人街、ドハーニ通りの大シナゴーグの隣に位置し、現在はユダヤ博物館になっている。その壁には、彼の功績を讃えた石碑が掲げられている。

ブダペスト　ヘルツルが生まれた場所のプレート（筆者撮影）

■コラム　アウスグライヒから崩壊まで
── オーストリア＝ハンガリー
二重君主国からの亡命

　この 1867 年から 1918 年の約 50 年の間、オーストリア＝ハンガリー二重君主国内の王領ハンガリーから国外への亡命者・移民の数は特筆すべきものであった。急速に資本主義化を進める農業国であったハンガリーからの亡命・移民の目的は、主に職を求めての経済移民であった。

　アウスグライヒ以降、ハンガリーでは急速に商工業が発展していった。社会は政治的に一応の安定を見せ、農業が盛んに行われ始めた。それに伴い、地方と都市を結ぶ鉄道建設が著しく飛躍した。そしてそれらは、工業の活性化へと導いた。そしてさらにオーストリア、イギリス、フランスの資本がハンガリーへと流れ込み、銀行業が発展していった。また、この経済発展に伴い、株式会社形態の企業が多く誕生した。

　都市部では働き手を求める多くの声があがっていった。それを受けて、多くの人が農村から労働者として（時には季節労働者として）都市部に流入していったのである。さらに、職を求めた彼らが向かった場所はハンガリー国内だけにはとどまらず、時にはヨーロッパの近隣諸国、ドイツ、ベルギー、ボスニア・ヘルツェゴヴィナ地方（1878 年のベルリン条約によりオーストリア＝ハンガリー二重君主国に占領されることになる。それ以前はオスマン帝国の一部であった）、そして、1878 年のベルリン条約で独立を認められたセルビア王国やルーマニア王国へ移住する人たちもあった。

　ドナウ以西と現スロヴァキア地方に住んでいたハンガリー人の人口は、1857 年の時点

で約 5 万人、1869 年に約 17 万人、そして 1890 年には約 21 万人であった。彼らは主に商業に従事していた。彼らの多くは、ウィーンまたはその近郊、王領ハンガリーの国境沿いの街、また、東イタリアに住んでいた。王領ハンガリー南部に住み、ハンガリー国籍を持っていた人たちは、バルカン半島の国々、主にセルビア王国やブルガリア公国（1878 年のサン・ステファノ条約によりオスマン帝国から独立し、自治公国としての地位を確立する）、ボスニア・ヘルツェゴヴィナ地方に移り住むのが主流であった。彼らの多くはバチカ・バナトから移住した南スラヴの農民たちであった。トランシルヴァニア地方からはルーマニアの街、ブカレスト、クラヨーヴァ、プロイェシュティ、ジュルジュなどに移住する人たちが多くいた。彼らは、それらの街で家政婦やコックとして働いたりする者もいたが、中には自分の店を開く者もいた。

　王領ハンガリーからルーマニア系、セルビア系のハンガリー国籍を持つ知識人たちの流出も見受けられた。彼らはそれぞれルーマニア、セルビアへと移り住み、移住した地の社会に貢献した。ルーマニアでは 1860 年にハンガリーからの移民の数は約 1 万 2 千人であったが、1870 年代末には 4 万人、1880 年から 1890 年代には 7 万人、20 世紀初頭には 8 万人にその数を増やしていき、第一次大戦前には 20 万人にのぼった。

　多民族国家であったオーストリア＝ハンガリー二重君主国から隣国への移民の特性としては、自分たちと同じ民族が形成する国家への移住が多く見受けられることにある。さらに 1880 年代末になると、隣国だけでなく大西洋を越えアメリカ大陸への移民の数も増えていくが、その民族の多様性を示すアメリカ移民局のデータが残っている。1899 年から 1913 年に移住したハンガリー

国籍の人の民族別データでは、スロヴァキア系 26.5%、マジャール系 26.2%、クロアチア系 16.4%、ドイツ系 14.9%、ルーマニア系 6.7%、ユダヤ系 3.7%、ルシン系 2.9%、セルビア系 2.4% であった。

王領ハンガリーからアメリカ大陸への移民

　少し時代をさかのぼり、アメリカ大陸への移民の波のきっかけをみていく。アウスグライヒ以降の王領ハンガリーにおける著しい経済発展は、1873 年にウィーンで発生した恐慌により大打撃を受けた。それに加え、ロシア、ルーマニア王国からのドイツ、オーストリアへの穀物輸出増加の煽りを受け、1870 年代末、王領ハンガリーにおける穀物価格が著しく低下した。その結果、王領ハンガリーでは農業恐慌が始まったのである。この時期の農業恐慌は、ヨーロッパ全体で起こったことであった。その結果、この 19 世紀末から第一次世界大戦までの間で、多くの人が職を求め、ヨーロッパからアメリカ大陸へと向かったのである。もちろん、王領ハンガリーからも多くの人がアメリカ大陸に移住した。この時期、ヨーロッパからアメリカ大陸に流れていった移民の数は、約 5000 万人にのぼると言われている。その中で、アメリカ合衆国、カナダなどの北アメリカ大陸の国への移民が多くを占め、オーストリア＝ハンガリー二重君主国の王領ハンガリーからの移民は約 200 万人にのぼった。

　当時のハンガリー政府はこうした経済移民に伴う人口流出を深刻な問題だと受け止めてはおらず、それに対する特別な措置は取らなかった。逆に、王領ハンガリーにおいて土地を持たない農民たちが海外に移住し、王領ハンガリーに残った家族のもとに送金するお金が国の経済発展の助けになりうると考えていた。また、家族を伴ってのアメリカ大陸への

移民の数も多かった。後に故郷へ戻った移民は全体の 40% 以下に過ぎず、多くの移民が移住した国で国籍を取得し、残る道を選んだ。彼らは積極的に移民になることを呼び掛け、例えば、アメリカ合衆国オハイオ州のクリーヴランドという街で発行されていたハンガリー新聞、『自由（Szabadság）』は、1908 年、読者にハンガリー本国からアメリカへの移民が増えるように呼び掛ける文章を募集したという記録も残っている。

　アメリカでの移民たちの識字率に関して、興味深い記録が残っている。1901 年から 1910 年間におけるアメリカ移民局のデータによると、14 歳以上が 27.5% が非識字者であったということである。そのなかでも王領ハンガリーからの移民の識字率は極めて高く、民族別にみていくと、ドイツ系ハンガリー人の識字率は 93%、マジャール系が 88.6%、スロヴァキア系が 76%、ルーマニア系が 65%、ルシン系が 46.6% であった。1903 年の王領ハンガリーのデータでは、各民族の識字率は、ドイツ系 86.7%、マジャール系 81%、スロヴァキア系 71.2%、ルーマニア系 29%、ルシン系 14.4% であり、これを基に考察すると、非識字者たち、つまり単に教育を受けられなかった人たちが職を求めて移住したというわけでもなかったようである。

クリーヴランドのハンガリー・コミュニティー

　20 世紀の初めにおいて、王領ハンガリーからの移民の数が多かった街の一つは、オハイオ州のクリーヴランドであった。この街には 1850 年代から 1848 年革命の亡命者が家族と共に入植し始めた。それ以降王領ハンガリーからは商人、熟練の職人たちが入植していった。そして 1880 年代にはハンガリー

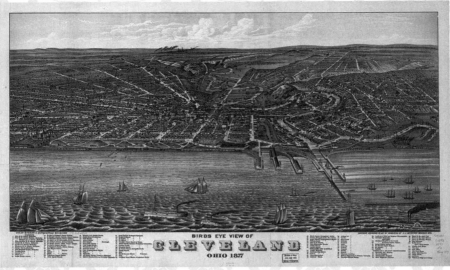

1877年のクリーヴランド

人移民入植の大きな波があった。この街での主な仕事は、タイヤ工場や織物工場などであった。1901年のハンガリー新聞、『自由』によれば、「新しい」ハンガリー人移民たちはこの街の性格を変えたということである。街は急成長を遂げ、ハンガリー人移民たちはこの街を「アメリカのデブレツェン」または「小さなハンガリー」と呼んだ。オーストリア＝ハンガリー二重君主国の在ニューヨーク領事館副領事であったホフマン・ゲーザ（Hoffmann Géza：1885年生〜1921年没。オーストリア＝ハンガリー二重君主国の外交官。ニューヨークの他にもワシントンDCやシカゴなどの領事館にも勤務した）は、1900年代のこの街の様子をこのように記録している——「アメリカにおいて移民人口では2番目、その性格では1番目のハンガリーの街、まさに"アメリカのデブレツェン"である。ハンガリー人街があり、そのイーストサイドにはハンガリーの大学、教会、学校があり、まさにハンガリーそのものである。道端ではハンガリーの歌が聞こえ、新聞売りの少年はハンガリー語で宣伝して歩いている」。

ニューヨークとシカゴ

　ニューヨークとシカゴはクリーヴランドと並び、王領ハンガリーからの移民が多く住んだ街であった。20世紀初頭の記録によると、ニューヨークには約8万2千人、シカゴには2万9千人の王領ハンガリーからの移民が暮らしていた。他の街に住むハンガリー人移民たちの社会層と比べると、この街の移民たちは商人、技術者、知識者層が大半を占めていた。ホフマンの記録によると、「ほかのアメリカの街と比べ、ここニューヨークではハンガリー人街というものが目につかない。ここには多くのユダヤ系ハンガリー人が住み、工場労働者は比較的少ない。ほかの街

アメリカのコッシュート像除幕式

と比べると、この街に住むハンガリー系移民たちは小工業者とその労働者も多い。また、家政婦としての仕事、床屋やウエイターとしての仕事に従事する者たちも多く見受けられる」とのことである。

移民コミュニティーにおけるアイデンティティー保存問題とコッシュート像設置運動

王領ハンガリーからの移民コミュニティーにおいてカトリック系教会、ルター派教会が初めてできたのは、スロヴァキア系ハンガリー人移民コミュニティーにおいてであった。スロヴァキア系カトリックの多かったコミュニティーは、ペンシルバニア州スクラントン、コネチカット州ニューヘイブン、ミズーリ州セントルイス、オハイオ州ヤングスタウン、そして同じくオハイオ州にあるクリーヴランドにあった。20世紀初頭までに、スロヴァキア系カトリック・コミュニティーは130を超えていた。他方、マジャール系移民のキリスト教会コミュニティーは、スロヴァキア系のそれと比べると少なかった。20世紀初頭において、マジャール系ローマカトリック・コミュニティーは11、プロテスタント・コミュニティーは20を数えるに過ぎなかった。しかし、1904年、ハンガリーの改革派教会はアメリカ合衆国に教区を設置した。その影響で、マジャール系のキリスト教コミュニティーの数は増加した。1911年におけるマジャール系キリスト教コミュニティーの数は95に増え、その中で32のコミュニティーがカトリック・コミュニティーであったということである。総じて、キリスト教コミュニティーは移民たちの言語、文化、アイデンティティーの保存の上で大変重要な役割を果たしたと言える。教会では、移民の子供たちのために母語の読み書きを教える学校が開かれた。

クリーヴランドのコッシュート像
(http://www.clevelandpeople.com/groups/hungarian/hungarian-kossuth.htm)

　また、アメリカでは多くのハンガリー系社会団体がつくられた。これらの団体は、王領ハンガリーからの移民へ物資的援助、病院保険、またこれらの社会団体は、その会員の代理としての役割を果たし、その地域の役場との交渉の際には代理として交渉の席に着いたりもした。また、弁護士が必要な場合においてはそれを雇い、交渉した。多くの労働移民は基本的に労働組合に所属していなかったため、これらの社会団体が彼らの権利を守る役割を果たしたことは、移民たちにとっては意味のあることであった。

　最後にもう一つ特筆すべきことがある。それは、クリーヴランドにおけるコッシュート・ラヨシュ像の設置運動である。1894年、1848年革命の英雄コッシュート・ラヨシュがこの世を去ると、まずニューヨークにおいて彼の銅像設置を呼び掛ける運動がハンガリー系移民の間で始まった。しかしこれはごく小さい範囲で起こった運動に過ぎず、ニューヨークの市政を動かすことはできなかった。これに反して、クリーヴランドで起こった運動は、アメリカ全土にわたるハンガリー系移民集団にも呼びかけただけでなく、ハンガリー本土にも働きかけ、クリーヴランド市の行政とも連携をとりつけることに成功した。しかし、この運動はクリーヴランドに住むスラヴ系住民（主にスロヴァキア系、チェコ系）から反対を受けてしまう。（「自由」の象徴としてアメリカに迎えられたコッシュート・ラヨシュは、ハンガリー王国に住むスラヴ系住民にとっては「圧政者」であったのである。その後、その妥協案として設置場所を市の中心から外すことで何とか合意を得、1902年9月27日から28日にその除幕式が開かれた。このコッシュート・ラヨシュ像の設置運動を通して、ハンガリー系移民たちは遠く離れた祖国とつながる「ハンガリー人」としての自己を確認するとともに、「自由」の理念を掲げるハンガリー系アメリカ人としてのアイデンティーを誇示したのである。

第三章

ハンガリー第一共和国〜ハンガリー・ソヴィエト共和国時代
1918年〜1919年

クン・ベーラ

ハンガリー共産党のロゴマーク

　1918年10月、オーストリア＝ハンガリー二重君主国は崩壊した。
　前章導入部分でも少し触れたが、10月3日、ウィーン政府は従来のオーストリア＝ハンガリー二重君主国維持の方針を放棄し、チェコ人、スロヴァキア人、南スラヴ系民族などの国内の諸民族の民族自決を承認するとともに、ドイツ系オーストリア民族国家形成の決議を採択した。これに対し、皇帝カール一世はオーストリアの連邦化を宣言し、帝国維持を図ろうとしたが、すでに時は遅かった。10月18日にマサリクがチェコスロヴァキアの独立を発表したのを皮切りに、10月の末には南スラヴでは独立国家成立が宣言され、オーストリアはボヘミア、クロアチア（ダルマチア）、スロヴェニアなどを失った。ハンガリーでもこの時期にはすでに独立への準備が着々と進められていた。そして11月3日、ついにオーストリア＝ハンガリー二重君主国は連合国側と休戦協定に調印したのである。
　ハンガリーでは10月25日、カーロイ・ミハーイの呼びかけに応じ、カーロイの独立・1848年党、ブルジョア急進党、そして社会民主党からなる「国民評議会」が結成された。27日にはブダペストでカーロイを首相にするよう求める多くの集会が開かれた。そして、10月31日に民主主義革命（通称「アスター革命」）の結果、「国民評議会」が権力を握り、カーロイの連立内閣が発足した。カーロイ内閣は11月には王政を廃止、ハンガリーは共和国となり、政治の民主化を目指して行った。
　連合国との講和交渉の席でカーロイ政権は領土問題に関して「聖イシュトヴァーン王冠の地」を主張したが、旧王国内の諸民族はハンガリーからの分離を望んでおり、国境確定はハンガリーに不利な形で進んでいった。ま

た、農地改革も思うように進まず、国民の不満は募るばかりであった。そんな中、国民評議会は1919年1月11日、カーロイを憲法が採択されるまでの間、ハンガリー共和国の大統領とすることを決定した。しかし、この頃すでに国民の不満はハンガリー各地で労働者や失業者のデモという形で現れるようになっていたのだった。

ハンガリー共産党の結成とハンガリー・ソヴィエト政権の誕生

　ハンガリー国民の多くは、数々の難題に直面してなす術がなく手をこまねいていたカーロイ政権に失望していた。そして、そんな国民の中から社会主義者たちが集まり、1918年11月24日、クン・ベーラの呼びかけのもとモスクワでハンガリー共産党が結成された。そして社会民主党と共に、ハンガリー共産党は急激に勢力を伸ばしていったのである。ハンガリー共産党は結成当時は小規模であったが、メンバーの活躍により急速に拡大していった。1919年2月までに党員数は3万人から4万人に増え、多くの失業者や若者がその党員となった。そして、1919年3月21日、共産党のクン・ベーラが政治の実権を譲り、社会民主党と共産党の合同による政府が発足した。ここにハンガリー・ソヴィエト共和国の樹立が宣言されたのである。この国家は、ロシアにおいて（十月革命の結果として）ボリシェビキが権力を掌握して以来、ヨーロッパで初めて成立した社会主義国家であった。

　ハンガリー・ソヴィエト共和国政府は、社会民主党と共産党の連合であった。ランドレル・イェネー（Landler Jenő：1875年生～1928年没。ハンガリーの共産主義者。政治家）、ラーコシ・マーチャーシュ、サムエリ・ティボル（Szamuely Tibor：1890年生

ハンガリー・ソヴィエト共和国時代の政府首脳
(https://theorangefiles.hu/the-hungarian-soviet-republic/)

～1919年没。ハンガリーの共産主義者。政治家）などにより、革命統治評議会が組織された。ガルバイ・シャーンドルが評議会議長となり、クン・ベーラは外交部委員長となった。しかし、政治の実権を握ったのはクンであった。クン・ベーラ率いる新政府は全面的な共産化を目指し、改革を進めていった。「貴族の称号および特権の廃止」「政教分離」「言論と集会の自由」「工業、商業、銀行、医療、土地などの国有化」「労働の義務」を進めてゆき、17歳から45歳までの労働者男子は兵役につくことと定めた。国民に対しては王領ハンガリー時代の国境線回復を公約として掲げ、支持を求めていった。

　ソ連の支持を期待したクンは、レーニンにロシア（当時はロシア・ソヴィエト連邦社会主義共和国という名称が使われていた。

レーニン青年隊（https://theorangefiles.hu/the-hungarian-soviet-republic/）

ハンガリー国会議事堂を赤く塗り替えてる。1919年頃のハンガリー社会民主党のポスター。（https://theorangefiles.hu/the-hungarian-soviet-republic/）

1922 年にソヴィエト社会主義共和国連邦に組み込まれる）との同盟を要請するが、レーニンからは内戦中という理由から拒否された。ハンガリー・ソヴィエト政府は自分たちの力で国内の混乱を収めることを余儀なくされ、警察・憲兵隊を再編し、赤軍を組織した。そして、その指揮官の座にはラーコシ・マーチャーシュが就いた。また、人民を統制するためにレーニン少年隊の名で知られる隊を組織し、「反革命」を見つけるために各地方に送った。いわゆる「赤色テロル」である。彼らは人々に「反革命」というレッテルを貼り、挑発、弾圧していった。彼らは裁判なしに処刑を行ったり、力づくで集会や宗教儀式を解散させたりするなどし、地方の住民と衝突した。また、都市部に住む中産階級や知識層の市民たちも、政府による彼らの財産・職に対する侵害に憤慨し、政府から離れていった。共産化を進めるハンガリー・ソヴィエト政府にとって、過度の反教会的行為はもちろんのこと、政府内部におけるユダヤ人重用も市民の反感をかう要因であった。ハンガリー・ソヴィエト政府人民委員に関して言うと、45人のうち32人がユダヤ人であったのである。もっともこのユダヤ人重用傾向は、他の国の共産党政権にもよく見られることであったが。

ハンガリー・ソヴィエト政権の外交問題と政権の崩壊

　この頃、領土に関する外交問題が先鋭化していた。ルーマニアは、戦勝国から割譲の承認をうけた地域を占領するため、講和条約の締結を待たずにハンガリー領内に軍を進めてきた。ルーマニア軍は 1919 年 3 月までにトランシルヴァニアを占領し、4 月には更にティサ川付近まで前進していた。また、チェコ軍も同様、スロヴァキアの地に軍を進めて

いた。チェコ軍は4月の終わりに定められたハンガリーとの休戦ラインを侵犯して進行した。しかし、スロヴァキアには多くのマジャール系住民が住んでいたのである。そのためハンガリー・ソヴィエト政府は、両国間で取り決めた「休戦ライン」侵害という法的根拠と「マジャール系民族が多く住む土地がチェコスロヴァキア領になったことは不当である」という根拠により、5月末にハンガリー赤軍をスロヴァキアへ派遣した。ハンガリー赤軍は順調に北方へ侵攻していき、6月の初めまでにはスロヴァキアの3分の2を奪還することに成功した。その奪還された都市のマジャール人たちは赤軍を解放者として歓迎した。そして6月16日、スロヴァキアの地にブダペストから送られたクンの側近とチェコ人、スロヴァキア人共産主義者からなる、スロヴァキア・ソヴィエト共和国が樹立されたのである。そしてここからルーマニア軍に占領されたトランシルヴァニアに進軍していった。

ティサ川を渡ったルーマニア軍はフランスの支持を得て、ブダペストに向かって進撃していった。このルーマニアの進撃がハンガリーの共産主義政権に壊滅的な打撃を与えたのであった

クンは国民に対し、外国からの非情な圧力（行動）に対する抵抗を呼び掛けた。それを受けて、ブダペストの労働者たちはクンのもとに集まった。そのため、クンの社会主義革命に反対する人たち（以下、反革命家と記す）が「反革命政府」を樹立し、その本部を協商国の保護下の国境周辺の都市に移そうと考えたのである。その本部は初め、ルーマニア管理下のアラドに置かれたが、同年6月、反革命政府は本部をハンガリー南部の都市、セゲドに移した。当時セゲドにはフランスとセルビアの駐留軍がおかれていた。彼らはア

赤色テロル
(http://bagoly-feszek.blogspot.com/2011/09/avantgarde-propaganda-voros-zalszok.html)

赤色テロル（http://bagoly-feszek.blogspot.com/2011/09/avantgarde-propaganda-voros-zalszok.html）

ハンガリー赤軍（http://bagoly-feszek.blogspot.com/2011/09/avantgarde-propaganda-voros-zalszok.html）

ホルティ

ラドのルーマニア駐留軍より友好的だったのである。反革命政府はセゲドで右翼急進主義や反ユダヤ主義の宣伝を展開し、反ボリシェヴィキ委員会の形成を目指した。そして、ウィーンと東部オーストリアにいるハンガリー政治亡命者たちからの資金・情報援助を募ったのである。反革命政府は、ハプスブルク帝国海軍最後の総司令官であったホルティ・ミクローシュを軍事大臣として迎え入れた。そして間もなく彼は反革命軍の最高司令官となったのである。

ルーマニア軍との戦闘における敗北を契機に、ハンガリー・ソヴィエト政府は総崩れとなり、8月1日、ハンガリーの共産主義政権は実質上崩壊した。8月3日、ハンガリー赤軍はついに降伏。クン・ベーラは8月2日にはすでに外交特権を付された特別列車でオーストリアに逃れていた。

その後、国連理事会の助けを受け、社会民主党のペイドル・ジュラを首班とする社会主義政権がブダペストに樹立されたが、8月6日にはクーデターを受け、この政権は倒された。これに代わり、ヨーゼフ大公（Joseph August von Österreich：1872年生〜1962年没。オーストリア大公の位を有する、ハプスブルク＝ロートリンゲン家の一員。軍人として活躍した）を国王に立てたナショナリストが権力を握り、フリードリッヒ・イシュトヴァーン（Friedrich István：1883年生〜1951年没。ハンガリーの政治家。1919年8月から11月までハンガリーの首相を務める）が首相となった。しかし、連合国はハプスブルク家の者が国家元首（国王）となることを認めず、ハンガリーは他の国家元首を探すことを余儀なくされた。

ハンガリー・ソヴィエト政権崩壊後のハンガリー社会

ルーマニア軍はこの間ハンガリーのほぼ全土を占領した。しかしホルティ・ミクロー

104　第三章　ハンガリー第一共和国〜ハンガリー・ソヴィエト共和国時代　1918年〜1919年

シュ提督率いるハンガリー反革命軍はルーマニア軍に対し、徹底抗戦の構えを見せた。ルーマニア軍はハンガリー・ソヴィエト政権が崩壊したことにより大義名分を失ったことに加え、進駐の長期化による経済的負担と士気の低下により、事態を収拾し始めた。ホルティ提督はルーマニア軍との交渉の末、ハンガリー国内からルーマニア軍の撤退させる約束をとりつけた。そして 11 月の初め、ルーマニア軍はブダペストから撤退を始め、それに代わり 11 月 16 日にホルティ提督率いるハンガリー国民軍がブダペストに無血入城したのであった。これにより、ホルティ提督はハンガリー全土を掌握したことになった。

白色テロル（https://atankonyvontul.wordpress.com/category/feherterror/）

勝利した反革命家たちは、「白色テロル」を展開していった。彼らは、伝統的なハンガリー政治のやり方に挑戦した人たち、また、挑戦を試みようとした階層と組織を暴力という手段を用いて組織的、計画的に抹殺していった。それはカーロイとクンの体制に対する市民の反動であったと言える。多くのユダヤ人もその犠牲になった。また、それにより多くのハンガリー知識人たちは亡命に追い込まれたのであった。

クン・ベーラのハンガリー共産党政権は、わずか 133 日しか続かず崩壊した。クン・ベーラ自身、8 月にオーストリアに逃れ、その後はソ連に亡命している。またその後、首相に選ばれたペイドル・ジュラもクーデター後にオーストリアに逃れている。ロシアとは地理的に隣接していない国で共産党政府が樹立されたという事実は、大戦間期の世界的な共産主義運動にとっては大きな意味を持っていたに違いない。しかし、ハンガリー社会にとっては、クンの体制が悲劇で終わったこと、ひいては、それ以前のカーロイの自由主義体制の失敗が市民の不信感を高めてしまったのである。これ以降、社会と政治の「民主

1920 年　選挙前のポスター（https://atankonyvontul.wordpress.com/category/feherterror/）

105

化」はハンガリーにとって「反逆的」とみなされ、妨害されることとなる。この章では、急激な社会体制変化の波が次々に押し寄せた時代、ハンガリー・ソヴィエト共和国時代の5か月間とその前後、いわゆる大戦間期に亡命した人たちを取り上げていく。

＊ガリレイ・サークル
Galilei Kör

1910年から1919年の間に存在したブダペストの自由主義的学生のサークル。研究の自由の保障、大学における思考の自由、苦学生への援助などを目的としてつくられた。その部室（事務所）はブダペスト6区、現在のデアーク・フェレンツ広場に立つ建物にあった。

ハンガリー王立科学大学の社会学の教授であったピクレル・ジュラの学説が批判されたとき、それに反対した学生たちが集まって作られたサークルである。このサークルの考え方はキリスト教的ナショナリストたちと対立した。

このサークルの初代会長はカール・ポランニーが務めた。その他、ヤーシ・オスカール、サボー・エルビン、ラーコシ・マーチャーシュなど、本書に登場する人物も多く参加した。彼らは『自由思想（Szabadgondolat)』という刊行物を発行した。

第一次世界大戦中、ガリレイ・サークルは反戦プロパガンダ活動を行った。時には違法活動をすることもあり、逮捕者もでたようである。1918年10月末のアスター革命時、再度活動を始めたが、1919年のハンガリー・ソヴィエト共和国終焉と共にその活動を修了した。

＊第一次世界大戦後のユーゴスラヴィア国家の成立

第一次世界大戦も終わりを迎えようとしていた1918年10月29日、オーストリア＝ハンガリー二重君主国の南スラヴ人が多く住む地域でスロヴェニア人・クロアチア人・セルビア人国家（Država Slovenaca, Hrvata i Srba）が誕生した。この国家はザグレブを首都とし、国民評議会（議長、スロヴェニア人のアントン・コロシェツ（Anton Korošec：1872年生〜1940年没）、副議長、クロアチア人のアンテ・パヴェリッチ（Ante Pavelić：1869年生〜1938年没）とセルビア人のスヴェトザール・プリビチェヴィッチ（Svetozar Pribićević：1875年生〜1936年没)）か指揮を執った。しかし、この国家は国際的に承認を受けることなく、同年12月1日にセルビア王国と合併し、その名をセルビア人・クロアチア人・スロヴェニア人王国（Kraljevina Srba, Hrvata i Slovenaca）と変えた。その後、この王国は1929年1月6日にユーゴスラヴィア王国と名前を変え、1941年まで存在した。

＊日曜サークル
Vasárnapi Kör：Sonntagskreis

カール・マンハイム、ルカーチ・ジェルジュらが主催した、ブダペストのディスカッションサークル。1915年から1918年まで活動した。サークルの正式メンバーではなかったが、マイケル・ポランニーやカール・ポランニー、バルトーク・ベーラやコダーイ・ゾルターンなど、著名な人々が参加したこともあった。

ハンガリー第一共和国時代（1918 年 10 月〜 1919 年 3 月）

国家最高責任者		国家最高責任者であっ た期間	
カーロイ・ミハーイ （Károlyi Mihály）	首相 大統領	首相：1918 年 11 月 16 日 〜 1919 年 1 月 11 日	
		大統領： 1919 年 1 月 11 日 〜 1919 年 3 月 21 日	首相：ベリンケイ・デー ネシュ （Berinkey Dénes） 1919 年 1 月 11 日 〜 1919 年 3 月 21 日

ハンガリー・ソヴィエト共和国時代（1919 年 3 月〜 1919 年 8 月）

国家最高責任者		国家最高責任者であっ た期間	
ガルバイ・シャーンド ル （Garbai Sándor）	革命統治評議会議長 首相	1919 年 3 月 21 日 〜 1919 年 8 月 1 日	この間、外交部委員長 クン・ベーラが実権を 握る
ペイドル・ジュラ （Peidl Gyula）	首相	1919 年 8 月 1 日 〜 1919 年 8 月 6 日	1919 年 3 月 21 日 〜 1919 年 8 月 1 日

ハンガリー臨時政府（ルーマニア占領下：1919 年 8 月〜 1920 年 2 月）

国家最高責任者		国家最高責任者であっ た期間	
ヨーゼフ・アウグスト・ フォン・エスターライ ヒ （Joseph August von Österreich）	執政	1919 年 8 月 7 日 〜 1919 年 8 月 23 日	首相：フレイドリック・ イシュトヴァーン （Friedrich István） 1919 年 8 月 7 日 〜 1919 年 11 月 24 日
フリードリッヒ・イシュ トヴァーン （Friedrich István）	首相	1919 年 8 月 23 日 〜 1919 年 11 月 24 日	
フサール・カーロイ （Huszár Károly）	首相	1919 年 11 月 24 日 〜 1920 年 2 月 29 日	

「アスター革命」でハンガリー共和国初代首相、第二次大戦後凱旋帰国後再度亡命

カーロイ・ミハーイ
Nagykárolyi Károlyi Mihály Ádám György Miklós

- 1875年3月4日　ブダペスト（Budapest：オーストリア＝ハンガリー二重君主国）生
- ▶ 1919年　チェコスロヴァキア（1919年―1920年）に亡命
- ▶ イタリアに亡命（1920年～1923年）
- ▶ フランスに亡命（1923年―1938年）
- ▶ イギリスに移住（1938年―1946年）
- ▶ 1949年　フランスに留まる
- 1955年3月19日　ヴァンス（Vence：フランス）没

「赤い公爵」――彼の政敵は彼のことをそう呼んだ。彼の名はカーロイ・ミハーイ、1919年にハンガリー民主共和国の大統領になった人物である。第一次大戦後は単独講和を主張し、イギリス・アメリカと交渉した。民主主義革命の際は民衆の側に立ち、社会主義思想の信奉者となった。戦間期、ホルティ主義者、帝国主義者たちは、カーロイを1918年の「アスター革命」の主犯者とした。そしてカーロイ政権にいた者たちも自らの罪を軽減させるために、カーロイにすべての失敗の罪を擦り付けた。第二次大戦後の1946年、当時のハンガリー政府はカーロイを亡命先から呼び戻し、国会議員に選び、後に在フランス・ハンガリー大使に任命した。しかし、カーロイは1949年9月から12月に起きたライク事件からミンツェンティ事件をうけ、これらの事件に抗議する形で辞表を提出した。そしてそのままフランスに亡命した。そして1955年に人生の幕をとじるまで、その地にとどまったのである。

1875年3月4日、ハンガリーの歴史においてその名を残す伯爵家に男の子が生まれた。彼の名は、ナジカーロイ・カーロイ・ミハーイ・アーダーム・ジェルジュ・ミクローシュ（Nagykárolyi Károlyi Mihály Ádám György Miklós）。後に国家を動かす人物となる。

貴族の「慣習」に倣い、カーロイは子供の頃「外の世界」と「離されて」育った。15歳の頃、父カーロイ・ジュラが亡くなると、叔父カーロイ・シャーンドルがミハーイ少年の世界観形成の一翼を担った。カーロイ・シャーンドルは大地主であり、経済学者であった。彼は1896年にハンガリー農民組合を設立すると、協同組合運動の発起人として活躍した。後に、カーロイ・ミハーイは叔父の仕事を受け継ぎ、西欧の（特に、イギリスの）協同組合運動を研究した。

16歳の頃、カーロイは初めてイギリスに行く。「産業文明」の高い生活水準は若いカーロイに強い印象を与えた。

政治家としてのキャリアのスタート

若いころのカーロイはなかなかやんちゃであったという。ブダペスト大学法学部卒業後、カーロイはハンガリー国会の上院議員に

なるが、議会にはめったに出席しなかった。若いカーロイにはカジノのホールの方が魅力的であったのであろう。しかし、カーロイは次第に政治に関心を向けるようになっていく。1901年、初めて自由党の候補としてハンガリーの国会議員選挙に出馬した。選挙戦は「クリーンな選挙」というスローガンの下に行われたが、その少し前に採択された選挙妨害に対する法律の有効性に疑問を持つ多くの有権者は、このスローガンを信じてはいなかったのである。1905年、カーロイは無所属の候補として下院議員に選出された。そして、1907年にはハンガリー大地主連盟のメンバーとして選出され、1909年にはその代表者となる。弱冠34歳のカーロイにとって、この地位は名誉であった。

また、貴族の子弟の「慣習」に倣って、カーロイは若いころアメリカ、フランス、イギリス、セイロンなどの地を外遊した。この経験も後のカーロイの「自由主義的」見地に少なからず影響を与えたのではないだろうか。

1910年、カーロイは野党である独立党より国会議員に選出される。1912年には国会でドイツと同盟を組むことに反対する意見を述べた。カーロイの政治的立場としては、ドイツ・オーストリアの関係は最小限に抑え、非ハンガリー系民族との協調、民主的改革を進めるというものであった。カーロイの反ドイツ・オーストリア感情を表している逸話としては、次のようなものが残っている。1916年、カーロイは妻と共にウィーンのオペラ座で観劇した。劇が終わり幕が降りると、その幕にドイツ皇帝及びオーストリア皇帝の肖像画が投影され、両国の国歌が演奏された。会場は起立したが、カーロイ夫妻だけは座ったままであったということであった。

第一次世界大戦とカーロイ――アスター革命

1914年7月28日、オーストリア=ハンガリー二重君主国は、ハンガリーの首相、ティサ・イシュトヴァーンの反対を押し切った形でセルビアに宣戦布告した。第一次大戦が始まると、カーロイは当初、国家主義キャンペーンを支持したのだが、すぐに批判の側にまわった。そして、1915年の時点ですでに停戦を主張、オーストリア=ハンガリー二重君主国およびドイツの軍事政治を批判、親協商国的な立場を取っていた。

1916年6月、カーロイは約20名の国会議員の同志と共に独立党を離党し、新たに「独立・1848年党」（Függetlenségi és 48-as Párt：俗にカーロイ党と呼ばれた。ちなみに1884年にも同じ名前の党が作られているが、2つは異なる政党である）を設立した。党のプログラムには、ハンガリーの関税自主権、軍保有権、秘密選挙権、農地改革、そして、即時停戦が含まれていたのである。1916年11月に皇帝フランツ・ヨーゼフが死去し、カール一世が即位したが、停戦は叶わなかった。

1918年10月末、ついに1867年のアウスグライヒにより成立したオーストリア=ハンガリー二重君主国は崩壊した。カール一世は11月3日に連合国側と休戦協定に調印、そして「国事不関与」を宣言すると、シェーンブルン宮殿を離れた。ハンガリーでは10月25日、カーロイの「独立・1848年党」とブルジョア急進党、そして社会民主党からなる国民評議会が結成された。27日にはブダペストでカーロイを首相の座に置くよう求める多くの集会が開かれた。そして10月31日、民主主義革命「アスター革命」の結果、カーロイの連立内閣が発足したのである。カーロイ内閣は11月には王政を廃止を宣言し、ハンガリーは共和国となった。ハンガリー共和

国はこれから政治の民主化を目指して行くこととなる。

連合国との講和交渉では、カーロイ政権は「聖イシュトヴァーンのハンガリー」（『大ハンガリー』）を主張したが、諸民族はハンガリーからの分離を望んでおり、国境確定はハンガリーに不利な形で進んでいった。また、農地改革も思うように進まず、国民の不満は募るばかりであった。そんな中、国民評議会は1919年1月11日、憲法が採択されるまでの間、カーロイをハンガリー共和国の大統領とすることを決定した。しかし、この頃すでに国民の不満はハンガリー各地で労働者や失業者のデモという形で現れるようになっていった。

亡命生活――帰国――新たなる亡命

こうした情勢の中、1919年3月に共産党のクン・ベーラに権力を譲り、同年6月末、国外に亡命する決意をした。1919年7月、カーロイは家族と共にチェコスロヴァキアに逃れた。1919年11月初め、カーロイは当時滞在していたボヘミアのドゥビー（Dubí）において、同政権で少数民族担当大臣を務めたヤーシ・オスカールらと共に「アスター革命」参加者による10項目の基本方針を定めた。彼らは「亡命者」と自称する統一された政治集団の形成を試みたのであった。カーロイを庇いきれないと考えたチェコスロヴァキアの外相ベネシュは、カーロイに国外へ出るよう勧めた。1920年10月、カーロイは友人の助けを借りて、イタリア入国のビザを取得、ヴェローナ、フィレンツェに滞在した。そして、カーロイとその家族はその後フランスに移り、1923年から1938年の間はフランスに住んだ。

カーロイは亡命先で、共産主義者を含むハンガリー亡命者たちの経済的、政治的な団体をたちあげるために力を尽くした。ハンガリー国内にはホルティ政権を打倒する勢力はみられなかったが、カーロイは近い将来、ホルティ政権は新たな革命で倒されるだろうとみていたようであった。1938年、ミュンヘン協定が締結されると、カーロイは15年住んだフランスを離れ、イギリスに移り住んだ。カーロイはそこで第二次大戦が終わるまで過ごした。カーロイは亡命先のイギリスで「ハンガリー独立のためのグループ」をつくり、活動した。

1945年12月、カーロイのもとにハンガリー国会の議長から一通の手紙が届く。それによると、カーロイは無所属の議員候補として選出されたとのことだった。カーロイが戦後のハンガリーの置かれた状況を正しく理解していたか否かは分からないが、新しいハンガリーの政権を補佐する気持ちでこれを受けいれた。カーロイは1946年5月8日、ブダペストに戻った。そこでは、1918年10月のハンガリー共和国の象徴として盛大に迎え入れられたのである（実際、この時期には多くの亡命政治家たちが新しい国家形成のためであろうか、ハンガリーに呼び戻された）。

そんなカーロイが再度亡命を決意するのは、1949年のことである。1948年にラーコシの独裁政権が誕生するが、カーロイはその政権で在フランス・ハンガリー大使に任命され働いた。しかし、ライク事件、ミンツェンティ事件という、スターリン主義時代の見せしめ公開裁判が行われると、ハンガリーの置かれている辛い現状に絶望し、これらの事件に抗議する形で辞表を提出した。そしてそのままフランスに亡命したのである。カーロイは1955年に人生の幕を閉じるまで、その地に留まった。

ハンガリー・ルーマニア戦争後、ソヴィエト政権の後始末を任された社民内閣首脳

ペイドル・ジュラ
Peidl Gyula

- 1873年4月4日　ラヴァズド
  （Ravazd：オーストリア＝ハンガリー二重君主国）生
- ▶ 1919年　ウィーンに逃れる
- ▷ 1921年　ハンガリーに戻る
- 1943年1月22日　ブダペスト
  （Budapest：ハンガリー王国）没

　1919年8月、ルーマニア軍がまさにブダペストを占拠しようかという時、ハンガリー・ソヴィエト共和国で新たな内閣が発足した。ペイドル・ジュラ内閣である。たった6日しか存続しなかった内閣であるが、ハンガリー・ソヴィエト共和国のすべての問題を託され、混乱の中で潰されたまさに憫然たる内閣であった。その時、首相の座にいたのが、ペイドル・ジュラ。社会民主主義に共感し、生涯労働者のための活動に従事した人物である。

　ペイドル・ジュラは1873年4月4日、ハンガリー北西部の街ラヴァズド（Ravazd：ハンガリー北西部の街）で産声をあげた。精肉業を営んでいた父は早くに亡くなり、ジュラ少年は母に育てられた。

　1886年から1890年の間、ジュラ少年は印刷会社の植字工として働きながら仕事を学んだ。その後、オーストリア、スイス、ドイツで学ぶ機会を与えられ、一生懸命勉強した。この時、留学先で社会民主運動に出会い、それが後の彼の運命を決めることとなるのである。

　ペイドル・ジュラは帰国後、積極的にいろいろな分野で活躍した。1900年から1908年までは植字工組合の会長の職に就いていた。また1904年には仲間と共に一般消費者協同組合（ÁFOSZ）を創設し、1908年にはその組織の秘書となった。またジャーナリストとしても活躍しており、数冊の週刊誌の編集をしていた。それから国民労働者保険基金（Országos Munkásbiztosító Pénztár）の理事の一人でもあったのである。

　1909年、ペイドル・ジュラはハンガリー社会民主党指導部のメンバーに加わった。第一次世界大戦後の1919年1月から3月までの間、ペイドル・ジュラはベリンキー・デーネシュ内閣（1919年1月11日から3月21日までの約2か月間続いた内閣。ホルティが実際の権力を持っていた時代である）で労働福祉大臣の職に就いた。その後クン・ベーラが革命を成功させると、ハンガリー社会民主党とハンガリー共産党との連合に反対し、ハンガリー社会民主党の指導者的立場からは退くことを決めた。この間、ガルバイ・シャーンドル内閣が発足し、政府は第一次世界大戦後のハンガリーの問題に着手していったのである。

　国内外に大きな問題を抱えていたハンガリー・ソヴィエト共和国であったが、ハンガリー・ルーマニア戦争の敗北がとどめの一撃

となり、ガルバイ・シャーンドル内閣は8月1日に正式に解散した。そして、社会民主主義者によって新たにペイドル・ジュラ内閣が組織されたのであった。ペイドル・ジュラは、ハンガリーの首相および革命統治評議会議長の職をガルバイ・シャーンドルから受け継いだのである。また、8月2日からは金融大臣の職も兼任した。しかし、新たな内閣を発足させることで事態が収まるという状況ではなかったのである。

ペイドル内閣発足と失敗──そして亡命

新しく発足したペイドル内閣の立場は非常に弱く、様々な圧力を受けた。この間、ハンガリーの共産化に反対していた反革命側勢力は、ヨーゼフ・アウグスト・フォン・エスターライヒ（Joseph August von Österreich：

ケレペシ墓地：ペイドル・ジュラの墓石（http://www.agt.bme.hu/varga/foto/kerepesi/kerepesi.html）

1872年～1962年没。オーストリア大公位のハプスブルク＝ロートリンゲン家の一員）を擁立し、ペイドル内閣を倒そうとしていた。ブダペストに入城したルーマニア軍は、和平交渉を進める用意があったが、ペイドル内閣はそれを拒んだ。8月6日にはもうすでに警察と軍の一部は反革命側勢力の手中にあった。そして、ペイドル・ジュラは退陣を迫られ、それに承諾したのである。

ハンガリー・ソヴィエト共和国が倒れて間もない1919年の11月、ペイドル・ジュラは極右勢力による白色テロを逃れるため、オーストリアに渡った。そして1921年までウィーンやサンクト・ラーデグント・バイ・グラーツ（Sankt Radegund bei Graz：オーストリア中部に位置する小さな街）に住み、そこで校正者として働いた。

1921年、ハンガリーに戻ると、再び労働者の権利を守るための活動を始めた。また政治の世界にも戻ることを決意し、社会民主主義党の再編にも積極的に参加した。1922年の選挙では、国会議員に選出され、1922年から1931年の間、国会の社会民主党グループの代表も務めた。

ペイドル・ジュラは1931年の選挙の直前に急に政界から引退することを決意した。そして、1943年1月22日に亡くなるまで、ブダペストで静かに余生を過ごしたようである。

ロシアに続く世界第二の赤色革命政権
ハンガリー・ソヴィエト共和国の指導者

クン・ベーラ
Kun Béla

- 1886年2月20日　レレ村（Lele：オーストリア＝ハンガリー帝国）生
- 1920年　ロシア・ソヴィエト連邦共和国に亡命
- 1938年8月29日もしくは1939年11月30日　モスクワ（Москва：ソヴィエト連邦）没

クン・ベーラはオーストリア＝ハンガリー二重君主国の片田舎の街のユダヤ人公務員の家庭に生まれた。出生名はコーン・ベーラ（Kohn Béla）。父コーン・サミュはガリツィア出身の公証人でユダヤ教徒であったが、母ゴルドベルガー・ローザは、プロテスタントであった。

ベーラはザラウにあるカルビン派の高校、その後、コロジュヴァールのカルビン派の名門カレッジで学んだ。成績は比較的優秀であった。特に、ハンガリー文学の科目においては優秀で、彼の書いたペテーフィ・シャーンドルについてのエッセイは学内で最優秀賞を取ったほどであった。この頃すでに、サインには自分の出生名をハンガリー化した名前、クン・ベーラを用いていたようである（以下、クンと記す）。

政治への目覚め──ロシア軍の捕虜となり革命の闘士へ成長する

クンは、詩人のアディ・エンドレ（Ady Endre：一説によると、一時期クンの家庭教師をしていた）を通じてブダペストでの左翼知識人たちの活動を知った。そして1902年、16歳の時にハンガリー社会民主党のメンバーとなる。クンは党のトランシルヴァニア支部組織に積極的に参加し、トランシルヴァニアの建設労働者・鉱山労働者の団体の設立のために働いた。

クンは高校を卒業した後、コロジュヴァール大学法学部に入学するが、1904年に学業を中断し、ジャーナリストとして働き始めた。そして、ブダペストにおいて、マルクス主義者学生団体の組織に参加した。

1905年、トランシルヴァニアでは多くの工業企業において、クンの指導の元にストライキが行われた。殊に、コロジュヴァールにおけるストライキでは、警察との衝突で流血をみる騒ぎとなった。クンはストライキへの参加のかどで、2年半の禁固刑を言い渡された。出所後の1908年には、ハンガリー社会民主党の指導部で働きはじめ、コロジュヴァールの労働者運動にも参加した。

第一次世界大戦時、クンはオーストリア＝ハンガリー軍に召集された。1916年にはロシア軍の捕虜となり、ウラル地方に送られた。クンはそこで、共産主義者となる。また、捕虜収容所では徹底的にロシア語を学んだ。ロシアで2月革命が起きると、クンはロシア社会民主労働者党（ボリシェヴィキ）に入り、党のトムスク地方支部の重要なポストに就いた。そしてボリシェヴィキの雑誌『シベ

リアのボリシェヴィキ』誌及び、新聞『革命旗』の編集を行った。

　1918年3月、クンは元ハンガリー人戦争捕虜の同志と共にロシア共産党（ボリシェヴィキ）付属のハンガリー人グループを組織した。これは事実上、ハンガリー共産党の前身となるグループであった。サムエリ・ティボル（Szamuely Tibor：1890年生〜1919年没。ハンガリーの政治家。ハンガリー共産党創始者の一人）と共にハンガリー語雑誌『社会革命』の編集を行った。この雑誌の影響で、多くのハンガリー人戦争捕虜たちはロシア赤軍、また後にハンガリー赤軍に加わったのである。クンはペトログラード、そしてその後モスクワに赴き、レーニンに面会した。そしてその時、オーストリア＝ハンガリー二重君主国での共産主義運動の指導を任されたのである。また、ロシア共産党の新聞『プラウダ』『イズベスチヤ』などに積極的に記事を書いた。

ブダペスト帰還、そしてハンガリー・ソヴィエト共和国へ

　クンがブダペストに戻ったのは、オーストリア＝ハンガリー二重君主国崩壊直後の1918年11月17日であった。その7日後の24日にはハンガリー共産党をたて、中央委員会の首となると、党の機関誌『赤い新聞（Vörös Ujság）』で、カーロイ政権を痛烈に批判した。そして、共産党の指導のもと、労働者ストライキや集会を積極的に開くことを推奨した。

　1919年2月22日、共産主義者たちはクンの指導の元でデモを組織した。このデモ隊は警察と衝突し、死者もでるほどであった。クンはこのデモを指揮したとして逮捕され、国家反逆罪で裁判にかけられたが、拘束中もハンガリー社会民主党とハンガリー共産党の合同のために働きかけた。ハンガリー社会民主党側も共産党との合同には積極的であった。

　1919年3月21日、クンの支持者たちは共産党と社会民主党の合同大会を開き、社会党を発足させた。新しく発足した党は、すぐにハンガリー・ソヴィエト共和国樹立を宣言した。これは、ヨーロッパにおいてロシアに次いで第二番目に発足した「共産主義」政権であった。新しい政権はすぐにクンを解放した。

　新政権では旧社会民主党からガルバイ・シャーンドルが革命評議会議長の職に就き、共産党のクンは外相となった。しかし、実質上はクンが政権を指揮していたのである。

　国民は新しい政権に領土問題解決（領土回復）を期待していたが、それはなかなか前進しなかった。旧ハンガリー領であったスロヴァキアが1918年末にチェコスロヴァキアとして国家樹立を宣言すると、ハンガリー国民はスロヴァキアをチェコスロヴァキアから取り戻そうと躍起になるが、失敗する。また、東からはフランスの支持を受けたルーマニア軍が進行し、ハンガリー赤軍が応戦する形となった。しかし、もともと弱体であったハンガリー赤軍は大敗を喫し、8月にはルーマニア軍によってブダペストが制圧された。そして、事実上ハンガリー・ソヴィエト共和国は崩壊した。

　ハンガリー・ソヴィエト共和国崩壊のもう一つの原因としては、旧社会民主党派と共産党との確執があった。前述した軍事的失敗と国内改革における政府内での意見の相違により、国民の共産党支持は衰えていた。旧社会民主党派は政府の主導権奪還を企てたが、失敗してしまう。これに対してクンは1919年6月24日、赤色テロの必要性を宣言した。政府内部の対立が目に見えて明らかになっていったのである。ハンガリー・ソヴィエト共和国は、1919年8月1日、発足からわずか

133日で崩壊した。

クンはその後オーストリアに逃れた。そして、1920年7月に第一次世界大戦の捕虜と交換され、ロシア・ソヴィエト連邦共和国に亡命したのである。

ソ連への亡命──そして粛清

亡命後、クンは再度ロシア共産党の党員となった。1920年10月には共和国革命軍事会議のメンバーに指名され、11月にはクリミアでの赤色テロの組織と実施の責任者の一人として指名された。また、1921年からはコミンテルン執行委員会のメンバーとして活躍した。クンは同年ドイツに派遣され、ドイツ共産党の指導にあたった。ドイツで起こった共産党の蜂起にも関わっている。1921年から1923年には、エカチェリンブルグにおいてソ連共産党のウラル支部プロパガンダ部で働いた。1924年7月からはコミンテルン執行委員会のプロパガンダ部の部長として働いた。

1928年4月、クンはウィーンにおいて革命活動を行ったかどで逮捕されるが、ソ連におけるクン逮捕への反対運動の影響によりこの時は釈放された。そしてクンはソ連に戻り、コミンテルンの中・東欧地域のプロパガンダ部で働いた。

クンはモスクワにある出版社でハンガリー語の翻訳の仕事もしていた。しかし、時は1930年代、クンにもスターリンの粛清の影は忍び寄っていたのである。1937年6月、クンはモスクワで逮捕された。逮捕前、クンは自分の好きな詩人であるペテーフィ・シャーンドルの詩の編集をしていた。彼は反革命的テロ活動を組織した「トロツキスト」として断罪されたのである。彼は拷問を受け、1938年銃殺刑を言い渡された。

彼の命日について、2つの説が残っている。一つ目は、銃殺刑を言い渡された直後に刑が執行されたという、1938年8月説。そしてもう一つは、刑は執行されずにモスクワの刑務所で獄死したという、1939年11月説である。未だに真相は分かっていない。

クンの名誉が回復されたのは、スターリンの死後2年以上経過した1955年のことであった。

モスクワ　赤の広場の前にある建物に掛かっているクン・ベーラ記念プレート（筆者撮影）

ブダペスト8区　ケレペシ墓地：労働者パビリオンにはクン・ベーラの名前も彫られている（筆者撮影）

ハンガリー・ソヴィエト共和国で革命評議会議長を務めた社会民主主義者

ガルバイ・シャーンドル
Garbai Sándor

- 1879年3月27日　キシュクンハラシュ（Kiskunhalas：オーストリア＝ハンガリー二重君主国）生
- 1920年　ブラチスラヴァに逃れる。その後ウィーンに亡命
- 1934年　再度ブラチスラヴァに移る
- 1938年　パリに亡命する
- 1947年11月7日　パリ（Paris：フランス）没

　ガルバイ・シャーンドルは、1879年3月27日にハンガリー南部の街、キシュクンハラーシュ（Kiskunhalas）に生まれた。家はプロテスタントで、父の名はガルバイ・ガーボル（Garbai Gábor）、母の名はヴィリ・ユリアナ（Vili Julianna）といった。
　ガルバイはレンガ作り工になるための職業訓練をうけ、生まれ故郷でその職業に就くことができた。しかしより良い生活を求め、18歳でブダペストに出たのである。そこで左翼活動と出会い、その活動を始めた。そし て、左翼側組織と良い関係を構築していったのである。
　シャーンドルは数々の左翼系集会において演説を行い、その名を馳せていった。その後1901年から1919年まで、ハンガリー社会民主党の指導者の一人として活躍した。また、1903年からはハンガリー建築労働組合の議長、1907年からは全国労働者保険基金の組合長の職も兼任した。私生活では、1905年3月にペテルディ・ジョーフィア（Pötördi Zsófia）と結婚した。

ソヴィエト共和国の首相に

　ガルバイ・シャーンドルは、ハンガリー社会民主党と共産党の連合に賛成する立場を採っていた。そして1919年3月21日のハンガリー・ソヴィエト共和国誕生時、首相の職に任命されたのである。また、翌日の3月22日には革命統治評議会の議長にも任命された。少し余談になるが、革命統治評議会は社会民主主義者と共産主義者の連合であったが、クンを除く全ての政治委員が元社会民主党員であった。
　シャーンドルは革命統治評議会議長となったが、実権は外交部委員長のクン・ベーラが握っていた。ハンガリー・ソヴィエト共和国は誕生当初から国内外に大きな問題を抱えており、その存続は極めて難しいものであった。1919年8月のハンガリー・ルーマニア戦争の敗北が大きな要因となり、8月1日ガルバイ・シャーンドルは首相および革命統治評議会議長の座を解任され、その職には社会民主主義者のペイドル・ジュラが就いた。ガルバイ・シャーンドルは新たに大臣の座に就くが、8月4日にはルーマニア軍がブダペストに入城し、6日にはナショナリストによりペイドル政権は倒された。これにより実質的にハンガリー・ソヴィエト共和国は消滅した

ことになったのである。
　ガルバイ・シャーンドルは同年8月ルーマニアで捕らえられ、コロジュヴァールで捕虜となった。翌年、そこからチェコスロヴァキアのブラチスラヴァに逃れ、その後ウィーンに亡命したのである。

ウィーンでレストラン開業するも巨額の借金
　ガルバイ・シャーンドルは、亡命先ではハンガリー人左派亡命者たちの中心的役割を果たすようになった。亡命先のウィーンで家族とともにレストランを開き、そこでハンガリーからの左派亡命者たちを受け入れるようになった。しかし、ガルバイにはレストラン経営の経験がなく、経営ノウハウもなかったのである。レストランの経営はすぐに立ち行かなくなり、巨額の借金を抱えてしまった。これ以降、一家は経済的に苦しい状況に陥ってしまった。
　1934年2月に起こったオーストリア内戦の後、社会民主派であったガルバイ・シャーンドルはオーストリアで暮らしにくくなり、1934年にブラチスラヴァに移った。そしてその4年後の1938年にパリに移ったのである。ナチス占領下のパリでは比較的静かに暮らしていたようであり、ナチスの弾圧からも逃れられたようである。
　1945年、ハンガリーがファシスト勢力から解放されると、ガルバイ・シャーンドルは故郷ハンガリーに戻ることを望むようになった。しかし、当時ハンガリーで権力を持ち始めたハンガリーの共産主義者たちや以前の社会民主主義者の同志たちが彼の帰国を阻止した。そのため、ガルバイ・シャーンドルはその後二度と故郷の土を踏むことなく、1947年11月7日、パリで68年の生涯を閉じたのである。

ガルバイの生まれ故郷、キシュクンハラシュ

キシュクンハラシュにあるガルバイの記念碑

ハンガリー・ソヴィエト政権で財務大臣
就任、後にソ連を代表する経済学者に

ヴァルガ・イェネー
Varga Jenő

- 1879年11月6日　ブダペスト
  （Budapest：オーストリア＝ハンガリー二重君主国）生
- 1919年　モスクワに亡命する
- 1964年10月8日　モスクワ
  （Москва：ソヴィエト連邦）没

ヴァルガ・イェネーは1879年11月6日、オーストリア＝ハンガリー二重君主国のブダペストに住む貧しいユダヤ人の家庭に、8人兄弟の末っ子として生まれた。父の名は、ワイズ・サミュエル、母の名はジンガー・ジュリアナと言った。彼の父ワイズ・サミュエルは、ナジテーテーニィ村（1950年1月1日よりブダペストと合併。現・ブダペスト市22区）で教師をしていた。父サミュエルはある日、裕福な学生を退学処分にしたところ、教師の職を追われ、それ以来教職に就くことはできなかったと言われている。そのため、自分の子供たちに満足した教育を受けさせることができなかった。

幼いイェネーは、家計を助けるために若くして働きに出た。わずか10歳で農家で働き、その後はパン屋に奉公に出た。後に、そこで売り子となり、職業経験を積んだのである。

イェネーは19歳の時、ラビ（ユダヤ教における宗教的指導者であり学者）にユダヤ人コミュニティから脱退する意思を表明したが、思いとどまり、彼はその生涯を通じてユダヤ人として生きた。モスクワに移った後にも、イェネーは研究所でユダヤ人の職場仲間たちとグループをつくり交流していたという。

イェネーは何とかギムナジウムを卒業し1902年、ブダペスト大学に入学することができた。ブダペスト大学では哲学と経済地理学を学んだ。また、在学中にはベルリンとパリで歴史、経済学、哲学を学ぶ機会にも恵まれた。大学では著名なハンガリー人哲学者ベルナート・アレクサンデル（Bernát Alexander：1850年生〜1927年没。ユダヤ系の生まれ。ハンガリーの哲学者であり評論家でもあった。ハンガリー科学アカデミーのメンバーで、1904年から1919年までブダペスト大学の教授であった）に師事した。イェネーは学問の分野でその才能を発揮し、1906年からは学術雑誌に論文を投稿するようになる。彼の論文の主なトピックは、経済学であった。また同年にはハンガリー社会民主党に参加すると、その活動の場を広げていった。

編集者としての活動 ──『人民の声（Népszava）』での活躍

1907年よりハンガリー社会民主党機関紙『人民の声（Népszava）』の編集部に入り、経済部門を担当した。イェネーの経済社会学的ともいえる論文は『人民の声（Népszava）』『社会主義（Szocializmus：ハンガリー社会民主党系の雑誌）』や『新時代（Die Neue

Zeit：ドイツ社会民主党系の雑誌。マルクス主義の最も重要な理論雑誌とされていた）』などに掲載され、注目された。

1911年、イェネーは研究の傍ら教員資格を取り、1912年から1914年にかけて、ブダペスト8区にある高等学校で教鞭を執った。この頃グルーン・シャーロットと結婚し、2人の子供を儲けた。息子アンドリューは第二次世界大戦で戦死し、娘のメリーは後に生物学者となり、イェネーと共にモスクワに移り住んだ。

第一次世界大戦中、イェネーは『人民の声（Népszava）』の編集部で働いた。また、「日曜サークル（Vasárnapi Kör）」のメンバーでもあり、積極的に活動した。イェネーは政治的には、ハンガリー社会民主党左派を代表するメンバーの一人であり、1918年10月のカーロイ・ミハーイのアスター革命の後は、社会民主党において重要な役割を担うようになった。

学者としてのヴァルガ・イェネー

1918年11月、イェネーはブダペスト大学の講師となった。また同年、ハンガリー精神分析学会にも加わるなど、学問の分野でその活躍の場を広げた。

イェネーはこの頃、政治的にも活躍していた。1919年のハンガリー・ソヴィエト政権では、人民経済評議会のメンバーであり、財務大臣を務めた。そのなかで長期的な経済計画案の作成に取り組んでいた。

1919年8月、ハンガリー・ソヴィエト政権がわずか133日で倒れると、イェネーはオーストリアへ逃れたが、程なくしてカールシュタインで捕らえられた。そこで、ハンガリー・ソヴィエト共和国の経済政策に関する本を書いた。

イェネーは釈放された後、ウィーンへ向

かっている。その理由は、イェネーがフロイトの精神分析法に強い興味を示していたからだと言われている。彼は実際にフロイトに手紙を書き、週ごとにフロイトのアパートで行われるプライベートセミナーに参加していた。

1920年、イェネーはロシアに移り、ソ連共産党に参加した。1920年7月のコミンテルン第2回大会にはハンガリー共産党代表として出席し、レーニンと会っている。そしてレーニンとはその後数年にわたり、手紙を交わしている。これ以降、イェネーはコミンテルンで働いた。第3コミンテルン大会（1921年6月）のために、資本主義世界の経済危機についての資料を作成したのはイェネーであり、第4回大会（1922年11月）、第5回大会（1924年6月）、第6回大会（1928年6月）において、発表もしている。イェネーはソ連において、コミンテルンの経済学者としての地位を確立したのである。

1921年、イェネーはレーニン、そしてコミンテルン執行部と共にベルリンへ赴き、統計情報研究所を設立し、1927年までそこの所長を務めた。また、1922年からは在ベルリン・ソ連大使館の貿易部門で働いた。

ソ連の学者としての地位の確立

1927年（1947年まで）より、ソ連科学アカデミー世界政治経済研究所の所長として働いた。研究所では、ソ連の指導者であるスターリンやモロトフが必要とする資料を作成したりもした。イェネーはその働きが認められ、スターリンの信頼を勝ち取ると、1930年代にはスターリンの経済顧問となり、その腕を振るった。後の第二次大戦末期には、ソ連の戦後賠償問題に関連し政府に助言をし、ヤルタ会談やポツダム会談にも臨席した。

ソ連科学アカデミーでは、研究と管理職を

119

ソ連科学アカデミー世界政治経済研究所（https://topos.memo.ru/en/node/527）

うまく両立していたようである。彼は、ソ連科学アカデミー幹部会のメンバーであった他、『世界経済と世界政治』誌、『世界経済の危機』誌、『中国の政策の問題点』誌の編集長をしていた。ヴァルガ・イェネーは、ニコライ・ブハーリン（Николай Иванович Бухарин：1888年生～1938年没。ソ連の革命家、政治家、理論家）、ニコライ・コンドラチエフ（Николай Дмитриевич Кондратьев：1892年生～1938年没。ソ連の経済学者）、エヴゲーニー・プレオブラジェンスキー（Евгений Алексеевич Преображенский：1889年生～1937年没。ロシアの政治家、経済理論家）と並び、ソ連の経済学者としてその名が知られていた。

第二次世界大戦後

ヴァルガ・イェネーは祖国ハンガリーの戦後の状況を憂い、第二次世界大戦後、数回ハンガリーを訪れている。特に、ラーコシ・マーチャーシュとは仲が良く、たびたびハンガリーに招待された。イェネーは経済学者として第二次世界大戦後のハンガリーの超インフレを止め、経済を安定させるために大きな役割を果たした。また、最初の長期計画を作成し、計画管理政策を開始するために助言もした。

1946年、イェネーは論文「第二次世界大戦後の経済における資本主義の変容」の中で、大恐慌克服におけるケインズ経済学の成功例を分析したうえで、国家の経済への介入（国家独占資本主義）により、資本主義体制の矛盾を一時的に緩和することに関する問題点を指摘した。その影響で、イェネーが所長を務めていた研究所は激しい批判にさらされ、同年のソ連共産党中央委員会の決定により同研究所は閉鎖された。この1946年はちょうど冷戦がはじまった時期にあたり、ど

レーニン勲章

の分野においても「西側」に対する激しい批判が要求されていた時期であった。このことが研究所が閉鎖された要因の一つにもなっている。イェネーは 1949 年には自己批判をさせられ、実質的に彼の権威は失墜した。ソ連を代表する経済学者であったが、これ以降、スターリンの死後までは「ブルジョワ経済学者」という烙印を押されることとなったのである。

スターリンの死と名誉回復

スターリンの死後、ヴァルガ・イェネーの名誉は回復され、彼は再び学問の世界に戻ったが、新たなソ連の指導者フルシチョフはもはやイェネーの研究や助言を特に必要としてはいなかった。しかし、彼の功績は忘れ去られることなく、ソ連で幾つかの勲章および賞を受けている。その一例を挙げると、1944 年、1954 年と 1959 年に受けたレーニン勲章、1954 年に受けたスターリン賞、1963 年に受けたレーニン賞（スターリン賞、レーニン賞は総じてソヴィエト連邦国家賞と呼ばれ、ソ連において最高国家賞と位置づけられている）などである。また 1955 年には、ハンガリー科学アカデミーの名誉会員に選ばれた。

ヴァルガ・イェネーは、戦後も祖国ハンガリーに住むことなく、1964 年に亡くなるまでソ連で活躍した。彼の死後、3 巻にわたる彼の論文集がソ連、ハンガリー、東ドイツで出版された。1994 年、ヴァルガ・イェネーの死後 30 年に当たる年、彼の回顧録が出版された。この回顧録は、イェネーの「少なくとも 20 年の間誰の目にも触れさせてはいけない」という遺言のもと、ドイツ語でのみ出版された。そこには、イェネーは彼の死の直前、イデオロギー的に「スターリン主義」から離れたこと、そして、ソ連に対する彼の批判的見解が書かれていた。

しかしヴァルガ・イェネーの功績は、現在のロシアでも評価されているようである。モスクワには彼の名前を冠した道がある。また、ヴァルガ・イェネーが最後の 10 年間住んだレーニン大通り 11 番地にある建物には、彼の記念プレートが掲げられている。また、ロシア科学アカデミーは、世界経済の分野で功績を残した人に贈る賞「ヴァルガ賞」を設けている。ハンガリーにおいてもロシア同様、ブダペストはヴァルガ・イェネーの名を冠する学校があった。そして、ヴァルガ・イェネーの子孫は今でもロシアの学術の世界で活躍している。

モスクワ Ленинскии̌ проспект 11 番地に掛かっている記念プレート（筆者撮影）

モスクワにはヴァルガの功績を称え、彼の名を冠する道がある

貴族出身でありながら反戦運動・ソヴィエト政権に参加、カール・ポランニーと結婚

ドゥチンスカ・イロナ
Duczyńska Ilona

- 1897年3月11日　マリア・アンツェルドルフ（Maria Enzersdorf：オーストリア＝ハンガリー二重君主国）生
- ▶ 1919年　オーストリアに逃れる
- ▶ 1936年　イギリスに移住する
- ▶ 1947年　カナダに移住する
- 1978年4月23日　ピカリング（Pickering：カナダ・オンタリオ州）没

　ドゥチンスカ・イロナは、1897年3月11日ウィーン近郊で生まれた。とても裕福な家庭であったようである。父はポーランド系オーストリア人で、名は、ドゥチンスキー・アルフレード・カーロイ・アンドラーシュ・ユスティニアーン（Dutczyinski Alfréd Károly András Jusztinián）、母はハンガリー人で、名は、ベーカッシー・イロナ・アントーニア・マーリア（Békássy Ilona Antónia Mária）といった。

　第一次世界大戦真っ只中の1915年、ドゥチンスカ・イロナはアナルコ・サンディカリズム（無政府組合主義。社会主義の一派）の革命家であるサボー・エルヴィン（Szabó Ervin：1877年生〜1918年没。ハンガリーの社会学者であり、アナルコ・サンディカリスト。ユダヤ系）と知り合った。サボーは、イロナをガリレイ・サークルに誘った。

　若かったイロナは情熱的な革命家に育っていった。1915年、彼女は反戦運動により当時通っていた学校を退学処分となった。その後、オーストリアで何とか高校を出て、チューリッヒ大学に進学し、工学を学んだ。イロナはそのスイスで、レーニンやその妻クループスカヤを含むロシア社会民主労働者党を代表する人々と出会い、交友関係を築いていったのである。そして、ツィンマーヴァルト運動（Zimmerwald Left：第二インターナショナルに参加していた社会主義者の中の少数派により、1915年以降に展開された国際反戦運動。中立国出身の社会主義者を中心にスイスのツィンマーヴァルト村で開かれた会議に由来する）に出会い、当時18歳だったイロナは、この運動に参加した。

　イロナはハンガリーに戻ると、1918年初頭のストライキに参加した。もともとは、科学研究の自由、大学における思想の自由の保護、社会科学の発展、貧しい学生への社会的援助などを目的としてつくられたガリレオ・サークルであったが、第一次世界大戦中に、「平和主義」を名目に反戦を訴え、違法な扇動行為を行う者たちもでてきた。イロナもその一人だった。1918年1月、イロナは数名の仲間と共に逮捕され、同年9月裁判にかけられた。そして、2、3年の禁固刑が言い渡されたのだった。

　しかし、アスター革命がおこると、彼らは釈放された。釈放されて間もなくの1918年11月、イロナはシュガール・ティヴァダル（Sugár Tivadar：1897年生〜1938年没。

医学生であった。ガリレイ・サークルのメンバー）と結婚した。そして、ハンガリー共産党に参加した。ハンガリー・ソヴィエト共和国では、イロナは外交通商部のなかの宣伝部で働くと同時に、ブダペスト革命中央労働者・兵士評議会のメンバーでもあった。

ハンガリー・ソヴィエト共和国の崩壊と亡命生活

ハンガリー・ソヴィエト共和国が倒れると、イロナはウィーンに逃れた。高名な経済学者であり、後に夫となるカール・ポランニーと出会ったのはこの頃であった。ウィーンでは彼女の言語力が買われ、カール・ラデック（Karl Bernhardovics Radek：1885年生～1939年没。ソ連の政治家。当時ポーランド領であったリヴィウ出身。ユダヤ系）の通訳としてモスクワに招かれた。しかし1922年、イロナは党の政治路線を批判したとしてハンガリー共産党を除名された。そして同年、当時の夫であったシュガール・ティヴァダルと離婚した。翌年1923年、ウィーンに渡ってすぐに出会ったカール・ポランニーと結婚し、娘を儲ける。

イロナは1927年頃からジャーナリストとしても頭角を現し、『左派社会民主主義（Der linke Sozialdemokrat）』の編集に携わった。ウィーンで地下活動を行ったりもした。1929年にはイロナは学業に戻ることを決め、ウィーン工科大学に入学した。そこでは技術、機械工学、機械図面、電子工学、電気数論などを学んだ。

イロナは1934年にウィーンで起こった労働者運動に参加していた。夫カール・ポランニーは1934年にはイギリスに亡命していたが、イロナは1936年まで、違法であるオーストリア社会民主党の軍事部の闘争に参加しつづけたのだった。しかし、1936年に体調を崩すと、イギリスに住む家族のもとへ渡った。そしてそこでハンガリー人亡命者たちと交友をもち、カーロイ・ミハーイの社会民主主義運動に参加したのだった。

カナダでの亡命生活

第二次世界大戦後の1947年、イロナは家族と共にカナダに移住した。夫カール・ポランニーはアメリカ合衆国ニューヨークにあるコロンビア大学に召喚されたのだが、共産主義者であった過去があるイロナにはアメリカのビザが下りず、一家はカナダに住んだ。夫は講義がある日はカナダからニューヨークシティまで通勤していたという。カール・ポランニーは1964年に亡くなった。夫カール・ポランニーの死後、イロナは彼の論文の編集と出版を監修し、彼の論文の多くをハンガリー語や他の言語に翻訳した。

1970年代までに、イロナは多くのハンガリー反体制作家、詩人と交友関係を持った。イロナは「ハンガリーのソルジェニーツィン」と呼ばれるレンジェル・ヨージェフの作品の翻訳を手掛けたりもしている。

イロナは1978年4月23日、カナダのピカリングの自宅でその波乱万丈な生涯に幕を閉じた。奇しくも14年前に夫カール・ポランニーが亡くなった日であった。イロナは夫カールと共にブダペストの墓地に眠っている。

赤色テロルの理論家、赤軍指揮官から
『歴史と階級意識』で東欧代表する思想家へ

ルカーチ・ジェルジュ
Szegedi Lukács György Bernát

本名
Löwinger György Bernát

- 🜃 1885年4月13日　ブダペスト
  （Budapest：オーストリア＝ハンガリー二重君主国）生
- ▶ 1919年　ウィーンに亡命
- ▶ 1929年　モスクワに亡命
- ▷ 1945年　ハンガリーに帰国
- ▶ 1956年　ルーマニア追放
- ▷ 1957年　ハンガリーに帰国
- ⚱ 1971年6月4日　ブダペスト
  （Budapest：ハンガリー人民共和国）没

1885年4月13日、オーストリア＝ハンガリー二重君主国ブダペスト、裕福なユダヤ人銀行家の家庭にルカーチ・ジェルジュは生まれた。3人兄弟であった。父、ヨージェフはハンガリー総合信用銀行の頭取を務め、後に帝国から男爵の称号を受けた人物であった（当時のユダヤ人上流資本家たちは貴族の称号を受けるのが習わしであったようである）。母、ウェルトハイマー・アデールはウィーン出身であった。家庭内で話されていた言語はドイツ語であったようである。

父が爵位を受けると、それにより、ジェルジュ青年も男爵となり、正式な名前はドイツ語：Georg Bernhard Lukács von Szegedin（ハンガリー語：Szegedi Lukács György Bernát）となった。しかし、ジェルジュは本を出版する際はただ「György Lukács」の名前を使った。

ジェルジュはギムナジウムを卒業すると、ブダペストの王立ブダペスト大学、ベルリン大学などで学び、1906年にコロジュヴァールにあったフランツ・ヨージェフ大学で法学博士号、1909年にブダペスト大学で哲学博士号を取得する。

ルカーチ・ジェルジュの思考形成

ブダペストで学んでいる時、社会主義サークル活動を行い、それを通じてアナルコ・サンディカリズム（無政府組合主義）を信奉するサボー・エルヴィン（Szabó Ervin：1877年生〜1918年没）と知り合う。サボーはジェルジュにジュルジュ・ソレル（Georges Sorel：1847年生〜1922年没。フランス人哲学者。20世紀初頭に革命的サンディカリズムを説いた）の作品を紹介した人物であった。

1904年から1908年の間、ジェルジュは演劇活動にも参加し、ヘンリック・イプセン（ノルウェーの劇作家）、ヨハン・アウグスト・ストリンドベリ（スウェーデンの劇作家）、ゲアハルト・ハウプトマン（ドイツの劇作家）などの劇を上演した。この頃、彼はモダニズム、現実主義に傾倒していたようで

ある。

ジェルジュ青年は、1906年から1910年の間ドイツのベルリンで学んだ。そして、哲学者、ゲオルク・ジンメル（Georg Simmel：1858年生〜1918年没）と知り合いになり、文化的諸現象を観念的、社会学的に分析するということを彼から学んだ。また、ジンメルを通じてドイツのマルクス主義哲学者、エルンスト・ブロッホと出会い、生涯にわたる交友を結んだ。彼との出会いは、ルカーチ・ジェルジュの思想の展開に大きな影響を及ぼしたと言える。

1914年、ロシア人学生でロシア社会革命党員、エレーナ・アンドレイヴナ・グラベンコと結婚したが、その結婚生活は4年で終わった。また、1919年にはゲルトルード・ボルトシュティーベルトと結婚し、以来彼女と死別するまで約45年を共に過ごした。

第一次大戦中にはルカーチはドイツで教鞭を執っていたが、この時期に彼の思想は徐々に左派的な方向に転換していった。1915年、ルカーチはブダペストで「日曜サークル」を主宰した。このサークルが扱ったのは、ドストエフスキーの実在的作品から導き出された文化的な主題であった。このサークルにはユダヤ人社会学者のカール・マンハイムや作曲家のバルトーク・ベーラ、映画評論家であり作家でもあるバラージュ・ベーラなども参加した。このサークルはその後、第一次大戦が終わる直前の1918年に政治的意見の相違から分裂した。第一次世界大戦とロシア革命は、ルカーチの思想に多大な影響を及ぼし、彼を最終的にマルクス主義者に転換させたのであった。

ルカーチは1918年にブダペストに戻り（第一次大戦期はほぼドイツに滞在していた）、ハンガリー共産党に入党した。分裂した「日曜サークル」の中から彼の思想に賛同し、彼

と共に共産党に入党した者もいた。ルカーチは革命的知識人の指導者として文化革新運動に従事した。また、党の新聞、『赤い新聞（Vörös Ujság）』の編集長を務めた（1919年3月より）。1919年3月21日に成立したクン・ベーラのハンガリー・ソヴィエト政権において、ルカーチは教育文化相を務めた。彼の指導の下、「教育による大衆への文化の普及」政策を実施し、八年制の小学校の設立、労働者大学の開設、図書館、美術館、劇場といった文化施設の一般開放が実施された。

また、ルカーチはハンガリー・ソヴィエト共和国において、赤色テロルの理論家としても活躍した。彼は同年4月15日付の社会民主主義新聞、『人民の声（Népszava）』において、「国家権力を掌握するということは、抑圧的な階級の破壊の瞬間でもある。我々はその瞬間を活用しなければならない」と書いている。また、ルカーチはハンガリー赤軍第5連隊の指揮官となっている。

ハンガリー・ソヴィエト共和国の崩壊

1919年8月のハンガリー・ソヴィエト共和国崩壊後、ルカーチは数名の同志と共にクンの命を受けハンガリーに残り、非合法の活動に従事した。ハンガリーに残されたルカーチに下された命令は共産主義活動の再編であったが、それは到底実現不可能な難題であった。その間ルカーチを匿ったのは、写真家であったマーテー・オルガ（Máté Olga：1878年生〜1961年没）であった。同志が逮捕され、自分の身にも逮捕の危険が及ぶと、ルカーチはウィーンに亡命した。

1919年9月から1929年まで、ルカーチはウィーンに住んだ。1919年の10月、ルカーチはウィーンでオーストリア政府により逮捕された。オーストリア政府はハンガリー政府にルカーチの引き渡しを求められたのだっ

た。しかし、この逮捕に対して、ハインリヒ・マン、トーマス・マン、パウル・エルンスト、エルンスト・ブロッホなどを含む、ドイツ語圏知識人たちが人権擁護の立場から釈放を求め、声明を発表した。これを受けたオーストリア政府は、1919年12月末にルカーチを釈放し、オーストリアにおける居住権を与えたのだった。

ルカーチは1920年代を通して、哲学的観点からレーニン主義の思想を研究した。ルカーチが1923年に発表した『歴史と階級意識』は、後に「マルクス主義の名著」との評価を受けた。また1924年には依頼により小冊子『レーニン――その諸思想の連関についての研究』を書き上げる。しかし、党内の教条主義者たちはルカーチの主張を強く批判した。1924年6月の第5回コミンテルン大会において、ルカーチは理論上の修正主義者、つまり極左派として、グレゴリー・ジノビエフから激しい弾劾を受けた。コミンテルンによりルカーチの戦略が批判された後、ルカーチの政治的影響力は失われていった。彼は積極的な政治の場から退き、理論的な仕事に従事し始めた。

ソ連での活動

1930年、ルカーチはウィーンでモスクワへの召喚命令を受けた。子供たちを学業のためにウィーンに残し、ルカーチは妻と共にモスクワに向かった。1930年3月のことであった。モスクワではマルクス＝エンゲルス研究所に勤務した。1931年末から1933年、ドイツのベルリンに住み、ドイツ共産党に合流し活動した。1933年のナチス政権掌握後、ルカーチは再びモスクワに戻り、ソ連科学アカデミー哲学研究所で文学史、美学などの研究に従事した。これ以降第二次大戦後まで、ルカーチと妻はソ連からの出国を許されな

かった。

ルカーチは1933年から1940年にかけて刊行されたロシア語雑誌『文芸批評家』誌の編集者でもあった。彼はこの雑誌で、社会主義リアリズム論から外れた表現主義、リアリズム論、イデオロギー論を表した。また、1938年にハンガリー共産主義作家による雑誌『新しい声』が刊行された折にはルカーチも編集に携わり、母国ハンガリーの詩人について論じた。1942年、ソ連科学アカデミー哲学研究所で博士論文（ソ連における最高学位）を発表し、学位を得た。

1930年代はスターリンの大粛清に荒れた時代であった。その粛清の対象は外国人でも例外ではなく、コミンテルンに参加するためにソ連に住んでいた共産主義者たちも粛清の波にのまれていった。ハンガリー人に限定してして言えば、ソ連に亡命していた1919年のハンガリー革命の指導者クン・ベーラをはじめとする、革命政府人民委員会12人が逮捕され、処刑されている。

この時期、ルカーチはトロッキー主義者として逮捕されたり、タシケントに送られたりした。ルカーチは当時ハンガリー人亡命者の80％の命を奪ったであろうスターリンの大粛清を生き延びた一人であった。その理由は解明されていないが、ルカーチはある程度スターリニズムを受け入れていたのであろうと推測される。それがどの程度であったかというのは、歴史家の間で今でも議論になる。

第二次世界大戦後

第二次大戦後、ルカーチは妻と共にハンガリーに戻った。そしてハンガリー共産党のメンバーとして、新しい政府の立ち上げの一翼を担った。1949年～1951年、1953年～1957年にはハンガリー国会の議員を務めた。また、1950年より世界平和評議会の会

員にもなっている（1958年まで）。

　学問においては、1946年よりブダペスト大学（当時はパーズマーニ・ペーテル大学）の教授として教鞭を執った（1958年まで）。1949年には、ハンガリー科学アカデミーのメンバーに選出され（1948年より客員として、1949年には正式なメンバーとなる）、ハンガリーにおける学術の振興に携わった。1948年と1955年にはコッシュート賞（1948年につくられた賞。学問、文化、芸術の分野、また、社会主義建設において優れた功績をおさめた者に与えられた）を授与された。

　ルカーチは帰国後に著した著書『若きヘーゲル』『理性の崩壊』などにより、東欧世界の代表的思想家としての立場を確立する。しかし、1948年以降、教条主義の力が増したハンガリーにおいてはその活動の場を次第に失っていった。

1956年「革命」とその後の運命

　1956年ハンガリー「革命」の際、文化相としてナジ・イムレ政府に参加した（これがもとで党から除名された）。革命が潰されたとき、ナジと共にユーゴスラヴィア大使館に逃げ込み、その後ルーマニアに追放され、ハンガリーに戻ったのは1957年4月のことだった。ルカーチには党に戻る意思があったが、党側はそれを受け入れず、1958年に第一線から退く形となった。それ以降、晩年は美学や存在論等の執筆に没頭した。1967年ルカーチの名誉は回復され、ハンガリー社会主義労働者党（1956年、カーダール・ヤーノシュによって再結成された党。前身はハンガリー勤労者党）のメンバーとなる。

　ルカーチは肺がんを患い、数か月の闘病の末、1971年6月4日にブダペストで息を引き取った。彼の思想は後に左派リベラル派に継承された。

旧ユーゴスラヴィア大使館　現在はセルビア大使館となっている（筆者撮影）

ブダペスト13区　イシュトヴァーン公園にあったルカーチの像　2017年に撤去された（https://index.hu）

ケレペシ墓地：ルカーチ・ジョルジュの墓　（http://www.agt.bme.hu/varga/foto/kerepesi/kerepesi.html）

エイゼンシュタインにも影響を与えた
映画理論家・脚本家

バラージュ・ベーラ
Balázs Béla

- 1888年8月4日　セゲド（Szeged：オーストリア＝ハンガリー帝二重君主国）生
- 1919年　ウィーンに亡命する
  その後モスクワに召喚される
- 1945年　ブダペストに戻る
- 1949年5月17日　ブダペスト
  （Budapest：ハンガリー人民共和国）没

バラージュ・ベーラは1888年8月4日にオーストリア＝ハンガリー二重君主国のセゲドで生まれた。ユダヤ人の家系であった。子供の時の名は、バウエル・ヘルベルト・ベーラ（Bauer Herbert Béla）といった。父親はフランス語とドイツ語の教師であり、翻訳者でもあったバウエル・シモン（Dr. Bauer Simon：1820年生～1897年没）、母はレーニィ・エウゲーニア（Lévy Eugénia）といった。ベーラには2人の兄弟がいた。すぐ上の姉の名はバウエル・ヒルダ（Bauer Hilda：1887年生～1965年没）で、後に教育者と

なった。弟の名はバウエル・エルビン（Bauer Ervin：1890年生～1938年没）、後に高名なソ連の生物学者になる人物である。

ベーラが6歳の時、父の仕事の関係で一家はレヴォチャ（Levoča：現スロヴァキア東部の街）に移った。しかし、その後、父親が亡くなったため、兄弟は母親と共にセゲドに戻った。彫刻家の ペトリ・ラーヨシュ（Petri Lajos：1884年生～1963年没。幼少期の苗字はピック（Pick）といった。彼の家は、ハンガリーでは有名なサラミ Pick の工場所有者であった）と記者で編集者でもあり、ユーゴスラヴィアにおいて最初のハンガリー語の文化刊行物を手がけたデットレ・ヤーノシュ（Dettre János：1886年生～1944年没。ホロコーストの犠牲者であり、ユーゴスラヴィアにあった強制収容所で死亡している）は、ベーラのセゲド時代の幼馴染であった。ベーラの家族は、現在セゲドの歴史的建造物に指定されているヴァイダ・ハーズ（A Vajda-ház：別名「a Weisz-ház」。1876年に建てられた。2000年代に修復され、ほぼ建設当時のままの姿を保っている。現在も現役で使われている建物である）に住んでいた。

1902年、ベーラは優秀な成績で中学を卒業すると、ブダペストの王立ブダペスト大学でドイツ語を学んだ。同じ学び舎で学んだ友には、作曲家であり民族音楽学者のコダーイ・ゾルターン（Kodály Zoltán：1882年生～1967年没）がいる。彼らはルームメイトであり、2人の友情はそれ以降も長きにわたりつづいた。また、1904年には、哲学者であり、後に政治家となるルカーチ・ジェルジュと知り合った。

ベーラは民俗学にも興味があったようであり、大学在学中にはハンガリー各地をまわって、民族文化の収集をしている。その翌年に大学を卒業すると、セゲドに戻った。そして

そこで作曲家バルトーク・ベーラと知り合った。バルトークはコダーイと共に1906年くらいからハンガリー各地をまわり民謡の収集を行っていた。二人はセゲドでは、バラージュ・ベーラが家族と住んでいたヴァイダ・ハーズに滞在していたようである。また、ベーラはバルトークのハンガリー民謡収集に同行している。

外国での活躍

その後、ベーラはベルリンに留学した。ベルリン大学では高名な哲学者ゲオルグ・ジンメル（Georg Simmel：1858年生〜1918年没。ドイツの哲学者であり社会学者でもある）やヴィルヘルム・ディルタイ（Wilhelm Christian Ludwig Dilthey：1833年生〜1911年没。ドイツの哲学者、精神史学科）の講義を受ける。この時期、ベーラは最初の本を書いている。

1907年から1912年の間、ベーラはフランス・イタリア・ドイツなどの各地で過ごし、詩を文芸雑誌などで発表している。ハンガリーのボードレールと称されるアディ・エンドレ（Ady Endre：1877年生〜1919年没）とも知り合いになり、彼が主催する文学サークル「明日（Holnap）」に参加し、このサークルの詩集に詩を載せている（1908年ごろ）。また、数作の詩集もこの頃発表した。

1912年、ベーラはハンガリーに戻った。1913年苗字をハンガリー風のバラージュに変え、この年には結婚もした。また、この頃ベーラが書いた戯曲が民族劇場で公開された。ベーラが脚本を書き、バルトークが曲を付けたオペラ作品「青髭公の城」（A Kékszakállú herceg vára：1918年初演）、バレエ作品「かかし王子」（A fából faragott királyfi：1917年初演）はこの頃完成したものである。

Pickのサラミ

バルトークが作曲し、バラージュが脚本を書いたオペラ青髭公の城　1918年5月24日　ハンガリー帝立オペラ座にて

第一次世界大戦とハンガリー・ソヴィエト共和国での活躍

　第一次世界大戦が勃発すると、ベーラはボランティアで前線に赴き、負傷兵の看護をした。翌年にはサバトカ（Szabadka：現セルビア領スボティツァ）に配属になった。戦時中も執筆活動をやめることなく、1916年には戦争体験の日記を発表した。その日記には、悲惨な軍隊生活が描写されている。ベーラは「日曜サークル」にも参加していたのだが、そこでルカーチ・ジェルジュなどのハンガリー・ソヴィエト共和国政府の中心的役割を果たす人たちと交流があった。そのため、ベーラはハンガリー・ソヴィエト共和国樹立を抵抗なく受け入れた。そして、革命作家たちの指導者の一人となり、政府の文化委員会で働いたのである。

亡命生活

　ハンガリー・ソヴィエト共和国が133日という短命に終わると、多くの政府関係者同様バラージュ・ベーラもウィーンに亡命した。ウィーンでは、詩をドイツ語・ハンガリー語で出版する仕事に関わっていた。その傍ら映画の仕事にも従事していた。映画に関するベーラの最初の著書『視覚的人間（Der Sichtbare Mensch）』（1924年）が出版されたのもウィーン滞在中であった。これにより、ドイツ語圏で「言語としての映画」という理論が確立し、エイゼンシュテイン（Сергей Михайлович Эйзенштейн：1889年生～1948年没。ソ連の映画監督）もこの著書に影響を受けたと言われている。

　1926年、ベルリンに渡り、ゲオルグ・ヴィルヘルム・パープスト（George Wilhelm Pabst：1885年生～1967年没。オーストリア出身。ドイツの映画監督）やエルヴィン・ピスカトール（Erwin Piscator：1893年生

～1966年没。ドイツの劇場監督）らと共に仕事をした。そしてベーラは、ベルリンでドイツ共産党に入党したのだった。

　1930年、ベーラはソ連の作家たちからの招待を受け、モスクワに渡った。1931年から1945年の間はソ連に住み、自由に創作活動を行った。この頃、ハンガリー・ソヴィエト共和国についての戯曲を書いた。その一方、ソ連の映画学校で教鞭を執った。1938年からは、モスクワで刊行されたハンガリー語の新聞『新たなる声（Новый голос：ハンガリー語で「Új Hang」）』の編集部で働いた。またこの頃、彼の作風や視点が確立され、それらは彼の作品で見ることができる。彼は小説、映画を手段としてそれらを表現したのだ。

第二次世界大戦後――ブダペストへ

　第二次世界大戦が終わった1945年、ベーラはブダペストに戻った。ブダペストでも映画の仕事を続ける傍ら、プラハやローマに赴き、講義を行った。また、自叙伝も出版している。1947年にはラドヴァーニィ（Radványi Géza：1907年生～1986年没。ハンガリーの映画監督、プロデューサーであり、作家でもある）の監督作品『ヨーロッパのどこかで（Valahol Európában）』の脚本を手掛けている。

　1948年ハンガリー最高の名誉であるコッシュート賞を受賞し、順風満帆に見えた彼の人生であったが、ルカーチ同様、教条主義の力が増したハンガリーの文学界での活動の場を徐々に失っていった。翌年の1949年5月17日、バラージュ・ベーラは脳卒中で息を引き取った。彼の墓はブダペスト8区に位置するケレペシ墓地の労働運動パビリオンにある。彼の死から9年後の1958年、映画芸術関連の業績に対し贈られる賞、バラージュ賞がつくられた。

セゲド大学　医学部の校舎

■コラム　大学名変遷

セゲド大学

現在、ハンガリーにおいて最も重要な研究機関の一つとされている。本書の登場人物の中にも、この大学出身者もしくは、そこで教鞭を執っていた者もいる。元々、この大学はトランシルヴァニアのハンガリー文化の中心地であったコロジュヴァールに創られたが、時代の流れに翻弄され、その所在地を転々としてきた。右はその場所と名称の変遷表である。

1872年～1881年	コロジュヴァール大学 (Kolozsvári Tudományegyetem)
所在地	コロジュヴァール (Kolozsvár)
1881年～1919年	フェレンツ・ヨージェフ大学 (Ferenc József Tudományegyetem)
	コロジュヴァール (Kolozsvár)
1919年～1921年	フェレンツ・ヨージェフ大学 (Ferenc József Tudományegyetem)
	ブダペスト (Budapest)
1921年～1940年	セゲド (Szeged)
1940年～1945年	コロジュヴァール (Kolozsvár)
1945年～1962年	セゲド大学 (Szegedi Tudományegyetem)
	セゲド (Szeged)
1962年～1999年	ヨージェフ・アッティラ大学 (József Attila Tudományegyetem)
	セゲド (Szeged)
2000年～	セゲド大学 (Szegedi Tudományegyetem)
	セゲド (Szeged)

ブダペスト　エトヴェシュ・ロラーンド大学校舎の一つ

エトヴェシュ・ロラーンド大学
Eötvös Loránd Tudományegyetem

現在、ハンガリーにおける最も大きな大学のうちの一つであり、国内の学術・研究において権威的な大学である。本書の登場人物の中にも、この大学出身者が多くいるが、時代時代でその名を変化させてきた。その名称の変遷について少し説明する。

元々は、1635年にハンガリー王国のナジソンバト（Nagyszombat：現スロヴァキア領トルナヴァ）に大司教パーズマーニ・ペーテル（Pázmány Péter：1570年生〜1637年没）が大学を創ったのが始まりであった。1777年にブダに移され、1784年、ペシュトに移った。右の表がその名称の変遷である。

年代	名称
1769〜1777	ナジソンバト大学 Nagyszombati Egyetem
1777〜1784	ブダ王立大学 Budai Királyi Egyetem
1784〜1848	ハンガリー王立大学 Magyar Királyi Egyetem
1848〜1849	ハンガリー大学 Magyar Egyetem
1849〜1861	帝国王立ペシュト大学 Császári és Királyi Pesti Egyetem
1861〜1873	ハンガリー王立大学 Magyar Királyi Tudományegyetem
1873〜1918	ハンガリー王立ブダペスト大学 Budapesti Királyi Magyar Tudományegyetem
1918〜1919	ハンガリー・ブダペスト大学 Budapesti Magyar Tudományegyetem
1919〜1921	ハンガリー王立ブダペスト大学 Budapesti Királyi Magyar Tudományegyetem
1921〜1945	ハンガリー王立ブダペスト・パーズマーニ・ペーテル大学 Budapesti Királyi Magyar Pázmány Péter Tudományegyetem
1945〜1950	パーズマーニ・ペーテル大学 Pázmány Péter Tudományegyetem
1950〜	エトヴェシュ・ロラーンド科学大学 Eötvös Loránd Tudományegyetem (ELTE)

コラム　大学名変遷

第四章

ハンガリー王国時代
1920 年～ 1946 年

（説明文）トリアノン条約による領土の取り合い
（https://hirhugo.hu/2018/10/02/szegyenteljes-a-fidesz-leszavazta-hogy-trianon-100-evforduloja-emlekev-legyen/）

1920年3月1日、ハンガリー王国が復活した。問題になっていた国王は最終的には置かれないことで各国の合意を得、ホルティ提督がハンガリー摂政となった。1920年6月には連合国とトリアノン条約を結び、ハンガリーの領土が正式に確定した。結局ハンガリーは旧領土の3分の2、人口の4分の1を失ったかたちで領土確定交渉は幕を閉じた。この結果、隣国のチェコスロヴァキア、ルーマニア、ユーゴスラヴィアに約300万人ほどのマジャール人が「少数民族」として残されたのである。この後、このトリアノン条約で失った領土回復を目指した「修正主義」ナショナリズムが、戦間期ハンガリーの内政、外政の根幹をなすものとなっていくのである。

1920年7月、大貴族出身のであるテレキ・パール（Teleki Pál János Ede：1879年生～1941年没。元々地理学者であり、ブダペストの大学で政治地理学を教えていた）が首相に任命されると、政府は白色テロルなどを制限し、極度に高まったナショナリズムを抑えることに力を注いでいった。

領土修正交渉を思うように進めることができず、国内の問題解決に疲弊し退陣したテレキ内閣に代わり、1921年4月伝統的保守派であるベトレン・イシュトヴァーン（Bethlen István：1874年生～1946年没。ハンガリーの政治家）が首相となった。ベトレン内閣は、大土地所有者と大資本家のために、まず第一に体制の安定化を目指した。共産党を非合法化し、社会民主党には農村での活動を禁止した。また、全国小農業者党を取り込み、内閣への支持を取り付けた。1922年には選挙法が改正され、基本的に24歳以上の男子、30歳以上の女子に選挙権が与えられた。対外的には、1927年にイタリアと友好条約を結び、国際的孤立を脱することができた。余

テレキ・パール

談だが、ハンガリーはトリアノン条約の修正要求に関してイタリアの支持を期待していたが、これはうまくいかなかった。ベトレン内閣は1931年まで長期にわたり政権を維持することができた。その間、体制はおおむね安定しており、極端なナショナリズムやテロルの抑制には成功したといえる。

さて、1920年6月に連合国と結ばれたトリアノン条約により、ハンガリーは旧領土の3分の2を失ったが、それは経済的にも非常な深刻な意味を持っていた。かつてのオーストリア＝ハンガリー二重君主国の広大な国内市場を失った形になったのである。ハンガリーは新たに縮小した領土内に市場を再建せねばならず、それは非常に困難を極めた。農業界では、旧制度である封建制が根強く残っており、それが新たな市場開拓の妨げとなっていた。大貴族・中貴族の支配が続く第一次大戦後のハンガリーでは、約450万人が農業で生計を立てていたのである。そのうち300万人が貧農・日雇い農業労働者・下僕として位置付けられており、農業従事者たちの貧困は深刻な問題であった。そんな環境の中で、工業もなかなか進展しなかった。また、金融界はドイツ資本に指導されていた。

それでも政府は1926年には通貨改革を行い、通貨を安定させるなど、経済復興に努めた。しかし、様々な障害を抱えながらではあったがゆっくりと再建されつつあったハンガリーの経済機構は、1929年にアメリカで発生した世界恐慌により大打撃を受けたのである。1930年から1932年までのハンガリー経済は、世界不況の渦の真っ只中にあった。ハンガリー経済の中心を占めていた農業では農産物の価格急落に伴い、日雇い賃金も低下、失業者も増加していった。その影響で農民は近くの都市に出かけ、広場に立ち、職探しをした。また都市部では多くの工場が倒

ベトレン・イシュトヴァーン

ダラーニ・カールマーン

産し、街は失業者で溢れかえっていた。こんな状況に不満を持った農民や労働者たちはデモやストライキを起こしたのだった。

ハンガリーにおけるファシストの誕生

このような社会状況は、左翼・右翼ともに急進派が勢力を拡大させるのにちょうどいい口実を与えたのである。左翼側では、非合法とされていた共産党が労働者のデモやストライキをバックアップした。右翼側勢力としては、政府与党の政治姿勢の弱さを強く批判していた民族主義者たちがファシスト的性格を持つ様々な政治団体を結成した。それらの団体は後の1937年に過激な反ユダヤ主義者でナチス・ドイツ信奉者であったサーラシ・フェレンツの下に集結した。これが、後に矢十字党と呼ばれる民族主義政党の進展へと繋がっていくのである。

ベトレン内閣はこのような経済危機に伴う深刻な政治・社会不安定を打破することができず、1932年10月、右翼急進派のゲンベシュ・ジュラ（Vitéz jákfai Gömbös Gyula：1886年生〜1936年没。ハンガリーの政治家。ミュンヘンの極右勢力と交流をもつ。ファシズム国家の建設を主張した）に政権を譲ることになった。

ゲムベシュ内閣はトリアノン条約の修正、国防力の増強を第一の目的に掲げ、「自覚的なハンガリー民族の国家」建設に力を注いだ。対外的には、ナチス・ドイツに近づいた。1933年にヒトラーが政権に就いた際、外国の首相として最初にヒトラーを訪問したのはこのゲムベシュであった。これ以降、ハンガリー外交はドイツへと傾倒していく。1935年3月の総選挙でゲムベシュの政党、国民統一党が約70パーセントの議席を得（245議席中164）、圧勝した。政権としては時代に乗り勢いがあったが、ゲムベシュは1936

年秋に病気のため死亡した。

ゲムベシュの後に首相となったダラーニ・カールマーン（Darányi Kálmán：1886年生〜1939年没。ハンガリーの政治家）は、比較的穏健的な政策を採った。ダラーニは自身を右翼とも左翼とも位置付けず、急進的政党の活動を禁止した。「国民の意思党」の活動が禁止され（1937年4月）、その党首であったサーラシが逮捕されたのもダラーニ内閣の時期であった（1938年3月）。

ナチス・ドイツの台頭と中東欧

1938年3月15日、ナチス・ドイツがオーストリアを併合した。これにより、中央ヨーロッパの中心部にヒトラーの軍隊がおかれ、ドイツがウィーンを拠点として東欧にその勢力を拡大させることができる状況になったのである。また、当時の東欧各国にあった国家社会主義的傾向をもつ政治団体もナチス・ドイツの勢力拡大を歓迎していた。特に、第一次世界大戦の敗戦国は、ドイツが講和条約修正要求の後ろ盾となることを期待したのである。

この頃チェコスロヴァキアは、国家自体の存続が危機的状況にあった。第一次大戦後の新生国家であるチェコスロヴァキアは、1930年代半ばまで、近代的な兵器を備えた軍隊を持つ国家としてドナウ地域に影響力を強めつつあった。しかし、その総人口の40％は少数民族で占められていた。このことがチェコスロヴァキア政府を悩ませていたのである。特に、スロヴァキア人とルテニア人による分離・独立の動きはこの国おける深刻な問題であった。そんな中、チェコスロヴァキアに住むドイツ系住民の70％の支持率を誇るズデーテン・ドイツ人党が、ナチス・ドイツのオーストリア併合の直後に開かれた議会においてドイツ人居住地域での自治権を要

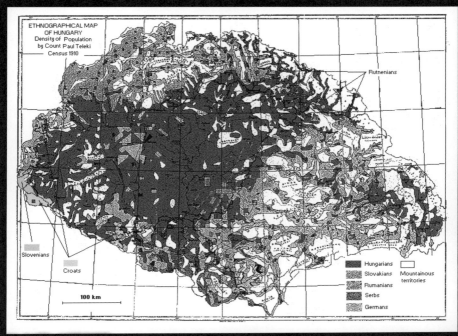

テレキが描いた民族分布図

求する法案を提出した。さらにその後、ズデーテン・ドイツ人党は1938年4月の党大会の場で、ドイツ人少数民族に自治権を認め、連邦制を実現するよう政府に求める決議が採択された。ヒトラーはチェコスロヴァキア政府がこの要求を拒否するであろうことは充分に承知していたが、そのことがズデーテン地方に軍事介入する口実になると目論んでいたのである。ヒトラーはチェコスロヴァキアと対峙する前に、ハンガリーを自分の側に引き入れようとした。そのためヒトラーはハンガリーに、トリアノン条約によって失った領土の回復を約束したのであった。

ハンガリーとナチス・ドイツの結びつき――第一次ウィーン裁定

1938年5月、ハンガリーではダラーニが首相の座を退き、イムレーディ・ベーラ（Imrédy Béla：1891年生〜1946年没。ハンガリーの政治家。右派）内閣が発足した。ハンガリーではこれより以前の1920年にヌメルス・クラウズス（Numelus Clausus）が導入され、ユダヤ人の大学生の比率が大幅に制限されていたが、イムレーディ内閣は、知的職業と商業に従事するユダヤ人の比率を20％までと定めた法律「第一次反ユダヤ法」を導入し、ヒトラーとの親近性をアピールした。そして、ミュンヘン協定によるチェコスロヴァキア併合をトリアノン条約による失地回復のチャンスだと考え、進んでドイツを支持した。その結果、ハンガリーは1938年11月の第一次ウィーン裁定によってムンカーチ（Munkács：現ムカーチュヴォ）、カッシャ、コマーロム（Komárom：現コマルノ）

137

Kodály körönd アンドラーシ通りの途中にあるこの場所は、1938年から1945年までアドルフ・ヒトラー広場と名付けられていた（筆者撮影）

Kodály körönd：ヒトラー広場だった頃の写真（https://utcakterek.blog.hu/2016/05/14/kodaly_korond_hitler_adolf_ter_utcanev）

ブダペスト6区　現在のオクトゴンは1938年から1945年までムッソリーニ広場と名付けられていた（https://24.hu/kultura/2016/05/06/a-masodik-vilaghaboru-idejen-budapestnek-nehany-evig-hitler-es-mussolini-tere-is-volt/）

エールシェクウーイヴァール（Érsekújvár：現ノヴェー・ザームキ）などの都市を含む南スロヴァキアの一部とルテニア地方の一部を獲得した。ハンガリー軍がこの地域を占領した時、ハンガリー軍は多くの街で「解放軍」として歓迎された。実際、この地域の人口103万人のうち、83万人はマジャール系の住民であり、スロヴァキア人は約14万人に過ぎなかったからであった。

　ハンガリーはこの波に乗り、一気に講和条約の全面的見直しの実現をめざした。少し話が前後するが、1938年9月のミュンヘン協定締結の結果、チェコスロヴァキア政府はスロヴァキア人にある程度の自治権を認めていた。それにより同年10月、ブラチスラヴァにスロヴァキア議会が設置された。自治権を獲得したスロヴァキアの分離支持者たちは、さらにスロヴァキアを独立共和国とすることを目指したのである。1939年3月、独立を求めるスロヴァキア政府とチェコスロヴァキア中央政府の緊張が再び高まった。この間もハンガリーはスロヴァキアを占領する機会を虎視眈々と狙っていた。3月14日、ブラチスラヴァで召集されたスロヴァキア国会により、スロヴァキアの独立が宣言されると、チェコスロヴァキアの国家としての存続は絶望的になった。ヒトラーは同日、ボヘミアとモラビアをドイツの保護領とすることに同意させ、翌15日にはボヘミア・モラビア保護領が完成した。その結果、チェコスロヴァキアは消滅したのである。チェコスロヴァキア軍は武装解除し、ドイツ軍がチェコ全体を占領した。それに便乗する形で、ハンガリー軍もカルパチア・ルテニアを占領していった。

　前述のとおり、外交ではイムレーディ内閣は、ドイツ・イタリアとの関係を重視した。1939年1月には1937年に成立した日独伊防共協定に加盟している。また、内政では、

イムレーディは次第に右傾化していく傾向を見せた。そして、政府の全体主義改革を主張し始めた。イムレーディのもとで、非合法化されていた民族社会主義ハンガリー党の運動が急速に高まっていった。

しかし、あまりに親ナチス路線を採るイムレーディを警戒した支配層は、保守派の政治家を求めるようになっていった。それを受けてホルティはイムレーディを首相の職から解任し、1939年2月にテレキ・パールが再び首相の座に就いた。テレキはハンガリー国内の親ドイツ化は抑えることができないことは分かっていたが、ナチズムに対しては批判的であった。また、自身が地理学者であった立場から、前の政権の時から領土修正には熱心に取り組んでいた。テレキはドイツの国力を利用して領土回復を図る一方、連合国との良好な関係も保とうという非常に困難な政治路線を採っていった。

ハンガリーにおけるファシスト党の台頭とトランシルヴァニア問題―第二次ウィーン裁定

1939年3月、サーラシの矢十字党はついに合法化された。矢十字党は国民の心をつかみ、5月の選挙では政府与党が183議席を獲得したのに対し、ファシスト系の党が49議席、そのうち矢十字党は31議席を得ることができた。また同月、国会で「第二次反ユダヤ法」が可決され、ユダヤ人を公務員から排除し、知的職業の内、ユダヤ人の比率を6%までとすることが定められた。

そんな中1939年9月、ついにドイツがポーランドに侵攻した。その際ヒトラーはハンガリーに対し、ドイツ軍のハンガリー領通過を求める要求を突き付けてきた。しかし、テレキはこの要求をはねつけている。さらに、ハンガリーの同盟国であったポーランドの危機を見過ごすことはできないとし、ドイ

ツとの戦闘に敗れ、ハンガリー領内に逃げ込んできたポーランド人及び兵士を保護した。また、テレキは親ドイツ的な政策を維持することをヒトラーに伝えたが、参戦に関しては否定していた。しかしテレキは失ったトランシルヴァニアを回復するには、ドイツの同意が必要であったことを十分に理解していた。そのため、ドイツと一定の関係は保ったのである。

トランシルヴァニア回復のチャンスは1940年8月に訪れた。それまでルーマニアはソ連の要求に屈し、ベッサラビアとブコビナ北部をソ連に割譲していたのだが、ハンガリーもその流れに乗り、ルーマニア政府にトランシルヴァニアの領有に関し、交渉の席に着くよう求めた。その結果、ハンガリーとルーマニアの国境に近い街、トゥルヌ・セヴェリン（Turnu Severin：現ドロベタ＝トゥルヌ・セヴェリン）で両国代表は協議を行った。しかし、2国間の交渉は難航し、最終的に枢軸国に仲裁を依頼した。

ウィーンで協議を行ったドイツ外相リッベントロップとイタリア外相チャーノは、8月30日、調停案を発表した。同日条約が結ばれ、ハンガリーはルーマニアからコロジュヴァール、ナジバラード各都市を含むトランシルヴァニア北部が割譲された（第二次ウィーン裁定）。110万人のマジャール系住民を含む、250万人の人口がハンガリーに組み込まれたことになる。ルーマニア軍は14日以内にトランシルヴァニア北部から撤退することが求められ、その代わりにハンガリー軍が進駐した。

ハンガリー第二次世界大戦への道

もはやハンガリーのドイツ寄りの路線は変えることができない状態にあった。1940年11月、ヒトラーはハンガリーに対し同年

139

バールドッシ・ラースロー

ストーヤイ・デメ

9月に成立した日独伊三国同盟への参加を求め、テレキはそれに応じた。それでもテレキはハンガリーの「中立」を守るため、ユーゴスラヴィアと友好条約を結ぶ（1940年12月）などの努力はしたが、実際この条約が破竹の勢いを持つドイツを前で効力をもつことなどあり得なかった。

　そんな中、ドイツは着々と独ソ戦への準備を始めていた。ドイツはユーゴスラヴィアにも日独伊三国同盟への参加を求めた。ユーゴスラヴィア政府は1941年3月にそれを受け入れるが、伝統的に反独感情の強かったセルビア人の間で反対運動が勃発、ベオグラードでは激しい抗議デモが展開された。そして、翌日には反政府派のセルビア人将校グループがクーデターを起こしたのだった。新しく首相の座に就いたシモビッチは、ユーゴスラヴィアの外交路線を180度変更、イ

ギリスとの関係を緊密化し、ソ連とも友好条約を結んだ。こうして、ユーゴスラヴィアは三国同盟に参加してから数日で反枢軸国側に付いたことになった。ヒトラーはこれに激怒し、ユーゴスラヴィアに対する報復を開始した。

ドイツはハンガリーに対し、ヴォイヴォディナのハンガリーへの返還条件に、ハンガリーに対しユーゴスラヴィアへの軍事行動およびドイツ軍のハンガリー領内通過許可を求めた。しかし前年ユーゴスラヴィアと結んだ友好条約もあり、ここでドイツの要求をのめば連合国側からは完全に枢軸国とみなされることになる。テレキ内閣は窮地に陥った。そして4月3日、テレキ・パールは自らの命を絶った。

テレキの自殺により、ハンガリーの戦争参加を止めるものがいなくなった。テレキの後、首相の座に就いた親独派のバールドッシ・ラースロー（Dr. Bárdosi Bárdossy László：1890年生～1946年没。ハンガリーの政治家。元は外交官であった）は、ドイツのユーゴスラヴィア攻撃へ加担した。そして、ハンガリー軍は、トリアノン以前にハンガリー領だった土地、ヴォイヴォディナの一部を占領したのだった。それは、サバトカ（Szabadka：現スボティツァ）、ウーイヴィデーク（Újvidék：現ノヴィ・サド）を含む、広大な地域であった。

バールドッシ内閣は、国内では極右的政策を採っていった。1941年8月には「第三次反ユダヤ法」を制定し、ユダヤ人がビジネスを行うことを極度に制限した。また、この法律は、ユダヤ人と非ユダヤ人の結婚だけにとどまらず、性交渉を行うことまでも禁止したのだった。ハンガリーは2度のウィーン裁定およびユーゴスラヴィアへの軍事行動により再度ハンガリーに組み込まれた地域において民族抑圧政策を採った。その顕著な表れが、1942年1月にウーイヴィデークおよびその周辺の街で起こったハンガリー兵士および憲兵によるセルビア人の大量虐殺事件であった。この事件の犠牲者の大半は、民族的にセルビア人、ユダヤ人であり、その数は3300人から3800人にのぼると言われている。

独ソ戦の始まり

1941年6月22日、ドイツはついにバルバロッサ作戦を決行した。独ソ戦の始まりである。同日、ルーマニア、スロヴァキア、クロアチアがそれぞれソ連に宣戦布告したが、ハンガリーはすぐには攻撃をしかけなかった。しかし6月26日、当時ハンガリー領であったカッシャが正体不明の空軍機により爆撃を受けると、ハンガリーはこれをソ連の空軍機であると断定し、ソ連に宣戦布告した。この爆撃を行った空軍機の正体はわかっておらず、いまだに論争となっている。一説には、ソ連の空軍機が当時ドイツの支配下にあったエペルエシュの街と間違えてカッシャを爆撃したとも、ドイツの空軍機による陰謀だったとも言われている。当時のハンガリー憲法では、宣戦布告は議会の承認が必要であると定められていたのだが、この宣戦布告はバールドッシの一存で決められた。つまり、違憲であったのである。

バールドッシの罷免と連合国との和平交渉

そんな中1942年3月、バールドッシはホルティに罷免された。突然の罷免の理由はいまだ明らかになっていないが、ドイツの要求をはねつけることができず、独ソ戦の前線へハンガリー兵を送り続けていたことではないかとの説がある。また、戦争に対する国民の不満が膨らんでいたこともその理由の一つ

141

だとされている。

バールドッシュの後任となったカーライ・ミクローシュ（Kállay Miklós：1887年生〜1967年没。ハンガリーの政治家）は、政権に就くやいなやハンガリーを戦争から離脱させるための策を練り始めた。ハンガリー首脳は秘密裏に英・米との和平交渉を始めた。連合軍へ誠意を見せるため、ハンガリーからドイツ軍への協力体制を縮小していった。1942年6月に始まり、約8か月続いたスターリングラード攻防戦は凄惨を極めた。この戦いでハンガリー軍も破滅的な被害をこうむっていた。この事実が、ハンガリーが1942年以来続けてきた英・米との和平工作に拍車をかけたのである。

ナチス・ドイツのハンガリー占領

ハンガリーが連合国側と和平交渉を行っていると知ったヒトラーは、1944年3月、ハンガリーにドイツの軍隊を送り、ハンガリーの大部分を占領した。そしてホルティに親独派内閣を発足させるよう迫ったのである。その結果、カーライは罷免され、親独派のストーヤイ・デメ（Sztójay Döme：1883年生〜1946年没。セルビア系。元はハンガリーの軍人。政治家）将軍が政権に就いた。新政権はドイツへの協力体制を強化した。また政権が代わったことにより、ハンガリーのユダヤ人の運命も大きく変わっていった。1944年4月、ユダヤ人はその居住地域をゲットー内に制限された。ハンガリーからユダヤ人のアウシュビッツへの強制移送が始まったのもこの頃であった。前月3月にアドルフ・アイヒマン（Otto Adolf Eichmann：1906年生〜1962年没）が、ユダヤ人移送の手法を評価され、計画の捗らないハンガリーに派遣されてきたことも、ユダヤ人の強制移送に拍車がかかった原因であった。

しかし、それでもホルティは連合国との和平交渉をやめなかった。また、反ドイツ派の勢力も強くなり、1944年5月には非合法であった共産党も含む広大な統一人民戦線が結成され、地下で活動を展開していた。赤軍がハンガリーに迫っていた8月末、ホルティはストーヤイ首相および親独派の閣僚を一斉に罷免し、ラカトシュ・ゲーザを首相に任命した。ラカトシュはユダヤ人の強制移送を停止させ、連合国と和平交渉を進めた。しかし、それに失敗する。10月、ドイツは矢十字党にクーデターを起こさせ、ホルティおよびラカトシュを追放、サーラシ・フェレンツ内閣を発足させた。これ以降サーラシ内閣のもと、ハンガリーでは恐怖政治が繰り広げられていった。ユダヤ人の強制移送は再開され、それ以外でも多くのユダヤ人が犠牲となった。

戦争から脱出への道──国境線の変更と戦後復興へ

1944年12月3日、ハンガリー南部の街セゲドで共産党、社会民主党などが参加する「ハンガリー国民独立戦線」が結成され、同月末にはハンガリー東部の都市デブレツェンに臨時政府が樹立した。臨時政府はダールノキ＝ミクローシュ・ベーラ（Dálnoki Miklós Béla：1890年生〜1948年没。ハンガリーの軍人、政治家）を首相とし、ソ連に承認されると12月28日には対独宣戦布告をした。そして、1945年1月20日、モスクワで連合国と休戦協定を結んだ。その一方で、同時期に始まったブダペスト攻防戦では、ソ連軍とハンガリー・ドイツ軍が対峙し、約2か月にわたる激しい戦いが繰り広げられていた。ソ連赤軍がハンガリーを「解放」していく過程において、略奪行為や暴力行為が行われたが、臨時国民政府はソ連の後ろ盾で成り

ブダペスト5区自由広場ソ連軍の「解放」を称えたモニュメント（筆者撮影）

立っていたため、それを黙認した。

　1945年4月4日、ハンガリー全土がソ連赤軍により「解放」された。そして、ダールノキを首班とする臨時政府はブダペストに移った。後の1947年2月10日に締結されたパリ条約により、ハンガリーはソ連およびユーゴスラヴィア、チェコスロヴァキアに多額の賠償金の支払いを命じられ、国境線もトリアノン条約により定められた国境までもどされた。

　戦後、国境線が変更されたことは、各国国内で少数民族の数を増大させる結果を招いた。ポツダム会談ではこの問題が話し合われ、東欧諸国が異民族の強制移動権を持つことが認められたのであった。強制移動の対象となったのは、主にドイツ人、ハンガリー人、ポーランド人であった。特にドイツ人は極めて過酷な条件のもと、各国からの退去が強いられた。戦間期から戦中にかけて占領地域に移住してきたドイツ人たちだけではなく、ドナウ地域諸国に数世紀にわたって居住していたドイツ系住民たちまでもがその土地を追われたのである。例えば、ハンガリー国内に住んでいた約60万人のドイツ系住民たちのうち、ハンガリーに留まることを認められたのは約25万人にすぎなかった。また、ユーゴスラヴィア領内に住んでいたドイツ系住民はすべてが強制移住の対象となった。ポーランド人たちは、新たにソ連が併合した地域から、ポーランド領内に強制移住させられた。ポーランド政府は、ドイツ系住民が退去した土地に新たに入ってきたポーランド人たちを迎え入れた形となった。

　トリアノン条約による国境線変更によって

近隣諸国に編入されたハンガリー系の住民たちの大半は強制移住を免れた。ユーゴスラヴィア政府は、ヴォイヴォディナに住むハンガリー系住民たちを強制移住させることはせず、その場に留めた。そして、少数民族として一定の権利（母語で教育を受ける権利、ハンガリー語の刊行物を出版する権利、ハンガリーの祝日を祝う権利、など）を与えたのである。これは、ハンガリー、ユーゴスラヴィアの外交問題が関係していてのことであったが、この時点でこのような「少数民族としての権利」を保障されていたのは近隣諸国に住むハンガリー系住民のうち、ユーゴスラヴィアに住む人々だけであった。チェコスロヴァキア政府は、南スロヴァキアに住むハンガリー系住民たちを排除したいと考えていた。そこで1946年2月末、チェコスロヴァキア政府とハンガリー政府の間で、住民交換に関する協定が締結された。これにより、「戦争犯罪」「国家反逆罪」に問われたハンガリー系住民と、チェコスロヴァキアへの移住を希望するスロヴァキア人たちが交換されたのである。

　枢軸国であったドイツ、ハンガリー系の住民が強制移住させられる際にとられた方法は、囚人の移送を思わせるようなやり方で行われた。私財を持つことがほとんど許されず、冬に数百キロを歩いて移動させた例も多かった。

　戦後のハンガリーでは戦後復興のため、住民レベルで地方自治組織がつくられた。この各地につくられた組織に住民が直接参加し、治安回復、教育制度の再建、教会の再建、経済復興などに取り組んでいった。それらの地方自治組織からの要望により、新政府はまず土地改革に着手した。そして1945年3月15日、土地改革法が発布された。地方組織の協力もあり、土地改革は比較的スムーズに

運ばれ、1947年中には完了した。全国の土地の34％が政府に収用され、土地なし農民や貧農に配分された。ここに中世以来の大地主制度が廃止されたことになる。

　1945年11月4日、ハンガリー国会の選挙が行われた。これはハンガリーで初の自由投票による選挙で、18歳以上の国民が選挙権を有した。この時、独立小農業者党が得票率57パーセントを得て勝利する。次いで、社会民主党、共産党、民族農民党などが議席を得た。独立小農業者党は党内に問題があったため単独政権はつくらず、共産党、社会民主党、民族農民党と共に連立政権をつくり、首相には独立小農業者党のティルディ・ゾルターン（Tildy Zoltán：1889年生〜1961年没）が就いた。1946年2月1日、王政が廃止され、共和国が宣言された。そして、ティルディが大統領の座に就いたのである。首相には独立小農業者党のナジ・フェレンツ（Nagy Ferenc：1903年生〜1979年没）が選ばれた。そして、1947年2月10日にパリ条約に調印したことにより、ハンガリーの第二次世界大戦は正式に終結するのだった。

　4章では、戦間期から第二次世界大戦後まで、ハンガリーの社会状況の変化の過程においてハンガリーから亡命した人たちを取り上げる。この時期の政治に翻弄された人々は何を考え、どのような人生を送っていったのであろうか。

ハンガリー王国（1920 年～ 1946 年）

国家最高責任者		国家最高責任者であった期間	
ホルティ・ミクローシュ （Horthy Miklós）	執政	1920 年 3 月 1 日 ～ 1944 年 10 月 16 日	首相：フサール・カーロイ （Huszár Károly） 1920 年 2 月 29 日 ～ 1920 年 3 月 15 日
			首相：シモニ＝シェマダム・シャーンドル （Simonyi-Semadam Sándor） 1920 年 3 月 15 日 ～ 1920 年 7 月 19 日
			首相：テレキ・パール （Teleki Pál ） 1920 年 7 月 19 日 ～ 1921 年 4 月 14 日
			首相：ベトレン・イシュトヴァーン （Bethlen István） 1921 年 4 月 14 日 ～ 1931 年 8 月 24 日
			首相：カーロイ・ジュラ （Károlyi Gyula） 1931 年 8 月 24 日 ～ 1932 年 10 月 1 日
			首相：ゲンベシュ・ジュラ （Gömbös Gyula） 1932 年 10 月 1 日 ～ 1936 年 10 月 6 日
			首相：ダラーニ・カールマーン （Darányi Kálmán） 1936 年 10 月 6 日 ～ 1938 年 5 月 14 日
			首相：イムレーディ・ベーラ （Imrédy Béla） 1938 年 5 月 14 日 ～ 1939 年 2 月 16 日
			首相：テレキ・パール （Teleki Pál） 1939 年 2 月 16 日 ～ 1941 年 4 月 3 日

			首相：バールドッシ・ラースロー （Bárdossy László） 1941 年 4 月 3 日 ～ 1942 年 3 月 7 日
			首相：カーライ・ミクローシュ （Kállay Miklós） 1942 年 3 月 9 日 ～ 1944 年 3 月 22 日
			首相：ストーヤイ・デメ （Sztójay Döme） 1944 年 3 月 22 日 ～ 1944 年 8 月 29 日
			首相：ラカトシュ・ゲーザ （Lakatos Géza） 1944 年 8 月 29 日 ～ 1944 年 10 月 16 日
サーラシ・フェレンツ （Szálasi Ferenc）	首相	1944 年 10 月 16 日 ～ 1945 年 3 月 28 日	

ハンガリー臨時国民政府（1945 年～ 1946 年）

国家最高責任者		国家最高責任者であっ た期間	
ダールノキ・ミクローシュ・ベーラ （Dálnoki Miklós Béla）	首相	1945 年 3 月 28 日 ～ 1945 年 11 月 15 日	
ティルディ・ゾルターン （Tildy Zoltán）	首相	1945 年 11 月 15 日 ～ 1946 年 2 月 1 日	

第四章

一節

政治家・学者

海軍提督からハンガリー王国摂政に就任し、
ナチスドイツ圧力受けつつ連合国と和平探る

ホルティ・ミクローシュ
Vitéz Nagybányai Horthy Miklós

- 1868年6月18日　ケンデレシュ
  （Kenderes：オーストリア・ハンガリー二重君主国）生
- 1944年～1945年　ドイツで軟禁状態になる
  その後、ポルトガルで余生をすごす
- 1957年2月9日　エストリル（Estoril：ポルトガル）没

　1868年6月18日、ブダペストの南東に位置する街ケンデレシュ（現ハンガリーのヤース・ナジクン・ソルノク県）の在郷貴族の家に、男の子が生まれた。彼がホルティ・ミクローシュ、後にハンガリー王国の摂政になる人物である。

　ホルティの家は1635年に皇帝フェルディナント二世から貴族の称号を受けた由緒ある家系であった。ミクローシュの父イシュトヴァーンは、1500エーカーの土地・不動産を所有し、衆議院議員も務めた人物であった。とても厳格な人柄であったと言われてい

る。父イシュトヴァーンは1857年にハラッシュ・パウラと結婚し、9人の子供を儲けた。その子供のうち、ミクローシュの兄イシュトヴァーンは第一次世界大戦に従軍し、多くの勲章を授かった。彼も弟のミクローシュ同様、マリア・テレジア勲章を叙勲されている。

　ミクローシュの回想録によると、彼は子供のころは元気で冒険好きな子供であったということである。1874年から1876年、ケンデレシュの街で初等教育を受け、その後1876年から1878年にかけてはデブレツェンの改革派コレギウムで学んだ。1878年から1882年にかけてはショプロンで学んだ。1882年、当時の王領ハンガリーのなかで唯一の軍港都市であったフィウメ（現クロアチア領リエカ）の海軍兵学校に入学した。当時、海軍兵学校は非常に難関であり、612人の希望者に対し、42人しか入学が許可されなかったと言われている。ミクローシュは海軍兵学校では、イタリア語、クロアチア語、ドイツ語も学んだ。その後1886年10月7日、オーストリア＝ハンガリー二重君主国軍の海軍に入隊した。

軍人としての活躍──教育艦「アルテミダ」の艦長からの出世

　ホルティは海軍でめきめきとその頭角を現していった。1899年に教育艦「アルテミダ」の艦長になったことを始めに様々な職務に就き、その軍人としての才能を開花させた。1909年には艦隊勤務から離れ、皇帝フランツ・ヨーゼフ一世の侍従武官の職に就いた。ホルティは生涯皇帝フランツ・ヨーゼフ一世を敬愛したと言われている。この侍従武官時代に、宮廷の作法や厳格で紳士的な振る舞いを身に着けた。

　1914年の第一次世界大戦開戦時、オーストリア＝ハンガリー二重君主国は世界で七番

目の海軍力を誇っていた。ホルティは1914年8月、戦艦「ハプスブルク」の艦長に就任し、アドリア海方面の軍務に就いた（同年12月には巡洋艦「ナヴァラ」の艦長に移動となった）。1915年、イギリス＝フランス＝イタリアの三国連合艦隊はアドリア海の制海権を握り、オトラント海峡（イタリアのブリンディジとギリシャのコルフ島の間にある海峡。最狭地点は約85キロメートル）を封鎖した。帝国海軍はこの封鎖をなかなか解くことができずにいた。そんな戦況の中1917年5月、ホルティはオトラント海峡につくられたオトラント堰への攻撃作戦指揮を命じられたのであった。ホルティはこの海戦で善戦し、三ヵ国によるアドリア海海上封鎖を破った。この武勲により、ホルティは大佐から少将へ昇進したのである。そしてこの時、その名をハンガリー中に知らしめた。

1918年、ホルティは帝国海軍提督（帝国海軍総司令官）に就任した。第一次世界大戦中、カロック湾の兵士たちの反戦を求める反乱を鎮圧したり、アルバニア沿岸のアドリア海攻略作戦（この作戦は失敗に終わる）を決行するなど、数々の戦場で活躍した。1918年10月30日には中将に昇進した。

戦後の状況──フィウメから飛んで帰ってきたホルティ

翌月の11月16日、オーストリア＝ハンガリー二重君主国は解体され、ハンガリーはハンガリー民主共和国として成立した。しかし、これから戦勝諸国との講和条約締結に至るまで、隣国との深刻な領土争いが起きたのであった。後の1920年に戦勝諸国と結ぶ講和条約では、ハンガリーは厳しい条件を突き付けられ、オーストリア＝ハンガリー二重君主国時代にハンガリー王国が統治していた領土の3分の2を失った。そのため国民の不

満は一気に高まったのである。

1919年3月、クン・ベーラの共産主義政権が主導のハンガリー・ソヴィエト共和国が誕生した。しかし、保守派の国民から支持を得ることができなかった政府は、赤色テロを敢行し、旧皇帝派、旧帝国軍人、保守派の知識人たち、カトリック教会などを粛清、弾圧した。そんななか4月16日、ルーマニア軍がハンガリーへ侵攻してくると、政府は一気に窮地に立たされた。

この頃、ホルティはフィウメにいた。連合国軍に降伏した後、帝国艦隊を解散するなどの敗戦処理に加え、ハンガリー・ソヴィエト共和国政府からの迫害を受けて逃れてきた軍人たちの保護に努めていた。5月にカーロイ・ジュラ伯によってアラドで反革命政府が誕生すると、6月にその政府はハンガリー南部の街セゲドに移った。そして反革命政府はホルティを軍事大臣として迎え入れた。ホルティは反革命軍の最高司令官となった。ホルティの呼びかけには海軍士官、士官候補生などの軍人だけではなく、義勇兵も集まり、さらにはハンガリー全土で義勇軍が蜂起した。結果としてハンガリー反革命軍は人民軍を遥かに凌ぐ勢力となったのである。ホルティの反革命軍はハンガリー西部と南部をおさえていった。

同年8月、ルーマニア王国軍がブダペストを占領すると、ハンガリー・ソヴィエト政権は崩壊した。代わってルーマニア軍と対峙したホルティの国民軍はルーマニアの要求を拒否、人民軍に代わり戦闘を続けることを示唆した。ハンガリー・ソヴィエト政権が崩壊したことにより大義名分を失ったルーマニア王国軍は、進駐が長期化すること、また、協商国からの反発を受け、事態の収拾に動きだした。ホルティは交渉の末、ルーマニア王国政府よりルーマニア軍のハンガリー国内から

149

の撤兵の約束をとりつけた。11月16日、ルーマニア王国軍がブダペストから撤退すると、代わりにホルティを筆頭とするハンガリー国民軍がブダペストに無血入城した。これでホルティはハンガリー全土を掌握したこととなる。事態を収拾したホルティの名声は高まり、ハンガリー国民の多くが、ホルティを軍事的、政治的指導者として支持した。

　ブダペストに入城した国民軍は、クン・ベーラに協力した共産主義者たちに対し、激しい白色テロを行っていった。ジョセフ・ロスチャイルドは自らの著書の中で、この頃ハンガリーで横行した白色テロについて、「伝統的なハンガリー政治のやり方に対し、挑戦を試みた者に対する組織的かつ残虐な迫害であった」と述べている。ホルティは直接的、また間接的にもこの白色テロを指導していたことは間違いない。

国家元首への道

　こうした状況下の1920年1月25日、反革命的で農民的かつキリスト教的（反ボリシェビキ、反ユダヤ的な意味で）である国民議会が選出された。そしてその後、2月16日にハンガリー国会が正式に召集され、1867年に結ばれたオーストリア＝ハンガリーのアウスグライヒは1918年に事実上失効したことが承認された。そして3月1日にハンガリー王国の成立を宣言した。この時、国民議会は、事実上の国家元首としてホルティを選出（138票中131票をホルティが獲得）、ホルティは「ハンガリー王国摂政」となった。この選出は、ハプスブルク家出身の皇帝がハンガリー王国国王に復位することを断固認めなかった協商国に対するある種の「安全保障」的なものであった。ホルティは元来政治にはあまり関心のない人物であったが、ホルティはヨーゼフ・アウグスト大公直々

に摂政への就任を求められたため承諾したと言われている。ホルティは国王不在のまま摂政として長い大戦とそれに続く内戦で疲弊した国内の政治・経済立て直しに着手していった。国民議会は全面的にホルティの政策を支持し、ここにホルティの独裁体制が確立した。

　1920年6月4日に調印されたトリアノン条約により、ハンガリーの領土は著しく削減された。ハンガリーはその歴史的領土の統一が失われたことになる。このことはハンガリー国民にとっては受け入れがたいことであり、この後、右派・愛国者を中心とした失地回復運動が隆盛する契機となった。トリアノン条約に対する強い領土修正の要求は、ハンガリーのあらゆる階層にわたるものであり、戦間期のハンガリー政治の第一項目であった。

　ハンガリー国民議会にはオーストリア＝ハンガリー二重君主国の再興を目指す皇帝派も存在していた。しかし、それに対し協商国と隣国諸国も断固拒否の姿勢を示していた。そんななか1921年、スイスに亡命していたカール一世が突如ハンガリーに帰国し、二度にわたり王政復古を試みたのである。一度目は3月、二度目は10月であった。3月、カール一世はハンガリー王カーロイ四世としての即位を要求。しかしホルティと国民議会は、協商国との国際問題になることを恐れ、これを拒否した。さらにこのハンガリー国内の動きを知ったチェコスロヴァキアとユーゴスラヴィア王国は「カールの即位は開戦理由となる」と警告してきた。国民議会も摂政ホルティによる国内統治継続の決議を満場一致で可決し、ハプスブルク家に忠誠を誓っていたホルティではあったが、最終的に国民議会に従った。

　しかし同じ年の6月、ハプスブルク家に忠誠を誓う「正統主義者」と皇帝派が一緒に

なってホルティに対し、カール一世の即位を要求した。元来、皇帝に忠誠を誓っていたホルティではあったが、最終的にはカール一世のハンガリー王カーロイ四世としての即位交渉は決裂した。

しかし、この一連の動きは止んでいなかった。同年10月21日、カール一世が「正統主義」皇帝派に擁され、再度ハンガリーに入国した。そしてカール一世を支持する一部のハンガリー王国軍がそれを擁護し、ハンガリーは内戦の危機に陥った。ホルティは自らのハプスブルク家への忠誠心とハンガリーの政治的現実の間で板挟みとなるが、隣国諸国（チェコスロヴァキア、ユーゴスラヴィア王国）はこの時すでに武力介入の準備が整っており、ホルティは事態収拾のためカール一世夫婦の逮捕に踏み切った。また、この時、多くの正統主義派の人々も逮捕された。

しかしこの時チェコスロヴァキア外相ベネシュは、将来にわたるハプスブルク家の完全なる廃位確約を要求、それを拒否すれば即時軍事介入も辞さない構えをみせた。ホルティはそれに激怒し、抗戦の意向を表明したが、ハンガリー駐在イギリス大使にそれは制止された。ベネシュに対してはイギリスとフランスが厳しく警告し、危機を収めた。そして1921年11月6日、激しい議論の末、ハンガリー国民議会で国王の廃位に関する法律が採択された。これによりカール一世の王位継承権が完全否定され、将来にわたりハプスブルク家の王政復古はなくなった。これ以降ハンガリーは1944年10月までは、国家元首を摂政が務めるという「立憲君主制」を採ることとなった。

政治家としてのホルティ──ナチスと程よい距離を保つために

ホルティは摂政として伝統的な立憲君主に及ばない程度の権限を持っていた。また、ホルティは従事武官時代に身につけたと思われる厳格な気品、その社交性と紳士的振る舞いから、多くの人々に尊敬され、愛されたようである（もちろんその政治のあり方には賛否両論はあるが）。

この時期のハンガリーはホルティの下の全体主義国家ということはできない。確かに権威主義的傾向をもつ保守的な国家体制ではあったが、野党の存在も容認されていた。共産党は活動を禁止されていたが、社会民主党の議員はほかの政党の議員と同じ権限を持ち、彼らの政府批判に制限が加えられることはなかった。また、言論の自由と集会の自由は憲法で保障されていた。

戦間期のハンガリー政権の第一の外交目的は、第一次世界大戦で失った領土の回復であった。ハンガリーはその後の後援者となりうる列強をナチス・ドイツ、ファシスト・イタリアに定め、次第にこれらの国々に近づいていった。ハンガリー国内では、矢十字党をはじめとする民族主義政党が設立されていき、国民議会の場で常に一定の議席数を確保していた。それらの民族主義政党は、概してホルティへの忠誠をその綱領に掲げていた。しかし、ホルティは全体主義的な民族主義運動に対して疑念を抱いていた。ホルティ自身、領土の回復が国際的にみていかに困難なことであるかを十分に理解していたため、安易に国民を煽り立てる過激な民族主義運動に対しては、たびたび法の範囲内で警察権力をもって介入した。アドルフ・ヒトラーについても軽蔑してたようである。親独派のサーラシ・フェレンツを数回にわたり微罪で逮捕したり、親独的なイムレーディ・ベーラ首相を解任するという手段で、何とかハンガリーが極端な民族主義・ファシズムに傾くのを阻止していた。ホルティはナチス・ドイツに懐疑

151

的であったが、当時の政治的流れに逆らうことは非常に困難であり、ハンガリーがナチス・ドイツに接近することを阻むことはできなかったのである。

ホルティ自身、自らが反共産主義者であり、反ユダヤ主義者だという自覚はもっていた。しかし、19世紀以降のハンガリー経済を支えてきたユダヤ人たちのことは無下にできないと考えていた。ユダヤ人たちがどのようにハンガリー社会で、主に都市部の経済、文化において貢献してきたかはコラムを参照して欲しい。そんなハンガリー経済に必要であったユダヤ人たちを排除することはできないと考えていたホルティは、当時国民議会が準備していた反ユダヤ法に対し、懸念を表明していたのである。

しかし、やはり時代の流れに逆らうことはできなかった。ハンガリーはその後、ドイツと同盟関係を結び、その結果、第一次世界大戦で失った領土の一部を取り戻すことができた（第一次、第二次ウィーン裁定）。そのことから、ハンガリー国内はより一層親ドイツ的風潮が高まっていった。

第二次世界大戦とホルティ

第二次世界大戦では、ハンガリーは枢軸国の一員として戦った。ドイツが独ソ戦に踏み切った時、ハンガリー国民議会の中では、野党のみならず与党の一部からも反対の声があがっており、摂政ホルティもソ連への宣戦布告に対しては否定的であった。しかし国民議会はついにソ連への宣戦布告を決議すると、ホルティはそれを追認せざるを得なくなった。戦費が重なり、国民の支持も次第に下がっていくと、政府はいかにしてこの戦争から手を引くかを模索し始めた。ホルティ・ミクローシュの息子で副摂政であったホルティ・イシュトヴァーンもそのうちの一人であった。

ハンガリー政府首脳は戦争終結に備えて英米と和平工作を始めた。しかしそれを知ったヒトラーは、ハンガリーを占領することを決意した。マルガレーテⅠ作戦である。

1944年3月、ハンガリー制圧作戦発動前夜、ヒトラーはホルティをドイツに呼び、ドイツへの戦争協力拡大及び新独派政権樹立を求めた。そして18日の深夜ドイツ軍をハンガリーに侵入させ、反独派の大量検挙を行った。ホルティはこの時ドイツ軍のハンガリー進駐を事後承認させられ、親独派のストーヤイ・デメに組閣を命じた。しかし、この後も中立国に駐在するハンガリーの外交官たちはホルティから秘密裏に命を受け、英米との和平交渉を続けたのである。

ドイツがハンガリーを占領すると、ハンガリーのユダヤ人の運命も大きく変わった。先の通り、ハンガリーのユダヤ人たちは近隣諸国と比較すると「恵まれた」（あくまで相対的に見てであるが）環境にあった。そのため、ハンガリーに逃げ込んできたユダヤ人も多くいた。しかし、ドイツによるハンガリー占領後は、状況が一変した。まず4月27日、ストーヤイ政府はユダヤ人の居住区をゲットー内に制限した。さらに5月中旬から、ユダヤ人たちを本格的にドイツ国内の強制収容所に移送した。この移送は7月上旬まで約2か月間続いた。

1944年夏、ソ連軍がハンガリーの国境に迫るとホルティはストーヤイ首相をはじめとする親独派の閣僚を罷免し、ラカトシュ・ゲーザを後任に据えた。ルーマニアがソ連と休戦したことを知ると、ホルティはモスクワに使節を派遣して休戦を申し入れた。交渉の末、10月16日以前に休戦の意思を明確に表明することで合意し、ホルティは10月15日午前に閣議決定をし、同日午後に休戦をラジオ放送することをソ連側に約束した。

152　　第四章　ハンガリー王国時代　1920年〜1946年　政治家・学者

しかしこれらの一連の動きはドイツ側には筒抜けであった。ドイツはハンガリーの休戦を阻止するべく、ホルティの次男ミクローシュを誘拐し、ドイツに移送した。そしてソ連との戦争継続を迫ったのである。しかしホルティはこの要求をはねつけた。

10月15日の午後1時、ラジオでホルティの休戦決定文が放送された。しかし同じころにドイツ軍と矢十字党がブダの王宮を占拠し、続けて、「ホルティの名で発表された休戦は無効である旨」をラジオで放送した。ホルティは逮捕され、矢十字党指導者サーラシ・フェレンツを首相に指名することを強制させられた。そしてその後、摂政の座から退くことを宣言した（させられた）のである。サーラシは国民からの支持の高かったホルティの身の安全が保障されなければ国民から信頼を得ることができないと悟り、ドイツ大使にホルティの身の安全を保障させた。そしてホルティはドイツに「護送」され、別荘地に軟禁された。10月17日に特別列車でドイツに向かったホルティは「私は財産と祖国を捕虜にしてしまった」と嘆いたと言われている。

戦後——解放からの亡命

ドイツに送られたホルティ一家は、ヒルシュベルク近郊にあるヴァイルハイムの城に幽閉された。そして1945年5月1日、アメリカ軍によって一家は解放された。しかし、ホルティは戦争犯罪人として取り調べを受け、本当の意味で解放されたのは1945年12月17日であった。誘拐されていた息子ミクローシュは、ドイツ内を転々と移送され、最後はイタリアのカプリ島に移された。そして1945年5月頭に米軍に保護され、8月に解放されている。

戦後、拘留を解かれたホルティをユーゴスラヴィアが戦犯として裁くことを要求した。しかし、それは連合国側に却下された。ホルティの身の安全は保障されたが、ソ連の占領下に置かれ、続いて共産主義政権が樹立したため、ハンガリーへ帰国することができなくなった。これ以降、ホルティは家族と共にポルトガルで余生を送った。ハンガリーからほとんど無一文でドイツに送られたホルティ一家は経済的に困難な状況にあったが、そんなホルティ一家を亡命ユダヤ系ハンガリー人たちが援助したという。

1944年にドイツに送られた時点ですでに老齢であったホルティは、亡命先では大々的に政治活動を行うことはなかった。ホルティに亡命先での政治活動を促す話もいくつかあったようではあるが、ホルティはそれは断った。そして、1957年に人生の幕を閉じるまで、ハンガリーに帰ることはなかった。1956年のハンガリー革命が失敗に終わった時、ソ連兵が一人残らずハンガリーを去るまで自分の遺体はハンガリーに返さないことを遺言したと言われている。ホルティの遺体は1993年にハンガリーに戻され、故郷のケンデレシュに埋葬された。今でもその霊廟を数多くの人が訪れる。

	領土（km²）	人口	ハンガリー人（言語）
歴史的ハンガリー	282,870	18,264,533	9,944,627
割譲された領土：			
オーストリア	4,020	291,618	26,153
チェコスロヴァキア	61,633	3,517,568	1,066,685
ポーランド	589	23,662	230
ルーマニア	103,093	5,257,467	1,661,805
ユーゴスラヴィア	20,551	1,509,295	452,265
イタリア	21	49,806	6,493
失われた領土全体	189,907	10,649,416	3,213,631
残されたハンガリーの領土	92,963	7,615,117	6,730,996

（ジョセフ・ロスチャイルド『大戦間期の東欧 —— 民族国家の幻影』（大津留厚監訳）刀水書房、1994 年）

■コラム　トリアノン条約による ハンガリーの損失

　1920 年 6 月 4 日、フランス・パリ近郊のヴェルサイユにあるグラン・トリアノン宮で、戦勝国とハンガリーにより講和条約が締結された。トリアノン条約。この条約締結が、戦間期のハンガリーの政治・外交を大きく左右したのである。

　オーストリア＝ハンガリー二重君主国は第一次世界大戦に敗れ、皇帝カール一世は退位した。その結果、ハンガリー王国は分離独立することになった。そのため、オーストリアとは別に戦勝諸国と講和を結ぶ必要があった。また、スロヴァキアに進駐し、その領有権を主張していたチェコ、トランシルヴァニア併合を宣言していたルーマニア王国など、隣国諸国との国境を再画定する必要に迫られていた。

　上の表を見てほしい。ハンガリーがトリアノン条約によって隣国に割譲された土地面積と人口である。人口統計は戦前最後に取られたもので、1910 年のものである。トリアノ

ン条約により、ハンガリーはかつての「歴史的領土（1000 年から聖イシュトヴァーン王冠の下に統一されていたハンガリーの領土のこと）」の 3 分の 2、戦前人口の 5 分の 3、ハンガリー人（ハンガリー語を母語とする人）人口の 3 分の 1 を失ったのである。興味深いことに、ルーマニア王国に割譲された土地の方が残されたハンガリーよりも大きかった。旧来のハンガリーの歴史的国境はほぼ自然国境から成っていたが、新国境はチェコスロヴァキアとの間を流れるドナウ川と、ユーゴスラヴィアとの国境を流れるドラヴァ川に沿った地域以外は人工的に引かれたものであった。特に、チェコスロヴァキアとの間を流れるドナウ川両岸の地域は、ハンガリー人の人口が密集している地域であったため、ドナウ川を挟んでハンガリー人が分断された形となった。

ハンガリーの経済的損失

　この国境画定により、ハンガリーは膨大な経済資源をも失った。鉄道の 58％、道路の 60％、製材資源の 84％、耕地の 43％、鉄鉱石の 83％、褐炭の 29％、瀝青炭の 27％

が失われたのである。幸いなことに、製造業の損失はそれほど大きくはなかった。ハンガリーの製造業は伝統的にその工場をブダペスト周辺に集中させていたのがその理由である。しかし、工場は原料の供給と伝統的市場を失ったことになり、ハンガリー経済は大打撃を受けた。この後、その伝統的市場をドイツが引き受けた形となるのだが、そのことは戦間期のハンガリーがドイツに傾倒していったことの一因となった。

トリアノン宮

こうした領土分割の結果、ハンガリー国民の不満が高まってゆき、ハンガリーが新たに武力行使にでることを懸念した戦勝国諸国は、トリアノン条約によりハンガリーの大幅な軍縮も強要した。ハンガリー軍は義勇軍35000人、憲兵・警察部隊をそれぞれ12000人に限定し、空軍、戦車、重砲、参謀幕僚を持つことを禁止された。また、国民全体の兵役を採ることも許されなかった。

トリアノン条約の後に残ったハンガリーの現実

戦勝国による戦後国境の画定の主な基準が「民族」であることが定められていたにもかかわらず、多くのハンガリー人が他国に編入されたという事実は、ハンガリー人にとっては受け入れがたい現実であった。この新しいハンガリーの国境線はハンガリーの経済的、人口統計学的、歴史的な条件をまったくと言っていいほど無視して引かれたものであったと言える。

ハンガリーの政治家たちは1920年11月3日のトリアノン条約批准の前に、何とか外交手段を用いて修正しようとしたが、それは失敗に終わった。そして、ユーゴスラヴィア軍がハンガリー南部から撤退した1921年6月26日、ついにトリアノン条約は施行されたのである。ハンガリーの政治家たちは、外交的・軍事的にハンガリーの失われた領土を回復するのは国内の安定であると悟り、この後すぐに国内の機構、政治、文化、経済の水準回復と安定を目指し、山積みされた問題に着手していったのである。

ハンガリーがトリアノン条約により失った旧領土には、ハンガリー人たちが多く住み、経済、文化活動を盛んに行っていた都市が含まれていた。例えば、チェコスロヴァキアに組み込まれたブラチスラヴァ、ルーマニアに組み込まれたクルージュ（現クルージュ・ナポカ）、ユーゴスラヴィアに組み込まれたノビ・サドには多くのハンガリー人が住み、文化的にも地方の中心都市として考えられていた。つまり、トリアノン条約と同時にハンガリー人たちのアイデンティティ形成材料の一つである文化の中心地を失ったことになるのである。

伊傀儡ピンドス・マケドニア公国元首に祭り上げられた反共・反ナチ・親ユダヤの貴公子

チェスネキ・ジュラ
Vitéz csesznekí és milványi gróf Cseszneky Gyula

- 1914年6月28日　ナジマヨール（Nagymajor：オーストリア＝ハンガリー二重君主国）生
- 1947年　アルゼンチンに亡命
- 1970年以降　（没年月日不明。1970年代にブラジルで死亡したとみられている）

チェスネキ・ジュラはハンガリー王国名門貴族のチェスネキ家の当主となる身として、ナジマヨール（現スロヴァキア北部。ポーランドとの国境近くに位置する村である）で生を受けた。父親は発明家であり、ジュラが生まれたころはすでに家は傾いていた。母はバルカン半島に繋がりを持つ裕福な穀物商人の一人娘であった。

第一次世界大戦後は父が亡くなると、チェスネキ家の経済状況は非常に困難な状況に陥った。

そのような状況ではあったが、ジュラは学校では優秀な成績をおさめていた。特に、文学や詩でその才能を大いに発揮していたようである。家族はローマ・カトリックの司祭になるよう勧め、ジュラ本人もそれを目指していたが、次第に軍人を志すようになっていった。そしてイタリアの士官学校に通うようになる。それにはピオンビーノ（イタリアのトスカーナ州にあるコムーネの一つ）公バルダッサーレ・ボンコンパーニのからの援助があった。イタリアでは上流階級の人々との交流もあったようである。イタリアではイタリア語の響きとその文化に魅了され、特にイタリア文学に没頭した。ガブリエル・ダンヌンツィオ（Gabriele D'Annunzio, Prince of Montenevoso, Duke of Gallese：1863年生～1938年没。イタリアの詩人、作家、記者。ファシスト運動の先駆的活動を行った）の詩をハンガリー語に翻訳している。

1940年の第二次ウィーン裁定後、予備軍の参謀将校として北部トランシルヴァニアの再編に参加した。進駐中の功績により、ホルティからヴィテーズ（Vitéz）の称号とトランシルヴァニア解放記念の勲章を与えられた。

クロアチア国王トミスラヴ二世誕生

1941年、ドイツとイタリアによるユーゴスラヴィア侵攻が始まり、その直後、クロアチア独立国が建国された。そして、イタリアと新国家クロアチア独立国の間で交渉が行われ、イタリア王国の王族でヴィットーリオ・エマヌエーレ二世の直系子孫であるアイモーネ・ディ・サヴォイア＝アオスタ（Aimone Roberto Margherita Maria Giuseppe Torino di Savoia-Aosta：1900年生～1948年没）がクロアチア国王、トミスラフ二世（Tomislav II：在位：1941年～1943年）として即位した。そしてこの時、クロアチア語、イタリア語、ドイツ語、ハン

ガリー語に堪能であり、アイモーネの王子時代に面識のあったチェスネキ・ジュラが、新しい君主の補佐官に任命され、バコニ伯の称号を受けた。その後、1943年にはイタリアが建設したピンドス公国の摂政となり、それから間もなく成立したマケドニア公国の大公ユリウス一世（在位：1943年8月〜9月）として国家元首に就任した。しかしどちらの場合も実際には実権を保持しておらず、形式上の国家元首にすぎなかった。

チェスネキの生まれ故郷ナジマヨール。のどかな田園風景が広がる

1943年9月、イタリアが連合国に降伏したため、バルカン半島におけるナチス・ドイツ軍の力は強まった。それに伴い、チェスネキはマケドニア公の座を強制退位させられ、ハンガリーに帰国した。退位の原因は、ゲシュタポにユダヤ人との関係を追及されたからだと言われている。国家元首を失ったマケドニアは、チェスネキの兄、チェスネキ・ミハーイ（Mihály Mátyás Csesneky de Milvány et Csesznek：1910年生〜1975年没）をミカエール一世として迎えることを望んだが、ミハーイはこれを受けるのを拒否した。

チェスネキは反共産主義の保守派であったがナチズムを嫌い、反ユダヤ主義には反対していたようである。親戚にユダヤ人もいたと言われている。チェスネキはクロアチアとハンガリーでユダヤ人を救っており、そのことで戦後にイスラエルから表彰されている。

チェスネキは反ナチス主義者であったが、ソ連軍に占領されたハンガリーでは、「労働者の敵」とみなされ、亡命する道を選んだ。1947年、前クロアチア国王・トミスラフ二世（当時はアオスタ公爵アイモーネという地位にあった）と共にアルゼンチンへ逃れた。その後の消息は明らかにされていないが、1970年代にブラジルでその波乱万丈の生涯を閉じたとされている。

アイモーネ・ディ・サヴォイア＝アオスタ

ナチスから「騎士鉄十字章」を授与されるもユダヤ人移送停止、和平交渉模索

ラカトシュ・ゲーザ
Vitéz csíkszentsimonyi
Lakatos Géza

- 1890年4月30日　ブダペスト
  （Budapest：オーストリア＝ハンガリー二重君主国）生
- ▶ 1965年　アデレードに移住
- 1967年5月21日　アデレード
  （Adelaide：オーストラリア）没

ラカトシュ・ゲーザは1890年4月30日、ブダペストに生まれた。兄弟は一人、双子の兄弟のカールマーンである。後にゲーザと共に軍人となったカールマーンは、第一次世界大戦において戦死している。

ラカトシュ兄弟は父を早くに亡くしている。ゲーザ兄弟はエスコラピオス修道会（キリスト教カトリック教会の男子修道会）学校に4年間通い、その後ルドヴィカ士官学校（Magyar Királyi Honvéd Ludovika Akadémia）に入学した。

1910年に士官学校を卒業すると、ゲーザは少尉に任官し、ハンガリー第一歩兵連隊に配属された。その後、順調に昇進していき、1914年8月には中尉になった。

この時期に始まった第一次世界大戦は、みるみるうちにヨーロッパ全体に広がり、8月1日、ドイツがロシアに宣戦布告した。それに伴い、ゲーザはカールマーンとともに東部戦線に送られた。9月に双子の弟カールマーンが戦死した。その後、ゲーザも銃弾を受けて負傷し、軍病院に送られた。再び戦場に復帰すると、終戦まで数々の役目を果たした。1917年には大尉に昇進している。

第一次世界大戦が終結（ハンガリーの正式な終戦は1920年）すると、1919年のハンガリー・ソヴィエト共和国時代、当時の国防大臣ベーム・ヴィルモシュ（Böhm Vilmos：1880年生～1949年没。ハンガリーの社会民主主義者）の副官を務めると同時にハンガリー赤軍のグゥドゥルゥー連兵隊の司令官となった。そしてその後のホルティ・ミクローシュ政権時代には、警察本部参謀となり、1920年10月までその職を務めた。

ゲーザは1921年よりルドヴィカ士官学校で教鞭を執った。

軍人としてのキャリア——ナチスより「騎士鉄十字章」が授与される

1923年、陸軍省に配属されると、そこからは順当に昇進していった。そして1928年に少佐に昇進すると同時にナイトの称号を得たのである。同年5月にはプラハ駐在武官に任命され、1934年までそこに滞在した。その後、ハンガリーに帰国して早々、大佐に昇進し（中佐には、プラハ滞在中の1929年5月に昇進している）、ハンガリー第13歩兵連隊長に任命された。

1939年11月には少将、1941年11月には中将にと、着実にキャリアを積んでいった。1943年、東部戦線（ウクライナ）におけるハンガリー占領軍司令官となり、それを指揮した。そして、同年8月、ついに大将に昇

進したのだった。同年8月、ヤーニ・グスターヴ（Jány Gusztáv：1883年生〜1947年没。ハンガリーの軍人。陸軍上級大将。スターリングラードの戦いにおいて、ハンガリー第二軍を率いた。第二次世界大戦後、戦争犯罪に問われ、銃殺刑に処された。1993年に名誉回復がなされている）に代わり、ハンガリー第二軍司令官に就いた。1944年4月、ハンガリー第一軍司令官に任命された。しかし、5月に国防大臣から帰還命令を受け、司令官の座をベレグフィ・カーロイ（Beregfy Károly：1888年生〜1946年没。ハンガリーの軍人。大将。矢十字党を支持しており、マルガレーテ作戦・パンツァーファウスト作戦の際にはクーデターに協力した。サーラシ・フェレンツの国民統一政府では、国防大臣兼軍事参謀総長の職に就いた。戦後に戦争犯罪人として処刑された）に明け渡すと、ハンガリーに戻った。そして、5月24日、ナチス・ドイツにより、「騎士鉄十字章」（第二次大戦中にナチス・ドイツより制定された鉄十字章の一種）が授与されたのであった。ハンガリー人としては、4人目の受賞であった。

ラカトシュ内閣——成立から退陣まで

連合国と和平交渉を進めたいと考えていたホルティ・ミクローシュは、ラカトシュに首相就任を打診した。そして8月29日、親独派のストーヤイ・デメ首相を解任し、後任にラカトシュ・ゲーザを指名したのである。

ラカトシュ政権はファシズムに批判的であったため、ストーヤイ政権で行われていたユダヤ人の強制移送をすぐに停止させた。その一方で和平交渉を進めるが、ソ連との和平交渉は難航を示していた。そんななか1944年10月15日、ナチス・ドイツはパンツァーファウスト作戦を決行し、ラカトシュ政権は崩壊したのだった。ラカトシュは首相の職を

解かれ、終戦までショプロンに軟禁された。

ソ連軍がハンガリーに入ると、ラカトシュは捕らえられ、キシュクゥールゥシュ（Kiskőrös：ハンガリーの南に位置する、バーチ・キシュクン県の街）に移され、そこで尋問を受けた。1946年1月に釈放されると、矢十字党およびナチス・ドイツ側に付いた将校たちを裁くための人民裁判の場で証人として証言させられることとなった。

戦後の生活

その後、ラカトシュは家族と共にブダペスト近郊の街、エールドに住んだが、1949年には共産党政権により彼の軍事年金は取り消され、住んでいた土地と家も没収された。エールドを追われたラカトシュは家族と共にブダペストに移り住み、書籍にイラストを描いたりしながら家計を支えた。しかし、一家はとても貧しい状況で暮らしたという。

1956年のハンガリー「革命」が失敗に終わった翌年、ラカトシュの娘はいち早くオーストラリアに移住した。その時、ラカトシュ自身は妻と共にブダペストに残る道を選択したが、1965年に妻が亡くなると、ラカトシュは娘が住むオーストラリアに移住することを決意した。そしてその2年後の1967年、オーストラリアのアデレードで77年の生涯を閉じた。

＊ルドヴィカ士官学校

Magyar Királyi Honvéd Ludovika Akadémia
オーストリア＝ハンガリー二重君主国時代より1945年まで続いた、ハンガリーの士官学校。多くの著名人を輩出している。第二次世界大戦後、長い間荒れた状態になっていたが、エトゥブシュ・ロラーンド大学（ELTE）の自然科学学部の校舎として使われた。現在は綺麗に改修され、その一部がラウル・ワレンバーグ社会学学校の校舎となっている。

オーストロ・ファシズムから英亡命、
『大転換』で社会経済学者として世界的名声

カール・ポランニー
Karl Polanyi

ハンガリー語
ポラーニ・カーロイ
Polányi Károly

- 1886年10月25日　ウィーン（Wien：オーストリア＝ハンガリー二重君主国）生
- ▶ 1919年　ウィーンに亡命する
- ▶ 1933年　イギリスに亡命する
- ▶ 1947年　アメリカに渡る
- 1964年4月23日　ピカリング（Pickering：カナダ・オンタリオ州）没

ウィーン出身の経済史学者、カール・ポランニーはユダヤ系ハンガリー人であった。ハンガリー語ではポラーニ・カーロイと表記されるが、本書では世間一般に通っている名前カール・ポランニーと明記する。

カール・ポランニー、出生時の姓はポラチェック（Pollacsek）といった。父、ポラチェック・ミハーイ（Pollacsek Mihály）はウングヴァール（Ungvár：現ウクライナ領ウジホロド）に起源をもつ裕福なユダヤ人家庭出身で、生まれはスロヴァキアであった。ミハーイはスイス鉄道に鉄道技師として勤務し、その後はウィーン＝ブダペストの鉄道発展の波に乗り、一財を築くことができた起業家であった。母の名は、ヴォール・ツェツィーリア（Wohl Cecília）といった。ツェツィーリアはヴィリニュス生まれであり、高名なラビであるオシェル・レゼロヴィッチ・ヴォール（Osher Leyzerovich Vol）の娘であった。19世紀後半に旧リトアニア公国領内で多発していた反ユダヤ主義ポグロムを避けるため、オルシェ・ヴォールは娘をウィーンに送った。ツェツィーリア自身はロシアの社会主義者とのネットワークを尊重しており、時々社会主義者たちを自宅に招くこともあったようである。社会主義に対するカールの考え方は母親の影響によるところが大きかったようである。

そんなカールの父と母が出会ったのはウィーンであり、そこでカールも生まれた。カールには5人の兄弟、姉妹がいた。多くの学者を輩出している家系であり、甥のジョン・ポランニーにいたってはノーベル化学賞を受賞している。「暗黙知」の概念を生み出したマイケル・ポランニーはカールの弟である。また、兄弟のなかにはホロコーストの犠牲になった者もおり、カールの一番下の妹ジョーフィアは、ドイツ、ミュンヘン近郊のダッハウ強制収容所で命を落としている。

一家は1890年代にウィーンからブダペストに移った。1900年頃までには父ミハーイの事業が立ち行かなくなるが、それまでは裕福であり、兄弟は高い教育を受けることができた。その教育方針は、1890年代に主流であったハンガリーにおけるユダヤ人のマジャール化に適応したものであった。カール

たち兄弟はプロテスタントに改宗し、姓もハンガリー風のポランニーに変えた。学問の部分では、特に語学に力を入れた教育を受けていたようである。兄弟はみな12から13歳の頃まで家庭教師に勉強をみてもらい、その後はエリートを輩出しているリセーやギムナジウムで学んだ。

　カールは1904年、王立ブダペスト大学の法律・政治学部に入学した。同校の教授であったピクレル・ジュラ（Pikler Gyula：1864年生〜1937年没。キリスト教の教義を否定したという嫌疑で告発された）の講義が排斥されそうになると、1908年、学生たちは彼の講義を守るためにガリレイ・サークル（A Galilei Kör）を結成した。そして大学内の学問の自由などを訴え、活動したのである。その初代委員長がカールであった。カールはこのガリレイ・サークルを通じて、ルカーチ・ジェルジュやヤーシ・オスカール、カール・マンハイムなどの著名な人物たちと交流した。この交流が青年期のカールの知的形成に大きな影響を与えたことは言うまでもない。

　学生運動に関わったことでカールは放校処分を受けた。そこでカールは学位取得のため、トランシルヴァニアにあるコロージュヴァール大学に転籍した。そして1909年、コロージュヴァール大学で法学博士号を取得したのだった。カールは1908年から大学を卒業した後も（1914年まで）ガリレイ・サークルの活動に身を投じた。社会民主党とも交流をもち、1914年にはカール自ら急進市民党を結成し、民主化を訴えた。

第一次世界大戦、そして『オーストリア・エコノミスト』誌での活躍

　第一次世界大戦が勃発すると、カールはオーストリア＝ハンガリー二重君主国軍の兵士として従軍した。1915年から1917年に

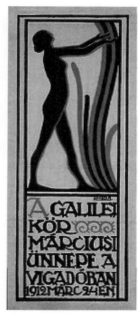

ガリレイサークル

ガリレイサークルの部室は、このデアーク・フェレンツ・テールにあるAnker-palotaにあった

ガリレイサークルの部室があったという場所（筆者撮影）

はロシア方面に送られ、東部戦線で戦った。1917年、カールは負傷して除隊し、ブダペストに戻った。

戦後は社会民主運動に従事し、カーロイ・ミハーイの政権を支持した。1919年、ハンガリー・ソヴィエト共和国が成立すると6月にウィーンに亡命した。戦争で受けた傷が癒えてなかったため、ウィーンでは手術を受け、保養所で静養していた。そこで、共産党活動家のドゥチンスカ・イロナと出会ったのである。1923年、2人は結婚し、一人娘を儲けた。

カールは1924年から1938年の間、『オーストリア・エコノミスト（Der Österreichische Volkswirt）』誌の副編集長となり、ジャーナリストとして活躍した。しかし、1933年、オーストリアの隣国ドイツでアドルフ・ヒトラーが首相の座に就くと、その不穏な空気は一気にオーストリアにも入ってきた。「オーストロファシズム」の気運が高まる中、ユダヤ人であったカールが『オーストリア・エコノミスト』誌で社会主義的立場の編集者として働くことが困難になっていった。そのため、カールは職を探しにイギリスへ渡った。しかしその間の1934年2月、オーストリアで内乱がおき、オーストリアにおける民主勢力が敗北した。そのため、カールはオーストリアに戻ることができなくなり、あらためてイギリスへの亡命を決意するのだった。この時、妻イロナは一人ウィーンに残り、非合法の民主化運動に携わっていた。妻イロナがイギリスに渡るのは2年後の1936年になってからである。カールはイギリスに渡ってからも『オーストリア・エコノミスト』誌が廃刊になる1938年まで海外編集長として世界中の社会・経済を考察し、寄稿し続けた。

『大転換』

イギリスでの活躍

イギリスでは、キリスト教徒による社会主義ネットワークの構築に力を注いだ。また、生活費を稼ぐために、いろいろな街に赴き、公演を行った。そのほかに1937年からはオックスフォード大学、ロンドン大学などで成人育成のための公開講座で社会経済史を担当したりもしている。また、労働者教育に携わったりもした。この頃50歳を過ぎていたカールは、新たにイギリス経済史を学びなおさなければいけなくなったが、そのことがカールの思考を高めたことは、後の大著『大転換』に表れている。労働者教育のための講義の経験は、カールの研究と思考の在り方が社会哲学的なものから社会経済史的なものに転換させたきっかけとなるものであった。カールは「人間の自由の在り方」を社会経済史的文脈の中で考察するように変わっていったのである。

渡米──『大転換』の出版へ

第二次世界大戦中の1940年、カールはロックフェラー財団から奨学金を受け、アメリカに渡った。1940年から1943年にはベニントン大学に滞在し、研究している。そしてその研究成果として戦中に執筆し、1944年にニューヨークで出版された著書『大転換（The Great Transformation）』は経済史、経済人類学の大著として有名である（しかしこの著書が広く古典的名著としての地位を確立するのは、刊行から約半世紀が過ぎた頃であった）。この著書がアメリカの制度主義経済学者モーリス・クラーク（John Maurice Clark：1884年生〜1963年没）の支持を受け、戦後の1947年にはコロンビア大学経済学部の客員教授として招聘された。

しかし、東西冷戦の緊張がはしる中、1922年まで共産党員であった妻イロナはア

メリカへの入国を許されなかった。また、カール自身もアメリカでの定住を許可されることはなかった。そのため、2人はカナダのトロント郊外のピカリングに居を構え、コロンビア大学で講義がある時はカールがピカリングとニューヨークを列車で往復したのだった。コロンビア大学では、1953年まで一般経済史の講義を担当した。

コロンビア大学を退官した後も、フォード財団の助成金を受け、研究を続けた。1957年に癌を患うと、研究の拠点をカナダの自宅に移し、研究活動を続けた。1963年、ハンガリーを訪れハンガリー科学アカデミーで経済社会学の講義をしている。その翌年の1964年4月23日、カールはカナダで息を引き取った。

カールの死後、妻イロナは夫の未完成の草稿を遺稿集として刊行する企画に奔走した。その結果、カールの遺稿集『人間の経済』は1978年に刊行され、イロナはその翌年の1978年4月23日、カナダの自宅で亡くなった。カールとイロナは、現在ブダペストの墓地に眠っている。

科学哲学「暗黙知」概念提唱、実兄カール・ポランニーと疎遠に

マイケル・ポランニー
Michael Polanyi

ハンガリー語
ポラーニ・ミハーイ
Polányi Mihály

- 1891年3月11日　ブダペスト
（Budapest：オーストリア＝ハンガリー二重君主国）生
- ▶ 1920年　ドイツに亡命する
- ▶ 1933年　イギリスに亡命する
- 1976年2月22日　ノーサンプトン
（Northampton：イギリス・ノーサンプトンシャー州）没

1950年代に「暗黙知」の概念を提示したことで有名なマイケル・ポランニーもまたブダペスト出身のユダヤ系ハンガリー人であった。彼は物理学者、そして科学哲学者として主にイギリスで活躍した。ハンガリー語ではポラーニ・ミハーイと表記されるが、本稿では世間一般に通っている名前マイケル・ポランニーと明記する。

本書で扱っているカール・ポランニーは、マイケルの実兄である。そのため、ここでは両親のプロフィール、家族のエピソードは割愛する。兄カール・ポランニーはウィーン生まれであるが、マイケルは1891年にブダペストで生まれた。ポランニー家の5番目の子であった。カールをはじめとする他の5人の兄弟姉妹同様、高い教育を受けたのは間違いない。

マイケルはエリートを養成するための名門中学校、ミンタ・ギムナジウムを卒業後、王立ブダペスト大学の医学部で学んでいる。1912年にドイツのカールスルーエ工科大学（Karlsruher Institut für Technologie：1825年創立のドイツ最古の工業大学）に留学する機会を得た。この時にマイケルの化学への関心は深まったようであった。その後ハンガリーに戻り、1914年に王立ブダペスト大学医学部を卒業している。大学在学中は兄カールが委員長を務めていたガリレイ・サークルの活動にも従事し、社会民主運動にも関わった。カール同様、母親の影響からか社会主義への関心があったようである。1913年、マイケルは再びカールスルーエ工科大学に入ったが、第一次世界大戦が勃発したため学業を一時中断した。

第一次世界大戦では、軍医としてオーストリア＝ハンガリー軍に従軍し、セルビア方面に送られた。1916年、戦地で負傷したため軍を離れ、療養に専念した。この間に博士論文を書き、後にこの論文で王立ブダペスト大学より博士号を授与された。マイケルは「20世紀最高の物理学者」と称されるアルベルト・アインシュタイン（Albert Einstein：1879年生～1955年没。ドイツ生まれの物理学）とも交流があり、彼からも研究を奨励されていたようである。

1918年11月、「アスター革命」によりカー

ロイ・ミハーイ政権が発足すると、マイケルはその保健相秘書となった。しかし、この政権は短命に終わった。1919年3月、共産主義者が頭角を現し、ハンガリー・ソヴィエト共和国が誕生すると、マイケルは再び学問の道に戻ったのであった。しかし、このハンガリー・ソヴィエト共和国もわずか4か月と少ししか続かなかった。ホルティが政権に就き、白色テロが横行するようになると、マイケルはドイツへと亡命した。1920年のことであった。

亡命──ノーベル賞受賞者を育てる

ドイツでは、多くのノーベル賞受賞者を輩出したベルリンのカイザー・ヴィルヘルム学術振興協会の一研究所（パルプ化学研究所）に所属し、仲間とともに研究を重ねた（1920年～1923年）。1923年には同じカイザー・ヴィルヘルム協会の生物化学および電子化学研究所に移った。同年、マイケルはカトリックに改宗し、マグドルナ・エルジェーベト・ケメーニ（Magdolna Erzsébet Kemény）と結婚し、1929年には後にノーベル化学賞を受賞することになる息子ジョン（1929年～：ハンガリー語：ポランニー・ヤーノシュ Polányi János）が誕生する。

ナチスの台頭により、ドイツで研究を続けていくことが難しくなったマイケルは、1933年一家とともにイギリスのマンチェスターに移った。この頃ドイツに滞在していた日本人化学者、堀内寿郎（1901年生～1979年没。日本の理学博士）とも交流があったようである。堀内もマイケルと共にマンチェスターに渡っている。そしてマイケルと堀内は幾つかの研究プロジェクトで一緒に研究することもあったようである。

ポランニーはマンチェスター大学に物理化学の教授として勤務した（第二次世界大戦後の1948年まで）。マイケルの研究分野は幅広く、吸着のポテンシャル説（物体の表面において、濃度が周囲よりも増加する現象のこと。その利用としては、家庭における活性炭による冷蔵庫の脱臭やシリカゲルによる脱湿などがその一例である）からX線解析、結晶構造、化学反応速度論などを網羅していた。1944年にはロイヤル・ソサエティのメンバーに選出された。この頃のマイケルの教え子2人、ユージン・ウィグナーとメルヴィン・カルヴィン（Melvin Calvin：1911年生～1997年没。アメリカ合衆国の化学者。1961年にノーベル化学賞を受賞する）が後にノーベル賞を受賞することになる。

物理学から科学哲学へ──「暗黙知」

マイケルは研究していく中で、学問の中に「暗黙の知」という概念があるということを見出すようになる。そして1948年、突然研究のフィールドを社会科学に転向したのであった。自分の物理化学者としての発見の過程を理論的、哲学的に整理しようと試みたのかもしれない。また、一説によると、マイケル・ポランニーが研究分野を転向した直接のきっかけは、1935年にソ連を訪問した際に行われたソ連共産党幹部ブハーリン（Николай Иванович Бухарин：1888年生～1938年没。ロシアの革命家であり、ソ連の政治家であった。ソ連共産党の理論家）との会見であったという。ブハーリンは、科学に自立性が認められず、科学は社会主義思想に奉仕すべきだと主張した。マイケルはこれに強い衝撃を受け、社会主義へ懐疑の目を向けるようになるのであった。マイケルは科学研究を政治的立場やイデオロギーからいかに解放するかを模索するようになる。自由主義的思想に緩やかに傾向していったマイケルは、兄カール・ポランニーの社会主義に対す

165

る考え方とは相いれなくなり、兄カールとは徐々に疎遠となっていったと言われている。

研究フィールドを転向したマイケルであったが、マンチェスター大学は彼に社会科学教授のポストを与えた（1948年〜1958年）。そしてマイケルは新たなフィールドで哲学を構築していったのだった。その後、オックスフォード大学の主任研究員としてのポストを得て、1959年から1961年で定年で退官するまでは、オックスフォード大学に勤務した。

1962年、マイケルはアメリカ芸術科学アカデミーの外国人名誉会員に選出され、同年アメリカに渡った。1962年から1963年の間はカリフォルニア州・パロアルトの研究所に勤め、1964年にはデューク大学（ノースカロライナ州・ダーラムに本部を置く私立大学）で教鞭を執った。また、1965年から1966年までは、ウェズリアン大学（コネチカット州・ミドルタウンに本部を置く大学。1831年創立）で教えた。

マイケルはこのほかに、プリンストン大学やケンブリッジ大学をはじめとする数々の名門大学から名誉学位を授与されている。マイケルはその生涯において、多岐にわたる分野（医学、生理学、物理学、化学から哲学、社会学に至るまで）でノーベル賞級の研究成果を残していると言われている。マイケルの息子、ジョン・ポランニーが1986年に受賞したノーベル化学賞も、マイケルとの共同研究の結果であり、事実上ポランニー親子に授与されたものであるという意見もあるくらいである。また、マイケルの人柄であるが、おおらかであり、とても優しい人であったと言われている。

1975年、マイケル・ポランニーはイギリス・ノーサンプトンの病院で息を引き取った。84歳であった。

＊暗黙知とは：

ポランニーは「我々は語ることができるより多くのことを知ることができる」と言ったが、彼のいう「暗黙知」とは、（自分の体を使って）経験した知識（言語化し語ることのできる知識）の中に存在する「語られざる部分に関する知識」のことである。そしてそれは言語で説明したとしても不充分であり、不正確である知識である。

3つ例を挙げたいと思う。

1）人はたくさんの顔の中から一人の人を見分けることができる。しかし、なぜその人を見分けたかは、個人の経験に基づく為上手く説明ができない。

2）剣道の試合で上手くタイミングをつかむことができ、面が決まる。しかし、なぜその時そのタイミングをつかむことができたかというのは、その個人の稽古量やセンス、つまり経験に由来し、上手く言葉で説明することができない。

3）化学の実験をしていて、ある時突然発見に至る。でもなぜ自分がその発見に至った方法を思い付いたかというのは、様々な経験や個人的な直感などに由来し、やはりこれも最後まで説明することが不可能である。

科学においては、主観性を廃した客観的な知識の確立が求められると思われがちであるが、「完全に客観的な知識など存在しえない」という文脈でこの「暗黙知」の考え方が重要になってくるのである。

ポランニーは著書『暗黙知の次元』の中で、「科学上の発見のに関わる知」というものを近代学問の中に見出し、それを「暗黙知（tacit knowing）」と呼んだのである。

大衆社会論に影響を与えた『イデオロギーとユートピア』が知識社会学の基盤に

カール・マンハイム
Karl Mannheim

ハンガリー語
Mannheim Károly
マンハイム・カーロイ

- 1893年3月27日　ブダペスト（Budapest：オーストリア＝ハンガリー二重君主国）生
- ▶ 1919年　ドイツへ逃れる
- ▶ 1933年　イギリスへ亡命
- 1947年1月9日　　ロンドン（London：イギリス）没

カール・マンハイムは1893年3月27日、オーストリア＝ハンガリー二重君主国のブダペストに生まれた。父はユダヤ系ハンガリー人で織布工、母はドイツ人であった。ハンガリー人の氏名の表記は姓・名の順であるが、本書では広く知られている名、カール・マンハイムと表記する。

1911年より王立ブダペスト大学でドイツ語、フランス語、文学、そして哲学を学んだ（1916年に修了）。在学中、ドイツのフライブルク、ベルリンなどにも留学した。また、1915年からはルカーチ・ジェルジュらと共にディスカッションサークル、「日曜サークル」を主宰し、積極的に活動した。

カールは大学卒業後も学問の世界に身を置くことを決意する。1917年よりハンガリー哲学学会のメンバーとなり、積極的に活動した。そして1918年にブダペスト大学で哲学博士号の学位を取得した。カール・マンハイムの哲学的視点は、ハインリヒ・リッケルト（Heinrich John Rickert：1863年生〜1936年没。ドイツの哲学者。新カント派）、エトムント・フッサール（Edmund Gustav Albrecht Husserl：1859年生〜1938年没。オーストリアの哲学者）、アルフレート・ヴェーバー（Alfred Weber：1868年生〜1958年没。ドイツの社会学者。マックス・ヴェーバーの弟）、マックス・ヴェーバー（Max Weber：1864年生〜1920年没。ドイツの政治・社会・経済学者）、ルカーチ・ジェルジュ、ゲオルグ・ジンメル（Georg Simmel：1858年生〜1918年没。ドイツ出身の哲学者、社会学者である）、マックス・シェーラー（Max Scheler：1874年生〜1928年没。ドイツの哲学者。ユダヤ系）などのドイツ語圏哲学者の多大な影響を受けている。

ドイツへ─論文「イデオロギーとユートピア」

ハンガリー・ソヴィエト共和国時代、カールはブダペスト大学人文学部の教授になるが、ソヴィエト共和国が倒れると、1919年秋にドイツに逃れた。カールは初めウィーンに逃れ、その後ドイツのフライブルク・イム・ブライスガウ、ハイデルベルクへ渡った。1920年代にはドイツの哲学や認識論の学術雑誌にその名が連ねられるようになっていった。1921年、ブダペスト大学で知り合った

精神分析学者、ラーング・ユーリアとハイデルベルクで結婚した。彼らは同級生で、2人とも「日曜サークル」でも活発に活動した仲間であった。

カール・マンハイムは、ハイデルベルクでは初めアルフレート・ヴェーバー（Alfred Weber：1868年生～1958年没）のもとで働き始めた。その後1926年、ハイデルベルク大学で私講師となる。そして「イデオロギー」「ユートピア思想批判」などをテーマに社会学に取り組んでいった。1929年、フランクフルト大学（Johann Wolfgang Goethe-Universität Frankfurt am Main）のフランツ・オッペンハイマー（Franz Oppenheimer：1864年生～1943年没。ユダヤ系。ドイツの社会学者、政治経済学者）が学科長を担当していた社会学科の教授に就任し、社会学と政治経済学を教えた。カールは1929年に発表した「イデオロギーとユートピア」と題された論文により一躍脚光を浴びた。彼のイデオロギー批判のための方法論は多方面に多くの影響を与え、知識社会学の基盤となったのである。

ロンドン・スクール・オブ・エコノミクスで教鞭を執る

1933年、ドイツではヒトラーが政権をとり、ナチスが少しずつ台頭してきた。同年に制定された職業官吏再建法により、ユダヤ人が一斉に公職から排除されたが、カールも例外ではなく、教授職を追われた。そしてイギリスに亡命することを決意したのである。

イギリスではロンドン・スクール・オブ・エコノミクスで社会学の講師となった。当時、学術関係の亡命者たちを支援するプログラムがあり、カール・マンハイムにはそれが適用された。1941年、ロンドン・スクール・オブ・エデュケーションの所長フレッド・クラーク（Sir Frederick Clarke：1880年生～1952年没）がカール・マンハイムを召喚し、非常勤で社会学を教えた。

戦後の1946年、カールは同校で社会学の教授に選ばれ、53歳で亡くなるまでその職を全うした。イギリスでは民主主義と大衆社会の現状を踏まえ、各種の著作に携わった。またその他にもルートレッジ社の編集顧問やユネスコのヨーロッパ部門でも活躍した。イギリス亡命時代を通じて、カールは現代社会の構造を、民主的社会計画や教育的方法論によって総合分析することを試みていた。また、このハンガリー人亡命者はその亡命中であってもハンガリーの自由主義、リベラル思想と関係を断つことはなかったということである。

マンハイムが学んだブダペスト大学人文学科校舎（筆者撮影）

20世紀初頭のウーイヴィデーク

■コラム　トリアノン条約とハンガリー系少数民族たち

　ブダペストの目抜き通りバーツィー通りを歩くと、大ハンガリーの地図が描かれたTシャツを目にするだろう。そこから一本横の道に入れば、現在でもトリアノン前の大ハンガリーの地図がかけられているバーを見つけることができる。テレビで放映される天気予報は、スロヴァキア、トランシルヴァニア、ヴォイヴォディナの天気も伝えている。そこには実際にこの天気予報を待っている人々がいるのだ。大ハンガリー、つまり聖イシュトヴァーンのハンガリーに何らかの意味を見出し、そこにハンガリーの文化圏を描き出そうとする人が一定数いるという事実もあるのである。

　20世紀のハンガリーにおける偉大な政治学者、ビボー・イシュトヴァーンはその著書の中で、20世紀の中・東欧地域の国際問題は、国家の国境・民族の国境・歴史的国境の不一致によって生み出されたとしている。第一次大戦後に戦勝国列強（イギリス・フランス・イタリア・アメリカ）の政治的思惑によって確定された中・東欧各国の国境は、敗戦国に住んでいた各民族を分断した。その結果、数百万人が祖国の土地から切り離され、その住んでいた土地が併合された国の領土に編入された。編入された国家において多数を占める民族とは異なる伝統・文化・宗教をもち、多数を占める民族の支配する国家により「抑

169

圧」されている人々を少数民族という。この
コラムでは、第一次世界大戦の結果が生ん
だ、マジャール系少数民族についてみていく。
　講和条約を起草する際、列強諸国は戦争を
遂行する上での大義名分に掲げていた民族自
決の原則と東欧諸国・新生国家の領土的要求
を満たすことのはざまで板ばさみになってい
た。その問題を解決するため、列強諸国はこ
の戦争の講和条約において新しく領土を獲得
する国家に少数民族の権利を保障する条約に
調印することを求めた。そして、そのことを
各国の憲法に明記することを求めたのであ
る。列強諸国は、この策により程度少数民族
問題が解決するだろうと踏んでいた。
　第一次大戦後、ルーマニアに割譲されたト
ランシルヴァニアの地には、多くのマジャー
ル系民族が居住していた。ルーマニア政府
は、「オーストリア国籍もしくはハンガリー
国籍以外の国籍を有する者をのぞき、ルーマ
ニアに割譲された領土、もしくは今後ルーマ
ニアの割譲されうる領土をふくむすべての
ルーマニア領に居住する者を、すべての市民
的権利を有するルーマニア国民と認める」こ
とと「ルーマニア領に居住していない者で
あっても、かつてルーマニア領に居住してい
た両親を持ち、現在、オーストリア国籍もし
くはハンガリー国籍を有する者にもルーマニ
ア国籍を認める」ことを承認した。つまり、
少数民族の国籍選択の自由を保障したことに
なる。さらに、ルーマニア国籍以外の国籍を
選択する者には選択した国籍の当事国に住む
ことを求め、移住の際は、ルーマニア領内で
所有する不動産の所有権の保持と個人財産を
持ち出す権利が保障されていた。また、ルー
マニア政府はルーマニア語を公用語として制
定はするが、日常語、商用語として特定の言
語の使用を強制されることはなく、少数民族
の子弟の教育については、宗教団体、社会団

体、学校およびその他の教育機関の設立が許
されており、そこでの民族固有言語で活動す
る権利が認められていた。そして、ルーマニ
ア語以外の言語使用者が多い地域の小学校で
は、その言語による教育がなされるという便
宜を図ること、そしてルーマニア語を必修科
目とすることが求められていた。このような
内容の条約は、ポーランド、チェコスロヴァ
キア、セルビア人・クロアチア人・スロヴェ
ニア人王国（後のユーゴスラヴィア王国。
1929年に改名される。本文では以下、ユー
ゴスラヴィアと記す）もそれぞれ調印してい
る。しかしこの条約は東欧諸国・新生国家に
よって遵守されることはなかったのである。
　講和条約によって新たに誕生した国、チェ
コスロヴァキア、そして、新たに領土を広げ
たルーマニア、ユーゴスラヴィアには多くの
マジャール人が居住していた。彼らは祖国ハ
ンガリーに対する忠誠心が強く、それぞれの
国の指導者たちはマジャール人を自国の多数
民族たちに同化させることを目指した。その
ため、新たに併合された地域には長期に渡っ
て戒厳令が布かれたり、少数民族となった住
民の追放なども行われたりした。また、少数
民族の指導者になりうるエリートたちを追放
する策が採られた地域もあった。このような
政策はマジャール系少数民族だけに講じられ
たわけではなく、ほかの少数民族たちも同様
の境遇に陥っていたのである。

ルーマニア政府の対応──ルーマニア化政策

　ルーマニア政府は、トランシルヴァニアを
自国の領土に組み込んだ後、この地域でルー
マニア化政策を推し進めていった。ルーマニ
ア政府はハンガリー政権下で官吏職にあった
者たち、または社会の重要な地位にあるマ
ジャール人たちを追放した。また、世帯単位
での街からの追放が頻繁に行われ、例えば、

1920年8月末から9月にかけて、クルージュ・ナポカから約180世帯が追放され、ハンガリー領へ向かったという記録も残されている。追放の際には（また、追放されずとも）財産が没収されることもあり、これは少数民族保護条約に違反していた。

また、公の場ではルーマニア語の使用が義務付けられ、民族固有言語の使用を少数民族が人口の多数を占める地域で認めたのは1938年のことであった。例えば、郵政省では、ルーマニア語以外の言語による宛名の記入を禁止したり、ハンガリー語による電報には法外な割増料金が課せられたりもしていた。また、少数民族保護条約では少数民族固有の言語による教育が保障されていたが、ルーマニア政府からの圧力により、それらの学校は廃止された。

また、ルーマニアでは少数民族の政治的権利は全くと言っていいほど無視されていた。ルーマニア政府は、国内の少数民族に対し、1926年まで選挙権を与えなかった。また、トランシルヴァニアのマジャール人は1921年の農地改革により大打撃を受けた。トランシルヴァニアのルーマニア人地主は農地改革後も1家族あたり500ヘクタールの土地を確保できたのに対し、マジャール人地主は260ヘクタールしか所有することができなくなった。260ヘクタールを超える土地を持っていた地主は、超えた分を国家に接収され、それに対して支払われた補償金は、地価の半分にも満たなかった。この件に関しては、国際連盟の少数民族委員会にトランシルヴァニアのマジャール人地主から提訴されたが、十分な措置が取られたとは言えなかった。

ユーゴスラヴィア政府とチェコスロヴァキア政府の対応

ユーゴスラヴィアのマジャール人たちも同様の状況下に置かれた。彼らの政治的権利は全くと言っていいほど疎かにされ、国政の場には3名の議員しか送ることを許されなかった。また、農民の状況も厳しかった。ユーゴスラヴィア政府は、少数民族の地主たちから土地を取り上げるために彼らに不利な土地税制が適応し、政府は取り上げた土地をセルビア人入植者たちに与えた。

チェコスロヴァキアのマジャール人たちも同様であった。特に1925年から1938年にかけてチェコスロヴァキアにおいて少数民族に対する政策が実行されていくと、少数民族の文化や言語に対する締め付けがきつくなった。例えば、1920年に成立した法律により、少数民族の人口が20％を占める地域では少数民族固有の言語を使用することが認められていたが、1926年には行政当局が公共の利益のために公用語の使用を命じることができるように改正された。それにより、チェコスロヴァキア国内の行政機関、裁判所でのチェコ語の使用が義務付けられたのであった。チェコにはマジャール系少数民族のほかにドイツ系少数民族、ポーランド系少数民族が居住していたが、彼らも同様な状況下に置かれていた。

中東欧における民族自決という問題につけこみ、ドイツ人少数民族の地位を擁護するために勢力を拡大させていったのがナチス・ドイツであった。ヒトラー政権は中・東欧諸国におけるドイツ系少数民族をバックアップし、各国政府に抑圧政策緩和を求めた。これに応じ、中・東欧各国における少数民族たちと、彼らの祖国である国の政府は、少数民族抑圧政策緩和、ひいては、講和条約自体の全面的見直しをも要求し始めた。このことからハンガリーやルーマニアは枢軸国側と近づくことになっていったのである。ハンガリーではこの戦間期において、縮小された国土と、

18世紀のポジョニ

ヴォイヴォディナのハンガリー人たち

国境外に残されたマジャール人たちの回復を目指す「修正主義」的なナショナリズムが内政、外政の基調となり、さらにはナチス・ドイツと繋がることとなる。

第四章

二節

芸術家

コダーイと共に『ハンガリー民謡集』出版、「音楽人民委員」でもあった民族音楽学の祖

バルトーク・ベーラ
Bartók Béla Viktor János

- 👤 1881年3月25日　ナジセントミクロ―シュ（Nagyszentmiklós：オーストリア＝ハンガリー二重君主国）生
- ▶ 1940年　アメリカに亡命
- ⚰ 1945年9月26日　ニューヨーク（New York：アメリカ合衆国）没

バルトーク・ベーラはハンガリーの作曲家・ピアニスト・民族音楽研究家である。ハンガリー王立音楽院で学び、中・東欧の民族音楽を収集、分析した。ハンガリーだけではなく、ヨーロッパでも19世紀を代表する作曲家・音楽研究家として位置付けられている。

1881年、まだ四旬節も明けない3月25日（1881年のイースターは4月17日）にバルトーク・ベーラは生まれた。父の名は息子と同じ、ベーラ。父は地元の農学校校長をする傍ら、趣味でピアノとチェロを弾いた。母ヴォイト・パウラは教師であり、優れたピアニストであった。バルトークの音楽の才能は小さい頃から現われていたようであり、母はバルトークが5歳の時に正式な音楽教育を与えることにした。そして1か月後には母と連弾をするほどに上達したという。またバルトークは病気がちな子供であったという。

しかしそんな生活も長くは続かなかった。バルトークが7歳の頃（1888年）父が急死する。母はその後、ナジスゥールーシュ（Nagyszőlős：現ウクライナ領ヴィノフラーディフ）に教師の職を見つけ、子供たちと共に移り住む。その後、ナジヴァーラド（Nagyvárad：現ルーマニア領オラデア）、ポジョニ（Pozsony：現・ブラチスラヴァ）、など、各地を転々とすることになる。

1892年3月1日、バルトークは10歳でピアニストとしての初舞台を踏む。その日のコンサートは反響を呼び、その結果、著名な作曲家であるエルケル・ラースロー（Erkel László：1845年生～1896年没）の指導を受けられることとなった。そして翌年、母と共にポジョニへ赴いた。

1899年、バルトークはリストの弟子であるトマーン・イシュトヴァーンの推薦でブダペストの王立音楽アカデミーに入学する。そこでは作曲とピアノを学んだ。バルトークはピアニストとして腕を磨く一方、ワーグナー、リヒャルト・シュトラウスの音楽を研究した。1902年、リヒャルト・シュトラウスの楽曲に影響を受け、交響曲「コッシュート」を作曲する。1848年の独立戦争の指導者、コッシュート・ラヨシュを主題にした楽曲であったため、ハプスブルク帝国の支配下にあったハンガリーではセンセーションを巻き起こした。

1905年、バルトークはパリのルビンシュテイン音楽コンクールに参加する。作曲部門では落選するが、ピアノ部門ではヴィルヘルム・バックハウスに続く2位であった。バルトークにとってコンクールの結果は不本意であったが、この時のパリでの体験は重要で

あり、特に、クロード・ドビュッシーの印象主義的音楽との出会いは、その後の作曲に大きな影響を与えたといわれている。

民謡蒐集開始

バルトークの民族的自覚はこの頃すでに覚醒しており、それは彼を農民に伝わるハンガリー民謡の研究へと向かわせた。コダーイ・ゾルタンと共にハンガリー各地、近隣諸国へ赴き、農民音楽の収集していった。これらの音楽は、バルトークの創作の基盤となっている。さらに、バルトークはその後アルジェリアやトルコにも赴いて、アラビア民謡、トルコ民謡も蒐集している。また、中央アジア、コーカサス地方でも調査している。

1907年1月、バルトークは26歳の若さでブダペスト王立音楽アカデミーのピアノ科の教授となる（コダーイも9月に作曲科の教授となっている）。この頃以降のバルトークの基本的な作風としては、ハンガリーの民族音楽とヨーロッパの芸術音楽との融合を目指したものであった。

バルトークは28歳の時に12歳年下のツィーグレル・マールタ（Ziegler Márta）と結婚する。バルトークのピアノの弟子であった。二人の間には息子ベーラが生まれた。一家はブダペストから離れた郊外の街に住んでいた。

「音楽人民委員会」

第一次世界大戦後の1919年3月ハンガリー・ソヴィエト共和国が成立すると、クン・ベーラは音楽面でも「音楽人民委員会」を作って音楽界の改革を図った。この委員会の代表に、バルトークを絶賛した批評家であったライニッツ・ベーラが任命された。そして彼は委員会のメンバーに、同じ音楽院からドボナーニ、コダーイ、バルトークの三人を選

んだのである。この頃、郊外に住み、作曲、研究に没頭していたバルトークには寝耳に水であったが、この職はバルトークには魅力的であった。バルトークには「愛国的な研究」の継続と、新たに設立される予定の音楽博物館の館長及びその中の民族音楽部門の部長職が打診されたのである。

しかし、この政府は同年8月には崩壊した。その次に政権に就いたホルティはハンガリー・ソヴィエト政権に関わった人々を処刑および投獄した。この「音楽人民委員会」に関わった人々も処分された。ドボナーニは休職処分を受け、コダーイは停職となった。しかしこの時、バルトークは何の処分も受けなかったのである。バルトークはこの時、自分だけ何の処分も受けなかったのは不公平であるとして抗議文を送るが、これは黙殺された。

トリアノン以降──「非国民」であると罵倒されたバルトーク

1920年トリアノン条約により、バルトークが幼少期を過ごした地はスロヴァキア、ルーマニア領になってしまった。これと時期を同じくしてバルトークはハンガリーとルーマニア民謡の密接な関係を証明した。そしてバルトークはハンガリー民謡の特性を東にあるとしたのである。ハンガリー国民はこの時バルトークを「非国民」と罵倒したという。このことは、ハンガリー人がオーストリア＝ハンガリー二重君主国時代から周辺民族を圧迫し続け、他の民族たちに対しある種の差別意識をもって接していたことを証明している。

バルトークは40歳の頃12年間連れ添った妻マルタと離婚した。そしてその2年後、26歳年下のディッタ（Pásztory Ditta）と結婚している。二人の間には息子のペーテルが誕生した。

バルトークはこの頃、民族音楽の精神を融

合させた作品を多く誕生させた。

　コダーイとバルトークはハンガリー科学ア
カデミーの委託を受け、『ハンガリー民謡集』
の出版に取り掛かった。この仕事に専念する
ために、ブダペスト音楽院のピアノ科の教授
職を離れた。

　バルトークはブダペスト王立音楽アカデ
ミーを辞めた 1934 年頃から、ハンガリー国
内の政治的状況に危機感を感じ、故国を去る
状況も考えていたようである。バルトークは
ナチスに傾倒していく祖国を憂いていたが、
1939 年に入るとそれは決定的となった。ハ
ンガリーは日独伊防共協定に正式加入し、
ファシスト国家の仲間入りを果たしたのであ
る。そして 9 月、第二次世界大戦が勃発した
のである。同年の最愛の母の死も相まって、
民族音楽研究に打ち込める環境を求め、バル
トークはアメリカへの亡命を決意した。

アメリカへの亡命──「苦しみを選ぶことで抵抗を貫きたい」

　コダーイはこの亡命には反対であったよう
で、バルトークをハンガリーに留まるよう説
き伏せた。連日連夜二人は亡命について論争
を交わしていたようである。コダーイは近い
将来政権が代わった時、国を立て直すために
働けるよう、バルトークに国に残ることを説
いた。それに対しバルトークは、「愛してやま
ない祖国だからこそ、自分にとっても国を捨
て亡命することは大変な苦痛である。57 歳で
新しい地で生活を立てるのも精神的、肉体的
に苦痛である。しかし自分はナチス化された
祖国に留まりたくはない。苦しみを選ぶこと
で抵抗を貫きたい」と答えたと言われている。

　1940 年 4 月、アメリカで演奏旅行を行っ
た。バルトークが亡命を希望していることは
関係者たちには知られており、そのためこの
旅の間に二つの仕事の打診があった。一つ目

はフィラデルフィアのカーティス音楽院の作
曲家教授職、もう一つは、コロンビア大学の
客員助手の職であった。カーティス音楽院の
方が条件も良く、高い給料が提示されたが、
バルトークはコロンビア大学の方を選んだ。
コロンビア大学にはバルカン半島の民謡を収
集したコレクションがあったからだと言われ
ている。バルトークは妻と共にアメリカに
渡った。

亡命先での生活

　バルトークは移住先のアメリカで、コロン
ビア大学の客員助手として民族音楽研究に打
ち込んだ。半年の期限付きの職の中で、彼は
できるだけバルカン半島の民謡研究に力を注
いだのだった（その後、コロンビア大学は彼
の任期を 4 回半年間ずつ延長した）。この研
究の成果はバルカン半島民謡に関する論文と
ルーマニア民謡の集大成として発表された。
その後 1943 年にコロンビア大学を解雇さ
れ、この民謡研究は終わりを告げた。実際、
研究の半分も完成していなかった状態であ
り、後ろ髪をひかれる思いであったという。

　その後、ニューヨーク・フィルハーモニー
がバルトークの「二台のピアノとオーケスト
ラのための協奏曲」を初演した。そしてその
ピアノ演奏がバルトークと妻に依頼されたの
だった。コンサートは 1943 年 1 月 21 日カー
ネギーホールで開催された。

　1940 年ころから元々の持病であった膠原
病が発症し、バルトークは健康的にも苦しい
状況にあった。コロンビア大学の仕事だけで
は生活が苦しかったが、彼はお金で自分の音
楽を売ることをよしとしなかったようであ
る。また、友人たちも援助を申し出るが、バ
ルトークはそれを全て断った。金銭面でとて
も潔癖な性格であったようである。

　バルトークの友人たちは日に日に目に見え

176　　　第四章　ハンガリー王国時代　1920 年〜1946 年　芸術家

るように体調が悪くなっていくバルトークを
心配し、薬をもすがる思いでアメリカ作曲家
出版者協会という団体に援助を求めた。協会
は最高の医療と病院の提供と生活の上での
便宜をはかることを約束してくれた。バル
トークはマウントサイナイ病院（Mt. Sinai
Hospital：ニューヨークのマンハッタンにあ
る病院。他の資料によると、この時バルトー
クは同じくマンハッタンにあるドクターズ病
院で検査を受けたという記録もあるが、ハー
バード大学に残っているバルトークに関する
書簡にマウントサイナイ病院で検査を受ける
という記述があるため、本書ではそちらを採
用する）で検査を受けた。この頃、ハーバー
ド大学での週1回半年間の連続講義が決まっ
ていたが、それを続けるのが難しいくらいに
体力が落ちていたため、結局この講義は3回
しかできなかった。家族や本人には病名が伏
せられていたが、バルトークは白血病であっ
たのである。その後、療養生活に入った。

アメリカ生活での光

　1943年5月、ボストン交響楽団の指揮
者セルゲイ・クーセヴィツキー（Сергей
Александрович Кусевицкий：1874年生〜
1951年没。ユダヤ系ロシア人。ボストン交
響楽団の指揮者を務めた）からオーケストラ
のための作品の作曲を依頼された。その後バ
ルトークを訪ねたクーセヴィツキーは、「体
力に自信がなく、作曲も難しい」と断るバル
トークに対し、半ば強引に契約金を渡し帰っ
ていったという。これは実はクーセヴィツ
キーの好意で、「仕事」と称した援助であっ
たのだが、バルトークに生きる希望を与える
ことになったようである。
　この後、カナダとの国境近くにある療養所
で静養し、バルトークは驚異の回復を遂げ
た。そして1943年10月、「オーケストラの

ための協奏曲」を書き上げ、発表した。バル
トークが医師団の反対を押し切って出席した
ボストン交響楽団での初演はまれにみる大成
功であり、依頼した指揮者クーセヴィツキー
から「過去五十年来の最高傑作」と評された。
　バルトークの友人たちは、大学などの研究
機関と連絡を取り、バルトークのために募っ
た募金を給与として渡すという条件のもと仕
事を与えてくれないかと頼んだ。そして、2
つの大学がそれに同意したのである。また、
この頃、バルトークの作品も頻繁に演奏され
るようになった。自発的に作曲依頼が来るよ
うになるのもこの頃である。バルトークの音
楽がアメリカで理解され始めた頃であった。
　健康状態の悪化と小康状態が繰り返される
なか、バルトークは数曲の作品を残してい
る。1945年9月26日、バルトークはニュー
ヨークの病院で息を引き取った。64歳であっ
た。
　死の5日前まで妻のために書いていた「ピ
アノ協奏曲第三番」は最後の数小節が未完の
まま、そしてヴィオラ演奏者プリムローズ
（William Primrose：1904年生〜1982年
没。スコットランドのヴィオラ演奏者）か
ら依頼されていた「ヴィオラ協奏曲」が草
稿のまま残され、それらは後にバルトーク
の教え子であるシェルイ・ティボル（Serly
Tibor：1901年生〜1978年没。ブダペスト
音楽院でバルトークとコダーイに作曲を学ん
だ）によって完成された。
　バルトークの死はニューヨーク・タイムズ
で報じられた。彼の遺体はニューヨーク州
ハーリデイルにあるフェルンクリーフ墓地に
埋葬されたが、1988年にハンガリーに移送
され、国葬された。現在、彼の墓はブダペス
トのファルカシュレート墓地にある。

戦時下英 BBC からプロパガンダ放送、1956 革命後、英再亡命し「亡命作家同盟」主宰

イグノトゥス・パール
Ignotus Pál

出生時
Veigelsberg Pál
ヴェイゲルスベルク・パール

- 👤 1901 年 7 月 1 日　ブダペスト（Budapest：オーストリア＝ハンガリー二重君主国）生
- ▶ 1938 年　イギリスへ亡命
- ▷ 1949 年　ブダペストへ戻る
- ▶ 1956 年　ウィーンへ逃げ、その後イギリスへ亡命
- ⚰ 1978 年 4 月 1 日　　ロンドン（London：イギリス）没

1901 年 7 月 1 日、イグノトゥス・パールはオーストリア＝ハンガリー二重君主国のブダペストに生まれた。父は、雑誌『西方（Nyugat）』創設者の一人であったイグノトゥス・フゴー（Ignotus Hugó）、母はシュテインベルゲル・ヤンカ（Steinberger Janka）であった。1908 年に父は苗字をイグノトゥス＝ヴェイゲルスベルグ（Ignotus-Veigelsberg）に変えた。

1919 年、パール青年が 18 歳の時ハンガリー・ソヴィエト共和国が成立する。パールはハンガリー共産主義者青年連盟（Kommunista Ifjúmunkások Magyarországi Szövetsége）に積極的に参加した。そこでは、学生部の管理や政治的な役割を担っていた。パールは 1919 年 8 月 23 日にプロテスタントのカルヴァン派に改宗した。

1920 年より、ブルジョワ自由主義のタブロイド紙『エシュティ・クリール（Esti Kurir：日本語にすると「夕方の宅配便」みたいになるだろうか。1923 年から 1941 年まで発行されていた）』の記者としてその名を知られるようになる。パールはそのほかにも『西方（Nyugat）』や『ペン（Toll）』などの当時社会に影響力のあった文芸雑誌にも寄稿していた。

パールは 1936 年、雑誌『美しい言葉（Szép Szó）』の創刊に携わった。

1930 年代半ばになると、ハンガリーで反ユダヤ主義を謳うナチス的な運動が表れてきた。パールはその影響を受け、イギリスに亡命することを決意した。1938 年、パールはハンガリーを去り、イギリスへと向かった。

亡命——イギリスへ

第二次世界大戦中から戦後すぐにかけて、パールは BBC のリスナー・リサーチ部門で働いた。翻訳の仕事や BBC のハンガリーニュース部門でも働き、戦争末期にはハンガリーへの放送を担当する部門で働いた。彼の戦時中の主な仕事は、プロパガンダだった。また、カーロイがつくったハンガリー亡命者の政治的活動グループに参加し、当時のハンガリー反政府派のために積極的に活動した。

戦後はハンガリー社会民主党の新聞の編

集に携わった。社会民主党の口利きにより1945年10月パールはロンドンにあるハンガリー大使館の広報務官（press attaché）として働き始めた。しかし、1949年6月16日、「業務報告」の名目でパールに帰還命令が出たのだった。それを受けてパールはブダペストへ戻った。

ブダペストへの帰還

　1949年の夏はハンガリー外相ライクがスパイの疑いで緊急逮捕されるなど、ハンガリー社会はとても騒がしい時期であった。この時期にイギリス大使館で働いていたパールに帰還命令がでたということは、それなりの意味があることであろうと推測されたが、それは邪推には終わらなかった。1949年9月、パールはスパイ容疑で逮捕され、裁判にかけられた。そして15年の禁固刑に処せられたのだった。

　1953年3月のスターリンの死後、ソ連の東欧諸国に対する政治外交路線は変わっていった。新しくソ連指導者の座に就いたフルシチョフは、ユーゴスラヴィアとの関係回復に乗り出した。そして、東欧諸国にもそれを強いたのだった。ハンガリーの指導者ラーコシも、ソ連に従わざるを得ない状況にあったのだが、国をそれまで強硬的に支配してきた（政敵とみなした者たちをでっち上げの罪状で逮捕、粛清した）手前、態度を変えることができないという二つの状況の間で板挟みとなっていた。ソ連の要求をやんわりかわしていたラーコシも、1956年に入るとそうもできない状況になってきていたのだった。1956年には政治犯罪者としてレッテルを貼られていた人々の多くが名誉回復を果たし、刑務所に入れられていた人たちも釈放された。イグノトゥス・パールもそのうちの一人であった。

　その後イグノトゥスはハンガリー科学アカデミー文学研究所で学問に従事した。1956年9月から作家同盟の総会の幹部となる。1956年の「革命」の際には、作家仲間たちとともに自由を求めて立ち上がった。しかし、1956年「革命」が失敗に終わると、再び祖国を離れ、亡命することを決意する。1956年12月、ウィーンに逃れ、その後イギリスのロンドンに亡命した。

再びイギリスへ

　イグノトゥス・パールはロンドンでは本や雑誌論文の執筆をした。亡命先ではハンガリー亡命作家同盟を主宰し、そこで、1956年「革命」で逮捕された作家仲間や亡命作家仲間を支援するための活動を行った。1962年に『文学新聞（Irodalmi Újság）』の編集部がロンドンからパリへ移されるまで、同紙に携わった。ちなみに、この『文学新聞』は、1956年までブダペストで発行されていた週刊新聞であったが、多くの作家たちが1956年「革命」後に亡命したため、1957年の3月からは外国で発行された。1957年5月から1961年まではロンドンで、1962年から1989年まではパリで発行された。多くの著名なハンガリー人亡命者たちが編集にたずわっている。イグノトゥス・パールは、76歳でその生涯を閉じるまで、ハンガリーには帰らず、ロンドンで過ごした。

陶器製造でドイツ・ソ連・アメリカで活躍
したポランニー兄弟の姪

エヴァ・ザイゼル
Eva Striker-Zeisel

- 1906 年 11 月 13 日　ブダペスト
  （Budapest：オーストリア＝ハンガリー
  二重君主国）生
- ▶ 1928 年　ドイツへ向かう
- ▶ 1932 年　ソ連へ向かう
- ▶ 1937 年　ソ連からウィーンへ追放される
- ▶ 1937 年　アメリカ合衆国に亡命する。
- 2011 年 12 月 30 日　ニューヨーク（New York：アメリカ合衆国）没

ロシアのサンクト・ペテルブルグにある皇帝磁器工場（Императорский фарфоровый завод）。女帝エリザヴェータの命で1744年に工場が創られ、それ以降、世界各地の有名な工房から技術者が招かれ、女帝エカテリーナの時代に最盛期を迎えた、伝統的な工場である。そこのティーセットのなかにひときわ美しい曲線を描く「Талисман（Talisman）」と名付けられたシリーズがある。このシリーズをデザインしたのは、ブダペスト生まれでドイツやソ連、ニューヨークで活躍したユダヤ人陶芸家、エヴァ・ザイゼルである。ハンガリー人の氏名の表記は姓・名の順であるが、本書では広く知られている名、エヴァ・ザイゼルと表記する。

エヴァ・ザイゼルは 1906 年 11 月 13 日、ブダペストに生まれた。父、アレクサンドル・シュトリカー（Alexander Striker）は織物工場の経営者、母、ラウラ・ポランニー＝シュトリカー（Laura Polányi-Striker：この綴りでハンガリー語読みでは「ポラーニ」となるが、弟達カール、マイケルの姓は通常「ポランニー」と表記することから、それに合わせ「ポランニー」と表記する）は、当時では前衛的であった幼稚園の経営をしていた。母ラウラは高名な学者一家の出であり、経済人類学者であったカール・ポランニーと哲学者であったマイケル・ポランニーの姉にあたる人物である。また、ラウラは王立ブダペスト大学で女性で初めて博士号を取得した人物であった。アレクサンドルとラウラは 1904 年にウィーンで結婚し、その後ブダペストに移り住んだ。二人は 3 人の子供を儲けた。

学者を多く輩出した家系に生まれたエヴァであるが、彼女自身の関心は芸術にあった。中等教育を修了し、17 歳になったエヴァは、絵画を学ぶためハンガリー王立芸術アカデミー（Magyar Királyi Mintarajztanoda：1871 年に創立された。現在のハンガリー芸術大学）に入学した。しかし、ほどなくして彼女の関心はより実用的な職業に結び付くもの、陶芸へと向きはじめた。そしてエヴァは中世から続く徒弟制度（ギルド）を採る職人カラパンチク（Jakob Karapancsik）の工房に弟子入りしたのである。それから間もなくエヴァはジャーニーマン（Journeyman：ドイツ語ではギゼレ（Geselle）という。徒弟制度の資格を修了した熟練労働者のことをいう）の資格を得た。ブダペストのギルドにお

ける初の女性職人であった。

エヴァ本人の証言によると、彼女はジャーニーマンの資格を受けると、最初は自宅の庭に工房を設け、そこで制作活動を行ったという。そしてその作品をブダペストの市場で自ら売って稼ぎを得た。その後すぐにブダペストに大きな陶器工場ができると、エヴァはそこのデザイン部で仕事を得ることができた。エヴァのデザインした食器はこの工場で成功を収めた。そして1926年には、エヴァの作品がアメリカ合衆国フィラデルフィアで開催されたアメリカ独立150周年を祝う博覧会に出品され、入賞したのである。ちなみに、この時エヴァの作品をアメリカに送ったのはハンガリー政府であったという。

しかし、エヴァがデザインする食器をつくるには多くの人の手が必要であった。それは、工場の主力生産品であった陶器の便器をつくるよりも手がかかったのだ。そのため、工場はスポンサーからエヴァのデザインする食器よりも便器の生産に力を入れろとの通達を受けた。それを受けてエヴァはその工場を去ることを決意し、フリーランスの陶芸家として職業募集の広告を出したのである。

ドイツでの活動

エヴァはドイツのシュランベルク（Schramberg：ドイツ南西部バーデン＝ヴェルテンベルク州に位置する街）の工房からのオファーをうけ、1928年から2年間そこでデザイナーとして働き、多くの食器類を手掛けていった。この頃からすでに彼女の作品は優美な丸みを帯びたものであった。

1930年、エヴァはベルリンに移り、自らのスタジオをかまえた。当時のベルリンには、ハンガリーからのユダヤ系知識人、芸術家が多く住んでいた。エヴァは、叔父のマイケル・ポランニーや物理学者のレオ・シラー

1935年　レニングラード・シリーズ（https://www.cooperhewitt.org/2012/11/13/an-early-eva-zeisel-design/）

ドを始めとする学者たちとも交友関係を深めた。また母ラウラの幼稚園に通っていて1歳違いの幼馴染であったアーサー・ケストラーも、当時はベルリンで新聞記者として働いていた。特にアーサーとエヴァは一時期恋人同士であったようである。

1932年、エヴァはアレクサンドル・ヴァイスベルク＝ツィブルスキー（Alexander Weissberg-Cybulski：1901年生〜1964年没。物理学者。ユダヤ系。共産主義者でありオーストリア共産党党員であった）と婚約し、ヴァイスベルクが職を得たソ連に行くことを決意する。それ以降、エヴァは約5年間、ソ連各地を滞在した。

ソ連での活動──逮捕

エヴァは婚約者ヴァイスベルクが働いていたウクライナのハリコフに渡った（彼らはその後すぐに結婚した）。初めてソ連に入ったエヴァではあったが、彼女のソ連でのキャリ

アは順風満帆であった。エヴァは外国人技術者としてハリコフの工房に雇われた。その後すぐにレニングラードのロモノーソフ磁器工房に職を見つけ、大量生産食器のデザインを担当した。そしてその後、モスクワに渡り、ドゥリョーヴォ磁器工房（Дулёвский фарфоровый завод：モスクワ郊外にある工房。1832年に創られる）のデザイン部門で働きはじめる。その後、弱冠29歳でソ連磁器ガラス製造部門芸術指導者という職に就いた。しかし、そんなエヴァにもスターリンの粛清の魔の手が迫っていたのである。粛清の矛先はソ連で働いていた外国人技術者にも「平等に」向けられていたのだ。

　1936年5月、モスクワにいたエヴァは緊急逮捕された。罪状は、スターリンの暗殺計画に参加したということであった。一説によると、彼女がデザインした幾何学模様の食器が、シオニズムとファシズムの象徴に酷似しており、そこに暗号が隠されているのではないかと疑われたことが原因であったという。エヴァは過酷な取り調べの末、偽りの供述調書にサインさせられた。この時、絶望の淵に立たされたエヴァは自殺を試みたという。エヴァはその後、約16か月刑務所に収監された。独房にも長い間入れられていたということである。1937年、エヴァは釈放され、オーストリアに追放された。エヴァのこの刑務所経験は、親しい友人となっていたアーサー・ケストラーの『真昼の暗黒』の題材となった。

　夫のヴァイスベルクも逮捕されていたが、エヴァが逮捕される直前に彼らは離婚している。ヴァイスベルクの釈放にはアインシュタインも嘆願書を書いたほどであったが、その効果はなく、1939年に締結されたモロトフ＝リッベントロップ協定に基づきヴァイスベルクの身柄がナチスへと引き渡された。ヴァイスベルクは強制収容所に送られるところで

あったが、クラクフのゲットーにいたところをポーランドの地下組織に助けられ、その後は地下活動に参加するようになる。ワルシャワ蜂起にも参加した。ヴァイスベルクは戦争を生き延び、戦後はスウェーデンに渡った。戦後、ヴァイスベルクもアーサー・ケストラー同様、ソ連の大粛清の体験を書いた本を数冊出版し、世界に衝撃を与えた。

ウィーンからアメリカへ

　さて、ウィーンでエヴァはベルリン時代の知り合いで、後の夫となるハンス・ザイゼル（Hans Zeisel：1905年生〜1992年没。チェコ生まれ。社会学者であり法学者。1953年から1974年までシカゴ大学・ロー・スクールで教鞭を執った）と再会した。しかし、この頃すでにウィーンはほぼナチスの影響下にあった。エヴァがウィーンに着いてから数か月後、ナチスはウィーンに進撃したのである。エヴァは寸でのところで国外に脱出し、イギリスに渡った。そこでハンスと落ちあい、彼らは結婚し、ほぼ無一文の状態でアメリカ合衆国に亡命したのである。

　アメリカ合衆国に到着したエヴァだったが、ここで新しくキャリアを構築しなければならなかった。エヴァは1937年よりニューヨークのプラット・インスティテュート（Pratt Institute：アメリカ合衆国ニューヨーク州ブルックリンのクリントンヒルに位置する私立高等教育機関）で教鞭を執るかたわら、自分のデザインを売り込んでいった。

　1940年代初頭にはニューヨーク近代美術館から磁器のデザインを依頼されるようになった。1946年の4月から6月、ニューヨーク近代美術館でエヴァのデザインの特別展が開かれた。これはニューヨーク近代美術館における初めての女性芸術家単独の個展であった。これでエヴァのデザインは一躍有名

182　　第四章　ハンガリー王国時代　1920年〜1946年　芸術家

となったのである。この後、ミネソタ州にあるレッド・ウィング陶器工房（Red Wing Pottery）やオハイオ州のホール・チャイナ（The Hall China Company）がエヴァのデザインの食器を売り出した。また、日本でもエヴァのデザインの食器を手にすることができた。日本では1960年代日本陶器（現在のノリタケカンパニーリミテド）が彼女デザインの食器を売り出している。

　エヴァとハンスは2人の子供に恵まれた。息子ジョンと娘ジェーンである。エヴァ・ザイゼルに関するドキュメンタリー番組で、子供たちは両親について語っている。2人に言わせれば、エヴァもハンスもお互い頑固（悪く言うと、非常に我が強い）であり、1940年代、1950年代、2人は常に言い合いをしていたということである。

　エヴァは1960年代から70年代にかけてデザインの仕事から退いていたが、1980年代になり、またその活動を再開した。以前のデザインの人気は変わることなかったが、食器以外にも家具やランプ、ガラス製品などのデザインも精力的に行ったのである。2000年、以前働いていたロシアのロモノーソフ磁器工場（現皇帝磁器工場）から、エヴァがデザインしたティーセットが売り出された。この真っ白で優美な曲線を描いたティーセットは今でもこの工場の人気商品である。

　エヴァは生涯現役であり続けた。エヴァは自分を「製造者」と呼び、決して「商業デザイナー」と呼ばれることをよしとしなかった。彼女は言う、「商業デザイナーは目新しいものを追究する。それは美学的コンセプトではない」と。エヴァは生涯「美を追究する遊び心」を持って自分の職業を全うした人物であった。エヴァは2011年12月30日、105歳でその人生の幕を閉じた。

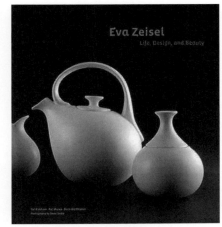

エヴァのデザインについての本

エヴァのデザイン本 "Eva Zeisel: Designer for Industry"

183

「第一次反ユダヤ法」でアルゼンチンに逃れたボールペンの発明者

ビーロー・ラースロー
Bíró László József

- 1899年9月29日　ブダペスト
  （Budapest：オーストリア＝ハンガリー二重君主国）生
- ▶ 1938年　パリへ移る
- ▶ 1943年　アルゼンチンに亡命する
- 1985年10月24日　ブエノスアイレス
  （Buenos Aires：アルゼンチン）没

　現在では世界中どこでも目にすることができるボールペン。文字を書くことが少なくなった現代人にとって、毎日使用するものとは言えなくなったかもしれないが、それでもどこの家のペン立てにも必ず1本は入っているであろう。このボールペンを実用化し世に送り出したのは、ブダペスト出身のユダヤ系ハンガリー人、ビーロー・ラースローであった。実は歴史上、初めてボールペンのアイディアを出し、特許を取得したのは、アメリカ人発明家のジョン・ラウドであった。1888年のことである。しかし、彼の構想したボールペンは実用化には至らず、商業的価値を失い、彼の特許は失効していた。

　ビーロー・ラースローは1899年9月29日、オーストリア＝ハンガリー帝国のブダペストで生を受けた。父はシュヴァイゲル・モーゼシュ・マーチャーシュ（Schweiger Mózes Mátyás）、母はウルマン・ヤンカ（Ullmann Janka）であった。一家は、当時のユダヤ人家庭の多くがそうしていたように、苗字をハンガリー風のビーロー（Bíró）に変更した。1905年のことであった。

ボールペンの開発開始

　ラースローは初め医学の道を志すが、最終的にはそちらには行かず、ジャーナリストとなり、ブダペストの新聞社で働いた。また、その一方では画家としても作品を残すなど、多才な人物であったようである。

　ラースローは新聞社に勤めている時、新聞の印刷に使うインクが滲まず乾きが早いことに気づき、これを仕事道具である万年筆に使えないかと考えた。しかし、新聞の印刷用のインクは万年筆に使うには固すぎて、ペン先まで下りてこなかった。そこで科学者であった弟と共同で、新しいタイプのペンをつくろうと考えたのである。ラースローの頭の中には、ペン先の中に回転するボールを取り付け、回転と共にインクが出るようにするという画期的なアイディアがあった。しかし、ペン先用のとても小さいボールには、高精度な加工・固定技術が必要であった。また、粘度の高い（しかし高すぎない）インクの開発にはとても苦労した。ラースローは1931年、ブダペストの国際博覧会において初めてその完成品を出品することができたのであった。

　私生活では1931年に9歳年下のエルジェーベトと結婚し、娘、マリアナ（Mariana）を儲けている。

　ボールペンの改良を進めたラースローは、

ブダペストでボールペンの特許を取得しようと試みるが、時は1938年、ハンガリーで「第一次反ユダヤ法」が制定された年であった。ラースローとその妻、娘そして、弟のゲーザは、ユダヤ人に対する締め付けが厳しくなってきたハンガリーを離れることを決意し、パリに移ったのである。そして同年、ラースローはパリでボールペンの特許を取得した。

「Birome」発売！ボールペン、世界に広がる

第二次世界大戦が勃発すると、パリもユダヤ人にとっては安全な地ではなくなった。ラースローは1943年にヨーロッパからアルゼンチンに渡る機会を得て、亡命を決意した。南米は当時、東欧からのユダヤ系住民の主な亡命先の一つであったのである。アルゼンチンに渡ったラースローはさらにボールペンの開発を進め、アルゼンチンでも特許を取得した。「Biro Pens of Argentina」という会社を設立し、「birome」という商品名でボールペンを売り出した。また、その後すぐにイギリスがボールペンの使用権を取得し、イギリス空軍向けのボールペン生産に乗りだした。ボールペンは高度の高いところでは万年筆よりも書きやすかったのである。

フランスの文具メーカー、ビック社（Bic）がボールペンの特許を2万ドル（現在の価値で約23万ドル）でラースローから買い取った。その後、世界中の会社がボールペンの生産に乗り出し、ボールペンは1960年代には世界中に広まっていった。ボールペンのことを「ビーロー（Biro）」と呼ぶ言語もある。

ボールペンの発明という功績が大きく、ビーロー・ラースローの人生における他の部分は見落としがちであるが、彼はその生涯をほとんど発明に捧げ、数々の実用品を世に送り出した。彼が取得した特許の数は300にものぼる。その一部を紹介する：スチーム洗濯機、電磁伝送装置（リニアモーター）、フェノール樹脂の製造方法、脱臭剤、印刷ミラーなど。

ビーロー・ラースローは1985年10月24日、アルゼンチンの自宅で息を引き取った。アルゼンチンではビーロー・ラースローの功績を称え、彼の誕生日である9月29日を「発明の日」と定めた。また、Googleはビーロー・ラースローの生誕117年目の年である2016年9月29日、Google Doodle（Google検索ページのロゴ）を彼にちなんだものにした。

1996年に発行されたビローの記念切手

ビローのボールペン

「水中のスイマー」で「歪み」を追求、
『パリの日』で米で大成功を収めた写真家

ケルテース・アンドル
Kertész Andor

- 1894年7月2日　ブダペスト
  （Budapest：オーストリア＝ハンガリー二重君主国）生
- 1925年　パリに移住する
- 1936年　アメリカ合衆国に移住する
- 1985年9月28日　ニューヨーク（New York：アメリカ合衆国）没

ケルテース・アンドルは1894年7月2日、オーストリア＝ハンガリー二重君主国のブダペストに生まれた。家は中流階級のユダヤ人で、父ケルテース・リポートは本屋であり、母の名は、ホッフマン・エルネスティンといった。アンドルは3人兄弟の真ん中の子であった。父リポートが1908年に結核でこの世を去ると、家族は収入が無くなり、母エルネスティンは自分の肉親に頼った。特にエルネスティンの兄ホッフマン・リポートは3人の兄弟たちの父親役として面倒をみた。一家はほどなくしてホッフマン家の故郷であるペシュト県の片田舎シゲトベチェ（Szigetbecse）に移り住んだ。アンドル少年は幼少期をこの牧歌的な土地でゆったりと過ごした。

母方のホッフマン家は、アンドルのために商業アカデミーの経営学クラスの授業料を払い、1912年にアンドルが卒業すると証券取引所で働けるよう口利きをした。アンドルは生涯ブダペストの証券取引所で働いていた長兄とは異なり、この分野に全く関心を示さなかったという。彼は、雑誌（の挿絵）やドナウ川での魚釣りや水泳に惹かれていたのである。アンドルは初めて雑誌の写真を見た時、衝撃を受け、写真家の道を志すことを決めたという。また、ティハニ・ラヨシュ（Tihanyi Lajos：1885年生〜1938年没。ハンガリーの画家。パリで活躍した）とジルゼル・ジュラ（Zilzer Gyula）の描いた絵そして数々の散文は、アンドルの後の創作活動に大きな影響を与えてる。

アンドルの家族はアンドルが商業の道を進むことを望んでいたが、アンドルは家族の反対を押し切り、ついに初めてのカメラを手に入れた。1912年のことであった。彼は地元の農民、ジプシー、ハンガリーの大平原（プスタ）を被写体に選び、時間があるとそれらをカメラに収めた。彼の個性的で成熟した作風は1914年にはすでに確立されていたと言われている。彼の最初の作品は、1917年に『エールデケシュ・ウーイシャーグ（Érdekes Újság：訳すと「興味深いニュース」。雑誌名としては少し響きがおかしいので、これ以下カタカナ表記とする。文学や写真など芸術一般を扱った雑誌である。戦時中は反戦文学なども積極的に扱った）』誌に掲載された。

第一次世界大戦──写真への熱は冷めず。「水中のスイマー」を撮る

1914年、アンドルはオーストリア＝ハンガリー二重君主国軍として第一次世界大戦

に従軍すると、すぐに前線に送られた。彼が20歳の時であった。アンドルはそこで軽量カメラを用い、塹壕の生活を撮影した。残念ながらこの時撮影した写真のほとんどは、1919年にハンガリーで相次いで起きた革命時に焼失している。1915年、アンドルは弾丸を受け、左腕を負傷した。彼はブダペストの軍病院に送られ、ほどなくしてエステルゴムに送られた。エステルゴムでも彼は写真撮影を続けている。彼のこの時期で最も有名な作品は「水中のスイマー」（エステルゴム、1917年）である。この作品は彼が撮った一連のスイマーの写真で唯一残ったものである。水による画像の歪みを撮影するのに成功した作品であった。アンドルは後の1930年代、写真における「歪み」というテーマを追求していった。

アンドルの怪我が治らないまま、第一次世界大戦は終戦を迎えた。戦後アンドルは証券取引所に戻ると、そこで未来の妻になるサロモン・エルジェーベトと出会う。彼女もまた証券取引所で働いていた。アンドルはエルジェーベトを被写体に選び、彼女の写真を撮った。またそれと同時に彼の弟イェネーの写真も数多く撮影した。アンドルは1920年代初頭、証券取引所での仕事をやめ、農業と養蜂業を営み始めた。しかしこの試みは当時の革命の混乱の影響で長くは続かなかった。

冷めない写真への情熱──仕事との両立

その後アンドルは証券取引所に戻ったが、写真への想いは冷めず、フランスの写真学校で勉強したいと思うようになる。しかし母からの反対に遭い、すぐにはフランスに行くことができなかった。アンドルは昼間証券取引所で働き、残りの時間で写真撮影をするという生活を続けた。

1923年、ハンガリーアマチュア写真協会

はアンドルの写真を銀賞にノミネートした。しかし、アンドルは協会が出した銀賞授与条件、ブロムオイル法での写真の現像を拒み、銀賞を辞退した。その代わりに協会から賞状が贈られている。1925年6月発行の雑誌『エールデケシュ・ウーイシャーグ』の表紙をアンドルの写真が飾り、彼の名は一躍有名になった。この時までに、アンドルはパリ行きを強く心に決めていた。

パリへの移住──芸術の都パリでの才能の開花

アンドルは1925年9月、母、フィアンセのエルジェーベト、2人の兄弟（弟はその後アルゼンチンに移住した）、おじのホッフマン（このおじはほどなくして亡くなった）を残し、単身パリに移り住んだ。フィアンセであったエルジェーベトは、アンドルの生活がパリで確立し、彼女を呼び寄せることができるようになるまでブダペストに残ることを決めた。アンドルはこの時期にハンガリーから外国に移住していった多くのハンガリー人芸術家の一人であった。この時期、パリに移住していった芸術家には、フランシス・コーラル、ロバート・キャパ、エメリッツ・フェヘール、ブラッシャイ、モホリ＝ナジ・ラースロー（写真家）、ユーラ・バートリー（ガラス芸術家）、ルシアン・アイグナー（写真家）がいる。

アンドルはほかのハンガリー人芸術家仲間たちと共にサークルをつくり、そこでお互いに情報交換した。仲間の一人の彫刻家からの影響でキュビズムに魅了されていった。1928年にはそれまで使っていた板ガラス製のカメラの使用をやめ、ライカのカメラに切り替えた。この時期は彼の創作活動の全盛期であった。彼の写真は多くのフランスの雑誌の表紙を飾ったりもした。1930年、パリの博覧会では彼の作品が銀賞を受賞した。また

187

1933年には初の写真集を出版し、その献辞には母とフィアンセ、エルジェーベトへと書かれた。

第一次世界大戦後すぐに知り合ったエルジェーベトであったが、1933年の初めの時点ではまだ「フィアンセ」であった。実は1920年代後半に、アンドルはパリでローザ・クレインというポートレート写真家と秘密裏に結婚していた。しかしこの結婚は短命に終わった。1930年、アンドルはハンガリーに一時帰国した。その後1931年、エルジェーベトは彼女の家族の反対を押し切り、アンドルを追ってパリに向かった。そして1933年6月に2人は結婚したのだった。

アメリカへ──ニューヨークで写真家としての再スタート

ドイツでナチス党が台頭してくると、ヨーロッパ全体で雑誌も政治や社会的な内容を多く書くようになり、アンドルの写真を掲載する雑誌が少なくなっていった。アンドルへの仕事依頼も徐々に減少していった。ユダヤ人迫害が進んできた1936年、アンドルはエルジェーベトと共にニューヨークに移り住むことを決めた。彼らは客船ワシントン号に乗り込み、ニューヨークのマンハッタンを目指した。

ニューヨークに着くと、彼らは芸術家達が多く住むマンハッタンのダウンタウン、グリニッジ・ヴィレッジのホテルに住んだ。アンドルはそこで初めてアメリカでやっていくことの大変さを目の当たりにした。アメリカ人たちは道で写真を撮られることを嫌がったのである。アンドルはニューヨークに着くとすぐに、ニューヨーク近代美術館（MoMA）の写真部門ディレクターと連絡を取った。アンドルは彼に自らの作品を見せ、批評をもらい、1937年の12月にニューヨークで初の個展を開くことができた。

アンドルがニューヨーク移住を決めたきっかけは、実はもう一つあった。それは、アメリカのある会社から仕事のオファーがあったことであった。しかしその会社はアンドルに対し、自社のスタジオで働くことを要求したのだ。アンドルはその時はまだ英語も流暢に話すことができなかったため、会社で疎外感を覚えていた。アンドルはフランスに帰ることを望むようになるが、その時はまだ渡航費もなく、渡航費が貯まったころには第二次世界大戦が勃発してしまい、帰れる状況にはなかったことなど、アンドルは心理的にもつらい日々を過ごしていたようである。その後アンドルは1937年にこの会社を辞め、『ライフ』誌で働くようになった。

第二次世界大戦がはじまった時、枢軸国側の出身であったケルテース夫妻の状況は非常に厳しかった。アンドルの写真の仕事は激減したのだ。その頃、妻エルジェーベトは化粧品会社を立ち上げその運営していたのだが、アンドルはそちらのほうにも悪影響が出ることを恐れ、約3年間写真界から姿を消した。

『パリの日（Day of Paris）』の成功

1944年、ケルテース夫妻はアメリカ市民権を獲得した。そしてアンドルは写真の仕事に復帰することができた。戦後すぐの1945年、アンドルは新しい写真集『パリの日（Day of Paris）』を出版し、それが成功を収めた。この写真集に収められた作品は、彼がアメリカに移り住む直前にパリで撮られたものであった。戦後、彼はイギリス、ブダペスト、パリなどを旅行し、多くの写真を撮っている。また、戦後もアメリカをはじめとする世界中のあらゆる場所でアンドルの写真展が開かれた。彼の作品は優れた構図を持っており、どこにでもあるような風景が彼の手にか

かると不思議な魅力をもったアート作品になると言われた。

アンドルは晩年、世界中のさまざまな場所を旅行し、数々のアーティストと交友関係を結んでいった。特に1977年、妻のエルジェーベトがこの世を去ると積極的に古い仲間と交流した。英語を習得するのに苦労したアンドルだったが、このころまでには基本程度の英語は話したようである。アンドルの友人たちは、ハンガリー語、英語、フランス語の混じったアンドル独特の言葉を「ケルテース語」と呼んでいたという。

1985年9月28日、アンドルは眠るようにこの世を去った。彼は茶毘に付され、彼の遺灰は妻、エルジェーベトとともに埋葬された。

アンドルが90歳の頃、ある男がこう聞いたという。

「なぜあなたは今でも写真を撮り続けているのですか」

アンドルはそれにこう答えた。

「I am still hungry.(まだ飢えているんだ)」

こう言ったケルテース・アンドルがこの時渇望していたものは、自らの芸術であったのだろうか。

"Day of Paris" ケルテースと共に大西洋を渡った写真達の集大成

ケルテースの写真集

『パリの夜』で国際的名声を勝ち得、MoMa 個展、二度のフランス芸術文化勲章受賞

ブラッシャイ
Brassai

本名
ハラース・ジュラ
Halász Gyula

- 👤 1899年9月9日　ブラショー（Brassó：オーストリア＝ハンガリー二重君主国）生
- ▶ 1924年　パリに移住する
- ▶ 1949年　フランス市民権を獲得する
- ⚰ 1984年7月8日　エズ（Èze：フランス）没

ハラース・ジュラ（以下、ブラッシャイと記す）は1899年9月9日、トランシルヴァニアに位置する街ブラショー（Brassó 現ルーマニア領ブラショフ）に生まれた。母はアルメニア人、父はハンガリー人であったと言われている。ブラッシャイが3歳の時、父がソルボンヌ大学で教鞭を執るために（父はフランス文学の教授であった）一家は1年間パリに住んだ。ブラッシャイ少年は幼少期からハンガリー語とルーマニア語を話していたようである。

ブラッシャイはブダペストのハンガリー芸術アカデミー（Magyar Képzőművészeti Egyetem）で絵画と彫刻を学んだ。第一次世界大戦がはじまると、オーストリア＝ハンガリー二重君主国軍に従軍し、戦場に赴いた。

1920年、ブラッシャイはジャーナリストとして働いていた。ハンガリーの雑誌『東のニュース（Keleti Újság）』と『日の出（Napkelet）』の特派員としてベルリンに渡った。ベルリンではベルリン・シャルロッテンブルク芸術アカデミーで学ぶ機会を得て、勉学に励んだ。ベルリンで多くのハンガリー人芸術家（作家、画家を含む）と交流した。彼らの多くは後にパリに移住し、ハンガリー・サークルを作り、積極的に活動したのである。

パリでの生活

1924年、ブラッシャイはパリに移り住み、そこを生涯の住処と定めた。フランス語はマルセル・プルーストの作品を読み、独学で勉強した。ブラッシャイはパリのモンパルナス地区の若い芸術家が多く集まる場所に住み、ジャーナリストとして働いた。そこで数々の芸術家たちと知り合いになり、交流を深めていった。

ブラッシャイは仕事柄夜のパリに繰り出すことが多かった。また、彼は夜のパリを愛していたのだった。そしてそんな愛する夜のパリの写真を撮るようになったのである。彼は最初はあくまでお金のために、または自分の書いた記事の補足する意味で写真を撮っていた。しかし、彼の同郷の仲間であったケルテース・アンドルの影響を受け、写真を通じてパリをとらえることを試み始めるようにな

るのである。雨が降り、霧がかったパリの小道や夜のネオンを写真の枠の中に次々にとらえていった。彼はこの頃からブラッシャイの名を用い始めた。この名前は彼の故郷ブラッショーが由来になっている。

　ブラッシャイは1933年、初の写真集『パリの夜』を出版した。パリのエッセンスを写真に閉じ込めることに成功したブラッシャイはこの写真集により名声をあげることとなった。パリの街の様子を写しただけでなく、パリの上流階級の生活、知識階級の生活、バレエ、オペラ座などの様子も写真に収めていった。またそれと同時に、サルバドール・ダリ、パブロ・ピカソ、アンリ・マティス、アルベルト・ジャコメッティなどの著名な芸術家たちも多く撮影していった。

　1930年代はハンガリー人芸術家たちが続々とパリに移住していった時代であった。ブラッシャイはその新しくパリに来た若い芸術家と交流を深めていった。ブラッシャイは生活のため商業的な写真を撮り続けるとともに、アメリカの雑誌に載せるための写真も撮り続けた。

　ブラッシャイは写真家であると同時に彫刻家、作家でもあった。第二次世界大戦中は写真撮影活動が制限され、写真以外の芸術分野を中心に活動していた。例えば1945年には、30枚の絵をアルバムにし、出版したりもした。

　第二次世界大戦後の1948年、ブラッシャイはフランス人女性と結婚した。彼女は彼の制作活動を献身的に手伝った。1949年にはブラッシャイはフランス市民権を獲得することになる。

世界のブラッシャイへ

　ブラッシャイの写真は、彼に国際的な名声をもたらした。フランス国内外でも彼の展示会は開かれるようになっていく。例えば1948年、ニューヨーク近代美術館(MoMA)での個展を封切りに、アメリカの各地でも続けて個展が開かれた。また、ニューヨーク近代美術館では1953年、1956年、1968年にもブラッシャイの個展が開かれた。それ以外にも、フランスでは数々のフェスティバルでブラッシャイの作品が展示された。1970年代には二度フランス芸術文化勲章を受けている。彼の写真はフランスのありのままの姿を映したものとして高く評価され、2000年代に入ってからも、彼の作品の特別展は世界中のいたるところで開かれているのである。

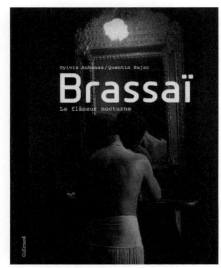

ブラッシャイの写真集『アメリカのブラッシャイ1957年』

191

国際写真家グループ「マグナム・フォト」結成した世界最高のフォト・ジャーナリスト

ロバート・キャパ
Robert Capa

本名
フリードマン・エンドレ・エルネー
Friedmann Endre Ernő

- 1913年10月22日　ブダペスト（Budapest：オーストリア＝ハンガリー二重君主国）生
- ▶ 1931年　ベルリンに逃れる
- ▶ 1933年　パリに移住する
- ▶ 1939年　アメリカ合衆国に移住する（翌年、永住権を取得。1946年、アメリカ市民権を取得）
- 1954年5月25日　タイビン省（Thái Bình：フランス領インドシナ）没

1954年5月25日現地時間午後2時55分、第一次インドシナ戦争を取材していた一人の戦場カメラマンが地雷に接触し、その爆発に巻き込まれ、死亡した。彼の名はロバート・キャパ。当時すでにスペイン内戦、日中戦争、第二次世界大戦（ヨーロッパ戦線）、第一次中東戦争及び第一次インドシナ戦争の5つの戦争を取材した戦場カメラマン、または報道写真家として有名であった。そんな彼も出身はハンガリーのブダペストであった。

ロバート・キャパの本名はフリードマン・エンドレ・エルネーといった。本文では以下、ロバート・キャパの名を使用し始めるまで、エンドレと表記する。彼は1913年10月22日、オーストリア＝ハンガリー二重君主国のブダペストにあるユダヤ人の家庭に次男として生まれた。父フリードマン・デジェー（Friedmann Dezső）はトランシルヴァニア出身であり、母ベルコヴィッチ・ユリアンナ・ヘンリエッタ（Berkovits Julianna Henrietta）はスロヴァキア出身であった。彼らは当時ブダペストで洋服屋を営んでいた。夫婦には3人の息子がいた。長男ラースローは1935年にリウマチ熱という感染症に罹り、亡くなっている。三男のコーネルは、兄と同じ写真家の道を歩むことになる。

外国へ

エンドレは1919年、福音派の学校に入学、そして1923年にマダーチ・イムレ・ギムナジウムに入学した。18歳の頃にはすでに共産党に傾倒しており、1931年、左派運動に参加した容疑で逮捕された。釈放後はハンガリーを去ることを余儀なくされ（一説には、彼の出生を知った警察官の家族に国を出るように諭されたということであった）、ウィーン、プラハを経由し、ドイツのベルリンに渡った。ベルリンでは、ドイツ政治高等専門学校のジャーナリズム学科に入学した。そして勉強の傍ら、写真通信社「デフォト」の暗室係として働いた。1932年、彼はデンマークの首都、コペンハーゲンで講演するレフ・トロツキー（Лев Давидович Троцкий：1879

年生～1940年没。ソ連の政治家。ロシア十月革命の指導者の一人であり、レーニンに次ぐ実力者であった）を撮影し、成功を収めている。

1933年、ナチスの力が強まってくると、エンドレはベルリンを離れる決心をする。ベルリンを離れたエンドレは一時期ウィーンに身を寄せ、その後ブダペストに戻った。そして旅行社でカメラマンの職を得た。しかし、彼はブダペストに住んでいた多くのユダヤ人たちと同様、フランスのパリに移り住むことを希望し、同年9月、パリに渡った。

パリでの活躍──ロバート・キャパの誕生

ヨーロッパ各国から集まっていた多くの亡命者たち同様、パリでの生活はエンドレにとってとても苦しいものだった。1934年、ドイツから逃れてきた同じユダヤ人のゲルダ・ポホリレ（ゲルダ・タロー）と仕事で知り合った。その後、彼らは公私にわたるパートナーとなる。この頃のヨーロッパはユダヤ人にとってとても厳しい状況にあった。そこで彼らは、その苗字から出生がわからないようにするため、ロバート・キャパなる人物を創り出し、写真を売り込んでいったとされている。

1936年9月23日発行のフランスの写真週刊誌『ヴュ（Vu：訳すと「目撃」とでもなろうか。日本でも「ヴュ」の名で知られているため、カタカナ表記で記す）』に、「死の瞬間の人民戦線兵士」というタイトルの写真が採用された。その写真は翌年、アメリカのグラフ誌『ライフ』の1937年7月12日号に転載され、ロバート・キャパの名が一躍知られることとなったのである。長年この写真は、「スペイン内戦中、人民戦線側の兵士がコルドバのセロ・ムリアーノの戦いで反乱軍と戦っている時に弾丸に倒れた瞬間を映した

もの」であり、反ファシズムのシンボルと位置づけられていた。イギリスのフォト・ジャーナリズム誌『ピクチャー・ポスト（Picture Post）』（1938年創刊、1957年まで発行された）はロバート・キャパを「世界最高の写真家である」と褒めたたえた。しかし、この写真は不自然に完成度の高いこと、頭部の負傷がはっきり確認できないこと、また、生前エンドレがこの写真についてほとんど語らなかったことから、その信憑性が疑問視された。近年の分析によると、この写真は本来の前線から離れた場所で訓練中の兵士を撮影したものであり、被写体は死んではおらず、撮影者はエンドレではなくゲルダであると指摘されている。

スペイン内戦取材──ゲルダの死

1936年にスペイン内戦が勃発した際、エンドレはゲルダ、そして数名の仲間と共にスペインに飛び、戦場を取材した。エンドレとゲルダはロバート・キャパの架空のサインを共同で使っていたため、長年どちらが撮影した写真であるかを特定するのは困難であったが、ゲルダ・タローの名で発表された写真も多く残っており、彼女の写真は1937年当時国際報道機関に人気があったようである。そんなゲルダだったが、1937年7月26日、スペイン共和国軍の戦車に轢かれて重傷を負い、26歳の若さで命を落とした。ゲルダの死を聞いたエンドレは打ちひしがれ、何日も泣き伏していたと言われている。この後、ロバート・キャパはエンドレの単独のサインとなる。以下、エンドレをロバート・キャパと記す。

ロバート・キャパはスペイン内戦時、ヘミングウェイ（Ernest Miller Hemingway：1899年生～1961年没。アメリカ合衆国出身の小説家、詩人。1954年ノーベル文学賞

を受賞する）とも交流があり、彼の写真も多く残している。『ライフ』誌がヘミングウェイのスペイン内戦における経験についての記事を発表した際は、ロバート・キャパの写真が用いられた。

また、1936年には弟のフリードマン・コーネルが弱冠18歳で兄とともに働くためにフランスに移住している。コーネルは1937年にはアメリカ合衆国のニューヨークに渡り、『ライフ』誌の暗室係として働き始めた。

1938年、ロバート・キャパはゲルダ・タローとの共著として、初の写真集である『生み出される死』を発表した。その監修は、戦間期のハンガリー出身の写真家で最も重要な人物の一人である、ケルテース・アンドルであった。また、同年には日中戦争の取材もしている。彼は中国武漢市の漢口を訪れ、日本軍に対するレジスタンスの取材をした。その時に撮られた写真は、1938年5月の『ライフ』誌に掲載された。

アメリカへ──ノルマンディー上陸作戦取材、「マグナム・フォト」結成

ロバート・キャパは1939年にアメリカ合衆国に移住した。翌年には永住権も取得している。この後は、メキシコ大統領選の取材（1940年）や、『コリアーズ（Collier's）』誌の特派員として太平洋護送船団の取材（1940年から1941年まで）、第二次世界大戦の北アフリカ戦線の取材（1943年3月から5月まで）やイタリア戦線の取材（同年7月）など、幅広く活躍している。

1944年、ロバート・キャパは史上最大の上陸作戦である、ノルマンディー上陸作戦を取材した。彼は米第1歩兵師団第16連隊第2大隊E中隊に従軍した。ノルマンディー上陸作戦のなかでも、一番死傷率が高かったオマハ・ビーチの撮影を行ったキャパは、戦禍

を100枚以上の写真に収めたと言われているが、実際にまともな写真として残っているのは、10枚程度であった。ロバート・キャパは続けて8月にパリ解放の様子を撮影、1945年の終戦まで、第二次世界大戦を写真に収め続けた。

戦後の1946年、アメリカの市民権を獲得する。

1947年、20世紀を代表するフランスの写真家であるアンリ・カルティエ＝ブレッソン（Henri Cartier-Bresson：1908年生～2004年没。フランスの写真家）、デヴィッド・シーモア（David Seymour：1911年生～1956年没。ワルシャワ出身。アメリカで活躍した写真家）、イギリスの写真家であるジョージ・ロジャー（George Rodger：1908年生～1995年没。イギリスの写真家）らと共に、国際写真家グループ「マグナム・フォト（Magnum Photos）」を結成する。

1948年、キャパは第一次中東戦争を3回にわたって取材した。

インドシナ戦争取材──キャパの死

人間の狂気、死を間近に捉える戦場カメラマンであるがゆえに、いつも死と隣り合わせであった。そんなロバート・キャパの死は突然訪れた。1954年4月、ロバート・キャパは日本にいた。毎日新聞発行の写真雑誌『カメラ毎日』の創刊記念で招待され、日本の様子を取材していたのである。キャパはこの時、東京だけではなく、焼津、熱海、京都、奈良、大阪なども訪れ、皇居における昭和天皇やメーデーの様子なども撮影していた。キャパはこの日本滞在中に『ライフ』から第一次インドシナ戦争の取材依頼を受け、仏領インドシナに直接飛んだのである。5月25日、タイビン省のドアイタンにあるフランス軍陣地に向かい、フランス軍の示威作戦に同

行取材した。その最中のことであった。ドアイタンから約1キロの場所で地雷に接触し、爆発に巻き込まれて死亡したのである。ちなみにこの場所は、現在のベトナム・タイビン省タイビン市からさらに東に行ったあたりだとされている。

ロバート・キャパの死後、優れた報道写真に対する彼の名にちなんだ賞がつくられた。この賞が最初に授与されたのは1955年であり、受賞者は、アメリカのフォト・ジャーナリスト、ハワード・ソチューレック（Howard Sochurek：1924年生〜1994年没。アメリカ合衆国のフォトジャーナリスト）であった。

2007年12月、スペイン内戦を映したネガフイルムが3箱メキシコで見つかった。それらは長い間に失われたと思われていた、キャパ、タロー、シム（デビット・シーモアのニックネーム）のものだった。2011年、トリーシャ・ジフ（Trisha Ziff）によって、このスペイン内戦当時に3人によって生み出されたネガフイルムについてのドキュメンタリー映画がつくられた。タイトルは『メキシコのスーツケース（The Mexican Suitcase）』。この映画は、ネガフイルムが「失われた」第二次世界大戦初めから、それらが「発見」された2007年までの、ネガフイルムの軌跡を辿っている。キャパ、タロー、ジムが人々の記憶を記録したフィルムが、約70年の時を経て、人々に何を語りかけているのであろうか。

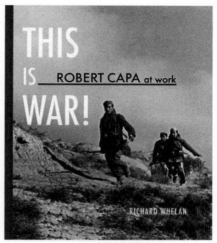

ロバート・キャパの本　"This Is War!, Robert Capa at Work"

ブダペスト7区　ロバート・キャパ現代写真センター（筆者撮影）

『ライフ』誌のケネディ大統領選挙キャンペーンで知られるロバート・キャパの弟

コーネル・キャパ
Cornell Capa

本名
フリードマン・コーネル
Friedmann Kornél

- 1918年4月10日　ブダペスト
  （Budapest：オーストリア＝ハンガリー二重君主国）生
- ▶ 1936年　パリに移住する
- ▶ 1937年　アメリカ合衆国に移住する
- 2008年5月23日　ニューヨーク（New York：アメリカ合衆国）没

ニューヨーク市マンハッタン6番街43丁目に位置する国際写真センター（International Center of Photography）。3000人以上の著名な写真家の作品を所蔵し、展示会スペース、写真学校（The ICP School）も併設されている施設である。このセンターの創立者はコーネル・キャパ。世界的に有名な報道写真家であったロバート・キャパの弟であり、自身も写真家であった人物である。

コーネルは、第一次世界大戦も終盤に差し掛かった1918年4月10日、オーストリア＝ハンガリー二重君主国のブダペストのユダヤ人家庭に生まれた。家は洋服屋を営んでいた。兄が2人いたが、1人目の兄は1935年に感染症で命を落としている。2人目の兄は、後に報道写真家として名をはせたロバート・キャパであった。

コーネルは1936年、ブダペストにあるマダーチ・イムレ・ギムナジウムを卒業すると、医学の道に進むことを考えていた。そこで、フランスで医学を勉強しようと、当時すでにパリで写真家として仕事をしていた兄、ロバート・キャパのもとへ向かった。「ロバート・キャパ」という名は元来コーネルの兄エンドレとその恋人であったゲルダ・ポホリレが共同で使っていたペンネームであったが、本項では混乱を避けるため、兄の名をロバート・キャパと記す。この時コーネルは18歳であった。兄ロバート・キャパはこの時すでに報道写真家として活躍しており、この年、スペイン内戦を取材し、後にロバート・キャパの名を世界に知らしめることとなる作品「死の瞬間の人民戦線兵士」を撮影している。コーネルは自身の生活のために兄やその仲間の仕事を手伝った。自分のホテルのバスルームを暗室にして、彼らの写真を現像したのである。その影響もあってか、コーネルは程なくして写真に興味を持ち始め、写真家への道を志すことを決意した。そして、兄のペンネームの姓、キャパを名乗り始めた。

ニューヨークへ──「平和のための写真家になる」

コーネルは翌年1937年、母親と一緒にニューヨークに渡った。その後、兄ロバート・キャパが母親を訪ねて来た時、弟コーネルの職探しを手伝い、コーネルはほどなく『ライ

フ（Life）』誌の暗室係としての職を得たのである。

1940 年、コーネルはエディット・シュワルツ（Edith Schwartz）と結婚した。エディットは長年にわたり、コーネルの仕事を支え、彼と彼の兄ロバート・キャパのネガとアーカイブの管理をした。

第二次世界大戦中はアメリカ空軍の写真諜報部隊に従軍した。戦後の 1946 年、『ライフ』誌に若手写真家として雇われ、働き始めた。彼は『ライフ』誌の表紙を飾る著名人のポートレートを数多く撮影した。コーネルによると、『ライフ』誌と契約を結ぶとき、一つの約束をしたようである。

「私の家族には 1 人の戦場カメラマンがいれば十分である。私は平和のための写真家になる」

マグナム・フォトに参加

1954 年 5 月、兄ロバート・キャパがインドシナ戦争取材中に地雷の爆発に巻き込まれて命を落とすと、コーネルは兄が仲間たちと設立したマグナム・フォトに加わり、ソ連を始めイスラエル、アメリカの政治家などを取材した。

1967 年、コーネルは「The Concerned Photographer」と題する展覧会をシリーズで開き、同名の本を出版した。この本には、30 年近くにわたる彼の写真家としての理念がよく表されていると言っても過言ではないだろう。また、この展覧会が後の国際写真センター設立へのきっかけとなったのである。コーネルは 1974 年、ニューヨークシティに国際写真センターを設立すると、長くその所長を務めた。

コーネルは写真家として政治や社会正義に関心を持ち、多くの政治家を取材した。1950 年代にはアドレー・スティーブンソン（Adlai Ewing Stevenson II：1900 年生～1965 年生。アメリカの政治家）の 2 度にわたる大統領選挙キャンペーンを取材し、その後 2 人は友人になったようである。コーネルはその生涯の中でいくつかの写真集を発表しているが、その中でも特に J. F. ケネディ（John Fitzgerald "Jack" Kennedy：1917 年生～1963 年没。アメリカ合衆国の第 35 代大統領。1963 年 11 月 22 日、テキサス州のダラスで暗殺された）の特集、『ライフ』誌のために撮った 1960 年のアメリカ大統領選挙キャンペーンを追ったシリーズは有名である。

コーネル・キャパの死

コーネルは 2008 年 5 月 23 日、ニューヨーク・マンハッタンの自宅でその人生の幕を閉じた。90 歳であった。コーネルは 1992 年に出した本、『Cornell Capa：Photographs』に次の様に書いている。

「私は芸術家ではない。芸術家であろうとしたこともない。私は、生涯のなかで数枚良い写真を残すことができたことを願っている。しかし私が真に願うことは、記憶に残る良い写真物語をつくることができたことである」

コーネルは生前、アメリカの写真家、ルイス・ハイン（Lewis Wickes Hine：1874 年生～1940 年没。19 世紀から 20 世紀初頭に活躍したアメリカ人写真家。写真で社会を変えることを目指した人物であった）の言葉をよく引用したという

「私には 2 つやりたかったことがある。一つ目は、変える必要があることを示すこと。そして、賞賛すべきことを示すことである」

これこそまさにコーネルが生涯にわたり目指したことであった。

フランス・レジスタンスで活躍した
ユダヤ系ハンガリー人写真家

マルトン・エルヴィン
Marton Ervin

- 1912年6月17日　ブダペスト（Budapest：オーストリア＝ハンガリー二重君主国）生
- ▶ 1924年　パリに移住する
- ▶ 1949年　フランス市民権を獲得する
- 1968年4月30日　パリ（Paris：フランス）没

マルトン・エルヴィンは1912年6月17日、オーストリア＝ハンガリー二重君主国のブダペストで生まれた。父の名はプレイス・イシュトヴァーン（Preisz István）、母の名はチッラグ・ヤンカ（Csillag Janka）といった。ユダヤ人の家系であった。マルトンには2人の姉妹がいた。マルトンは幼少のころから絵を描き始め、10代になると写真を撮ることに夢中になった。

マルトンは学士号取得後、ブダペストにある美術学校に入り、正式に絵の勉強を始めた（1934年から1937年）。学校の授業がない夏の時期は、ハンガリーの南部の街カロチャで過ごしていた。マルトンはロマたちに興味を持ち、彼らを描いたり、彼らの写真を撮ったりしたという。1930年代、まだ20代にしてブダペストのギャラリーで個展を開いた。彼の作品は高く評価され、ハンガリー国立美術館に展示するために買い取られたこともあったほどである。マルトンは父が亡くなる1946年まで、彼の父の苗字、プレイスの名でサインをしていた。

パリへの移住――芸術家のための修行

1937年、マルトンはパリに移住した。当時のパリはヨーロッパ中の芸術家や作家たちが集まる場所であり、ドイツ、東ヨーロッパで反ユダヤ主義が広まる中、ユダヤ人たちが「避難する」場所でもあった。マルトンはそこでハンガリー人亡命者（移住者を含む）たちと知り合い、交流を深めていった。また、パリの芸術学校で勉強をつづけた。

マルトンをパリのハンガリー人芸術家コミュニティーに紹介したのは、ティハニ・ラヨシュ（Tihanyi Lajos：1885年生〜1938年没。20世紀を代表するハンガリー人画家。パリで活躍した）であった。ティハニはマルトンの親戚であった。ティハニは初めウィーンに渡り、後にベルリンへ移動、1924年にはパリへと移住した。ティハニはパリでハンガリー人移住仲間と交流を深め（ブラッシャイ、ケルテースなど）、1937年にマルトンがパリに移住して来た時、ハンガリー人仲間に彼を紹介したのである。

レジスタンスに参加する

第二次世界大戦が勃発すると、ドイツはすぐにフランスを占領した。マルトンはほかの亡命者たちと共に、フランスのレジスタンスに加わった。マルトンは地下組織でチラシを作成し、仲間の士気を上げるために活動した。また、偽造文書作成の仕事も引き受け、

ナチスに目をつけられている人たちを匿う仕事もした。多くの若いユダヤ系ハンガリー人たちがレジスタンスに参加したことは特筆すべきことである。また、マルトンは戦時中、友人であったブラッシャイらの助けを借り、ティハニの作品を戦火から守った。それらの作品は、彼らの手により戦後の1965年にハンガリー国立美術館に移送された。

ブダペストに残ったマルトンの家族は、第二次大戦末期の激しいホロコーストを生き抜いた。しかし、両親は戦後すぐに肺炎で他界している。二人の姉はラウル・ワレンバーグ（本書、コラム「第二次大戦におけるスウェーデンの立場とラウル・ワレンバーグの活躍」参照）に助けられ、生き延びたと言われている。

戦後の活動とマルトン・エルヴィンの死

戦後、パリの芸術家たちの活動は徐々に再開されていった。1944年から1946年、マルトンは仲間と共にハンガリー人亡命芸術家のためのセンター再建に力を尽くした。1940年代から1950年代にかけて、マルトンは街の風景を撮る優れた写真家として国際的に有名になった。戦後もマルトンはパリに来る若手ハンガリー人芸術家たちを助けた。

戦後、マルトンは同じくハンガリー人亡命者であるルダシュ・マルタ（Rudas Martha）と知り合い、結婚する。マルトンとマルタは2人の息子を儲けた。

マルトンの死は突然やってきた。1968年4月30日のことであった。彼はパリで脳出血でこの世を去った。55歳であった。奇しくもこの時、ハンガリー国立美術館は彼の作品の展示会を開くための準備をしていた。彼の死を受け、ハンガリー国立美術館は1971年にマルトン・エルヴィンの死を悼み、特別展を開催した。マルトンの作品は21世紀の現在においても高く評価され、世界中で展示会が開催されている。

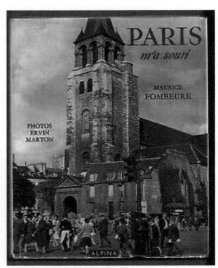

マルトン・エルヴィンの写真集

1890年代に建てられたショプロンのシナゴーグ

ブダペストの大シナゴーグ１８世紀

ユダヤ教学大学１８世紀

■ コラム　ハンガリーにおけるホロコースト

　ハンガリー王国では、1867年12月に出された法令により、ユダヤ教徒の「解放」が実現された。それ以前も1830年代から緩やかにユダヤ人「解放」の動きがあったが、この1867年の法令によりキリスト教徒と同等の市民権が与えられた。また、1895年にはユダヤ教はカトリック、ルター派、カルヴァン派などのような「公認の宗教」の一つとして認定されると、ハンガリー王国においてユダヤ教徒は増加していった。この頃ブダペストに移動してくるユダヤ人も多く、ブダペストにおけるユダヤ人の人口の割合も増えていった。特に19世紀のブダペストでは、ユダヤ人たちは経済的、文化的な意味でもブダペスト都市文化発展の一翼を担っていた。ブダペストの中心部にどっしりと構えるヨーロッパ最大のシナゴーグを見れば、そのことは一目瞭然である。ブダペストにはユダヤ教の指導者ラビを育てるための大学もつくられた（Országos Rabbiképző – Zsidó Egyetem：1877年創立の学校である。ラビを輩出するための最高学府としてはヨーロッパで現存する最古のものに数えられている。本文ではユダヤ教学大学と記す）。

　このようにユダヤ人はブダペストをはじめとする都市部では金融や産業、商業部門で勢力を拡大してゆき、活躍できる場を持っていた。その意味ではハンガリー社会にある程度溶け込むことができていたと言える。

　しかしその一方、ハンガリーの地方では密かに「反ユダヤ主義」的思想が育っていたという事実もある。それが初めて表に現れたのが、ハンガリー東部の町、ティサエスラールで起こった事件である。これはユダヤ人に対

する「血の中傷」により引き起こされた裁判である（1882年）。この裁判の影響はハンガリー各地に波及し、多くの都市でポグロムが発生した。それに対しハンガリー政府は、事態を収拾するために厳戒令を布き、ユダヤ人居住区のある地域には軍隊を派遣した。これ以降、「反ユダヤ主義」感情は市民の間で確実に育っていったのだが、それでも、ブダペストに住むユダヤ人は比較的平穏に過ごしていた。

反ユダヤ主義の強まり──第一次、第二次、第三次反ユダヤ法の制定

しかし、ハンガリーにおけるユダヤ人の状況は、第一次大戦後、次第に悪化の一途を辿っていった。1920年時点でのハンガリーのユダヤ人の人口は、約47万人であった。1920年に摂政の座に就いたホルティだったが、ホルティはハンガリー社会担い手のユダヤ人たちを無下にはできないと考えていたようである（その反面、ホルティ自身は「反ユダヤ主義」という考えも持っていることも自覚していたようではあるが）。

1919年8月に倒れたハンガリー・ソヴィエト共和国政権にはユダヤ人が多くいたと前章で述べたが、この事実はその後市民の間で反ユダヤ感情が高まるきっかけの一つとなった。そんな気運の中、1920年9月にハンガリーではヌメルス・クラウスズが施行された。その結果、大学新入学生のユダヤ人の割合が大幅に縮小されたのである。詳しくはこのコラムの後に書くので、それを参考にして欲しい。

1930年代、ナチスの影響を受けた極右勢力が政権に就くと、社会の中でユダヤ人に対する差別意識は高まっていった。1938年、時のイムレーディ政権は、「第一次反ユダヤ法」を制定して、知的職業と商業に従事する

者のなかのユダヤ人の比率を20％までと定めた。また、翌年に政権の座に就いたテレキ・パールの下、国会は前年のものよりも人種的要素が色濃くなった「第二次反ユダヤ法」を可決し、ユダヤ人（両親のいずれかがユダヤ人であることを条件とした）を公務員から排除し、知的職業に就いているユダヤ人の比率を6パーセントまでとしたのである。この時点で、「ユダヤ人」は宗教的要素として区別されるのではなく、人種的に区別されるものに変わってた。つまり、キリスト教に改宗したユダヤ人もこの法律の対象となったのである。そして、1941年8月、時のバールドッシ内閣は、国内では極右的政策を採っていた。この内閣の下、「第三次反ユダヤ法」が制定されたのである。これによりユダヤ人の権利は極度に制限された。また、この法律により、ユダヤ人は非ユダヤ人との結婚を禁止されただけではなく、性交渉を行うことまでも禁止された。

ハンガリーの失った領土の回復とその土地のユダヤ人の運命

ハンガリーは2度のウィーン裁定およびユーゴスラヴィアへの軍事行動により、トリアノン条約で失った土地の一部を回復していた。1941年より、ハンガリーおよび、それらのハンガリー「占領地域」（スロヴァキア、北部トランシルヴァニア、ヴォイヴォディナ）からユダヤ人が集められ、強制的に労働グループに組み込まれた。形成されたグループは、ハンガリー軍の一部として東部戦線に送られ、強制労働を強いられた。彼らは、線路の修理や空港の建設、地雷の撤去などに従事させられた。労働中に犠牲になったユダヤ人も多くいたが、後にソ連の捕虜になった人たちも多くいたのだ。その数は未だ定かではないが、一説には1万人以上にのぼると言

201

アイヒマン

黄色い星の家

われている。その多くは、ソ連の強制収容所で亡くなった。イスラエルのヤド・ヴァシェム（イスラエル・ホロコースト記念館）は、この強制労働を強いられ、最後はソ連の収容所で死亡したユダヤ人たちもホロコーストの犠牲者であるとしている。

　ハンガリーは2度のウィーン裁定およびユーゴスラヴィアへの軍事行動により再度ハンガリーに組み込まれた地域において、民族抑圧政策を採っていたが、その顕著な表れは、1942年1月にウーイヴィデーク（Újvidék）およびその周辺の街で起こった、ハンガリー兵士、憲兵によるセルビア人の大量虐殺事件であった。この事件の犠牲者の大半は、民族的にセルビア人、ユダヤ人であり、その数は3300人から3800人にのぼると言われている。この事件の背景としては、ハンガリーが占領したヴォイヴォディナにおいて、パルチザンの動きが高まり、彼らを一掃することが目的で始まった一連の事件であったが、それに乗じて多くのユダヤ人一般市民が犠牲となった。

　それでも、摂政ホルティや1942年3月から首相の座に就いたカーライ・ミクローシュは、他の国と比べて、「比較的穏健」な反ユダヤ主義政策を採ってきた。もちろんここで「比較的穏健」としたのは相対的な意味であり、カーライもホルティもなるべくドイツからの要求をはねつけるようにしていた結果、他の地域と比べるとそうなったということである。彼らはなんとか1944年3月にナチス・ドイツ軍がハンガリーを占領するまでは、ユダヤ人をドイツ占領下のポーランドにある強制収容所へ移送させようとするナチス・ドイツの要求をはねつけてきた。そのおかげもあってか、近隣諸国からハンガリー国内に逃げ込んでくるユダヤ人も多かった。しかし、これもドイツのハンガリー占領により

■コラム　ハンガリーにおけるホロコースト

一変してしまったのである。

ドイツ軍によるハンガリー占領──アドルフ・アイヒマン、ブダペストへ

　1944年3月19日、ドイツ軍がハンガリーを占領すると、22日、カーライに代わりストーヤイ・デメが首相の座に就いた。ストーヤイ内閣は、ユダヤ人の居住区をゲットー内に制限し、強制移送を開始した。アドルフ・アイヒマンがブダペストに赴任してきたのもこの頃であった。アイヒマンはブダペスト赴任中に約40万人のハンガリー・ユダヤ人をアウシュビッツに送ったとされている。ナチスのSSは上記のユダヤ教学大学の校舎を占領し、ユダヤ人たちを集めて選別する場所として使った。

　ブダペストに住むユダヤ人たちは、5月からは「ユダヤの星」の着用が義務付けられ、他の住民との「違い」が目に見える形で現れるようになっていった。6月中旬にはブダペスト市長の名で、ユダヤ人は「黄色い星の家」と名付けられた建物に住むことを定める法令が発布された。「黄色い星の家」は、ブダペスト中に点在していて、当初は2600戸設けられるはずであったが、最終的には1640戸設けられた。当初の計画では、約22万人のユダヤ人がここに入れられる予定であった。「黄色い星の家」の80％は、ユダヤ人がもともと多く住んでいた、ブダペストの6区、7区、13区に設けられた。

矢十字党政権下のハンガリーにおけるユダヤ人の運命

　1944年10月、ハンガリーのファシスト党である矢十字党のサーラシ・フェレンツが政権に就き、ホルティが摂政の座から退くと、もう誰も止めるものはいなくなった。ブダペストからのユダヤ人強制移送が再開され

黄色い星の家

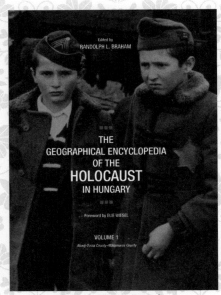

ハンガリーのホロコーストについての本

筆者撮影ブダペスト13区　国際ゲットー跡にあるプレート

ブダペストドナウ川岸にあるホロコーストの犠牲になったユダヤ人を悼む靴像

たのだ。

　11月下旬、内務大臣の名で、「黄色い星の家」に住むユダヤ人は一斉にゲットーに移り住むよう命令が下った。それにより、ブダペスト7区のドハーニ通りからキラーイ通り、カーロイ環状通りからナジアタァーディ・サボー通り（現ケルテース通り）に囲まれた区域がゲットーと定められた（以下、ブダペスト・ゲットーと呼ぶ）。そしてこの地域に住んでいた約1万2千人の非ユダヤ人は、代わりのアパートを与えられ、住んでいた元のアパートを明け渡さなければいけなかった。この区域には162戸の「黄色い星の家」が存在した。そして、約4万人のユダヤの星を身に着けたブダペストのユダヤ人たちが、黄色い星が付けられ、フェンスで囲まれた区域にある建物に移住させられたのである。この区域は12月10日に「外の世界」と断絶された。そして、「外の世界」と繋がる門は4つしか存在しなかった。ゲットーに移住させられたユダヤ人の数は増え続け、1945年はじめには、このゲットーには約7万人にも上るユダヤ人が収容されていた。

ブダペスト大ゲットーと国際ゲットー

　ブダペストのユダヤ人たちは、「保護されているユダヤ人」と「保護されていないユダヤ人」の2つのグループに分けることができた。「保護されているユダヤ人」とは、スイス、スウェーデン、バチカンなどの中立国が発行した「保護証明証」を持つユダヤ人たちのことで、彼らは11月12日から20日の間にブダペスト13区にあったいくつかの建物に入れられた。そこは「国際ゲットー」と呼ばれていた。ここでは基本的に中立国の外交官たちや外国の政府からの援助の下、一定の安全は保たれていた。この「国際ゲットー」には約1万6千人が「保護」された

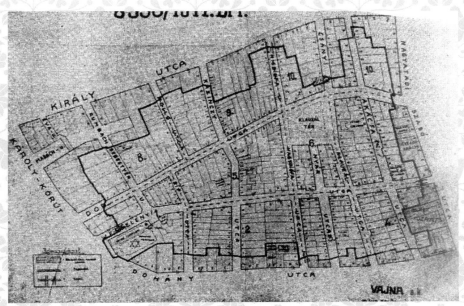

ブダペスト大ゲットー

が、彼らを収容するための建物は不足していた。それでも多くのユダヤ人たちは、偽の「保護証明書」により「避難所」を見つけることができた。定員オーバーの家は住むのは耐え難く、さらに食糧難はここでも深刻な問題であった。1945年にソ連軍が入った時には、この「国際ゲットー」には約2万人のユダヤ人がいたと言われている。

「保護されていない」ユダヤ人たちの運命は明白であった。輸送列車で強制収容所送りになるか、7区のブダペスト・ゲットーに送られるかであった。ブダペスト・ゲットーの生活は初めから劣悪であり、一つの部屋に平均14人が住まわされていた。ブダペスト・ゲットーのユダヤ人たちの生活状況は悪化の一途を辿った。食糧不足は深刻であり、多くの人々は餓えにより死んでいった。また、矢十字党やナチス党員の襲撃は頻繁に行われていた。

それでもユダヤ人評議会は生活を改善しようと力を尽くした。公共のキッチンを設けたり、国際赤十字の助けを借り、病院を設置したりもした。ブダペスト・ゲットーは、ヨーロッパ最大のゲットーの一つであり、東欧で戦争を生き残った唯一のゲットーであった。1945年1月17日にソ連軍が入った時には、このゲットー内に約5万3千人のユダヤ人が残っていた。

1920年の時点で約47万人であったユダヤ人だが、1938年以降の2度にわたるウィーン裁定を経て、1941年にはその人口は約80万人にのぼっていた。また、ハンガリーが隣国に比べ、ユダヤ人に対する「穏健的」な政策を採っていたこともあり、流入してきた人たちも数多くいた。ホロコーストを生き抜いたハンガリー・ユダヤ人の数を特定するのは難しいが、戦後、強制収容所から戻ることができた人を含めると、約13万人か

ブダペスト国際ゲットー
(http://www.parallelarchive.org/document/177)

ら14万人くらいであるとされている（諸説あり、80〜85万人の内、約56万5千人が犠牲になった、また、戦争最後の2年間の間には50万から60万人が犠牲になったともいわれている）。いずれにせよ、ハンガリー全体のユダヤ人の約70％はホロコーストの犠牲になったことになる。

> **＊ヌメルス・クラウズス**
> **（Numerus Clausus：定員制限）**
> ハンガリーでヌメルス・クラウズスが施行されたのは1920年9月であった。1920年6月、時の宗教文化相であるハッレル・イシュトヴァーン（Haller István：1880年生〜1964年没）が立案した。この法律には「ユダヤ人」という言葉は使われはいないかったが、当時この法律の対象となる民族（人種）で高等教育を受ける人のほとんどがユダヤ人であったため、この法律は20世紀における初めての反ユダヤ主義の法律であると評価されることがある。この法律が施行された結果、1920年までは大学新入学者全体の中のユダヤ人率が30％以上を占めていたが、1920年にはそれが10.4％になった。この法律を受け、国外に出るユダヤ人の若者が増加した。この法律はその後批判を受け1928年に廃止されたが、それ以降すぐに大学入学者のユダヤ人率が増加するという傾向は見られなかった。

第四章

三節

物理学者・逃亡者

人類史上最高のIQ300頭脳を持ち、
マンハッタン計画にも参加した数・物理学者

ジョン・フォン・ノイマン
John von Neumann

ハンガリー名
ノイマン・ヤーノシュ
Margittai Neumann János

- 👤 1903年12月28日　ブダペスト
　（Budapest：オーストリア＝ハンガリー
　二重君主国）生
- ▶ 1930年　アメリカ合衆国に移住する
- ▶ 1937年　アメリカ合衆国に帰化する
- 🪦 1957年2月8日　ワシントンDC
　（Washington：アメリカ合衆国）没

ジョン・フォン・ノイマンは、1903年12月28日、ブダペストの裕福なユダヤ人の家庭に生まれた。ハンガリー名はヤーノシュ。ヘブライ語の名前も持ち、ヨナ（Yonah）といった。3人兄弟の長男で、2人の弟、ミハーイとミクローシュがいた。父ミクシャ・ノイマンはペーチ出身で、若いころブダペストに移住した。法学の博士号を持つ人物であり、初めはブダペストの法律事務所で働き、その後、銀行の法律アドバイザー、頭取になるな

ど、ブダペストで着々とキャリアをあげていった。母マルギットは子供たちの教育に全力を注いだ。両親の先祖ともハンガリーに移住してきたユダヤ系ドイツ人であった。

1913年、父、ミクシャ・ノイマンは皇帝フランツ・ヨーゼフ一世からオーストリア＝ハンガリー二重君主国への奉仕を称えられ、貴族の称号が与えられた。そして、新たにマルギッタイ（Margittai）という苗字と紋章が与えられた。このようにして、一家の苗字は、ノイマン（Neumann）からマルギッタイ・ノイマン（Margittai Neumann）に変わった。そして後にジョンはそれをドイツ風にフォン・ノイマン（von Neumann）と変えた（アメリカへの移住時、弟2人はそれぞれこの苗字を基にした新しい苗字をつくっている）。本書では一般に知られる名前、ジョン・フォン・ノイマンで表記する。

ジョン・フォン・ノイマン、幼少期から才能を発揮

ジョンの両親は子供たちの教育には全力を注いだ。10歳を過ぎるまで学校教育を受けず、家庭で教育を受けた。ジョンの才能は幼少期より現れていた。6歳で8桁の数字の計算を暗算することができたと言われている。また、両親は語学も重要視しており、英語、フランス語、ドイツ語、イタリア語などを学ばせた。ジョンは古典ギリシャ語で会話することもできたという。その他にもジョンは歴史にも興味を持ち、自宅の書庫にあった歴史の本を片っ端から読んだと言われている。

ジョンは1911年にファショリ・ギムナジウム（A Budapest-Fasori Evangélikus Gimnázium：ハンガリーの福音ルター派教会付属のギムナジウム。1823年創立）に入学した。当時のブダペストでは最高峰の学校

の中の一つであった。福音ルター派の学校で
はあったが、ユダヤ人の子女が多く学んでい
て、1学年上にはユージン・ポール・ウィグ
ナーがいた。彼らは共にラーツ・ラースロー
（Rátz László：1863年生〜1930年没。ハ
ンガリーの数学の教師）のクラスで数学を学
んだ。ジョンの父親は息子の年齢に見合った
教育を受けさせることを望んだが、それと同
時に息子の才能は認めていたようである。
ジョンの才能が特出した分野には家庭教師を
つけ、息子の才能を伸ばすことに力を入れ
た。その分野は特に数学であった。ジョンは
19歳までに数学で2本の論文を発表し、ハ
ンガリーの数学界で権威のある賞、エトヴェ
シュ賞を授与された。ノーベル物理学賞を受
賞したユージン・ポール・ウィグナーは、同
世代のハンガリー人には多くの優秀な学者が
いるが、その中で「天才」と呼べるのはジョ
ン・フォン・ノイマンだけであると述べたほ
ど、ジョンの才能は突出していたようである。

　1921年、ジョンはブダペスト大学の数学
学科に入った。しかし、当時のハンガリーで
は数学の学者としての仕事はほとんどなく、
運よく仕事に就けたとしても給料がとても低
かった。そのため、父はジョンにもっと稼げ
る道に進んでもらいたかったようである。そ
んな父もジョンが化学技術者になることを賛
成し、そのためにベルリン大学やチューリッ
ヒ工科大学で化学工学を学ばせた。1926年
にチューリッヒ工科大学で化学工学を修了、
それとほぼ同時に数学の博士号を取得した。
その後、論文がヒルベルト（David Hilbert
：1862年生〜1943年没。「現代数学の父」
の異名を持つ。ドイツの数学者）に気に入ら
れ、ロックフェラー財団からの奨学金を取得
し、ゲッティンゲン大学で数学を研究するよ
うになった。

研究者としてのキャリアの開始

　1928年、ベルリン大学で私講師として働
き始めた。ジョンは当時、史上最年少の私講
師であった。1929年にはハンブルク大学で
私講師の職に就いた。この頃、ジョンの私生
活にも変化があった。まず、1929年に父ミ
クシャが他界した。その後フォン・ノイマン
家はカトリックに改宗した。また、ジョンは
ブダペスト大学で経済学の学生であったマリ
エッタ・クゥヴェシと結婚し、1935年に一
人の娘を儲けた。しかし夫婦は7年後には破
局を迎え、ジョンは1938年にコンピューター
サイエンティストのクラーラ・ダーン（Klára
Dán von Neumann：1911年生〜1963年没）
と再婚している。お互い再婚同士であった。

プリンストンでの活躍──そしてマンハッタン計画へ

　1929年末、ジョンはプリンストン大学
からオファーを受け、アメリカに渡る。そ
の後の1933年にはプリンストン高等研究
所（Institute for Advanced Study：ニュー
ジャージーにある研究所。アインシュタイン
をはじめ、多くの有能な研究者が集まったこ
とで知られている）から職を打診され、生涯
そこの所員であり続けた。また、プリンスト
ン大学でも数学の講義を受け持っていた。そ
して、ハンガリー風だった名前もアメリカ風
の名に変え、1937年にはアメリカ合衆国に
帰化した。ジョンとクララの夫婦は、プリン
ストンの学会で活発に学術活動した。1939
年にはハンガリーに残っていた家族もアメリ
カに呼び寄せた。

　プリンストンでは応用数学の研究を始め
た。ジョンはドイツとの戦争では数値解析が
必要であると考えた。軍で自らの能力を生か
そうと、陸軍中尉になるための試験を受けた
のだが、年齢を理由にこれは不採用となっ

209

た。しかし、爆発物の分野でジョンの力は発揮されることとなったのである。ジョンはアメリカ海軍の爆発物に関するコンサルティングの仕事に就いた。そこでジョンは「爆弾による被害は、爆弾が地上に落ちる前に爆発した時に最大となる」という理論を導き、これは広島、長崎への原子爆弾投下時に利用された。また、マンハッタン計画が開始されるとそれに参加した。原子爆弾に核分裂反応させるための爆縮レンズ（原子爆弾に核分裂反応させるための技術）開発を担当し、それは長崎に投下されたプルトニウム型原子爆弾「ファットマン」に用いられた。また、爆轟波面の構造に関する ZND 理論（爆弾の火薬の爆轟を予測する理論。ジョンが提唱したものであった）を確立し、それを基に原子爆弾が実現したのであった。

第二次世界大戦後のジョン・フォン・ノイマン

1944 年ごろには EDVAC の開発にも携わった。プログラム内蔵方式のコンピューターは「ノイマン型」という名で知られている。最もこれはノイマン一人の功績ではなく、チームワークであったのであるが。途中、主要なメンバーであったジョン・モークリー（John William Mauchly：1907 年生～1980 年没。EDVAC の主要開発者の一人。物理学博士）とジョン・エッカート（John Presper Eckert：1919 年生～ 1995 年没）が抜けたため、実際に EDVAC が完成したのは 1950 年代に入ってからであった。

ジョンは戦後も研究の分野で活躍し続けた。アメリカ空軍のコンサルティングの仕事では、1953 年に「フォン・ノイマン委員会」と名付けられた委員会がつくられ、そこでの話し合いにより、6 種類の戦略ミサイルが開発された。ロバート・オッペンハイマー（Julius Robert Oppenheimer：1904 年 生

～ 1967 年没。ユダヤ系アメリカ人。物理学者。マンハッタン計画を主導し「原爆の父」とも呼ばれる）がレッド・パージの対象となった時には彼を擁護し、エドワード・テラーと対立してる。

1955 年、ジョンは骨腫瘍、すい臓がんであると診断された。癌はすぐに全身に転移し、闘病生活に入った。入院中も、合衆国政府はジョンの意見を重要視し、ジョンは政府相談役としての活動を続けた。しかし、病状は悪化の一途を辿っていった。1956 年 1 月にワシントン DC のウォルター・リード病院に入院した。そして翌年 2 月、約 2 年の闘病の末 53 歳でこの世を去ったのであった。ジョン・フォン・ノイマンの亡骸は、アメリカ合衆国ニュージャージー州のプリンストン墓地に埋葬されている。

ジョンは数学のほかに歴史がとても好きであった。特にビザンティン帝国の歴史にはとても詳しく、プリンストン大学のビザンティン専門家が舌を巻くほどであったという。ジョンは普段は宗教に無関心であったが、死を目の前にして病床に司祭を呼ぶなど、死に対する恐怖はあったようである。ジョンは「天才」と呼ばれたが、人との交流を嫌う人物ではなかったようである。ブダペストのギムナジウム時代も、積極的に仲間の輪に入ろうとしていたし、アメリカ時代も、同じユダヤ人の研究者仲間や友人たちと「ユダヤジョーク」を何時間も交わしあったり、ゴシップに花を咲かせるという一面もあったようだ。

■コラム　原子爆弾開発に関わった ユダヤ系ハンガリー人亡命学者たち

ルーズベルト大統領

1939年8月、物理学者アインシュタインは、当時のアメリカ合衆国大統領フランクリン・ルーズベルト（Franklin Delano Roosevelt：1882年生〜1945年没。アメリカ合衆国の政治家。民主党出身。第32代大統領）に一通の書簡を送った。この書簡おいて、アインシュタインはウランによる連鎖反応が実現され、それが強力な爆弾となりうることを指摘、アメリカ合衆国政府に注意を喚起するとともに、物理学者への研究支援を訴えた。さらに、ナチス・ドイツによる核エネルギー開発を示唆する事実を指摘した。

これより少し前の3月、レオ・シラードというユダヤ系ハンガリー人亡命者をはじめとするグループがコロンビア大学においてウランの核分裂実験を行い、複数の高速な二次元中性子が放出されることを確認した。シラードはこの実験結果を公表しないことを主張したが、それは受け入れられず、同年4月末にはウランの同位体が分離できさえすれば、一つの都市をも吹き飛ばすくらいの威力をもつ爆弾ができるというセンセーショナルな記事が新聞に載ったのであった。

この頃、ハンガリー生まれのユダヤ系亡命物理学者であったシラード、ユージン・ウィグナー、エドワード・テラーの3人はこのウランによる連鎖反応がもたらしうる未来を案じ、議論を重ねていた。ウィグナーは特にこの問題をアメリカ政府に早急に訴える必要性を主張した。それとともに、核エネルギー開発がすでにドイツでは政府レベルで行われていること、ベルギー領コンゴで採掘されている良質のウランがナチスの手に渡ることへの懸念も示唆したのである。

アインシュタイン

211

アインシュタインの手紙

　当時から知名度の高かったアインシュタインの署名が入った手紙ならばルーズベルト大統領に届き、政府も動くだろうと考え、3人はアインシュタインに直接手紙の作成を頼んだ。また、シラードとウィグナーはドイツ時代にアインシュタインの教え子であったため、それまでにも度々個人的に家を訪ねることもあったのだという。

　この手紙から8カ月後、政府から物理学者たちに資金的援助がなされる事となった。また、その3年後にはマンハッタン計画により、原子爆弾開発が本格的に進められていくことになる。

　しかし1945年春ドイツの敗戦が色濃くなると、シラードは原子爆弾の実戦使用に反対する運動を始めた。本来シラードが目指したのは、ナチス・ドイツが原子爆弾を持つ前に、アメリカがそれを持つこと、つまり原子爆弾によるナチス・ドイツへの牽制であり、実戦使用されることまでは考えていなかったのである。1945年3月の時点で、ナチス・ドイツが原子爆弾開発を行っていないことがわかると、今度はその自分たちが開発してきた原

子爆弾が日本に使われることに対する恐れを感じ始めた。

　このため、シラードは再度ルーズベルト大統領に手紙を書き、アインシュタインに紹介状を依頼した。しかし、ルーズベルトが急死したため、シラードの意思は伝わらなかった。シラードは新大統領トルーマンに手紙を送ろうと試み、実際ワシントンでトルーマン秘書と会うことができた。そして新国務長官バーンズと会見し、原子爆弾実戦使用がもたらす未来を説明したが、バーンズにそれを理解されることはなかった。シラードら物理学者たちの原爆実戦使用反対運動は実を結ぶことはなく、広島、長崎への原爆投下を止めることはできなかったのである。アインシュタインは晩年、最初のルーズベルトへの手紙にサインしたことでもたらした現実を目の当たりにし、後悔したといわれている。

　ここでこの通称「アインシュタイン＝シラードの書簡」およびその後の原子爆弾開発に関わったユダヤ系ハンガリー人たちのことを見ていきたいと思う。

大統領への嘆願書提出、マンハッタン計画から外され、戦後は核抑止論者に転じた

レオ・シラード
Leo Szilard

ハンガリー語
シラールド・レオー
Szilárd Leó

- 1898年2月11日　ブダペスト（Budapest：オーストリア＝ハンガリー二重君主国）生
- ▶ 1920年　ドイツに亡命する
- ▶ 1938年　アメリカに亡命する
- 1964年5月30日　ラホヤ（La Jolla：アメリカ合衆国・カリフォルニア州）没

原子爆弾開発でその名を知られたレオ・シラード。ハンガリー語の表記ではシラード・レオー（Szilárd Leó）となるが、本書では一般に広く知れ渡っているレオ・シラードと表記する。

レオ・シラードは1898年2月11日、ブダペストで生まれた。父親の名はシュピッツ・ラヨシュ（Spitz Lajos）、土木技師であった。母親はヴィドル・テクラ（Vidor Tekla）といった。レオの家は当時の中流家庭であった。レオには2人の兄弟がいて、レオ自身は3人兄弟の長男であった。1900年、家族は姓をハンガリー風であるシラードに改めた。レオは初等教育を家庭で受け、1908年から（1916年まで）は化学の教育に重点を置いた高等学校に通った。学業には長けていたようであり、13歳の時にはすでに物理学と数学に興味を示していた。1916年、エトヴェシュ・コンクールの数学部門で2位、物理学部門で1位になった。

第一次世界大戦──病気が理由で除隊

1914年、レオが16歳の時に第一次世界大戦が勃発した。レオは1916年1月に徴兵命令を受けるが、その後少しの間は勉強を続けることができた。1916年9月、王立ヨージェフ工科大学（Királyi József Műegyetem：現ブダペスト工科経済大学）世界最古の工科大学と考えられている）の工学部に入学した。1917年、士官候補生として徴兵されると1年の士官学校を経て待機していたが、前線に送られる前にスペイン風邪に罹り、故郷で静養することになった。また、別の文献にはレオは仮病を使い、故郷に戻ったとの記述もあった。どちらにせよ、レオは前線には行かず除隊した。

敗戦後の混乱の中でシラード一家は苦しい状況にあった。レオは大学に復帰したのだが、当時の大学では学生運動が盛んであった。レオもその学生運動に参加した。1919年3月に発足したハンガリー・ソヴィエト共和国では、新しい政権のもと赤色テロが横行するという現実を目の当たりにし、ハンガリー・ソヴィエト政権の在り方に疑問を抱いた。その後ホルティが権力を握ると、前政権への反動であるかのように白色テロが横行し、共産主義者やユダヤ人が弾圧された。プ

ブダペスト工科経済大学

シカゴ・パイル1号

ロテスタントに改宗していたシラード一家であったが、大学ではユダヤ人を排斥しようという学生たちに暴力をもって大学から締め出された。この時、レオはベルリンにわたることを決意し、1919年末にハンガリーを後にした。

ベルリン時代

　レオは1920年よりベルリン工科大学（Technische Universität Berlin）工学部に入学する。しかし、レオの興味は物理学へ向きはじめ、同年の秋にはフリードリヒ・ヴィルヘルム大学（Friedrich-Wilhelms-Universität：現ベルリン・フンボルト大学）に入り直し、物理学を学んだ。物理学科の講義だけでなく、他学科の講義にも積極的に参加した。また、アインシュタインの統計力学のセミナーも受けていた。このセミナーはユージン・ウィグナー（1907年生〜1995年没 やガーボル・デーネシュ（Gábor Dénes：1900年生〜1979年没。ユダヤ系ハンガリー人物理学者。1971年にノーベル物理学賞を受賞する）、ジョン・フォン・ノイマン（1903年生〜1957年没。ユダヤ系ハンガリー人）などのハンガリー出身のユダヤ人学生も受講していた。1922年、レオは博士号を取得した。

　レオは博士号取得後もベルリンに残り、研究の道を模索していた。1925年指導教官であり、1914年のノーベル物理学賞受賞者でもあったラウエの助手となった後、大学の私講師となった。イギリスやアメリカにも赴き、数多くの特許も出した。しかし、大学や研究所で定職を得ることは難しいことであった。1933年、ドイツにおいてナチスが政権を掌握すると、レオはドイツやブダペストに住むユダヤ人の友人・親族などにヨーロッパから出るよう進言してまわった。3月23日

214　■コラム　原子爆弾開発に関わったユダヤ系ハンガリー人亡命学者たち

に全権委任法が成立し、ついにヒトラーによる独裁体制が固まると、レオは単身オーストリアに渡った。そして４月７日、ウィーンにおいてドイツにおけるユダヤ人の公職追放決定のニュースを聞いたのだった。

ユダヤ人研究者救済のために

レオはウィーンでドイツを脱出してくるユダヤ人学者の受け入れ先確保のため奔走した。当時ウィーンに滞在していたウィリアム・ヘンリー・ベヴァリッジ（William Henry Beveridge：1879 年生〜 1963 年没。イギリスの経済学者であり社会政策学者）に相談し、亡命学者のための受け入れ先紹介機関の設立を訴えた。そして、ベヴァリッジのイニシアチブでロンドンに「学術支援評議会（Academic Assistance Council）」が設立された。この後数か月間、レオはこの AAC の事務所で働くだけにはとどまらず自費でスイスやフランスにもわたり、ユダヤ人学者たちの救済を呼び掛けた。しかし、レオはこの間も自ら進むべき道を迷っていた。

レオ・シラード、原子エネルギーについて考える

1933 年 9 月、レオはイギリス滞在中に物理学者アーネスト・ラザフォード（Ernest Rutherford, 1st Baron Rutherford of Nelson：1871 年生〜 1937 年没。ニュージーランド出身の物理学者、科学者。「原子物理学の父」と呼ばれる。1908 年にノーベル化学賞を受賞する）の講演の記事を目にする。ラザフォードは原子核のエネルギーを工業的規模で解放することは空想にすぎないとの論を説いていた。これを受けてレオは、逆に起こりうる核戦争の可能性が頭に浮かんだのである。これをきっかけにレオは原子エネルギーについて深く考えるようになった。そ

して素粒子中性子による原子核の連鎖反応によって莫大なエネルギーを解放することの理論的可能性に思い至ったのである。レオはすぐに核エネルギーに関するいくつかの特許を申請、取得した。そして実験を始めたのである。

亡命先で確固とした地位がなかったため、実験を続けるのは困難であったが、それでもレオの研究はオックスフォード大学の目に留まり、クラレンドン研究所の常勤研究員の職に就くことができた。しかし、レオは 1930 年代半ばの時点で不穏な空気の漂うヨーロッパには留まらず、アメリカに渡る道を模索していた。そして、1938 年、ニューヨークに行く機会を利用し、アメリカに亡命したのである。オックスフォード大学はそのまま退職した。

アメリカでの研究生活

レオはアメリカで安定した職に就くことができず、わずかな収入を得て暮らしていた。実験も思うようには進んでいなかったのである。ナチス・ドイツがヨーロッパでその勢力を広げる中、レオは失意の底にいた。そんなとき、ウィグナーからドイツのオットー・ハーン（Otto Hahn：1879 年生〜 1968 年没。ドイツの化学者、物理学者。核分裂を発見する。1944 年にノーベル化学賞を受賞する）らが核分裂という新たな現象の実験に成功したということを聞いた。このことから、ナチスが誰よりも早く原子爆弾を完成させるのではないかという強い危機感をもつようになった。そして、それに対抗するにはアメリカが先に原子爆弾を完成させるしかないと考え、一刻も早い連鎖反応の実現に急いだのである。

ウランによる連鎖反応の可能性は、イタリアから亡命し、コロンビア大学にいたエンリ

215

エンリコ・フェルミ

マンハッタン計画
https://en.wikipedia.org/wiki/Manhattan_Project

コ・フェルミ（Enrico Fermi　1901年生〜1954年没。イタリア・ローマ出身の物理学者。1938年にノーベル物理学賞受賞）も考えていた。レオはフェルミに実験を行うよう説得している。そして、1939年3月、レオのグループとフェルミのグループ2つに分かれて、コロンビア大学で実験を行ったのである。

　レオの意思とは逆に、この実験結果は公表された。そして同年4月末にはウランによる連鎖反応を用いれば、一つの都市が吹き飛ぶくらいの威力をもつ爆弾をつくることができるというセンセーショナルなニュースが世界を駆け巡った。この頃、ナチスがチェコスロヴァキアからウランの輸出を停止したこと、さらにはドイツ国内での連鎖反応実験の状況報告などを受け、ますますナチスの原子爆弾保有の可能性を危惧していた。そのため、レオはウィグナーと共にアインシュタインのところに赴き、ルーズベルト大統領に手紙を書くことを進言したのである。それからのことは先に述べた通りである。

　1940年6月、ウラン諮問委員会からコロンビア大学へ資金が与えられ、実験存続の見通しが立った。そして、レオはコロンビア大学に正式に雇用されることになったのである。フェルミと協力して実験を続けるが、政府が絡むプロジェクトになっていたため、行政上の手続きなどが障害となり、なかなか思うように進まなかった。イギリスに亡命していたドイツの物理学者たちは、原子爆弾が実現可能であることをイギリス政府に報告、イギリスはそのことをアメリカ政府に報告した。それによりアメリカ政府はレオたちの実験に強い関心を向けるようになり、1942年6月、マンハッタン計画が開始されたのである。

マンハッタン計画

　レオは、シカゴ大学の冶金研究所（Metallurgical Laboratory：マンハッタン計画の一部のコードネーム。シカゴ大学教授でノーベル賞受賞者のアーサー・コンプトンを代表として結成された）に移り、フェルミの実験グループに参加した。レオはそこでプルトニウム生産のための原子炉作成に協力した。レオはここではフェルミの助手という立場であったようである。そして、1942年12月2日、世界初の原子炉「シカゴ・パイル1号（歴史上初めて臨界に達した原子炉。シカゴ大学のフットボール競技場につくられた）」は臨界を記録したのである。

　しかし、レオがこのマンハッタン計画に公然と異議を唱えだすのにはそう時間はかからなかった。元来学者であるレオは、科学者たちを小さなグループに分け、意見交換を禁止した計画の秘密主義的運営に不満を持ったのである。レオは度々その機密保持という規定を無視していた。1942年10月の時点でレオは危険分子としてマークされ、研究所から外そうという意見もあったようである。レズリー・グローヴス准将（Leslie Richard Groves：1896年生～1970年没）との間で確執が起こった。プルトニウム製造工場を請け負ったデュポン社との非効率な情報交換による計画の遅れに、レオが公然と不満を訴えたのである。これを受けてグローヴスはレオをドイツのスパイの疑惑のある敵性外国人であるとし、戦争終結まで拘束すべきだと主張した。レオは拘束は逃れたものの、マンハッタン計画からは外され、それ以降は陸軍による常時監視、盗聴、尾行のもとで生活した。レオは、ウランの連鎖反応実験に対し政府から資金が出る前に、フェルミと共同で特許を取得していた。これを盾にマンハッタン計画に復帰を求め、とうとう1943年12月、妥協案が成立し、研究所に復帰することができた。

　しかし、レオはこの頃にはすでに学問としての原子力への興味を失っていたようである。それよりも出来上がり間近の原子爆弾が持つ政治的威力についての関心を深めていた。原子爆弾完成以降の国際的管理体制構築の必要性を考えていたのである。レオは原子爆弾の実際の威力が世間に知れ渡ることがなければ、原子爆弾を管理する国際合意に至ることはないかもしれないと考えており、このことを実際に訴えている。しかし、それが実戦で使われることに対し、苦しみの感情を持っていた。

原子爆弾の日本への投下を恐れて

　1945年3月、ナチスの原子爆弾開発の恐れがないという事実にレオは驚いた。そしてそれはレオにとって原子爆弾開発の意味を失わせることであった。それと同じ頃、日本への空襲が激化しており、レオは原子爆弾の日本に対する使用を懸念したのである。レオはそれを阻止するために再びアインシュタインに紹介状を頼み、ルーズベルト大統領との面会を試みるが、4月12日ルーズベルト大統領は死去し、これは叶わなかった。

　レオはその後、新大統領トルーマンへの面会を求め、動き出した。5月末に国務長官バーンズ（James Francis Byrnes：1882年生～1972年没。アメリカ合衆国の政治家。第二次世界大戦中は連邦政府戦時動員局長に抜擢される。日本に対する原爆攻撃支持派であった）と会い、原子爆弾実際に使用することで世界に与える影響、数年後の未来に予測される状況について説いた。また、それがもとで起こりうるソ連との核開発競争についても主張した。しかし、バーンズはソ連が短期間で原子爆弾を開発できるとは考えてはおら

トルーマン

広島に投下された原子爆弾リトルボーイ

長崎に投下された原子爆弾ファットマン

ず、むしろ原子爆弾を使用することでアメリカの優位性を主張できると考えていた。結果的に、レオの考えは受け入れられることはなかったのである。

　レオがバーンズと面会したことは、冶金研究所には知らせていなかった。そのため、研究所に混乱をもたらした。研究所では委員会がつくられ、科学者の視点から原子爆弾の政治的影響を議論し、報告することにした。それにより報告書「フランク・レポート（正式名称は『政治的・社会的問題に関する委員会報告』」が作成され、6月11日に原子爆弾使用決定を行う「暫定委員会」に提出されたが、すでに日本への原子爆弾投下は決定されており、その決定に影響を与えることはなかった。

　レオには日本への原子爆弾投下が避けられないものであるということが分かっていたため、最終手段にでた。人道的見地を根拠として、日本への原子爆弾投下に反対する大統領への請願書を独自に作成し、さらに冶金研究所の同僚たち約70名の署名も集めたのである。さらに、マンハッタン計画の他の研究所にもこの請願書の写しは送られ、他の研究者たちの署名も集めることができた。しかしこの請願書はやはり軍の反発を買い、軍を介した正規のルートで大統領に送られることとなった。この請願書は国務長官のオフィスまで届いたのだが、この時、国務長官は海外にいたため、結果的に原子爆弾投下後までこの嘆願書が国務長官の目に触れることはなかったのである。

　広島と長崎への原子爆弾投下のニュースを知ったレオは、この行為を「史上最悪の過ち」と述べている。長崎への原子爆弾投下直後、2つの都市の犠牲者に対する祈祷と生存者への献金を呼び掛けている。また、同年9月、シカゴ大学学長であったロバート・ハッチン

ズ（Robert Maynard Hutchins：1899 年 生
～ 1977 年没）を通じて、戦後の世界におけ
る原子爆弾の意味について討議する有識者会
議を行った。同年 10 月、陸軍省は戦後も軍
の主導権で原子力を管理する委員会設立を目
指し、原子エネルギー管理法案を議会に提出
した。マンハッタン計画に参加した科学者の
原子爆弾に関する発言は依然として軍から封
じられていたため、レオは憤慨し、その事実
をメディアに暴露した。それが科学者の間に
波紋をひろげ、ついに文民統制を主軸とした
原子力委員会が設立されることとなったので
ある。

戦後のレオ・シラード

　第二次世界大戦後にはレオは以前から興味
を持っていた分子生理学へ転向した。シカゴ
大学社会科学科のアドバイザーとなるととも
に、放射線生物学・生物物理学研究所で自身
の研究室をもった。しかし、レオは大学に立
ち寄ることはほぼなく、各地で多くの学者た
ちと接触し、社会活動をおこなっていた。
1950 年代の著名な物理学者のなかで、レオ
に会ったことのない人はいないと言われたほ
どであったという。このため、レオの地位と
収入は不安定なものであったという。

　1949 年ソ連が原子爆弾開発に成功したこ
とで、米ソは際限のない核開発競争に突入す
ることになった。1950 年代末、科学者の間
で核実験停止に向けた運動が活発になるが、
レオはこれには賛同しなかったようである。
レオは相互確証破壊の条件を確保することで
原子爆弾を保有したまま平和を維持するとい
う核抑止の考えを、様々な場所で発表した。
このような考えは、最初は科学者たちから懐
疑的な目を向けられたが、やがては支持され
るようになっていった。核兵器を絶対悪と考
える日本の学者たちからは批判されたことは

言うまでもない。

　1959 年、レオは膀胱がんを患った。死を
意識したからか、入院中は回想録などの口述
を行った。また、ジャーナリストや科学者と
も積極的に面会した。ソ連のフルシチョフ
とは手紙のやり取りをし、1960 年にフルシ
チョフがアメリカを訪れた際、レオは病院を
出て、2 時間の会談を行っている。その時、
米ソ・ホットライン開設などを提案し、実際
にこれはキューバ危機の後に実現している。

　退院後の 1961 年、「我々は戦争に向かっ
ているのか（Are we on the road to war?）」
と題した講演を行い、核戦争への脅威、合
理的軍縮の方法を模索することの重要性を
訴えた。その結果、「戦争廃絶のための協
議 会（Council for Abolishing War）」 を 設
立した。1964 年 2 月ソーク研究所（Salk
Institute for Biological Studies）の終身フェ
ローとなり、カリフォルニアに移り住んだ。

　レオの死は突然訪れた。カリフォルニアに
移住してすぐの 1964 年 5 月、就寝中に心
臓発作を起こして亡くなっているのを妻のゲ
ルトルートが発見した。66 歳であった。レ
オの遺灰は故郷のブダペストに送られ、今で
もブダペストの墓地で眠っている。

　学者としてその地位が安定していた期間が
少なかったレオ・シラードであるが、様々な
賞を受けている。1960 年には「アルベルト・
アインシュタイン賞」、ウィグナーと共に「平
和のための原子力賞」を受賞した。また、ア
メリカ人道協会（1941 年設立。本部はワシ
ントン DC に位置する）から「今年の人道主
義者」に選ばれた。レオの死後、アメリカ物
理学会は「レオ・シラード賞」を創設、その
賞は社会貢献の分野で物理学の発展に尽くし
た人物に送られることになった。

　レオは軍に逆らって大統領に面会を求めて
いることなどからもわかるように、自由奔

219

放、悪く言えば自己中心的な性格であったようである。その評価は分かれている。結婚にも向かなかったようで、ベルリン時代からの知り合いで、コロラド大学デンバー校で医師を務めていたゲルトルート・ヴァイスと1951年に結婚しているが、実際に一緒に暮らしたのはわずか3年であったという。

存命中、レオが出版した書籍は『イルカ放送（The Voice of Dolphins）』というSF的短編集のみである。公刊された論文の数も学者としては非常に少ない。レオの死後、妻のゲルトルートが中心となって、こうした論文や特許、さらに雑然と保管されていた資料を整理し、3巻の資料集として出版している。また、月面の裏側にあるクレーターの一つに、「シラード」の名がつけられた。我々は月を見上げるたびにレオ・シラードを偲ぶことができるのである。

ケレペシ墓地：シラード・レオーの墓石（筆者撮影）

米政府機関要職にも在籍し、ノーベル物理学賞含む数々の賞を受賞するも晩年哲学に傾倒

ユージン・ポール・ウィグナー
Eugene Paul Wigner

ハンガリー語
ヴィグネル・イェネー・パール
Wigner Jenő Pál

- 1902年11月17日　ブダペスト
  （Budapest：オーストリア＝ハンガリー二重君主国）生
- ▶ 1926年　ドイツに渡る
- ▶ 1930年　アメリカ合衆国に渡る
- ▶ 1937年　アメリカ合衆国に帰化する
- 1995年1月1日　プリンストン
  （Princeton：アメリカ合衆国ニュージャージー州）没

　ユージン・ポール・ウィグナーは1902年11月17日にオーストリア＝ハンガリー二重君主国のブダペストで生まれた。家は中産階級のユダヤ人家庭であった。ユージンの父、アンタルは革製品の店を営み、母、エルジェーベトはそれを支えていた。母方の祖父は、アイゼンシュタットでエステルハージ家

の医師を務めた人物であった。ユージンは3人兄妹の真ん中で、姉と妹がいた。妹、マルギットは、後にイギリス人理論物理学者、ポール・ディラック（Paul Adrien Maurice Dirac：1902年生〜1984年没。1933年にエルヴィン・シュレディンガーと共にノーベル物理学賞を受賞）と結婚した。

ユージンは9歳まで家庭教師から教育を受けた後、小学校3年生から編入した。この頃にはすでに数学に興味が向いていたようであった。11歳の頃、医者から結核の診断を受け、母親と共にオーストリアの高原にあったサナトリウムで6週間療養した。しかし、結核は医師の誤診であったようである。

ウィグナー家はユダヤ人であったが、敬虔なユダヤ教徒ではなかったようである。その後ユージンは父の母校であったファショリ・ギムナジウム（Budapest-Fasori Evangélikus Gimnázium：ハンガリーの福音ルター派教会付属のギムナジウム）に入学した。ユージンはそこでジョン・フォン・ノイマンと共にラーツ・ラースロー（Rátz László：1863年生〜1930年没。ハンガリーの数学の教師）から数学を学んだ。

1919年、ハンガリー・ソヴィエト共和国が成立すると、ウィグナー家はそれを逃れるようにオーストリアに移り、ハンガリー・ソヴィエト政権が倒れるまでそこに滞在した。そしてそのオーストリアで、一家はルター派に改宗したのであった。この一家の改宗について、ユージンは後に「信条からではなく、反共産的立場から改宗したのだ」と述べている。実際、ユージンは無神論者であったと言われている。

ユージンはギムナジウム卒業後の1920年、ブダペスト工科経済大学に入学し、1921年にはベルリン工科専門大学で学び始める。ユージンはこのベルリンの地で、アイ

ブダペスト6区　ウィグナーが住んでいた家のプレート（筆者撮影）

ウィグナーの母校　ファショリ・ギムナジウム

ンシュタインを初めとする多くのドイツの化学者たちと議論を交わし、交流した。そしてここで、レオ・シラードとも交友を深めたのであった。また、ユージンの第二の恩師となるマイケル・ポランニーと出会ったのもこのベルリンであった。ポランニーはユージンの博士論文の指導教官であった。ユージンは1925年に博士号を取得した。

博士号取得後のユージン——ベルリン・プリンストン

その後、ブダペストの家族の元に帰り、父親の革工場のエンジニアとして働き始めた。しかしすぐにベルリンのカイザー・ヴィルヘルム物理化学研究所に職をオファーされたため、ベルリンに戻ることを決意したのである。1926年のことであった。

ユージンに職を打診したのは、オーストリアの物理学者、カール・ワイゼンベルク（Karl Weissenberg：1893年生～1978年没）であった。ワイゼンベルクは当時X線解析のアシスタントを探しており、ポランニーの勧めでユージンにそのポストを打診したのだった。そしてその後ゲッティンゲン大学（Georg-August-Universität Göttingen）で数学者、ダフィット・ヒルベルト（David Hilbert：1862年生～1943年没。ドイツの数学者。「現代数学の父」と称される人物である）のアシスタントとして働いた。

ユージンはこの頃、量子力学の研究を遂行しており、量子力学を数学的定義化した通称ウィグナーD数列と呼ばれる理論を発表した（1927年）。1920年代後半にはユージン・ウィグナーの名は物理化学界では広く知られるようになっていた。1930年、ユージンはプリンストン大学から1年契約で講義を行うために招待された。プリンストン大学は同時期にジョン・フォン・ノイマンも招待している。ユージンとジョン・フォン・ノイマンはベルリン時代一緒に研究し、共著ももつ研究仲間であった。その後、プリンストン大学はユージンと5年間の客員教授として契約を交わした。ちょうどドイツでナチスが台頭してきた時期であった。このプリンストン時代、ユージンは妹のマルギットをイギリス人理論物理学者、ポール・ディラックに紹介し、2人は結婚している。

その後の1930年代後半には、ユージンは原子力の研究に着手することとなった。1936年、プリンストン大学との契約期間が終わると、グレゴリー・ブライト（Григорий Альфредович Брейт-Шнайдер：1899年生～1981年没。ロシア帝国出身。アメリカ合衆国の物理学者。ユージン・ウィグナーとは粒子の共鳴状態を共に記述した）を通じてウィスコンシン大学マディソン校（University of Wisconsin-Madison）で職を得た。1937年の初めにはアメリカ合衆国の国籍を取得し、ハンガリーにいた両親を呼び寄せた。そしてこのウィスコンシンで、ユージンは最初の妻となるアメリア・フランクと出会った。しかし、彼女は1937年に死亡、ユージンは翌年彼女との思い出を振り切るかのようにプリンストンに舞い戻ったのである。この後1971年まで、ユージンはプリンストン大学で教鞭を執った。

1939年、同じくハンガリー出身のユダヤ人物理学者レオ・シラード、エドワード・テラーと共に、核エネルギー開発を政府レベルで行うことの必要性をアメリカ合衆国政府に訴えるために画策した。1939年8月、ユージンはレオ・シラードと共にアインシュタインと面会し、アインシュタイン＝シラード書簡の作成を促したのであった。そして、原子爆弾開発のためのマンハッタン計画が始まると（1942年から1945年まで）、ユージン

はそれに携わった。

1941年、ユージンは2番目の妻、マリー・アネッタ・ウィーラーと結婚した。彼女は大学で教鞭を執っていた。彼らは2人の子を儲けた。

戦後の研究生活

1946年、ユージンはテネシー州オークリッジにあるオークリッジ国立研究所で研究開発担当ディレクターの職に就いた。ユージンは根っからの研究者であり、研究所の行政に携わる気はなかったようである。しかし、1947年初頭にオークリッジ国立研究所がアメリカ原子力委員会（AEC）の管理下に入ると、実質的に研究所の技術的決定はワシントンで行われることになった。そのため、ユージンを始めとする研究者たちがこれ以降に行った実験が問題視されたこともあったようである。

ユージンはこのような環境が自分には合ってないと考え、1947年夏には研究所を去り、プリンストン大学に戻った。しかし、オークリッジ国立研究所とはアドバイザーとしてその後も関わっていたようである。

また、国立標準局（National Bureau of Standards）、アメリカ研究評議会（United States National Research Council：1916年につくられたアメリカ合衆国の学術機関）、アメリカ原子力委員会などのいくつかの国家機関にも属し、活躍した。

歳を取るにつれて、ユージンの考え方は哲学的な方向に発展していった。1960年、数学哲学、物理哲学に関する論文「自然科学における数学の不条理な効果」（The Unreasonable Effectiveness of Mathematics in the Natural Sciences）を発表した。これは研究者の間で古典的な著書とされているものである。この論文は、様々な分野の研究に大きな影響を与えたと言われている。

ユージンは1963年にノーベル物理学を受賞した。ユージン自身、ノーベル賞受賞は予期せぬことであったようで、新聞のインタビューに「犯罪を犯すこと以外で自分の名が新聞に載るとは夢にも思わなかった」と答えている。このほかにも、1950年にフランクリンメダル（フランクリン協会により毎年個人に贈られた科学技術賞）、1958年にエンリコ・フェルミ賞（アメリカの物理学の賞。エネルギー開発、使用、生産に関する功績を称え贈られる）、1959年に平和のための原子力賞（レオ・シラードと共に受賞）、1961年にマックス・プランク・メダル（ドイツ物理学会が理論物理学の優れた業績に対して毎年与える賞）、1968年にアメリカ国家科学賞物理学部門（科学の分野において、その功績が認められたアメリカ市民に贈られる賞）、1972年にアルベルト・アインシュタイン賞（自然科学の分野における功績に与えられる賞）などの数々の賞を受賞した。また、1978年には自らの名を冠した賞「ウィグナー・メダル」がつくられ、初代受賞者に選出された。

長年連れ添った妻、マリーとは1977年に死別するが、その3年後の1979年、プリンストン大学大学院の学長の未亡人であったエイリーン・ハミルトンと3度目の結婚をした。1992年、90歳になったユージンは自らの人生を振り返り、回顧録を出版した。そして、その3年後の1995年1月1日、ユージン・ポール・ウィグナーは、妻、子供たち、そして姉妹に看取られながら、プリンストン大学のメディカルセンターにおいて肺炎でその人生の幕を閉じた。

※ゲッティンゲン大学
Georg-August-Universität Göttingen
ゲオルグ・アウグスト大学ゲッティンゲン。1737年創立。ドイツのニーダーザクセン州ゲッティンゲンにある大学。伝統的に様々な分野において実績を誇り、特に数学に関しては19世紀から20世紀初頭にかけて世界の研究の中心地的役割を果たした。第二次世界大戦中、イギリスとドイツはともにケンブリッジとゲッティンゲンを爆撃してはならないという紳士協定を結んだほどである。各界の著名人、政治家も多く輩出している大学である。

※アメリカ原子力委員会（AEC）
1946年につくられたアメリカ合衆国政府の独立行政機関。原子力技術の研究と利用の目的で、原子力エネルギー問題をアメリカ軍から民間に移行するためにつくられた委員会。1974年に廃止が決定され、委員会の仕事は幾つかの機関に移行された。

オッペンハイマーとも対立し、イグノーベル賞を受賞した事もある「水爆の父」

エドワード・テラー
Edward Teller

ハンガリー語
テッレル・エデ
Teller Ede

- 1908年1月15日　ブダペスト（Budapest：オーストリア＝ハンガリー二重君主国）生
- ▶ 1926年　一家でドイツに移住する
- ▶ 1933年　イギリスに逃れる
- ▶ 1935年　アメリカ合衆国に移住する
- ▶ 1941年　アメリカ合衆国に帰化する
- 2003年9月9日　プリンストン（Princeton：アメリカ合衆国ニュージャージー州）没

　エドワード・テラーは1908年、オーストリア＝ハンガリー二重君主国のブダペストに生まれた。ユダヤ人の家庭であった。父、テッレル・マックスは弁護士、母、イロナはピアニストであった。エドワードには一人の姉がいた。一家は裕福であったようである。20世紀前半のブダペストのユダヤ人たちによく

あったことだが、テッレル一家もキリスト教に改宗した。一家はユダヤ教の習慣に法って生活していたようであるが、エドワード自身は後に不可知論者となった。以下、広く知られている名前のエドワード・テラーで表記する。

幼少期、エドワードは言葉の発達が他の子よりも遅かった。その代わり、算数の才能は早くから芽をだし、小学校にあがるまえにはすでに大きい数字の計算を暗算でできた。

1919年、ハンガリー・ソヴィエト共和国が誕生すると、政権はハンガリーの企業、土地などをすべて国有化した。その影響もあってか父、マックスは弁護士の職を失い、一家は厳しい状況にあった。ハンガリー・ソヴィエト政権が倒され、新たに誕生したホルティ政権により、ハンガリーでは白色テロが横行した。クン・ベーラを始めとするハンガリー・ソヴィエト政権の幹部の多くはユダヤ人であったせいで、ハンガリーの社会では反ユダヤ主義も高まっていった。そのため、テラー一家は1926年にハンガリーを去ることを決意したのだった。

ドイツでの生活

エドワードはドイツのカールスルーエ工科大学（Karlsruher Institut für Technologie）に入学し、化学工学を専攻した。その後、ライプツィヒ大学のヴェルナー・ハイゼンベルク（Werner Karl Heisenberg：1901年生〜1976年没。量子力学の確立に大きく貢献した。1932年、31歳の若さでノーベル物理学賞を受賞する。ナチスの台頭で多くの研究者たちがドイツを去る中、ハイゼンベルクは戦後のドイツを見据え、国に残った。ユダヤ人物理学者を擁護する立場を採ったため、ナチス党員の研究者たちからは「白いユダヤ人」と揶揄された。第二次大戦中はドイツの原子力開発に携わった）のもとで学び、博士号を取得する。このドイツ滞在時、いろいろな国の物理学者たちと交流をもった。特に、イタリアの物理学者で、量子力学、核物理学の研究をしていたエンリコ・フェルミとの出会いは、エドワードの人生に大きく影響している。

その後、ゲッティンゲン大学の助教授として2年間過ごした。ナチスがその勢力を増してくると、1933年に国際救済委員会（International Rescue Committee (IRC)：1933年にアルベルト・アインシュタインの要請によりつくられた国際機関。戦争、迫害、自然災害により被災した人々、難民に対し緊急援助もしくは長期間援助を提供している。当時はユダヤ人の救済を中心に活動していた）の援助によりドイツを離れた。その後少しの間、イギリス、デンマークなどで滞在した。この頃、私生活にも変化があった。1934年、長年付き合っていた女性と結婚している。

アメリカでの生活

1935年、エドワードは物理学者ジョージ・ガモフ（George Gamow：1904年生〜1968年没。ロシア帝国出身でアメリカで活躍した理論物理学者）の紹介を受け、ジョージ・ワシントン大学（George Washington University）で物理学の教授となった。1941年には妻と共にアメリカに帰化している

この頃からエドワードの関心は原子力研究へと向いていった。1939年の時点でナチスが原子爆弾を保有することを危惧したエドワードは、同じくハンガリー出身のユダヤ人物理学者レオ・シラード、ユージン・ポール・ウィグナーと共に、核エネルギー開発を政府レベルで行うことの必要性をアインシュタインの名を借りてアメリカ合衆国大統領に訴え

たのである。

1941年まではジョージ・ワシントン大学で教鞭を執っていたが、その後本格的に原子爆弾開発、マンハッタン計画に携わっていく。エドワードは、ロスアラモス国立研究所（Los Alamos National Laboratory：1943年にマンハッタン計画の中でつくられたアメリカの国立研究所。ニューメキシコ州ロスアラモス位置する）の理論物理学部門に所属していた。

戦後の研究──水爆の父という名

1946年、エドワードはロスアラモス研究所を離れ、シカゴ大学の教授に就任した。

第二次世界大戦後、中東欧の状況は戦前のそれと一変しており、ソ連の影響力が強くなっていった。エドワードの生まれ故郷ハンガリーでも共産主義者たちが政権を取り、1949年にはハンガリー人民共和国が成立していた。そんななか、ソ連が原爆実験を成功させると、今度はトルーマン大統領が水素爆弾の開発計画を発表したのだった。エドワードは核兵器を保有することで世界平和が保たれるとの立場であったため、これを積極的に擁護した。

1950年、エドワードはロスアラモス研究所に戻り、水素爆弾の研究に着手した。その後、1952年カリフォルニア大学バークレー校（University of California, Berkeley）の放射線研究所に移動した。

この頃、原子爆弾の威力を目の当たりにした科学者たちの中には自らの「罪」を悔い、ソ連との核兵器競争を食い止めようと活動する者も出てきた。そんな中の一人が、当時プリンストン高等研究所にいたロバート・オッペンハイマー（Julius Robert Oppenheimer：1904年生〜1967年没。ドイツ出身のユダヤ系アメリカ人物理学者。マ

ンハッタン計画を主導した。当時はロスアラモス研究所の所長であった。「原爆の父」と呼ばれている）であった。オッペンハイマーは水素爆弾などに対し反対したため、エドワードとは真っ向から対立した。そして、オッペンハイマーが1954年に身辺調査を受けた時、エドワードはオッペンハイマーに不利な証言をし、オッペンハイマーとの溝は深くなったと言われている。

また、エドワードが核爆発を「平和的利用」できると考えていたことは、エドワルドの「チャリオット計画」に対する行動にも表れている。1958年、アメリカ原子力委員会はアラスカに核爆発によって人工湾をつくり、そこに大規模な港をつくろうと計画した。この計画は原住民から強い反対に遭い、1962年にはアメリカ原子力委員会から正式に中止が発表されたのだが、この計画を積極的に推進していたのがエドワード・テラーであったのである。

1958年から1960年の間、エドワードはローレンス・リバモア国立研究所（Lawrence Livermore National Laboratory）の所長を務めた。その後は、カリフォルニア大学バークレー校で教鞭を執り続ける傍ら、同研究所の副所長の職も務めた。1975年に引退してからは同研究所の名誉所長に指名されるなど、歳をとってからも研究所の仕事には携わっていた。引退後も絶えず核開発の重要性を訴え続けた。水爆を開発したことに対しては、その生涯においてそれを悔いる発言をすることはなかったようである。

エドワードは2003年カリフォルニア州スタンフォードで95歳の生涯を閉じた。

エドワードは物理学者としては数々の業績を残した人物であった。1958年にアルベルト・アインシュタイン賞、1962年にエンリコ・フェルミ賞、1975年にハーヴェイ賞

（Harvey Prize：1980年にエーリンゲン勲章（Eringen Medal）1982年にアメリカ国家科学賞など、数々の賞やメダルを授与された。また、死の直前の2003年には、ジョージ・ブッシュ大統領から大統領自由勲章を与えられた。

しかし、彼の水爆開発に関しては批判的な目で見る人も少なくはなく、1991年に「イグノーベル平和賞」を受けたこともあった。その名からも推測できる通り、これはノーベル賞のパロディであり、毎年、アメリカのサイエンス・ユーモア雑誌『変わった研究の年報（Annals of Improbable Research）』を発行する際に決定される賞である。選考委員会には、ノーベル賞受賞者のハーバード大学やマサチューセッツ工科大学の教授たちも含まれており、なかなか侮れない。テラーの受賞理由は、「人々が知る「平和」の意味を変えることに生涯にわたり力を尽くしたこと」であった。

ロスアラモス国立研究所

ブダペスト5区　エドワード・テラーの生家に掛かっているプレート（筆者撮影）

227

逃亡者
ナチスの後押しを受けホルティ摂政を引きずり落とし権力の座に就いた矢十字党の党首

サーラシ・フェレンツ
Szálasi Ferenc

- 1897年1月6日　カッシャ（Kassa：オーストリア＝ハンガリー二重君主国）生
- 1945年3月　オーストリアへ逃亡、その後ミュンヘンへ脱出するが、1945年5月にザルツブルクで捕らえられる
- 1946年3月12日　ブダペスト（Budapest：ハンガリー共和国）没

　サーラシ・フェレンツは1897年1月6日にカッシャで生まれた。サーラシの父はオーストリア＝ハンガリー二重君主国軍の軍人であった。父親はドイツ、アルメニア系（フェレンツの曾祖父の苗字は、アルメニア系の Szalosján であった）の家系であった。母親は、ハンガリー、ルシン系の家系であり、敬虔なカトリック（東方カトリック教会）であった。

　サーラシは幼少期、家の慣習にならい軍人になることを決意する。故郷のカッシャで初等教育を受け、その後、クーセグ（Kőszeg：現ハンガリーとオーストリアの国境近くに位置する街）を始めとする幾つかの街の士官学校で勉強した後、最終的にウィーン南方の街、ウィーナー・ノイシュタット（Wiener Neustadt）にあるマリア・テレジア士官学校（Theresianische Militärakademie：1751年創立の士官学校）に入学した。1915年、士官学校を卒業すると、オーストリア＝ハンガリー二重君主国軍に入隊した。そして第一次世界大戦に従軍し、その功績を讃えられ、叙勲された（Osztrák Császári Vaskorona-rend：オーストリア帝国の鉄の冠勲章）。

　戦後の1918年、サーラシはハンガリーに戻り、新設されたハンガリー軍に属した。戦後の混乱の時期、カーロイのアスター革命やクン・ベーラのハンガリー・ソヴィエト共和国宣言などがあったが、サーラシにとってこれらの出来事はさほど関心のあるものではなかったようである。サーラシは軍の中で順調に階級を上げていき、1925年からは参謀本部のメンバーとなった。1933年には36歳で少佐になる。

戦間期のハンガリー
　この戦間期、ホルティやベトレンのような伝統的保守主義の政治家と並び、右翼急進主義的な政治家も台頭してきた。この右翼急進主義は、戦前からの伝統的保守主義、つまり過度なナショナリズムを抑えた議会主義の政治に反発した。また、マルクス主義に対しても敵意を持ち、マルクス主義はユダヤ人の陰謀であると説いたのである。これはトリアノン条約で隣国に割譲された地域から逃れてきた人々などから絶大な支持を得た。さらにこの考えは、職にあぶれ、社会的に不安を持っている若者たちの間にも徐々に浸透していった。1932年10月、右派急進的指導者であっ

たゲムベシュ・ジュラが政権に就くと、ゲムベシュはすぐにナチス・ドイツへ接近していった。1933年にヒトラーが政権に就くと、ゲムベシュが外国の首相としては誰よりも先にヒトラーを訪問するなど、ドイツへの傾斜を強め、それを内外に示した。しかし、ゲムベシュの第一の目的は「修正主義」の実現つまり、失った領土の獲得であった。それに加え、ゲムベシュ自身はハンガリー民族主義者であったため、ナチスと全く同じ体制を導入することには反対であった。サーラシが本格的に修正主義に目覚め、政治的活動も行うようになっていったのはこの頃である。当時の彼を突き動かしていたものは、トリアノン条約により縮小された国土、「歴史的ハンガリー」回復であった。

サーラシは1935年3月1日に軍を退役し、これ以降は政治に専念する。そしてこの年、民族主義政党「民族の意思党」を創設する。彼は「歴史的ハンガリー」の回復、「ユダヤ人の浸食」からの「キリスト教的ヨーロッパ」の防衛を叫び、支持を集めていったが、この政党の過激な民族主義的思想を危惧した摂政ホルティにより、党は1937年4月に解散させられた。ホルティは当時、全体主義的で過度な民族主義運動には懸念を表明していた。彼自身トリアノン条約で失った領土の回復がいかに困難であるかを理解しており、安易に国民を煽り、戦争の引き金となりかねない政治運動には法をもって介入していたのである。しかし、社会情勢的にそれらの運動を止めることはできなかった。同年8月、サーラシは「ハンガリー国家社会主義党」と名を改め、再結党した。そして10月にはハンガリーのすべてのファシスト党がサーラシのもとに合同したのである。しかし1938年3月、「ハンガリー国家社主義党」の急進化によりファシズムがハンガリー社会全体に浸透し

ていくことを恐れた当時のハンガリー政府によりサーラシは逮捕され、党は非合法化された。そして党は改名され、「民族社会主義ハンガリー党——フンガリシュタ運動」と改称した。

1938年5月に首相に任命されたイムレーディ・ベーラは、組閣するとすぐに「第一次反ユダヤ法」を制定して、知的職業と商業に従事する国民のなかでユダヤ人の比率を20パーセントまでとするなど、ナチス・ドイツとの親近性を誇示した。また、11月には「第一次ウィーン裁定」により南スロヴァキアの一部やルテニア地方の一部を獲得した。そして1939年1月には、1937年に成立していた日独伊三共協定に加盟するなど、ファシズム化の一途を辿っていったのである。こんななか、「フンガリシュタ運動」も活性化され、いろいろな社会層にその支持者を広げていった。そして1939年3月、ついに「矢十字党」としてファシスト党が合同、再結成され合法化されたのである。その時サーラシはセゲドの刑務所に収監されていたのだが、「矢十字党」の党首として選出された。

ハンガリーの支配層は社会全体のファシズム化を警戒していた。1939年2月に再び首相となったテレキ・パールは、対外的には親ドイツ政策を採りながらも、連合国とも一定の関係を保とうという姿勢を見せていた。しかし、ハンガリー国内のファシズムへの傾斜は抑えることができなかったのである。矢十字党は「トリアノン条約の修正」や「失業者対策」などを掲げ、幅広い社会層から支持を受けた。同年の選挙では31議席を得るなど、ハンガリーで最も勢力のある党の一つになっていった。

第二次世界大戦勃発

1939年9月、ドイツのポーランド侵攻を

封切りに第二次世界大戦が勃発した。しかしこの時テレキはドイツへの協力をためらっていた。テレキはあくまで連合国とも協調的関係を保ちたかったのである。この頃、摂政ホルティの命令により矢十字党はその活動を禁止され、それ以降、党の活動は地下に潜った。ドイツへの協力を躊躇っていたテレキではあるが、ドイツがルーマニアにかけた圧力のおかげで 1940 年 8 月に「第二次ウィーン裁定」が成立すると、ルーマニアからトランシルヴァニア北部がハンガリーに返還された。テレキが外交的に板挟みの状態にあったのは間違いない。サーラシはこの時、恩赦を受け釈放された。党首が戻ってきた矢十字党はこれ以降、ナチス・ドイツの後ろ盾を得て活動するようになっていった。

　1944 年 3 月 19 日、当時のハンガリー首相、カーライ・ミクローシュ（Dr. nagykállói Kállay Miklós：1887 年 生 ～ 1967 年没）が連合国と極秘に休戦交渉を行っていることがわかると、ヒトラーはマルガレーテ作戦を実行した。ヒトラーは摂政ホルティをオーバーサルツベルクのベルクホーフに「招待」し、ドイツ軍のハンガリーへの派遣などを要求をした。ホルティは激怒したが、やむなく要求を呑んだ。その結果カーライは罷免され、新たに親独派のストーヤイ・デメが首相に任命された。ストーヤイはドイツの政策を支持し、ナチス寄りの人物で内閣を固めていった。そして、その活動が禁止されていた矢十字党を合法化した。また、ユダヤ人の強制移送を進めるなど、反ユダヤ的な政策も進めていった。しかし、それが摂政ホルティの反感を買い、ストーヤイ内閣は圧力をかけられた。ストーヤイは 8 月に罷免され、その後任に親英米派のラカトシュ・ゲーザが首相の座に就いた。ラカトシュはホルティから連合国との和平交渉を進めることを

命令されるが、失敗する。そして 10 月 15 日、ドイツ軍がパンツァーファウスト作戦を決行し、矢十字党がクーデターを起こしたのである。

矢十字党のクーデター

　矢十字党は、駅、ラジオ局、郵便局を占拠し、ドイツ国防軍はホルティのいる宮殿を占領した。16 日、ホルティが摂政からの退任を表明すると、ラカトシュも首相の座を追われた。そして後任の首相の座にはサーラシ・フェレンツが就いたのである。サーラシは国民統一政府を樹立し、実質的に国民の指導者になった。サーラシはこの時ハンガリーの実権を握ったが、彼の勢力範囲はドイツ占領地内にとどまった。

　サーラシ内閣は約半数を矢十字党のメンバーで固めた。また、王政を維持することを宣言し、引き続き「ハンガリー王国」の名称を用いた。そして 11 月 4 日に自身とベレグフィ・カーロイ、ライニシ・フェレンツ、チア・シャーンドルの 4 人で構成される摂政評議会の設立を議会に承認させたのである。

　政権樹立後、矢十字党は左派勢力はもとより、リベラルをも弾圧の対象とした。また、ドイツの反ユダヤ政策に協力し、ユダヤ人の虐殺・強制移送を開始した。国内の数十万人のユダヤ人が虐殺され、10 万人がアウシュビッツ＝ビルケナウ強制収容所に移送された。さらに軍事面でも総動員令を布告し、工業・農業資源をドイツ軍に提供するなど、全面的にドイツ軍をバックアップしていった。

外国への逃亡──投降──死刑

　しかし、サーラシが政権を掌握した時点でハンガリーの大半はソ連軍により「解放」されていた。パンツァーファウスト作戦が実行される少し前の 9 月、ソ連軍は東南部国境

を越えて進行していた。そして10月29日にはソ連軍、ルーマニア軍がブダペストに向けて進軍していった。そして12月下旬にはブダペストを包囲し、総攻撃を開始したのである。12月23日、ハンガリー東部の街、デブレツェンに臨時政府がつくられ、ダールノキ＝ミクローシュ・ベーラ将軍がその指導者となった。臨時政府は12月28日、対独宣戦を布告、1945年1月20日にモスクワで連合国と休戦協定を締結した。

サーラシら国民統一政府の指導者たちは、12月の時点ですでにオーストリア国境近くの街、ソンバトヘイに脱出していた。サーラシらはさらに1945年3月にはウィーンに脱出、国民統一政権は事実上崩壊した。4月4日よりウィーンがソ連軍により攻撃されると、サーラシはミュンヘンに脱出した。4月29日、長年の婚約者であった（1927年に婚約していた）ルッツ・ギゼラと結婚した。奇しくもこの日はアドルフ・ヒトラーとエヴァ・ブラウンがベルリンの地下壕で結婚した日であった。

サーラシは5月5日にザルツブルクでアメリカ軍に投降した。そして約5カ月後の10月3日にハンガリーに送還された。各地で投降した国民統一政府の閣僚らと共に1946年2月5日、リスト・フェレンツ音楽アカデミー校舎において、戦争犯罪と人道的罪を犯したとして人民裁判にかけられた。この裁判においてサーラシを含む14人の閣僚が死刑判決を言い渡された。そして3月12日にほかの政府幹部と共に絞首刑に処せられた。サーラシの遺体の埋葬地は現在でも不明である。

矢十字党のプロパガンダ (https://gallery.hungaricana.hu/hu/SzerencsKepeslap/134749/?img=0)

矢十字党 (https://www.pinterest.com/pin/320248223493757392)

231

逃亡者
ユダヤ人虐殺関与、カナダで美術商等営み
67年間逃亡、最高裁一時停止直後死亡

チャターリ・ラースロー
Csatári László Lajos

- 1915年3月4日（3月5日との記録もある）マーニィ（Mány：オーストリア＝ハンガリー二重君主国）生
- 1949年　カナダに逃亡
- 1997年　ブダペストに戻る
- 2013年8月10日　ブダペスト（Budapest：ハンガリー）没

　2012年7月、大きなニュースが世界を駆け巡った。ハンガリーのブダペストにおいて、最重要指名手配の戦争犯罪人であるチャターリ・ラースローが「発見」されたのである。チャターリは第二次世界大戦下のハンガリー領カッシャにおいて、ユダヤ人ゲットーを管轄する警察署長を務めており、1941年にカッシャからウクライナへユダヤ人を強制移送する際、および1944年4月末に始まるハンガリーからアウシュビッツへのユダヤ人強制移送に深く関与したとみられていた。米国を拠点とするユダヤ人権利擁護団体「サイモン・ウィーゼンタール・センター（Simon Wiesenthal Center：アメリカ合衆国ロサンゼルスに本部を置く非政府組織。ホロコーストの記録保存や反ユダヤ主義の監視を行っている）」は、チャターリの協力により約1万6000人（人数には諸説あり）のユダヤ人がアウシュビッツに強制移送され、殺害されたとして長年その行方を追っていた。この項では、ハンガリーの戦争犯罪人として、チャターリの生涯をみていきたいと思う。

　チャターリ・ラースローは1915年3月4日、オーストリア＝ハンガリー二重君主国の片田舎の街マーニィで生を受けた。父の名はエミール、母の名はピトコー・マルギットといった。1926年に初等教育を修了し、1933年にデブレツェンのセント・ヨージェフ・ローマ・カトリック・ギムナジウムを卒業した。その後、ティサ・イシュトヴァーン・デブレツェン大学（現デブレツェン大学）で学び、1937年に卒業、その後はニィールバートル（Nyírbátor：ハンガリー東部の街）やソルノク（Szolnok：ハンガリー中央部に位置する街）で働いた。

チャターリ、逃亡生活開始

　1940年1月5日付で警察補佐官としてハンガリー王立警察部隊のケチケメート支部に配属された。そして1942年、カッシャに転勤になった。チャターリはカッシャにあったユダヤ人ゲットーの一つの管理を任されていた。そして第二次世界大戦も終わりが見えてきたかに思えた1944年春、そこからのアウシュビッツへのユダヤ人強制移送および1万5000人以上のユダヤ人に対する暴行、殺害に直接関与したとされているのである。

　1944年10月、チャターリはブダペストに移動になった。そして終戦間際になると、家族と共にドイツとオーストリアの国境にある街ジンバッハ・アム・インに逃れ、その後

はミュンヘンに逃れたのである。そこはアメリカ軍の管轄地域であった。

1948年、チャターリはチェコスロヴァキアで当人不在のまま人民裁判にかけられ、死刑が宣告された。その頃、チャターリはドイツにいたとみられている。ドイツ滞在中は、自らの本名を使っていたとされている。そして1949年、ドイツからカナダに移った。

カナダでは、東部に位置するノバスコシア州に住んだ。そして移住から6年後の1955年、カナダ国籍を取得した。チャターリは初め飛行機工場で働き、その後自らの会社を設立した。そして、ギャラリーを開き、美術品商を営んだ。

サイモン・ウィーゼンタール・センター追跡開始──そして「発見」へ

1993年、第二次世界大戦中のカッシャにおけるチャターリ・ラースローの行為に再び焦点があてられると、国際的な調査が始まった。しかし、1948年当時の記録を最後に途絶えていたチャターリ・ラースローの足どりをつかむのは困難を極めていた。そしてその調査は1996年まで続いた。

1997年、チャターリ・ラースローはカナダのハンガリー領事館に足を運び、そこでハンガリーに帰国することが可能かどうかを問い合わせたというのである。そして、それが可能であるとわかると、カナダを去り、ハンガリーのパスポートを使ってブダペストへ向かった。そしてそれ以降ずっとブダペストでひっそりと暮らしていたのである。

15年後の2012年7月、「ナチスの残党狩り」で知られたサイモン・ウィーゼンタール・センターは、チャターリがブダペストのアパートに住んでいることを確認し、イギリスの日刊紙『ザ・サン（The Sun）』に情報提供をした。その新聞の報道により、ハンガ

リー当局も動かざるを得なくなり、結果的に約67年にわたるチャターリの逃亡劇が幕を閉じることになった。

チャターリは尋問を受けた際、ユダヤ人に対する弾圧について、「命令を遂行しただけ」と無実を主張した。高齢である点が考慮され、チャターリは自宅軟禁された。ここから、チャターリが拘束されたハンガリーと、実際の事件の現場のあるスロヴァキアの2国間で、チャターリの罪を問うための証拠集めが開始されたのである。

裁判の行方

長い調査の末2013年6月18日、ハンガリー検察はチャターリを「第二次世界大戦期においてユダヤ人を虐待し、アウシュヴィッツに強制移送させるのを積極的に手伝った」罪で戦争犯罪人として起訴した。ブダペスト検察庁のスポークスマンは、「チャターリは、民間人に対して不法に拷問し、一部加害者として、一部共犯者として戦争犯罪を犯した」と語っている。しかし、チャターリを裁判にかけるには一つ大きな問題があった。チャターリは1948年の時点ですでにチェコスロヴァキアにおいて死刑判決が下されており、この1948年のチェコスロヴァキアでの死刑が、現行のハンガリーの法にどのように適応されるかを明らかにしなければならなかったのである。そのため、ブダペスト最高裁は裁判を2013年7月8日一時停止にした。

その1か月後の2013年8月10日、チャターリはブダペストの病院で肺炎で死亡した。98歳であった。チャターリの死亡により、彼の戦争犯罪の罪を裁判で問うことは不可能になってしまったが、彼の67年にわたる逃亡生活の中で、心休まるときはあったのであろうか。

逃亡者
大量虐殺に関与するとされるも、証拠不十分で無罪確定した一ヶ月後の97歳で死亡

ケーピーロー・シャーンドル
Képíró Sándor

- 1914年2月18日　シャルカド（Sarkad：オーストリア＝ハンガリー二重君主国）生
- 1944年　オーストリアへ逃亡する
- 1948年　アルゼンチンへ移り住む
- 1996年　ブダペストへ戻る
- 2011年9月3日　ブダペスト（Budapest：ハンガリー）没

2006年7月、ナチスの戦犯を追うユダヤ系人権団体、サイモン・ウィーゼンタール・センターは、1942年のウーイヴィデーク（Újvidék）におけるユダヤ人虐殺事件に関与した人物として追っていたケーピーロー・シャーンドル氏をブダペストで「発見」したとハンガリー当局に通報した。これを受けてハンガリー当局は当人を逮捕、起訴した。本書では、もう一人、ハンガリーの「大物戦犯」と目され、2000年代にサイモン・ウィーゼンタール・センターに「発見」された人物、チャターリ・ラースローを扱っているが、彼と並んで、ケーピーロー・シャーンドルの生涯を見ていきたいと思う。

ハンガリーの史料によると、ケーピーロー・シャーンドルはルーマニアとハンガリーの国境付近に位置する小さな街シャルカドに生まれ、そこで初等教育を受けた。そして、メズゥートゥール（Mezőtúr：ブダペストから南東に位置する小さな街）で中等教育を受けた後、ベーケーシュチャバ（Békéscsaba：ハンガリー南東部の街。ベーケーシュ県の県都）でギムナジウムに通った。その後、1932年から1933年の間はニーレジハーザ（Nyíregyháza：ハンガリーの北東部の都市。サボルチ・サトマール・ベレグ県の県都）で働いていた。

1933年、ケーピーローはフランツ・ヨージェフ大学（現セゲド大学）法学部に入学し、1937年に卒業した。

1937年、ブダペスト商業アカデミーに入り、商業を学ぶことにした。そして1938年、ハンガリーの銀行に就職したのである。それと同時に、ハンガリーの名門、ルドヴィカ士官学校（Magyar Királyi Honvéd Ludovika Akadémia）に入った。1939年から1940年の間、そこで学び、1940年7月、ケーピーローは晴れて中尉（当時のハンガリーの軍隊には、日本で言うところの中尉にあたる階級が2つあった。この時に任命されたのがhadnagy）に任命された。そしてソルノクの憲兵部隊副司令官に任命され、その後はオロシュハーザ（Orosháza：ハンガリー南東部の街。ベーケーシュ県で3番目の都市）に配属となった。

1941年、もう一つの中尉の階級（Főhadnagy）に昇進し、マコー（Makó：ハンガリーとルーマニア国境の街）にあった憲兵学校に教官として配属された。そしてその翌年の1942年1月にヴォイヴォディナの

街ウーイヴィデークおよびその周辺の街で起きた大量虐殺事件に関与したのである。

しかし、第二次大戦中でもこの一般庶民を無差別虐殺したハンガリー憲兵隊の行為は大きな問題となり、1944年、ケーピーローはハンガリーの法廷で裁判にかけられ、禁固10年の刑が言い渡された。しかし、その後すぐにハンガリーでは政変が起こり、サーラシ政権が誕生した。その時、ケーピーローは刑を解かれた。そして、他のナチス・ドイツに協力した兵士たち同様、ソ連赤軍から逃れるため、オーストリアに渡ったのだった。

逃亡生活──遥か南米アルゼンチンへ

戦後すぐはオーストリアのリンツに住み、農業に従事した。そのリンツでハンガリーの鉄道修理チームと合流することに成功し、そのチームに混じってチロルに移った。チロルでアルゼンチンのカトリック教会名簿に名を登録することに成功し、1948年8月、アルゼンチンのブエノスアイレスに移住した。

ハンガリー当局はケーピーローの消息をつかむことはできなかったが、戦後ケーピーローは人民裁判で当人不在のまま再度裁かれ、14年の懲役刑を宣告された。

アルゼンチンでは名前を変え、静かに暮らしていたようであった。ケーピーローは元来頭もよく、要領もいいほうであったようである。ブエノスアイレスでは繊維工場に就職し、製織を学んだ。1950年には結婚し、2人の子供にも恵まれたようである（妻とはその後、離婚している）。

1996年、ケーピーローはハンガリーに戻り、「発見」されるまでブダペストに住んだ。

ケーピーローの「発見」と起訴

2006年、サイモン・ウィーゼンタール・センターはケーピーローが1940年代に犯し

た罪を追及した。それに対してケーピーローは、彼自身その時若い憲兵であり、当時のウーイヴィデークの民間人たちを取り囲むことには参加したが、他の憲兵主導で行われた民間人虐殺には参加しておらず、法に触れることはしていないとした。逆にケーピーローはサイモン・ウィーゼンタール・センターを相手取り、虚偽の告訴をしたとして名誉棄損で訴えた。しかしブダペスト裁判所は1944年の時点で有罪判決を受けていることを理由にこれを棄却している。

2010年2月14日、ハンガリー裁判所はケーピーローを当時のウーイヴィデークにおける4人の民間人殺害および36人殺害の共犯として起訴した。ケーピーローの裁判は2011年5月5日にブダペストで始まった。ケーピーローは、当時上からの命令を遂行したにすぎないと罪状を否認した。

2011年7月18日、ブダペスト裁判所は証拠不十分としてケーピーローの無罪判決を下した。サイモン・ウィーゼンタール・センターはこの判決を不服とし、さらなる証拠集めに乗り出したが、無罪が確定した1ヶ月半後の9月3日、高齢であったケーピーローはブダペストの病院で死亡した。サイモン・ウィーゼンタール・センターはこれに対し、強い失意を示した。

サイモン・ウィーゼンタール・センターの「ナチ狩り」活動には賛否両論があるが、この97歳の高齢であったケーピーローを裁判にかけたことで心理的ストレスを与え、その結果死に至らしめたという点、そしてその強引ともいえる「証拠発見」の手法には、ホロコースト生き残りの子孫からでさえも否定的な意見もあることをここに特筆したい。

235

スウェーデン王グスタフ5世

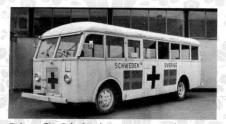
スウェーデンの白バス (https://mult-kor.hu)

■コラム　第二次大戦における
スウェーデンの立場と
ラウル・ワレンバーグの活躍

　少し先取りになるが、5章のセント＝ジェルジ・アルベルトの項で、「スウェーデン王グスタフ五世が彼とその妻にスウェーデンの市民権を与えパスポートを発行した」、また、「ブダペストのスウェーデン大使館は一時期セント＝ジェルジ・アルベルトを匿った」という記述が出てくる。スウェーデンは第一次世界大戦、第二次世界大戦ともに中立政策（武装中立）を採り、他国への援助を一切拒否していた。第二次世界大戦中もナチス・ドイツはスウェーデンに対し様々な要求を突き付けたが、それでも時の王グスタフ五世は中立政策を貫いていた。もっとも武装中立であったため、当時の政府は国民を総動員し50万人の国民軍を編成、「中立維持」のためには最後の一兵まで戦う決意は表明していたのだが。

　スウェーデン政府は枢軸国、連合国の両陣営の間で中立を保っていたが、1944年に入ると次第に連合国側の要求を受け入れていくことになった。

　グスタフ五世はナチスのホロコーストに対する非難の声明を発表しており、戦時中は反ナチス亡命者やレジスタンスを受け入れたり、ユダヤ人の保護も行っていた。戦争末期の1945年春には、スウェーデン赤十字社はデンマーク政府の協力のもと、強制収容所の収容者たちをナチス支配地域から中立国スウェーデンへ救出する計画、通称「白バス」計画を実施した。この計画は当初スカンジナビア諸国の民間人を対象としていたが、間もなくその範囲は拡大され、ほかの国々の人々もその対象となった。戦後、この「人道的計

画」の実行について、スカンジナビア人収容
者に与えられた優先権を疑問視する議論が交
わされはしたが、戦時中スウェーデンが行っ
た最も人道的な行為と評価されるようになっ
た。このことは戦時中にスウェーデンは「日
和見的な中立政策」を採っていたという不名
誉なレッテルを払拭することができた。

ユダヤ人救済対策

　スウェーデンに関する戦時中に行った人道
的行為について、もう一つ特筆すべきものが
ある。それは、ハンガリーにおけるスウェー
デン人外交官ラウル・ワレンバーグの活躍で
ある。

　1944年3月19日、ナチス・ドイツはハ
ンガリー王国に対しマルガレーテⅠ作戦を実
施した。その結果、ドイツ軍はハンガリーを
占領し、連合国との講和を模索していたカー
ライ・ミクローシュ首相を解任、摂政ホルティ
を軟禁した。そして、親独派のストーヤイ・
デメが首相兼外務大臣に就任したのである。

　ストーヤイはドイツの政策を全面的に支持
した。まず、内閣をナチス寄りの人物で固め
ると、東部戦線におけるハンガリー軍の増
強、活動を禁止されていた矢十字党の合法
化、左派政党の解散、政治犯のゲシュタポへ
の引き渡しなどを実現していった。そして、
ホルティの意思に反し、それまで行わなかっ
たユダヤ人の強制移送を進めたのである。ユ
ダヤ人移送計画が捗らないハンガリーにしび
れを切らしたナチス・ドイツ側も、「最終兵
器」を投入した。ストーヤイ内閣発足と同月、
ユダヤ人移送のプロフェッショナルであった
アドルフ・アイヒマンをブダペストに派遣し
たのである。

　ユダヤ人たちは世界に対してナチス・ドイ
ツの残虐行為を訴え、救済を呼び掛けたが、
相手にされなかった。しかし、1944年頃に

なると、徐々にナチス・ドイツの行っている
ことが明らかになり、それに伴って世界世
論は変化した。1944年1月、アメリカ合衆
国では「戦時難民委員会」かつくられ、アメ
リカ合衆国がユダヤ人および迫害されている
ヨーロッパの少数民族の保護に乗り出したの
である。その「戦時難民委員会」は、同年3
月に実質的にドイツの支配下に置かれ、ユダ
ヤ人移送がまわり始めたハンガリーへ派遣
できる人物を探し始めた。そして中立国ス
ウェーデンに適任者がいないか打診したので
ある。スウェーデン側はハンガリーのユダヤ
人代表者たちに意見を聞いた。そして、ラウ
ル・ワレンバーグに白羽の矢が立ったのであ
る。

ラウル・ワレンバーグ──どのような人物な
のか

　ラウル・ワレンバーグ（Raoul Gustaf
Wallenberg）は1912年8月4日スウェー
デンの金融界と産業界で有名であり、数名の
外交官を輩出しているワレンバーグ家に生ま
れた。両親を早くに亡くしたため、父方の祖
父、グスタフ・ワレンバーグが彼を教育し
た。余談になるが、祖父グスタフは外交官で
あり、ラウルが生まれた時は日本に駐在して
いたという日本との繋がりもある。

　高校卒業後、8か月の兵役を明けると、ア
メリカ合衆国のミシガン大学に進学した。積
極的な性格で、友人と議論することを好んで
いた。また、冒険好きで破天荒なところもあ
り、学生時代はヒッチハイクでアメリカ中を
無銭旅行したのだという。ラウルは人々と交
渉することが好きで、それを楽しんでいたよ
うである。大学卒業後はスウェーデンに戻
り、祖父の意向で南アフリカやパレスチナな
どで貿易商、銀行家として働いた。そこでラ
ウルはナチスの迫害から逃れてきたユダヤ人

237

ワレンバーグ

の実態を目の当たりにし、大きな衝撃を受けた。これはラウル自身のユダヤへの帰属意識からくるものだという研究者もいる。実際、母方の先祖には、スウェーデン最初のユダヤ人社会の代表者であり、その後ルター派に改宗した人物がいた。

　祖父グスタフが1937年に他界すると、ラウルはビジネスの世界に身を投じることを決意した。その後の1938年、父のいとこであったヤーコブ・ワレンバーグの紹介でユダヤ系ハンガリー人貿易商コロマン・ラウアーの会社で働くことになる。ラウルは彼の右腕となり、ヨーロッパ各地で働いた。このコロマン・ラウアーこそ、ハンガリーに派遣する人物としてラウル・ワレンバーグを推薦した人物なのである。

ラウル・ワレンバーグ、ブダペストへ

　ヨーロッパにおけるユダヤ人迫害の実態を知っていたラウルは、外交官特権付与を条件として、ハンガリー行きを承諾した。危険は承知していたが、ユダヤ人を見過ごすことができなかったのだ。後に、ラウルの友人の一人は、当時ラウルがいかにユダヤ人の置かれている立場に心を痛めていたかを語っている。1944年7月、ラウルはブダペストに赴いた。

　1944年4月からラウルがブダペストに赴任した7月までの間に、40万人を超えるハンガリー・ユダヤ人たちが列車移送されていた。そのうち1万5千人はアウシュビッツに直接送られたと言われている。ラウルがブダペストに到着した時点でハンガリーには約23万人のユダヤ人が残っていた。

ラウル・ワレンバーグのユダヤ人救済方法とは

　ラウルとその仲間のスウェーデン外交官は、その経験から、ドイツ人たちが書類に極

ブダペスト8区ヨージェフヴァーロシ駅にかかっていたプレート

ブダペスト8区　ヨージェフヴァーロシ駅　2006年撮影　ユダヤ人たちはこの駅からアウシュヴィッツに送られた

端な信頼を置いていることを知っていた。この事実を逆手に取り、スウェーデン名義の「保護証書」を発行することで、それを所有するユダヤ人たちをスウェーデンの保護下におこうと考えたのである。この「保護証書」は国際法的にはまったく効力のないものであったが、一見正式なものであるように見えた。少なくともドイツ人将校やハンガリー当局の前では効果があった。もっとも、賄賂を渡し、認めさせた例もたびたびあったらしいが。また、ブダペストのスウェーデン大使館はドイツ当局と交渉し、「保護証書」保有者をスウェーデン国民として扱い、ユダヤ人たちに義務付けられていた黄色の星着用の義務を免除させることに成功した。

ドイツ政府はこの一連の活動に困りはて、その対応策としてこの「保護証書」は無効であると宣言した。しかし、それにめげるラウルではなかった。ラウルはハンガリー外務大臣ケメーニ・ガーボル男爵夫人に援助を頼んだのである。彼女は夫に掛け合い、なんとか9000通の「保護証書」のハンガリーにおける有効性を認めてもらったのである。

実際この「保護証書」により多くのユダヤ人たちをナチス・ドイツの手から救い出すことができた。スウェーデン大使館はこの「保護証書」をできるだけ大量印刷し、ユダヤ人に配布した。ラウルはナチス親衛隊の前でも一歩も退かず、「保護証書」を配り続けたと言われている。ユダヤ人が貨物列車に詰め込まれて移送されることを聞きつけると、ラウルは駅に駆けつけ、親衛隊や矢十字党員たちの制止を無視し、列車の屋根にのぼって、まだ閉鎖されていないドアや窓から「保護証書」を配り続けた。そして最後の「保護証書」を渡すと、「さぁ、証書を持っている人は列車を降り、向こうに停めてあるスウェーデン国旗の付いた車に乗って下さい」と叫んだという。そこにいたナチス親衛隊や矢十字党の党員たちは何もできずに彼らを見逃したと言われている。

またラウルは「戦時難民委員会」の資金を利用して、ブダペストに32の建物を借りた。そして外交官特権を利用し、その建物の治外法権を主張したのである。建物の表向きには「スウェーデン図書館」や「スウェーデン研究所」の看板および大きなスウェーデン国旗を掲げ、目隠しした。しかしその実、それらの建物は「セーフハウス」と呼ばれる、いわゆるシェルターであった。そこに多くのユダヤ人たちを受け入れ、保護したのである。最終的に、この「セーフハウス」に匿われたユダヤ人は1万人にものぼると言われている。

ソ連の資料　この資料によると、1945年2月6日にワレンバーグはモスクワの刑務所に拘束されていたということがわかる。ロシア連邦保安庁アーカイブ所蔵 https://lechaim.ru/ARHIV/245/interview1.htm#_ftnref2

ブダペスト5区　ワレンバーグが他の仲間たちと作戦を練った場所（筆者撮影）

　ブダペストのユダヤ人社会では、何かあったらラウル・ワレンバーグが駆けつけてきてくれると言われていたほどであったという。ブダペストに残ったユダヤ人を国境まで歩かせ、そこから強制収容所へ移送するという計画、通称「死の行進」が実行されようとした時も、ラウルはドイツ人将校に直接交渉し、阻止している。またソ連軍のブダペスト到着前夜、ブダペストから撤退するドイツ軍が約7万人ユダヤ人をゲットーに閉じ込め、それを爆破して皆殺しにする計画を立てていたことを知ったラウルは、責任者であるドイツ人将校に掛け合い、これを中止させた。もちろんナチス側にとってはラウルは邪魔な存在であり、彼の身にはたびたび危険が迫ったが、彼は構わず1945年1月までブダペストで活動した。

ブダペスト大シナゴーグ裏手ラウル・ワレンバーグ記念公園

ラウル・ワレンバーグの失踪

　1944年末までにソ連軍はブダペストに迫っていた。1945年1月、ラウルはソ連軍指導者と会うためにデブレツェンに向かった。その時の言葉が残っている。

　「私はマリノフスキーに会いに行く。……客として呼ばれたのか、それとも囚人として呼ばれたのか、まだわからないが」

　その後、ラウルの行方はわかっていないが、ソ連秘密警察によりアメリカのスパイ容疑がかけられ逮捕され、モスクワに送られたことはたしかである。モスクワではスターリンの粛清の象徴としてその名が挙げられるルビャンカに送られたという説が有力である。

　ラウルが消息を絶った経緯については、そのほかにもいくつかの説がある。国際赤十字の建物の中でソ連のパトロール隊によって逮捕されたという説や、自宅にいるところを内

ブダペスト13区セント・イシュトヴァーン公園にあるワレンバーグを記念した像（筆者撮影）

241

ブダペスト13区にあるワレンバーグ通り（筆者撮影）

ブダペスト2区にあるワレンバーグを記念した像（筆者撮影）

務人民委員部（NKVD）によって逮捕されたという説もあるのだ。ゲシュタポによって殺されたという噂もまことしやかに流れている。

　戦後、ラウルに救われたユダヤ人たちを中心に「国際ワレンバーグ協会」がつくられ、捜索が続けられたが、彼の遺体や確かな痕跡は現在に至るまで発見されていない。1957年にソ連当局はラウル・ワレンバーグの死亡を公式に発表したが、その時に証拠は提示されなかった。ラウルの遺族はスウェーデン政府に対し、ラウルの死亡証明書の発行を希望していたが、ラウル失踪から71年後の2016年10月、スウェーデン政府はラウルの死を公式に認定し、その死亡年月日を1952年7月31日と定めた。

　ラウル・ワレンバーグに命を助けられ、その後、世界各地に亡命し活躍したハンガリーのユダヤ人は数多くいる。1981年、アメリカ合衆国はラウル・ワレンバーグに名誉市民権（Honorary Citizen of the United States：アメリカ大統領が傑出した功績があると認めた外国人に与えられる名誉称号。マザーテレサやウィンストン・チャーチルを始め、現在までに合計8人に与えられている）を与えた。ラウル・ワレンバーグの功績は広く称えられ、世界中の街には、石碑が建てられたばかりでなく、彼の名を冠する通りや学校が数多く存在している。

第五章

ハンガリー第二共和国時代
1946 年～ 1949 年

ティルディ・ゾルターン

コヴァーチ・ベーラ

1946年1月31日、ハンガリーでは王政が廃止され、共和国が宣言された。そしてそれまで首相であった独立小農業者党左派のティルディ・ゾルターン（Tildy Zoltán：1889年生～1961年没。ハンガリーの政治家。1945年から1946年までは首相、1946年から1948年までは大統領を務めた）が大統領となり、後任の首相には、同じく独立小農業者党のナジ・フェレンツが選ばれた。こうして新しい国家体制のもと、ハンガリーの戦後はスタートしたのだった。

1945年から1947年にかけては、「東欧」諸国は自国の国家体制を「人民民主主義」と呼び、その国々独自の社会主義への道を模索していた。ハンガリーでもそれは例外ではなく、その基本は反ファシズムを共通の土台としたうえで、農民、労働者、自由主義者が共同で担う「民主主義」という意味であった。実際にハンガリーでは、国政では反ファシズム諸党が競合する議会政治体制が確立しており、経済面ではファシズムへの協力者の財産の没収、一部の企業の国有化、土地改革が実施されており、「ハンガリー的人民民主主義」は現実を反映していたのである。したがって多くの国民もこれを受け入れていた。また、ソ連もこの時期にはまだ強い社会主義体制を東欧諸国に樹立しようとは考えておらず、ソ連に友好的な「東欧」ができればいいと考えていたのである。「解放軍」として東欧に入ってきたソ連軍が、「占領軍」となっていくのはこの後のことである。

ハンガリーにおいては、1945年の時点では共産党の力は弱かった。1945年11月に行われた国会の選挙では17%の得票率を得るに留まったが、連合国管理委員会からの圧力と、独立小農業者党内の分裂問題により、連立内閣に参加することができた。そして、同月に発足したティルディ内閣に共産党書記

244　第五章　ハンガリー第二共和国時代　1946年～1949年

長であったラーコシ・マーチャーシュが副首
相として、また、ナジ・イムレが内務大臣と
して入閣した。

　1946年2月1日よりハンガリーが共和
制に変わるとますます独立小農業者党の勢力
は弱まり、それに代わって共産党、社会党、
民族農民党が構成する左派ブロックの力が
強まっていった。とりわけ独立小農業者党
右派のコヴァーチ・ベーラ（Kovács Béla：
1908年生〜1959年没。ハンガリーの政治
家）を中心とするグループへの風当たりは強
かった。共産党シンパであった当時のナジ・
フェレンツ首相は共産党を含む連立内閣の存
続に固執していた。彼は、反共産党の立場を
採る議員を独立小農業者党から除名したりも
したのである。また1946年3月、ナジ・フェ
レンツ首相はナジ・イムレ（Nagy Imre：
1896年生〜1958年没。ハンガリーの政治
家。後の1956年ハンガリー「革命」の時に
首相に任命され、ソ連の侵攻に抵抗するが失
敗。絞首刑に処される）を罷免し、共産党の
ライク・ラースロー（Rajk László：1909年
生〜1949年没。ハンガリーの政治家。後に
でっち上げの罪により公開裁判にかけられ、
死刑に処される。1956年に名誉回復され、
再葬される）を内務大臣に任命した。

冷戦の始まりとハンガリー

　そんななか、1947年3月にトルーマン・
ドクトリンで「共産主義の脅威」がクロー
ズアップされた。また、同年6月にはマー
シャル・プランが打ち出され、アメリカが欧
州復興へ関与する姿勢を見せ始めた。それを
受けてソ連は対「東欧」諸国への政策が硬化
していった。いわゆる「冷戦」が本格化して
きたのである。マーシャル・プランが出され
た3か月後の9月、ソ連はコミンフォルム
（Cominform：各国共産党の情報交換を目的

として1947年につくられた国際共産党組
織。前身はコミンテルン）を設立した。その
狙いは、東西ヨーロッパの主要な共産党指導
者たちを集め、「アメリカ帝国主義」に対す
る闘争のためにすべての共産党を結び付ける
ことであった。

　こういった社会の流れを受けて、ハンガ
リーでも左派の発言力がさらに拡大していっ
た。そして、反共産主義者たちを少しずつ粛
清していったのである。その主なターゲット
となったのは独立小農業者党員であった。特
に独立小農業者党右派のコヴァーチ・ベーラ
の逮捕はその顕著な例であった。彼は1947
年2月に「政府転覆」を図った疑いで逮捕
されると、自白を強要され、それにより逮捕
の連鎖が起こった。同年5月にはナジ・フェ
レンツが旅行先のスイス滞在中に辞職させら
れ、独立小農業者党右派はとどめを刺された
形となった。それに代わって同党左派のディ
ンニェーシュ・ラヨシュ（Dinnyés Lajos：
1901年生〜1961年没。ハンガリーの政治
家。小農業者党。1947年から1948年まで
ハンガリーの首相であった）が首相の座に就
いたが、彼はもはや共産党に操られる存在で
しかなかった。

　1947年8月31日に行われた総選挙で
は、共産党が得票数の22.3％を得て、第一
党となった。次いで社会民主党が15％、民
族農民党が8.1％の得票数を獲得し、左派ブ
ロックが多数を占めた。それに対し、独立小
農業者党はわずか15％にとどまった。同年
9月には再びディンニェーシュ内閣が発足す
るが、その中で共産党勢力の力は絶大であっ
た。

　共産党は選挙直後から社会民主党内の「反
動分子」の粛清を開始した。そして1948年
6月に開催された社会党大会において社会党
と共産党が統合され、共産党のラーコシ・

245

ディンニェーシュ・ラヨシュ

チトー

マーチャーシュを書記長とするハンガリー勤労者党が組織された。この時点でハンガリー勤労者党にとって邪魔な存在は、大統領のティルディだけであった。しかし、すぐにティルディの親戚のスキャンダルが発覚し、1948年7月30日に辞職した。後任の大統領職にはハンガリー勤労者党党首のサカシチ・アールパード（Szakasits Árpád：1888年生～1965年没。ハンガリーの政治家。1948年から1949年まで大統領、1949年から1950年までハンガリー人民共和国国民議会幹部会議長を務める）が就いた。

ハンガリー共産党の台頭

少し遡り、ハンガリー共産党の台頭のプロセスを見ていく。1944年11月に再度結成されたハンガリー共産党は、コミンフォルムが設立されて以来、共産党一党制のもと国民戦線に基盤を置くユーゴスラヴィア型の人民民主主義が正しい道であると定め（議会制を基盤とするポーランド型の人民民主主義ではなく）、それを目指していった。しかし、その数か月後には、ユーゴスラヴィア型の人民民主主義は否定され、ソ連の、国民戦線を介さない共産党一党制が正しいものであるとされるのであった。

ことの発端は、ソ連とユーゴスラヴィアの政治路線をめぐる論争であった。ユーゴスラヴィアの指導者ヨシップ・ブロズ・チトー（Josip Broz Tito：1892年生～1980年没。ユーゴスラヴィアの政治家。ユーゴスラヴィアを率いたカリスマ的政治家である）は、ユーゴスラヴィア国土の大半を彼自身の率いる軍隊によって解放したという自負があったため、他の「東欧」諸国の指導者たちと比べてはるかに強い自立意識を持っていた。そして1948年初めまで、バルカン半島や東欧地域において一定の影響力を持っていたのであ

る。そのことをよく思わなかったスターリンが、チトーに路線変更を迫るが、チトーはそれを拒否した。1948年の春にはまだ水面下の争いであったが、それは6月28日に開かれたコミンフォルム第二回会議において一気に表面化した。ユーゴスラヴィア指導者たちを非難するコミンフォルム決議が6月28日に公表され、それを受けたユーゴスラヴィア政府も自説を主張して譲らなかった。そして7月4日、コミンフォルムは最終的にユーゴスラヴィアの追放を決定したのである。

ハンガリー勤労者党のロゴマーク

「スターリンの最も優秀な生徒」と称されたハンガリー共産党の指導者ラーコシ・マーチャーシュは、それまでの親ユーゴスラヴィア外交路線から一変、ソ連追随型の外交路線に変更した。ハンガリー国内で反チトー・キャンペーンを敷き、「東欧」諸国のどの国のリーダーよりも先にその姿勢を見せた。それに先立つ1948年2月（この頃はまだソ連・ユーゴスラヴィア関係の悪化は表立っていなかったのだが、それでも、ロシア国立社会政治史公文書館（Российский государственный архив социально-политической истории）に残る外交文書の中でその微妙な緊張関係を読み取ることができる）にはソ連と友好協力相互援助条約を結び、外交的に緊密に結び付いていた。ソ連軍の駐留が規定されたのもこの時である。ハンガリーはユーゴスラヴィアとの間に結んだ友好条約（1947年）を破棄し、第二次世界大戦後の賠償金の支払いも一方的に破棄した。

その後の1948年6月にハンガリー共産党がハンガリー社会民主党と合併し、新たにハンガリー勤労者党（Magyar Dolgozók Pártja）が誕生した。その中では元共産党側の党員たちの勢力が強く、党の幹部となった。ラーコシが書記長となり、実質上彼が政治の実権を握った。ハンガリー勤労者党の一

ハンガリー勤労者党ポスター

247

党独裁のもと、銀行、工業などの国有化の徹底、農業の集団化が推し進められた。そして、カトリックの学校も国家管理のもとにおかれるようになった。また、政府の後援を受けた共産党寄りの「進歩派」の司教たちがグループを組織し、活動した。ハンガリーの枢機卿、ミンツェンティ・ヨージェフはこのような政府からの重圧に激しく抵抗する構えを見せていた。1948年7月、モスクワで開かれた正教会公会議はバチカンを「国際ファシズム運動の中心」であるとし、ミンツェンティはそのスパイであると非難された。

ハンガリー勤労者党政権にとって、ハンガリー勤労者党以外の勢力が国民に精神的影響力を及ぼしていることは許されないことであった。実際、ハンガリーでのミンツェンティ枢機卿は人気があり、彼の説教を聞くためには教会に入りきらないほどの人が集まっていたと言われている。

しかし1948年のクリスマスの翌日、ミンツェンティ枢機卿は緊急逮捕された。彼はハンガリー共和国に対する反逆を企てた罪、スパイ行為、外貨の闇取引を行った罪をでっち上げられ、拷問を受け、見せしめとして人民裁判にかけられた。これ以降、カトリック教会の活動は厳しく制限されることとなった。また1948年末までにはオーストリアとの国境に有刺鉄線が張られ、西との交流が制限されるようになった。年が明け、1949年になると、ハンガリー勤労者党はますますソ連のスターリン型社会主義を強めていき、ラーコシ・マーチャーシュはその力をさらに強めていった。彼は同党内の反対派を一掃するだけではなく、ハンガリー勤労者党以外の政党を活動不能に追い込んでいった。「国民独立戦線」は「ハンガリー人民戦線」となり、ハンガリー勤労者党以外の勢力を自らの勢力下に取り込んでいったのである。

1949年8月、ハンガリーでは、1939年にソ連で制定された通称「スターリン憲法」を模倣した憲法が新たに制定され、「人民共和国」を宣言した。ハンガリーは共産主義圏の一国としてスタートしたのである。

第5章では、戦後すぐの1946年からハンガリーが「人民共和国」を宣言する1949年までの4年の間にハンガリーを出た(亡命した)人たちに焦点をあてる。戦後の混乱の時期、政府も自国のあり方を模索しながら手探りで改革を行っていった。その中で軍を駐留させているソ連の後ろ盾がある共産党が徐々に力を持ちはじめ、最終的には独裁体制を確立するに至った。その政治の流れに翻弄された人びとの運命をみていく。

ブダペスト5区　バジリカ　ミンツェンティの説教がある日はここに溢れんばかりの人が集まったと言われている（筆者撮影）

248　第五章　ハンガリー第二共和国時代　1946年〜1949年

ハンガリー共和国（1946年～1949年）

国家最高責任者		国家最高責任者であった期間	
ティルディ・ゾルターン（Tildy Zoltán）	大統領	1946年2月1日～1948年8月3日	首相：ナジ・フェレンツ（Nagy Ferenc）1946年2月4日～1947年6月1日
			首相：ディンニェーシュ・ラヨシュ（Dinnyés Lajos）1947年6月1日～1948年12月10日
サカシチ・アールパード（Szakasits Árpád）	大統領	1948年8月3日～1949年8月23日	首相：ドビ・イシュトヴァーン（Dobi István）1948年12月10日～1949年8月20日

ブダペスト5区　アンドラーシ通り60番地　元々は矢十字党の建物として、その後ハンガリー国家保衛庁（ÁVH）の建物として使われていた。多くの人がこの地下に入れられ拷問を受けた。ミンツェンティ枢機卿やライクもここに入れられたのである。（筆者撮影）

戦後初の連立内閣で第一党、独立小農業者党の代表として第二共和国初代首相に選出

ナジ・フェレンツ
Nagy Ferenc

- 1903年10月8日　ビッシェ（Bisse：オーストリア・ハンガリー二重君主）生
- 1947年　スイス、その後、アメリカ合衆国に亡命
- 1979年6月12日　ハーンドン（Herndon：アメリカ合衆国・ヴァージニア州）没

　ナジ・フェレンツは1903年10月8日、オーストリア＝ハンガリー二重君主国（ハンガリー王国領内）南部の小さな村、ビッシェ（Bisse）で生まれた。家は改革派（プロテスタントの一派）を信仰している小農民であった。ナジ・フェレンツは初等教育の6年間を修了すると、家の仕事を手伝い、1924年に結婚した。そして結婚後は5人の子供を儲けた。2人の息子と長女はハンガリーで、次女と三女は後にアメリカ合衆国で生をうけた。

　ナジ・フェレンツは1920年代の初めごろから地元の地方紙に記事を書きはじめ、1929年1月より『ペシュト新聞』という新聞に記事を載せはじめた。そこで発表した記事は国民の反響を呼んだ。彼は自分の村についての記事も書き、それが村の協会のコンテストで金メダルを受賞するなど、記者としても才能を発揮した。

農家から政治の世界へ

　1924年、ハンガリーの右派政党である合同党（正式名称、Egységes Párt）に入党する。そして1928年から1930年まで、バラニャ群（Baranya：ハンガリー南部。ナジが生まれた村もここに位置している）において党の副議長を務めた。その後1930年10月12日ティルディ・ゾルターンらと共に独立小農業者党を結成し、ナジ・フェレンツはその書記長を務めた（1930年から1945年まで）。

　1931年、ナジ・フェレンツは政治に専念するため、家業であった農業をやめた。1931年、1935年、1939年の選挙とも独立小農業者党は野党であったが、徐々に支持率を伸ばしていった。また、ナジ・フェレンツはハンガリー農民協会の創始者の一人であった。反戦論者としても有名であり、よく国会で反戦の演説をしていたということである。そのせいもあってか、ナチス・ドイツによるハンガリーの占領直後の1944年4月、ナジ・フェレンツはゲシュタポに逮捕された。同年10月に解放されるが、同月15日に矢十字党が政権を掌握し、ブダペストが実質上閉鎖されると、地下に潜った。そして独立小農業者党とハンガリー農民協会の再編に力を尽くした。

　ハンガリー全土が解放された1945年4月、ナジ・フェレンツはハンガリー農民協会の代表に選出された。この4月には臨時国民議会の代表、ブダペスト市委員会の代表としても選ばれている。また、8月20日には

独立小農業者党の代表にも選ばれた。

戦後──農業重視の社会主義をめざすが

　1945年11月4日に行われた自由投票（18歳以上の国民が選挙権を有した）による国会選挙で、独立小農業者党は得票率57.03%で245議席を獲得し、勝利した。この選挙で独立小農業者党は単独で過半数を得たが党内分裂などもあったため単独政権はつくらず、同党の左派であったティルディ・ゾルターンを首相とする連立内閣（共産党、社会民主党、民族農民が参加）を形成した。ナジ・フェレンツは1945年11月から1946年2月まで国会議長（A Magyar Országgyűlés Elnöke）を務めた。また、1945年12月から1946年2月まで国民評議会（Nemzeti Főtanács）のメンバーであった。

　1946年2月1日、王政が廃止され、共和国が宣言されるとティルディが大統領となり、首相にはナジ・フェレンツが選出された。

　当時の政府には3つの大きな課題があった。「土地改革」「経済の民主化」「連合国との講和」である。土地改革はハンガリー各地方からの要望もあったが、共産党、社会民主党、民族農民党もそれを強く主張していた。1945年3月15日に土地改革法が発布されると、地方に「土地請求委員会」がつくられ、土地改革は比較的スムーズに実行されていった。100ホルド（1ホルドは0.57ヘクタール）以上の土地（農地は200ホルド）を所有する地主は、その土地を国に収用（有償で）され、15ホルドを上限として、土地なし農民や貧農に分配（有償で）された。これにより中世以来のハンガリーの大土地所有制度が解体されたことになる。また、戦中のナチス協力者たちの財産は没収され、一部の重要企業が国有化されるなど、戦前とは異なった経済の民主化が遂行されていった。また、政府は新たな通貨・フォリントを導入し、戦後のインフレを切り抜けることにも成功した。この時期はまだ、ソ連側も強固な社会主義政権をハンガリーに強要してはおらず、当面の間はソ連に友好的な政府であれば充分であると考えていたようであった。そのため、ハンガリー政府はハンガリー的な農業重視の社会主義を目指していった。当時の政府は3か年計画や銀行の国有化に反対するなど、政権内の左派ブロックに対して強固な姿勢を見せていた一面もある。そして1947年、ハンガリーは連合国とパリ講和条約調印を果たし、晴れて第二次大戦を終結させたことになったのである。

　しかし、1947年春のトルーマン・ドクトリンの発表、6月のマーシャル・プランにより、ソ連の対東欧政策は徐々に硬化していった。その影響で、ハンガリー政府内でも左派の発言力が拡大し、独立小農業者党のなかでも右派の政治家たちが徐々に排除されていった。そんななか、ナジ・フェレンツもその標的になったのである。

ブダペストにはもう戻れない──スイスからアメリカへ

　1947年5月、ナジ・フェレンツは妻とスイスに旅行した。その時の公式な名目はスイスの農業視察であった。旅行先でブダペストから電話が何度も入る。はじめはすぐにブダペストに戻るようにということであったが、それは徐々に帰国中止を促すものと変わっていったという。ナジ・フェレンツはスイスで拘束され、「ブダペストにはもう戻れない」などの脅迫を受けた。そして、ハンガリー共産党の指導者ラーコシ・マーチャーシュもナジ・フェレンツに「あなたは事の重大さをわかっていない。帰国途中なにがあるかわからない」などと「助言」したと言われている。

251

数日後、ナジ・フェレンツはハンガリー国外に残ることを決め、首相の職を辞した。ナジ・フェレンツが辞表を渡すことで、彼の息子は解放されたと言われている。つまり、彼の息子は、彼を辞職に追い込むために誘拐されていたのであった。

ナジ・フェレンツは1947年6月の初めに首相の職を解かれ、独立小農業者党からも追放された。10月には国籍を剥奪され、1948年には財産も没収された。ナジ・フェレンツは妻、3人の子供と共にスイスからアメリカ合衆国へと移り、ヴァージニア州のハードンに住んだ。ナジ・フェレンツは1948年、アメリカで自身の回想を含む『鉄のカーテンの陰の闘争（The Struggle Behind the Iron Curtain：この本は他者との共著であった）』を出版し、その印税を得て暮らした。その印税でヴァージニアに家と広大な土地を買うことができたという。1950年には2人の娘が生まれた。また、1958年にはスイスのバーデンにPermindexというカナダ、スイス、イタリア、アメリカの資本で株式会社をつくり、その社長となった。

ナジ・フェレンツは亡命当初から政治移民としての社会活動に参加していった。ハンガリー国立委員会（a Magyar Nemzeti Bizottmány：1947年11月に発足する。ハンガリー政治亡命者たちの組織）の創始者メンバーであり、理事も務めた。また、1955年から1956年まではその副会長も務めた。1956年「革命」の際はハンガリーに戻ろうと試みるが、オーストリアがそれを止めた（西欧に亡命したハンガリー政治亡命者たちの組織には、オットー・ハプスブルクが関わっていた）。11月2日にナジ・フェレンツが自ら電話でティルディ・ゾルターンに官僚の職に就くよう勧めたが、ティルディはそれを拒否したと言われている。その後1957年、

ナジ・フェレンツはストラスブールのハンガリー革命評議会（A Strasbourgi Magyar Forradalmi Tanács）の執行委員に選ばれた。また、1958年にはハンガリー委員会（A Magyar Bizottság）のメンバーになっている。

また1947年には国際農民連合（Nemzetközi Parasztunió）の設立に参加し、1949年から1964年まではその副会長、1964年から1970年まではその会長の職を務めた。1951年には中・東ヨーロッパ政治移民委員会の委員長に選ばれている。

1957年カリフォルニア大学バークレー校はナジ・フェレンツに名誉学位を授与した。1963年から1970年（この年、妻が病気に罹った）までに、アメリカの高等教育機関で約四百もの講義を行った。また、アメリカから聖イシュトヴァーンの冠をハンガリーに返還させることにも力を尽くしたのである。

ナジ・フェレンツは1979年6月12日アメリカ合衆国のヴァージニアでその人生の幕を閉じた。

アイヒマンと交渉した事で告発され、暗殺されるも名誉回復されたシオニスト

カストナー・ルドルフ
Kasztner Rudolf

ハンガリー語（1941 年まで使用）
カストネル・デジョー
Kasztner Rezső

1950 年代に使用していた名前
イスラエル・カストナー
Israel/Ysrael Kastner

- 1906 年 9 月 3 日　コロジュヴァール（Kolozsvár：オーストリア＝ハンガリー二重君主国）生
- ▶ 1947 年　イスラエルに移住
- 1957 年 3 月 15 日　テル・アヴィヴ（Tel-Aviv：イスラエル）没

1947 年　イスラエルへ移住

　カストナー・ルドルフは 1906 年、オーストリア＝ハンガリー二重君主国のコロジュヴァールに生まれた。父イザックは商人で、敬虔なユダヤ教徒であった。母ヘレンは家族で経営していた店を切りもりしていた。母の考えによりユダヤ教の学校にはあがらず、幅広いカリキュラムをもつ普通の高等学校に通った。とても優秀な生徒であったようである。卒業時にはハンガリー語、ルーマニア語、フランス語、ドイツ語、ラテン語のほかに、イディッシュ語やヘブライ語も話せるようになっていたと言われている。

シオニズムへの目ざめ

　第二次世界大戦前のヨーロッパには反ユダヤの風が吹き荒れていたのだが、ハンガリーでも少なからずその影響はあった。ハンガリーでは 1920 年に制定されたヌメルス・クラウズス（Numerus Clausus：定員制限）法によってユダヤ人は大学入学を制限されていた（条文にはユダヤ人という言葉は使われていないが、実質的にその法律の対象となっていた民族（人種）で高等教育を受ける割合が高かったのがユダヤ人である）。この法律は多感な十代のルドルフに多大なる影響を及ぼした。ルドルフはその影響もあり、シオニストになることを決意したようである。

　ルドルフはトランシルヴァニアにおける青年シオニズムグループに参加し指導した。ルドルフの兄ジュラは 1924 年にはすでにイギリス委任統治領パレスチナに移住していた。ジュラはキブツのために働いていた。ルドルフもついて行くことを望んだが、まだ高等学校を卒業していなかったためトランシルヴァニアに残らざるをえなかった。ルドルフは当時コロジュヴァールで発行されていたシオニズム運動新聞『ウーイ・ケレト（Új Kelet：訳すと「新しい東」となるが、新聞名としては少し響きがおかしく感じるため、本文以下ではカタカナ表記で「ウーイ・ケレト」と記す）』にイギリスのパレスチナ統治に関する記事を投稿するなど、自分のできる範囲でシオニズム運動に参加した。

父の死とその後の運命

　ルドルフが22歳の時、父イザックが死んだ。父はユダヤ教で最も大切な祭りの一つである、ペサハの7日目にシナゴーグでトーラー（ユダヤ教における聖書の最初の五書）を読んでいる最中に昇天したのである。そのためルドルフはパレスチナ移住を諦め、母の仕事を手伝った。母の希望通り法律学校に行き、卒業後は『ウーイ・ケレト』の記者として働いた。またそれと同時に、フィッシャー・ヨージェフ博士のアシスタントとしても働いた。フィッシャー博士（Dr. Fischer József）は弁護士であり、国会のメンバーでもあった。また、コロジュヴァールのユダヤ人コミュニティーの会長であり、ルーマニア・ユダヤ党（ルーマニア語：Partidul Evreiesc din România。1931年にトランシルヴァニアで設立された）の設立者の一人であった。フィッシャー博士はルドルフの記事を称賛し、『ウーイ・ケレト』で働くことを奨励した。ルドルフは『ウーイ・ケレト』の記事にするため、多くの政治家のインタビューを取った。彼は反ユダヤ主義を掲げるルーマニアの極右政党、鉄衛団のメンバーにも臆することなく進んでインタビューしたと言われている。

　ルドルフの性格については、自尊心が高く放漫な所あるがとても頭がよく、カリスマ性があったと多くの人が語っている。ルドルフは状況を「政治的に」解決する術を持っていた。つまり、誰にいくら払えば状況を解決することができるかを計算することに長けていたのである。

　1934年、フィッシャー博士の娘エルジェーベトと結婚したことで、ルドルフの足場も強化された。その後、夫婦には一人娘のジュジャが生まれた。

　ナチス・ドイツ軍がヨーロッパでその勢力を伸ばしてくると、ルドルフはコロジュヴァールにセンターを設け、オーストリア、ポーランド、スロヴァキアから逃げて来た人たちの手助けをした。ルドルフは彼らのために一時的な住居を見つけ、地元のチャリティーグループを通じて衣服や食料を調達した。また、ユダヤ人たちが安全にルーマニアを出国できるよう奔走したりもした。時には賄賂を渡すなどをし、出国ビザの手配に力を尽くしたのである。また、テル・アヴィヴにある「イスラエルのためのユダヤ人エージェンシー（Jewish Agency for Israel：世界最大のユダヤ人国際機関。1929年設立）」と連絡を取り合い、助けを求めた。しかし、イギリスがパレスチナへの移民入国を制限したため、なかなか話は進まなかった。ルドルフはこのイギリスの態度に抗議し、『ウーイ・ケレト』に「不実のアルビオン」（中世以降の信頼のおけないイギリス人およびイギリス外交を揶揄する言い回し）を批判する記事を掲載した。

　1940年8月30日、第二次ウィーン裁定によりコロジュヴァールがハンガリーに戻った時、街のユダヤ人たちは喜んだ。この時点では、ハンガリーのユダヤ人たちはルーマニアのユダヤ人たちの状況と比べるとその状況はましであったからである。

　しかし、彼らの「穏やかな時間」はすぐに消え去った。ナチスがハンガリーにおいてもその影響力を行使していくと、反ユダヤ主義や暴力が横行し始めたのである。1941年にハンガリー政府はすべてのユダヤ系新聞の発行を禁止すると、『ウーイ・ケレト』も廃刊となった。この時36歳であったルドルフは妻と子をコロジュヴァールに残し、仕事を求め単身ブダペストに移った。

ブダペストでの活動――ユダヤ人救助・救出委員会

　ルドルフはブダペストでもコロジュヴァールのユダヤ人移民たちを助けるために力を尽くした。フィッシャー博士から紹介で、ブダペスト・シオニスト協会会長のコモリー・オットー博士と知り合った。コモリー博士はJewish Agencyブダペスト支部の代表で、パレスチナへのビザ発給を担当しているクラウス・ミクローシュ氏をルドルフに紹介した。コモリー博士はそのほかにも、ブダペストのシオニズム運動における重要な人たちとルドルフを繋いでいった。そして後にブダペストで一緒に「救助・救出委員会（Aid and Rescue Committee）」を作り、活動したブランド・ジョエルとルドルフをめぐり合わせたのもこのコモリー博士であった。

　程なくして、ルドルフの妻もブダペストに移ってきた。この頃すでに、第二次反ユダヤ法が施行されていたため、ユダヤ人が知的職業に就くことは非常に難しかった。その影響で、ルドルフの義理の父であるフィッシャー博士は法律関係の職を失っていた。ルドルフは、フィッシャー博士にブダペストに移ってユダヤ人のために活動することを勧めたが、博士はコロジュヴァールのユダヤ人コミュニティーに対する義務を感じていたため、それを拒否した。

　ルドルフは、コモリー・オットー博士、ブランド・ジョエル、クラウス・モーシェらと共に「救助・救出委員会（Aid and Rescue Committee）」をつくり、活動を始めた。彼らは初め、ヨーロッパ各地からのユダヤ人移民たちをハンガリーに入れるために力を尽くした。1944年3月にハンガリーがドイツに占領されると、占領下のハンガリーから安全な第三国にユダヤ系ハンガリー人たちを輸送するために奔走した。

　アドルフ・アイヒマンがユダヤ系ハンガリー人のアウシュビッツへの移送執行の命を受けて（一説には1944年5月から6月の間、約43万人のユダヤ系ハンガリー人がアウシュビッツへ移送され、その4分の3がガス室へ送られたと言われている）ブダペストへ赴任してくると、ルドルフはアイヒマンと何回か会談した。そして彼らは、一人頭1000USドルで1600人を超えるユダヤ人を解放するという合意を交わした。しかし、アウシュビッツへの移送が決まっていたユダヤ人の多くは、その金額を払うことができなかった。そのためルドルフは、解放できる人数約1600のうち150を裕福なユダヤ人の間でオークションにかけた。そのオークションで得た利益により、支払うことができなかったユダヤ人たちのための資金を捻出したといわれている。

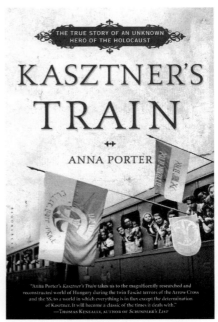

『カストナー・トレイン』カストナーについて書かれた本である。

選ばれた約1600人のユダヤ人たちの移送にも列車が使われた。彼らは初めハンガリーとオーストリアの国境まで移送され、そこからウィーン、リンツ、ザルツブルクを超えミュンヘン近郊のベルゲン・ベルゼンへ送られた。そこから中立国であったスイスに送られたのである。かかった期間は様々であったが、約1600人のユダヤ人たちはハンガリーからスイスまで数週間から数か月にも及ぶ旅をして自由になれたのであった。のちにこの列車移送は「カストナー・トレイン」と名付けられた。この移送において命を救われた者の中には、ユダヤ教ラビのテイテルバウム・ジョエル、作家でジャーナリストのジョルト・ベーラ、心理学者のソンディ・レオポルト、オペラ歌手のエルンステル・デジェーなどがいる。

念願のイスラエルへの移住——告発から裁判、そして暗殺へ

戦後、カストナー・ルドルフは当時のパレスチナに移住した。苗字もカストナーからイスラエル・カストナーに変えた。ルドルフはイスラエル労働党の党員となり、積極的にイスラエルの政治に携わった。国会の選挙にも2回ほど出馬している（2度とも落選）。1952年からは、イスラエル産業貿易省の広報担当として働いた。

順風満帆に戦後の生活を始めたかのように見えたが、1953年ルドルフは突然告発された。ルドルフが1944年にブダペストでアイヒマンと会談の席をもったことがイスラエルで問題となったのである。その内容はこうであった。

「カストナー・ルドルフはナチスと協力体制にあった。1944年4月もしくは5月の時点で、アウシュビッツにおける大量虐殺の実態を報告されていた。しかし、そのことをユ

ダヤ人コミュニティーに広く報告することなく、限られた人々を助けることしかしなかった。また、SSメンバーであったクルト・バッハーとも繋がりがあり、彼と共謀してハンガリーのユダヤ人たちの財産を奪った。さらに戦後、バッハーが罪から逃れるのを手伝った」。

これは、同じくユダヤ系ハンガリー人でホロコーストを生き抜いたジャーナリスト、マルキエール・グリュンワルドが公表した内容であった。これを受けてルドルフはグリュンワルドを名誉棄損で訴えた（1955年の時点で、グリュンワルドは無罪となっている）。しかし、裁判の焦点はすぐにルドルフとアイヒマンおよびSS隊員との関係に移り、ルドルフがナチスと交渉を行ったこと自体が「悪魔に魂を売る」行為とされ、非難されたのである。またニュルンベルク裁判において、SS隊員であったクルト・バッハーがルドルフの証言により無罪になっていたことも非難される要因であった。

18カ月後、ルドルフは有罪判決を受けた。判決後、ルドルフは産業貿易省を辞職した。社会はルドルフに厳しく、彼の家族も非難の的になり苦しんだ。

ルドルフは裁判の判決を不服としてイスラエル最高裁に上告していた。しかし、その審理が始まってすぐの1957年3月、カストナー・ルドルフはテル・アヴィヴで射殺された。殺人者とその仲間は後に逮捕され、終身刑の判決を受けるが、7年後に恩赦を受け、釈放された。

ルドルフが射殺された9カ月後、イスラエル最高裁判所は「重大な誤りだった」として下院裁判所の判決の大半を覆した。つまり、ナチス党員が罪を逃れるために手を貸した点を除いては、カストナー・ルドルフを無罪とする判決を下したのである。しかし、ハンガ

リーのシオニスト協会とアイヒマンとの関係は、当事者が殺されてしまった以上、明確な答えが出ることはなくなった。

　現在、「カストナー裁判」はシオニズム批判の材料として引用されることがある。カストナー・ルドルフが戦中行った行動に対する評価は、現在でも論争になっている。一方では、ナチスの強制収容所でのユダヤ人虐殺の実態を報告されていたにも関わらず、それを広くユダヤ人コミュニティーに公表しなかったのはナチスの協力者であったことを示しているという意見もある。他方、カストナー・ルドルフは当時のユダヤ人コミュニティーではそこまで広く知られていた人物ではなく、カストナー・ルドルフから報告があったところで多くの人は気にも留めなかったであろうという意見もある。また、カストナー・ルドルフの行為を批判している人たちは、カストナー・ルドルフに助けられたユダヤ人は裕福であったり、シオニストや政治家、カストナー・ルドルフの個人的な友人や家族であったりと、極めて狭い範囲から集められた人たちであると主張している。しかし、それでもカストナー・ルドルフの行動により命を救われた人がいたことは、忘れてはいけない事実である。

＊キブツ

元々ヘブライ語で「集団・集合」を意味する。ここでは 20 世紀前半に形成された集産主義的協同組合のことをさす。生産的自力労働、集団責任、身分の平等、機会均等という 4 大原則に基づく共同体形成を目指した。現在約 270 のキブツが存在する。

＊ペサハ

過ぎ越しの祭りともいう。ユダヤ教最も大切なの祭りの一つであり、出エジプトを祝うものである。ユダヤ暦のニッサンの月（西洋暦の 3 月から 4 月に相当）の 15 日から 8 日間にわたって祝われる。ユダヤ教の祭日の中で最重要視されている祭日で、普段はどの教会にも属せずユダヤ教の習慣とはあまり関係なく過ごしている人でも「セーダ」と呼ばれる最初の夜の食事には大半が出席すると言われている。

ビタミンC発見し、ノーベル生理学医学賞受賞、連合国との和平の密使としても奔走

セント＝ジェルジ・アルベルト
Nagyrápolti Szent-Györgyi Albert

- 1893年9月16日　ブダペスト
  （Budapest：オーストリア＝ハンガリー二重君主国）生
- 1947年　アメリカへ亡命
- 1986年10月22日　ウッズホール
  （Woods Hole：アメリカ合衆国マサチューセッツ州）没

　1893年9月16日、セント＝ジェルジ・アルベルトはオーストリア＝ハンガリー二重君主国のブダペストに生まれた。父セント＝ジェルジ・ミクローシュはトランシルヴァニア出身のビジネスマンで、広大なを所有していた。母のジョセフィーナは才能ある音楽家であり、オペラ歌手を目指していたという。アルベルトの母方の祖父にあたる、ヨージェフ・レンホシェークとその息子、アルベルトの伯父にあたるミハーイ・レンホシェークは王立ブダペスト大学で解剖学教授の職に就いていた。

　アルベルトの両親の仲はうまくいかず、別居していた。アルベルトの母ジョセフィーナは、アルベルトを含む3人の息子たち（ほかにパール、イムレ）と共にブダペストで暮らした。父ミクローシュは自分の所有する田舎の土地に住み、夏季休暇の時に子供たちを自分の所に呼びよせていたようである。実質的には母の兄、兄弟たちにとっては伯父にあたる人物であるミハーイが彼らの生活を助けていた。そのせいもあってか、兄弟たちは母方の家の影響を大きく受けたようである。アルベルトは、後に学問の他にピアノ演奏も得意であった。アルベルトの兄パールは、プロのヴァイオリニストになっている。

　アルベルトは1904年から1911年の間、ブダペストにある改革派ギムナジウムで学んだ。アルベルトは「出来の悪い学生」であったという。そのため伯父のミハーイはアルベルトが医学者になりたいと言った時、家名を汚すことを恐れ、医学学校に進学することを禁じた。しかし、最終的に優秀な成績でギムナジウムを卒業すると、厳しい伯父も柔軟になったという。その代わりとして、大学での最初の研究テーマを伯父自らが「直腸」と設定し、アルベルトを「試す」という条件で医科大学への進学を認めたのである。1911年9月、アルベルトはブダペストのセンメルワイス医科大学に進んだ。その後すぐに、王立ブダペスト大学医学部にあった伯父の研究室で自分の研究に取り組み始めた。アルベルトが20歳の年には、彼の初の論文がドイツ語で発表された。またその後、眼球の構造についての論文も発表した。しかし、1913年には解剖学に飽き、生理学研究所に移った。後にこの転換について、「死」の学問に疲れ、「生」の本質に興味が湧いたと話している。

第一次世界大戦——衛生兵として

　1914年に勃発した第一次世界大戦により、アルベルトの学業は一時中断された。1914年の夏、学生の義務で3ヶ月の兵役に

従じた。その後、衛生兵として第一次世界大戦に従軍した。アルベルトは1916年まで従軍したが、左腕を負傷したことを機に退役した。後にアルベルトは、泥沼化する戦争に嫌気が差し、病院に送られるようにするために自分で左腕を撃ったと語っている。治療期間中も大学で勉強を続け、1917年に医学修士号を取得した。同年9月15日、ハンガリー郵政長官の娘、デメーニ・コルネーリアと結婚した。その後、アルベルトは軍に戻り、新たに北イタリアのウーディネにあった戦時病院に送られた。妻のコルネーリアも彼についていき、終戦間際の1918年10月、2人の間には娘が生まれた。

第一次世界大戦後の生活──研究への道

戦後、ポジョニにあったエルジェーベト大学（Erzsébet Tudományegyetem：1912年創立。当時は法学部、医学部、芸術・言語・歴史学部があった。ポジョニがチェコスロヴァキア領になると1923年に医学部はペーチに移った。現在のペーチ大学医学部の前身となる）の薬学研究所でアシスタントの職を得て研究を始めた。そこでは1918年9月から1920年8月までの2年間働いた。アルベルトはここでオーストリアの研究者（プラハ出身）で、後にアルベルトと同じくアメリカに亡命し、ノーベル生理学・医学賞を受賞したカール・コリ（Carl Ferdinand Cori：1896年生～1984年没）と知り合った。

しかし、1919年、チェコスロヴァキア軍がポジョニを占領し、その後正式にチェコスロヴァキア領になると、「外国人」たちは追放された。

戦後のブダペストでは研究職に就くことが難しいということを悟ったアルベルトは、ベルリン、ハンブルク、ライデンなどの研究所を転々とし、生化学、医学の研究をした。そ

の後1922年、フローニンゲン大学（オランダ）に落ち着き、研究に従事した。フローニンゲン大学滞在中、アルベルトは20本以上の論文を発表している。特に細胞呼吸の研究には力をいれた。アルベルトのオランダでの研究は高く評価され、1926年、ロックフェラー基金研究員となり、ケンブリッジ大学フィッツウィリアム・カレッジで研究をする機会を得た。そして1927年、「副腎由来の還元性物質の単離」により博士号を取得した。

1928年、ケンブリッジで働いていたアルベルトに、当時のハンガリー教育相であったクレベルスベルク・クノ伯爵（Gróf thumburgi Klebelsberg Kuno：1875年生～1932年没。ハンガリーの弁護士、政治家）が、王立フランツ・ヨージェフ大学（現在の国立セゲド大学。元々トランシルヴァニアのコロジュヴァールにあったのだが、コロジュヴァールがルーマニア領になったことから、セゲドに移転した）医科学部での職を打診した。アルベルトはこの誘いを受け、1931年にセゲドに移った。

アルベルトはロックフェラー財団の援助でセゲドに生理学研究所を創った。アルベルトの大学での講義は、当時では型破りのスタイルであり、学生たちの間で人気を博したと言われている。アルベルトは学生たちと議論したり、時には自宅に呼んだり、一緒に映画を観に行くこともあったようである。また、スポーツをたしなむことも大事だと説き、彼自身テニスやバレーボールに興じた（アルベルトは人生において趣味に興じることも大切だと思っていたようである。実際、1945年4月にはハンガリーチェス協会に会長に、1946年1月にはバスケットボール協会の会長に就任している）。

セゲドでは大学で講義をする義務があったが、アルベルトは研究も疎かにはしなかっ

た。1931年秋、アメリカ人研究者ジョゼフ・スヴィルベリー（Joseph L. Svirbely：1906年生〜1994年没）がアルベルトの研究チームに加わった。スヴィルベリーはピッツバーグ大学でビタミンCの研究をしていた人物である。この研究チームは、地元セゲドの特産物であるパプリカを研究材料として使い（当初はほかのフルーツや野菜を使っていたが、それらを定期的に大量入手するのは困難であったようである）、そこから精製した「hexuronic acid」が、構造的にはL‐アスコルビン酸であること、そしてこれが抗壊血病因子であることを証明し、ビタミンCと名付けた。また、それと同時に細胞呼吸の研究も続けた。特にフマル酸が呼吸反応で重要な段階をなすことを発見したことは、アルベルトの画期的な発見であった。セゲドでは彼の研究パートナーであり、私生活では友となる物理学者バイ・ゾルターン（Bay Zoltán Lajos：1900年生〜1992年没）と出会った。

1937年、スウェーデンのストックホルムにあるカロリンスカ研究所（ノーベル賞の生理学医学部門がここにある）は、アルベルトにノーベル生理学医学賞を授与することを通知した。アルベルトの「生物学的燃焼、特にビタミンCとフマル酸の触媒作用に関する発見」が認められたのである。ハンガリーでは4人目のノーベル賞受賞者であった。

1938年、アルベルトはハンガリー科学アカデミーの正会員に選出された。この年、アルベルトは妻を伴いアメリカへ講演に出かけたが、彼の妻はハンガリーへ帰国することを拒んだ。その後2人は離婚し、アルベルトは1941年ボルビーロー・マールタ（Borbíró Márta）と再婚した。ノーベル賞受賞後、アルベルトは新たに筋肉の生物物理学的研究を始めた。その分野においては、研究員であったシュトラウブ・ブルノー（Straub Ferenc

Brunó：1914年生〜1996年没。ハンガリーの生化学者。政治家でもある。セント＝ジェルジ・アルベルトの弟子であった）と共に2種類のタンパク質、アクチンとミオシンが合わさるとATPをエネルギー源として収縮することを発見したのである。

1940年、第二次ウィーン裁定により北トランシルヴァニアは再びハンガリーのものとなった。そのため、セゲド大学の一部がもとの地であるコロジュヴァールに戻されたのである。セゲドには新たにホルティ・ミクローシュ大学が創設され、アルベルトは1940〜1941年度の学長となった。

第二次世界大戦中の活動――スウェーデン王グスタフ五世に助けられて

第二次世界大戦時、アルベルトは積極的に反ファシズム運動に関わった。1930年代に台頭し、ハンガリー国民の間に広く浸透していった反ユダヤ主義や軍国主義には強く抵抗した。そして、ユダヤ人の同僚たちを逃がすのに力を尽くしたのである。1942年頃には、アルベルトを含む多くの知識人、政治家たちはファシズムに抵抗の構えを見せ、秘密裏にファシストを倒すための活動を始めていった。1943年、時のハンガリー首相であったカーライ・ミクローシュは秘密裏に連合国との和平交渉を進めようとしていた。その交渉人に選ばれたのがアルベルトであった。アルベルトは、講義のためと称してイスタンブルに赴き、連合国側の交渉人と連絡を取った。しかしこの計画はドイツ側に漏れ、ヒトラーはアルベルトの逮捕命令を出した。そのため、アルベルトは戦争が終わるまでの間、地下に逃れていたのである。

アルベルトはハンガリーの農村部、セゲド、ブダペストを転々とし身を隠した。そしてその後、スウェーデン大使館に避難所を得

た。時のスウェーデン王・グスタフ五世はアルベルトとその妻にスウェーデン市民権を与えることを決めた。そして、スウェーデン大使館はアルベルトに「スウェンソン」の名で5年間有効のスウェーデン旅券を発行したのである（アルベルトは戦後も長い間このスウェーデン旅券を使った）。ナチス・ドイツ側は、アルベルトがスウェーデン大使館にいるという情報を得て大使館を捜索したが、当時のスウェーデン大使であったペール・アンガーがすんでのところでアルベルトをソ連軍統制地域に逃がすことに成功したのであった。

アルベルトは共産主義には嫌悪感を抱いていたが、1945年にソ連軍がハンガリーに入った時には「解放軍」として迎えた。アルベルトの第二次世界大戦中の英雄的行動および研究分野での名声により、ソ連が認めればアルベルトはハンガリーの戦後初代大統領になるのではないかとの声もあった。アルベルトはほかのハンガリー知識人たちと共に文化交流の目的で何度かモスクワを訪れている。アルベルトは戦後はセゲドを離れ、ブダペスト大学に生科学科を創設し、その学長となった。また国会議員にも選出され、科学アカデミーの再建にも力を尽くした。

アメリカへ──研究所を構えるもFBIに疑われる

しかし戦後のハンガリーではソ連の影が色濃くなっていった。1946年、アルベルトはアメリカのマサチューセッツ工科大学から1947年度春セメスターの講義を依頼された。その機会を利用してロックフェラー財団にコンタクトを取り、アメリカで働く機会を模索していたようである。

1947年、アルベルトは数週間スイスの山で過ごした。そこで彼の友人の研究者が逮捕され、拷問されたという知らせを受けたのである。アルベルトはこの時ハンガリーには戻らないことを決めたという。1947年8月に妻、マールタと共にアメリカに渡った。

アルベルトは1947年8月2日、戦時中に取ったスウェーデン旅券でニューヨークに入った。ハンガリー人実業家ラート・イシュトヴァーンの援助を受け、マサチューセッツ州ウッズホールの大西洋を臨む場所に家を買い、同地にあるウッズホール海洋生物学研究所に研究室を設けることができた。しかし、その後数年間、アルベルトの研究所は財政難に苦しんだ。その理由には、アルベルトがアメリカ国籍を持たないこと、彼の以前の共産党政権との関係のため、疑われたことが挙げられる。実際、1950年代にはFBIがアルベルトの身辺調査をした。アメリカ政府は、彼が核の情報を本国に送るスパイだと考えたようである。また、アメリカに移住はしたが、ハンガリーでアルベルトは「英雄」として受け入れられていたようである。1948年3月15日、ハンガリーはアルベルトに第一回コッシュート賞を授与している。

1948年、アルベルトはアメリカ国立衛生研究所にも職を得ることができた。また、1950年には、シカゴの精肉会社およびアメリカ心臓協会からの援助を受け、筋肉研究所を設立した。

アルベルトは1950年代を通じて筋肉構造の研究を続け、1954年にはラスカー賞を受賞した。1955年、アルベルトはアメリカ市民権および国籍を取得した。また、1956年には国立科学アカデミー会員となっている。

ガン研究と晩年

1950年代後半より、アルベルトはガンの研究に力を注いだ。この分野において、彼は量子力学を生化学に応用する分子下生物学

（量子生物学）を提唱した。1960年代に妻（1963年）と娘（1969年）を相次いでガンで亡くしたことも、彼のガン研究への意欲を駆り立てた要因であった。1971年にはガン研究のための基金を設立したのである。彼は人生最後の20年をガン研究に投じた。

1960年代、アルベルトの筋肉研究所は財政を担当していたラート・イシュトヴァーンの死により財政危機に見舞われた。アルベルトはガン撲滅のために設けられた資金を国家から受けることができたが、その申請を拒んだのである。国家機関から援助を受けるには、申請時に綿密な研究計画とそこから得られうる結果、研究終了期限を明確に書かなければいけなかった。アルベルトは言った、「研究に取り組む前からそれらがすべてわかるならば、どんな資金援助も必要はないであろう！」。1971年、インタビューでこの財政難に言及した。そのことが新聞に掲載されると、弁護士フランクリン・ソールズベリーがアルベルトにコンタクトを取った。このフランクリン・ソールズベリーこそが、1971年のガン研究のための基金の設立を助けた人物であったのだ。

また、1960年代後半には政治問題にも関心を持った。アルベルトはほかの同僚と同じように、化学がもたらす破壊活動に対して強い懸念を表明した。アルベルトは、核武装、冷戦、ベトナム戦争に反対する論文を多く発表し、講義も行った。平和のテーマで本を二冊出版している。また、アルベルトは多くの平和構築のための嘆願書に署名をしたり、集会に参加し演説をおこなったりもした（しかし、自分でそれらを組織することはなかった）。

1973年、アルベルトは26年ぶりにハンガリーを訪れた。生物学研究センターの式典に招かれたのである。その時、アルベルトは

セゲド大学から名誉博士号が授与され、ハンガリー人世界連盟（世界中に住むハンガリー人たちを集結し、自分たちの文化などを保存する目的でつくられた協会。ブダペストに本部がある）の名誉会員になったのである。1975年、50歳年下であったマルシア・ヒューストンと再婚し（アルベルトは2人目の妻マールタを亡くした直後、再婚しているが、この結婚は短命に終わっていた）、2人は残りの人生を共にした。

アルベルトは高齢であったが精神的にも肉体的にも健康であった。しかし、92歳になった1985年より、彼の健康状態は目に見えて衰えはじめた。1986年6月、腎不全、心不全が起こるようになっていった。1986年10月22日、アルベルトは腎不全が原因で自宅で息を引き取った。彼の遺体は大西洋を望む自宅の庭に埋葬された。

アルベルトは「発見とは、準備された考えと出会う偶然の事故であると言われている（A discovery is said to be an accident meeting a prepared mind）」と言った。彼の知識欲は多くの発見を導き、結果的にそれがたくさんの人を救ったのだということをここに刻みたい。

第六章

ハンガリー人民共和国時代
1949 年～ 1989 年

1956年10月23日から11月にかけてハンガリーで起こった一連の軍事騒動をハンガリーでは「ハンガリー1956年革命」と表記するよう義務付けられている（1990年5月に「1956年の革命および自由への闘争を記念する法律」が公布され、「1956年の革命、および自由への闘争の記憶を法によって神聖化」し、「1956年革命および自由への闘争が開始された日であり、またハンガリーが共和国宣言を行った日でもある10月23日を国民の祝日として宣言」している。また、2012年に改定された憲法の前文でも「1956年革命および自由への闘争」の意義が強調されている）。ハンガリーでは今までに「革命」という名称を使わなかったことが理由で裁判にかけられ、有罪となった者もいたとのことである。

　しかし、筆者は本来「革命」の意味としては、「被支配階級が時の支配階級を倒して政治権力を握り、政治・経済・社会体制を根本的に変革すること」を意味し、この意味において1956年のハンガリーで起きた一連の騒動を「革命」と記すには不十分であると考える（さしずめ「潰された革命」といったところであろう）。それを踏まえて本書ではこの1956年にハンガリーで起きた一連の騒動を革命行動を起こした側の視点も交え、ハンガリー「革命」と記そうと思う。

　1949年8月、ハンガリーは「人民共和国」を宣言し、新たな道を歩み始めた。

　ラーコシ・マーチャーシュはハンガリー勤労者党第一書記として実質的に独裁権を握り、政敵を次々に粛清していった。また、外交面でも「スターリンの最も優秀な生徒」として、「東欧」諸各国のリーダーの中でその立ち位置を確立していったのだ。

　それらを象徴する出来事が、1949年5月から9月に起こった「ライク事件」であろう。1949年5月、時の外務大臣ライク・ラースローが逮捕された。罪状は「チトーのスパイ」であることであった。ライクは罪を「自白」し、それに続き数十名が逮捕される形となった。ライクは同年9月には公開裁判にかけられ、ライクとその「協力者」数名は死刑を宣告された。そして、翌月10月には異例の早さで死刑が執行されたのである。

　このライク裁判には、各国のメディアも招待され、大々的に行われた。いわゆる大掛かりな公開裁判である。時のハンガリー外相がスパイ容疑で逮捕され、裁判にかけられたことから世界中でセンセーショナルに報じられた。ライク裁判の起訴状は、その全文が世界中の共産党の機関紙に掲載された。

　ラーコシにとって、このライク事件は内政、外政とも重要な意味を持っていた。内政的な意味は、自らの政敵であり、国民に一定の人気があったライク・ラースローを排除することであった。しかし、それよりも外政的な意味の方が重かったことは言うまでもない。ラーコシにとっては、スターリンに忠実であるという証を見せること、そしてそれを「東欧」諸国のリーダーたちに示すことが最大の目的であった。モスクワと密に連絡を取り合い、計画・実行した逮捕から裁判、そして死刑執行までの流れは、すべて「チトー派」への見せしめという大きな意義があり、ライ

クはラーコシにとって都合のいい標的であったのだ。これ以降、同様の「チトー主義」を裁く目的の公開裁判が東欧のソ連衛星国各国で連鎖的に行われていった。そしてそれらの「手本」となったのが、このライク裁判であったのである。

また、ラーコシは第3回コミンフォルム大会の開催地をハンガリーで引き受けた。1949年11月16日から19日にブダペストで開かれた第3回コミンフォルム大会において、ユーゴスラヴィア政府は激しく批判され、最終的に「ユーゴスラヴィア共産党——殺人者とスパイに支配された党」という決議が下された。これ以降、ユーゴスラヴィアとソ連、「東欧」諸国との外交関係は断絶し、その関係が再度見直されるのは1953年のスターリンの死以降である。

ラーコシの時代、農業の集団化、重工業の偏重政策が強化された。ラーコシは1952年8月からはハンガリー勤労者党第一書記のほかにハンガリー首相の職も兼任し（1953年まで）、ますます自分に権力を集中された。農村では、富農への攻撃が行われ、人民はその不満をため込んでいた。また、憲法では出版と集会の自由、信教の自由などの「基本的自由権」を保障していたが、これは、まるっきり建前であった。国民の不満は、秘密警察（ハンガリー国家保衛庁、ÁVH）を使い、ねじ伏せた。国家への忠誠心が疑われ、秘密警察に目をつけられていたのは、主にハンガリー勤労者党政権設立以前に国家の指導的立場にあった人々、地主や商人、中産階級の人々であった。それらの人々は都市を追われ農村に送られ、強制労働に従事させられることもあった。

また、カトリック教会も厳しい状況にあった。ミンツェンティ枢機卿の逮捕後、教会そのものの解体という事態を恐れたハンガリー

ラーコシ

ライク裁判（https://mult-kor.hu）

司教団は、政府との全面的対立を避けるため、譲歩する構えを見せた。1950年4月にグレス大司教が政府との協定にサインした。この協定により、政府は公式に信教の自由を保障、教会に財政援助を約束した。また、教会側は、社会主義国家を承認し、国家への忠誠を宣誓した。しかし、ハンガリー人民共和国はこの協定を守るつもりはなかった。協定調印の1週間後、政府は国内のほぼすべての修道会を解散させた。その結果、1万人以上の司祭、修道士、修道女が修道院を追われ、多くの人が強制労働に従事させられたのである。1951年にはグレス大司教も逮捕されることとなった。

1953年〜スターリンの死とハンガリー

しかし1953年3月にスターリンが死去すると、「東欧」諸各国の政府には新たな試

マレンコフ

ベリヤ

練が待っていたのだ。モスクワの政治路線が変わり、「東欧」各国政府が信奉していた「スターリン体制」が崩れていったからである。「東欧」の指導者たちは、スターリンの死後もスターリン時代と変わらずモスクワの方針に従っていた。しかし、マレンコフ（Георгий Максимилианович Маленков：1902年生〜1988年没。ソ連の政治家。スターリンの死後すぐにソ連の最高指導者の座に就くが、それは短期で後任のフルシチョフに譲った）を中心としたソ連の新指導部は、スターリン時代の恐怖政治を終わらせるべく、新しい政治路線をうち出していった。そして、それにはユーゴスラヴィアとの関係修復も含まれていた。

スターリン時代の恐怖政治を終わらせる意思を決定的に示した事柄は、1953年7月のソ連秘密警察長官ベリヤ・ラブレンティ（Лаврентий Павлович Берия：1899年生〜1953年没。ソ連の政治家。スターリンの粛清の主要な執行者とされる人物）の逮捕および処刑であった。この事件には「東欧」諸各国のリーダーたちも衝撃を受けた。そしてモスクワは、スターリン体制を改めることを「東欧」諸国にも強いたのである。「スターリンの最も優秀な生徒」の異名をもつラーコシは、新しい路線を目指すモスクワにとってもはや邪魔な存在になっていた。同年7月4日、ラーコシは首相の職を辞任させられ、後任には改革派のナジ・イムレが任命された。ナジは「新路線」として農業集団化の緩和や、大規模な恩赦、政治犯の釈放などが行われた。

しかしラーコシは首相の座から離れたとは言え、党内では第一書記の座には就いていた。党内のスターリン主義派は相変わらず強く、改革派と対立した。政治の基本方針としてはナジ派の推進する「新路線」が承認されていたが、1955年4月にラーコシ派から

「右翼的傾向がある」と告発されたナジは首相を解任された。そして、後任にはラーコシの腹心であったヘゲドゥシュ・アンドラーシ（Hegedüs András：1922年生～1999年没。ハンガリーの政治家）が指名されたのである。ナジはその後11月に党から除名された。

ユーゴスラヴィアとの国交回復へ

さて、スターリンの死後、ソ連にはもう一つやらなければいけない大仕事が残っていた。それはユーゴスラヴィアとの外交関係修復である。その第一歩はすでに1953年6月の時点で踏み出されていた。ソ連外相モロトフ（Вячеслав Михайлович Молотов：1890年生～1986年没。ソ連の政治家。スターリンの片腕であった人物）は、外交関係を修復すべくユーゴスラヴィア政府に対し、互いの大使の交換を提案したのである。チトーもその案を受け入れた。そしてソ連政府は、自国のメディアにおける反チトー・キャンペーンを直ちに止めさせたのである。それに伴い、他の「東欧」各国にもユーゴスラヴィアのチトー政権に対するメディア攻撃を中止させる旨を書いた文書をだした。「東欧」各国では、1948年のコミンフォルムの決定に従い、ユーゴスラヴィアとは距離を置いていた。そして、ユーゴスラヴィアから「コミンフォルム派」として「東欧」各国に亡命してきたユーゴスラヴィア人たちが「政治亡命者グループ」を作り、反チトー・キャンペーンを行っていたのを党として支援した。彼らはそれぞれの亡命先（モスクワ、チェコスロヴァキア、ルーマニア、ハンガリー、ブルガリア、ポーランド、アルバニア）で新聞を発行し、チトー政府の政治を痛烈に批判していた。しかし、それらの新聞もすべて1954年9月には発行停止になった。モスクワからの圧力

があってのことであったことは言うまでもない。

これらのユーゴスラヴィアとの関係修復になかなか乗り出すことのできなかった人物は、「スターリンの最も優秀な生徒」ラーコシであった。チトーは、どこよりも先鋭的な反チトー・キャンペーンを敷いていたハンガリーとはそうやすやすと外交関係回復に乗り出す気はなかった。少なくとも、それにはライク裁判で有罪となった人たちの名誉回復が必要だった。しかし、ラーコシにとってライクらの名誉回復をすることは、自らの基盤を揺るがすことを意味していた。一方、モスクワからはユーゴスラヴィアとの関係修復を迫られていた。ラーコシは、板挟みに遭い、どうにもならない状況になっていたのである。

ナジ内閣がハンガリーに吹かせた民主化の風は民衆に希望を与えた。人々はもはや自由に自分の考えを述べ、討論する権利を手ばなすつもりはなかった。ブダペストの学生や知識人たちはペテーフィー・サークル（Petőfi Kör）を立ち上げ、自由な討論を行う権利とナジ・イムレの政権復帰を声高に訴えたのである。また、同時にライクらの名誉回復も古参の共産党党員から求められるようになっていった。

1955年5月26日より、ソ連共産党第一書記のフルシチョフ（Никита Сергеевич Хрущёв：1894年生～1971年没。ソ連の政治家。スターリンの死後、ソ連の最高指導者となるとスターリン批判を行い、「非スターリン化」を目指した）は、ソ連政府首脳と共にベオグラードを訪問した。1948年以降のソ連の対ユーゴスラヴィア政策に対し公式に遺憾の意を表明し、ソ連の政策的誤りのすべてをすでに処刑されていた秘密警察長官のベリヤに負わせた。これにより、両者は一応「和解」した形となった。

そして 1956 年 2 月、ソ連共産党第 20 回大会の非公開会議の場において、フルシチョフがスターリンの個人崇拝を痛烈に批判したのである。このレポートは外部にすぐに漏れ、人々の間で広く知られることとなった。「東欧」諸国の人々も西側のメディアを通じこの文書の内容を知った。そして精神的に抑圧されていた「東欧」諸国の人々は、これを1945 年以来ソ連に「押し付けられてきた」共産主義体制そのものに対する批判であると取ったのである。彼らは、モスクワからの命令に無批判に従ってきた各国の共産党指導者たちに対する不信感を強めたのであった。

ハンガリー勤労者党第一書記の座にあったラーコシは、党内でも徐々に支持を失っていった。国民の不満を解消する方法も考え出せなかった。また、ラーコシはユーゴスラヴィアとの和解交渉をなかなか進展させることができなかったため、モスクワからの信頼も失っていた。ソ連首脳たちは、ラーコシがいたらユーゴスラヴィアとの関係は発展しないことが分かっていたのである。その結果、1956 年 7 月、ラーコシはついにすべての公職から退いた（退かされた）。

ラーコシの後任に就いたのは、ゲレー・エルネーだった。彼もラーコシと同じスターリン主義者であり、国民からは本質的にはなにも変わっていないと捉えられた。つまり、ユーゴスラヴィアとの和解交渉にはそれほど適切な人選ではなかったのである。その上、国民の間ではナジ・イムレの政権復帰を求める声が高まっていた。

ユーゴスラヴィアとハンガリーの和解交渉が進展しないことにしびれを切らしたフルシチョフが、チトーとゲレーが面会できる場を設けた。ゲレーは 1956 年 9 月 30 日、ソ連で休暇を過ごしていた。その時、同じくフルシチョフの招待によりクリミア半島で休暇を過ごしていたチトーと面会したのである。そして、10 月 15 日にハンガリー政府がベオグラードに使節を送るという約束にこぎつけた。

1956 年 10 月 6 日、ライクら粛清された人々の国葬が行われた。これをもってライクの名誉回復は公式になされたのである。ハンガリー政府は、これでゲレーをベオグラードにおくる土台ができたと考えた。ブダペストのケレペシ墓地で行われた国葬には、ハンガリー勤労者党中央委員会の予想をはるかに上回る約 10 万人のハンガリー市民がつめかけた。民主化を求める市民たちにとって、このライクの名誉回復は待ち望んでいたことであり、それがなされたということは、彼らにとっては彼らの「要求」が通ったことを意味していたのである。

10 月 15 日、ゲレーは列車でベオグラードに向かった。そして 10 月 22 日、友好関係を結ぶ条約にサインをしたのである。重大な仕事を終えたハンガリー使節団は帰路に着いた。しかし、翌日 23 日の夜、列車がブダペストの東駅に到着した時にはすでにブダペストは高揚した雰囲気に包まれていたのである。

1956 年　ハンガリー「革命」

ハンガリーでデモが起こったきっかけについて少し話そうと思う。フルシチョフのスターリン批判は東欧諸国に大きな衝撃をもたらし、その影響はまずポーランドで現れた。1956 年 6 月にポズナニで労働者のストライキが起き、改革要求が広がって行ったのである（ポズナニ暴動）。そしてポーランドでは同年 10 月に改革派のゴムウカがポーランド統一労働者党第一書記長に選ばれた。この影響を受け、ハンガリーでは作家同盟を中心にハンガリー勤労者党内の改革派と共に自由化

への要求が広まって行ったのである。
　10月23日の早朝、ブダペストの学生たちはデモ隊を組み、ソ連軍のハンガリーからの撤退、複数政党制による自由選挙の実施、表現と新聞の自由、ナジの首相就任などを求めて立ち上がった。夜になってもその熱は引くことなく、市民や労働者などもデモ隊に加わっていた。民衆はラジオ局や党機関紙の建物、警察などに侵入した。これに対し、警察や軍隊も発砲せず、看過したため、政府はソ連軍への出動を要請したのである。
　23日夜から24日朝にかけて開かれた党会議の結果ナジ・イムレが再び首相に選ばれた。党第一書記の座には、改革派のカーダール・ヤーノシュ（Kádár János：1912年生〜1989年没。ハンガリーの政治家。共産主義者。ハンガリー社会主義労働者党の初代書記長になる）が就いた。
　24日、ソ連軍が首都に入ってきた。この時は民衆との戦闘はほとんど行われなかった。しかし、悲劇はその後25日におきた。国会広場に集まっていた民衆に治安警察らしき勢力が建物のなかから発砲したのである。この時数百人が犠牲となり、その中にはソ連軍の兵士も含まれていた。
　ナジ・イムレを首班とする内閣は、複数政党制への復帰、自由選挙の実施などを約束した。また、発禁処分を受けていた新聞も復刊された。すべての政治犯が解放され、そのなかには1948年12月に逮捕されたミンツェンティ枢機卿もいた。ナジ政府はミンツェンティ枢機卿にかけられていたすべての容疑を公式に否定したのである。そして、30日にはソ連軍が首都から撤退を始めた。この10月末の数日間、ハンガリー国民は「自由」を感じることができたのである。しかし同日、群衆がハンガリー勤労者党ブダペスト本部を襲撃したことにより事態は急変する。群衆は

ナジ・イムレ

ハンガリー勤労者党員、治安警察を殺害した。それを受けてソ連はこの民衆の行為をハンガリー勤労者党へのテロルだと受け止め、ソ連軍の再介入を決定した。
　23日に学生らが立ち上がった時、政治改革を要求したが、それはあくまでも「人民民主主義」の再生を求めたものであり、社会主義そのものに対する攻撃ではなかった。つまり、社会主義体制におけるより自由な政治を求めていたのである。しかし時間が経つにつれてその性格は変わってゆき、最終的には民衆のハンガリー勤労者党への攻撃に至った。
　しかし、11月に入ると事態は一変した。11月1日、引き上げていたソ連軍が再び国境を越えて侵入してきたのである。そして4日早朝、ソ連軍はブダペストへの本格的な攻撃を開始した。これに対しブダペスト市民は徹底抗戦の構えをみせ、激しい戦闘が繰り広げられた。しかし、圧倒的なソ連軍の勢の前

カーダール

に、市民は抵抗の甲斐なく制圧された。この戦闘により、死者は3000人を超え、20万人を超える人々が西側諸国に亡命した。また、多くの政府要人もブダペストにある各国大使館に避難した。

この混乱が起こっていた時期、カーダール・ヤーノシュは数名の仲間と共にモスクワに呼ばれ、今後のハンガリー政府についてソ連首脳と話している。そして、11月2～3日にモスクワでナジ・イムレを首班とする政府とは別の新ハンガリー政府を作り、4日、ハンガリーの街ソルノクに陸路で入った。その後7日、ソ連軍に護衛されて首都ブダペストに戻ったのである。この頃ナジはユーゴスラヴィア大使館に避難していた。カーダールを首班とする新ハンガリー政府はユーゴスラヴィア大使館に対しナジの身の保全を約束したうえで、引き渡しを要求した。しかしその約束は守られることなく、ナジはユーゴスラビ大使館を出たところで逮捕された。ナジは一時ルーマニアにおいて拘束され、その後ハンガリーに戻された。フルシチョフはユーゴスラヴィアとの兼ね合いから、ナジの処刑は望まなかったが、カーダールにとっては邪魔な存在であったことは確かである。モスクワからの要求で裁判は幾度か延期されたが、ユーゴスラヴィアとソ連の関係が再び悪化してきた1958年、ナジの死刑の判決が下された。

カーダール政権の樹立

1956年11月4日の早朝、ソルノクからラジオでカーダール政権の樹立が伝えられた。一説によるとこのラジオ放送はカルパチア地方からのものだったとの説もある。カーダールは「革命」後、ソ連軍に護衛されて帰国したことから国民には必ずしも歓迎されたわけではなかった。しかし、この後1988

旧ユーゴスラヴィア大使館（現セルビア大使館）の壁にかかっているプレート　1956年11月4日から22日までこの建物にナジ・イムレらが逃げ込んでいたことが書かれている（筆者撮影）

270　第六章　ハンガリー人民共和国時代　1949年～1989年

年までカーダール政権が続いたことを考えると、ソ連との関係を保ちつつも、可能な枠内で改革を進めていくという極めて現実主義的なカーダールの政策は国民から一定の支持を得ていたことは推測できる。民主運動が多くの犠牲を出し挫折したことから、新しい指導部は政治改革の実行が不可避であることを痛感し、それを国政運営に生かしていった。「革命」鎮圧直後のハンガリーでは、ソ連の意思に沿った形で「革命」参加者へ過酷な制裁が加えられたが、その後は、政治的寛容の時代となったのである。

ブダペスト5区　自由広場にあるアメリカ大使館　ミンツェンティ枢機卿はこの建物に15年間匿われていた。（筆者撮影）

　カーダール政権は、ワルシャワ条約機構との政治的・軍事的繋がりを強め、経済面でもコメコン加盟諸国との協調を徹底することによって、ソ連およびその他の社会主義諸国のハンガリーに対する信頼回復に努めた。また、1956年「革命」に対する認識としては、ソ連軍の軍事介入を正当化する一方、ことが起きてしまった背景を、「ラーコシとその一派が犯した誤り」であると断定した。

　内政においては、1959年より民主化（の試み）を大胆に推し進めていった。政治犯のほとんどが釈放され、「敵でないものは味方だ」というスローガンのもと、分裂してしまっていた国民の統合を回復することに努めた。1949年に職場から追われた非党員の技術者や官僚たちも職場に復帰することができた。また、言論統制も緩和された。ハンガリー国境は西側に開かれ、出入国も以前と比べると自由になっていった。1960年代半ばにはハンガリー人観光客が西側諸国でもちらほら見受けられるようになっていった。文化的、社会的にも自由化が進み、政府は部分的に表現の自由を認めた。宗教政策においても柔軟な姿勢を示し、1964年にはローマ教皇庁とハンガリー政府の間で協定が結ばれた。これにより、教会は空席になっていた各司教座に司教を任命することを認められた。1956年「革命」以降、アメリカ大使館に避難していたミンツェンティ枢機卿が1971年にオーストリアへ亡命すると、ミンツェンティにかわってレーカイ枢機卿が任命され、ローマ教皇庁とハンガリー政府の対立に終止符がうたれた形となったのである。

　経済的には、1968年より総合的な改革が進められていった。企業に一定の自由裁量権を認めたのである。これは、部分的に市場経済原理を導入するものであった。この時期から、工業の近代化と共産圏だけでなく、それ以外の国々とも通商を拡大することが最優先項目とされた。この経済の国際化は、1980年代に一気に加速し、個人経営を認め、市場化するための大胆な経済改革が次々に導入されていった。ハンガリーは1956年「革命」後わずか数十年で、共産主義陣営の中では高い生活水準を維持できる国へと変化したのである。

　しかし、その改革において問題も多くあった。ハンガリーは西側の技術を導入するために、大きな対外債務を負ったのである。ま

た、改革自体がソ連との分業関係やソ連からの経済的援助を前提としたものであった。しかし、当時のソ連共産党書記長ゴルバチョフは、ソ連にはハンガリーを支援する経済力もなく、改革に介入する意思もないことを表明していたのだ。ソ連には解決しなければいけない大きな自国の問題があり、「東欧」諸国を援助する経済的余裕がなかったのである。この問題は、やがてカーダールを辞任へと導いた。

カーダールの退陣と新たなハンガリーへの道

　1988年、カーダールはハンガリー社会主義労働者党（1956年「革命」後、カーダールにより再編成された党）書記長の座から退いた。当時首相の座にあったのはグロース・カーロイ（Grósz Károly：1930年生～1996年没。ハンガリーの政治家）であったが、彼が後任の書記長になると、首相の座にはネーメト・ミクローシュ（Németh Miklós：1948年生～。ハンガリーの政治家）が就いた。これ以降、ハンガリーでは国民が積極的に政治に興味を持ちはじめ、ハンガリー社会主義労働者党以外の政治勢力が組織的に形成され始めた。1988年秋、党の政策に代わる政策を考案するための「代替組織」と言われる政治団体（ハンガリー民主フォーラム、自由民主連合など）が次々に組織されていった。1989年1月には憲法の一部が改正され、結社法、集会法が採択された。結社法により党の組織も承認されたのである。また同年2月には、ハンガリー社会主義労働者党中央委員会は、1956年「革命」の評価を見直した。それまでは単なる「反革命」として位置付けられていたこの「革命」は、この時、体制改革を求める偉大な試みであったと再評価したのである。それに伴い、1956年「革命」に参加した人々の名誉回復を行っ

た。ナジ・イムレは「卓越した政治家」であったことが確認され、同年6月16日、英雄広場において再葬された。

　また、党の中央委員会は、新憲法に「党の指導的役割」を盛り込まないことを決めた。つまり、「複数政党制」を認めた形となった。これを受けて禁止されていた旧政党も復活し、キリスト教民主党など新たな政党も生まれた。

　このようなハンガリー社会主義労働者党の動きを受け、「代替組織」は「野党」としての自覚を持ち始めた。そして、「ハンガリー国民はなにをのぞむか」という要綱をまとめ上げた。その中には、複数政党制、機能的市場、中東欧諸国民の自由、ハンガリーの中立化、少数民族政策などが盛り込まれた。そして、3月15日が「1848年革命記念日」として公式な国民の祝日となったのである。

　自主的に報道規制を行っていたマスコミもそれを解除した。発禁処分を受けていた書物も店頭に並ぶようになった。セント・イシュトヴァーンの王冠が描かれた旧ハンガリー王国の国章が国旗に描かれ、その旗は公式の式典でも用いられた。そして政府はこれを黙認したのである。かつてのハンガリー勤労者党政権は、セント・イシュトヴァーンの王冠をハプスブルク家を圧政の象徴としていたが、1988年には最後のハンガリー王カール四世の息子にあたるハプスブルク家の末裔、オットー大公がハンガリー国会を訪問した。テレビのインタビューにハンガリー語で答える姿は、国民に感銘を与えたのである。オットー大公はこの後に起きる「ヨーロッパ・ピクニック計画」にも関わっている。

ヨーロッパ・ピクニック計画から体制転換へ

　1989年5月、ハンガリー政府はオーストリアとの国境350キロメートルにわたって張り巡らされていた鉄条網を撤去した。この

ことは、「東欧」全体の状況を大きく動かす前触れであった。1989年夏、西ドイツへの移住を求める数千人の東ドイツ市民が、バカンスと称してハンガリーに入国し、そのままハンガリー国内に留まった。そして、不法に国境を越えてオーストリアに入国し、難民キャンプに移されるものも出てきた。ハンガリー政府は当初、東ドイツ政府との協定に従い、東ドイツ市民のオーストリアへの入国を禁止していたが、やがて不法越境を黙認するようになっていった。そして9月11日、ハンガリー政府はオーストリアとの国境を開放したのである（ヨーロッパ・ピクニック計画）。西ドイツ政府はハンガリーが取ったこの措置を称え、この後ハンガリーが西側諸国との関係を緊密にしていくきっかけとなった。また、これはベルリンの壁崩壊の一つの原因となり、東ドイツの政治体制そのものを激しく揺り動かした。

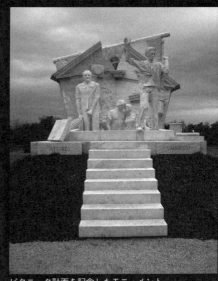

ピクニック計画を記念したモニュメント

1989年6月、与野党の間で円卓会議が開かれた。これは画期的なことであった。そしてこの「与野党円卓会議」は9月初めまでに憲法改正、政党法制定などについて合意していた。そして、10月17日から開かれた国会の場で憲法改正案が採択され、国名が「ハンガリー人民共和国」から「ハンガリー共和国」に変更されたのである。部分的に改正された憲法は、ハンガリー共和国が人民主権の国であると定め、国民の人権基本的人権を声高に謳った。また、共産党による指導の廃止、複数政党制を定めた。経済面では、市場経済の導入、企業活動の自由などを盛り込んだ。19日には政党活動法、20日には国会選挙法が次々に採択されていった。そして22日には、1956年「革命」の始まった10月23日を祝日とすることが決定された。

1980年代以降、ハンガリーは体制の改革を推し進めていった国であった。このような体制転換は国民の生活と価値観の変化を引き起こしたのである。そしてそれは遠からず1985年からのソ連のペレストロイカに影響を与えている。さらにそのペレストロイカは1989年夏に「東欧」全体を振動させる要因となったのである。この「東欧」各国で起こった「革命」はその後のソ連崩壊、ユーゴスラヴィア解体へと繋がっていくのである。

第6章では、ラーコシの時代からカーダール時代の終わりまでの時代を扱う。先ほども少し触れたが、この時代に起こった1956年「革命」は多くの亡命者たちを生み出した。その時亡命した人々がその後どんな人生を送り、どのように社会に影響を与えていったのかを見ていこうと思う。

ハンガリー人民共和国（1949 年～ 1989 年）

国家最高責任者		国家最高責任者で あった期間	
サカシチ・アールパード （Szakasits Árpád）	国民議会幹 部会議長	1949 年 8 月 23 日 ～ 1950 年 4 月 26 日	首相：ドビ・イシュトヴァー ン （Dobi István）
ローナイ・シャーンドル （Rónai Sándor）	国民議会幹 部会議長	1950 年 4 月 26 日 ～ 1952 年 8 月 14 日	1949 年 8 月 20 日 ～ 1952 年 8 月 14 日
ドビ・イシュトヴァーン （Dobi István）	国民議会幹 部会議長	1952 年 8 月 14 日 ～ 1967 年 4 月 13 日	首相：ラーコシ・マーチャー シュ （Rákosi Mátyás） 1952 年 8 月 14 日 ～ 1953 年 7 月 4 日
			首相：ナジ・イムレ （Nagy Imre） 1953 年 7 月 4 日 ～ 1955 年 4 月 18 日
			首相：ヘゲドゥシュ・アンド ラーシュ （Hegedűs András） 1955 年 4 月 18 日 ～ 1956 年 10 月 24 日
			首相：ナジ・イムレ （Nagy Imre） 1956 年 10 月 24 日 ～ 1956 年 11 月 4 日
			首相：カーダール・ヤーノシュ （Kádár János） 1956 年 11 月 4 日 ～ 1958 年 1 月 28 日
			首相：ミュンニッヒ・フェレ ンツ （Münnich Ferenc） 1958 年 1 月 28 日 ～ 1961 年 9 月 15 日
			首相：カーダール・ヤーノシュ （Kádár János） 1961 年 9 月 15 日 ～ 1965 年 6 月 30 日
			首相：カーライ・ジュラ （Kállai Gyula） 1965 年 6 月 30 日 ～ 1967 年 4 月 14 日
ロションツィ・パール （Losonczi Pál）	国民議会幹 部会議長	1967 年 4 月 13 日 ～ 1987 年 6 月 25 日	首相：フォク・イェネー （Fock Jenő） 1967 年 4 月 14 日 ～ 1975 年 5 月 15 日
			首相：ラーザール・ジェルジ （Lázár György） 1975 年 5 月 15 日 ～ 1987 年 6 月 25 日
ネーメト・カーロイ （Németh Károly）	国民議会幹 部会議長	1987 年 6 月 25 日 ～ 1988 年 6 月 29 日	首相：グロース・カーロイ （Grósz Károly） 1987 年 6 月 25 日 ～ 1988 年 11 月 24 日
シュトラウブ・ブルノー （Straub Ferenc Brunó）	国民議会幹 部会議長	1988 年 6 月 29 日 ～ 1989 年 10 月 18 日	首相：ネーメト・ミクローシュ （Németh Miklós） 1988 年 11 月 24 日 ～ 1989 年 10 月 23 日

政敵ライクを反ティトー運動で処刑しミニスターリン化するもスターリン批判で失脚

ラーコシ・マーチャーシュ
Rákosi Mátyás

- 1892年3月9日　アダ（Ada：オーストリア＝ハンガリー二重君主国）生
- 1919年8月2日　オーストリアに亡命
- 1920年4月　ソ連に亡命
- 1956年　ソ連へ追放
- 1971年2月5日　ゴーリキー（Горький：ソヴィエト連邦）没

1892年3月9日、オーストリア＝ハンガリー二重君主国の片隅の街・アダの信仰の薄いユダヤ人商人の家に一人の男の子が生まれた。ローゼンフェルド・マーチャーシュ、後のハンガリー共産党指導者、ラーコシ・マーチャーシュである。

マーチャーシュの父親はユダヤ人商人で、彼には12人の子（そのうち成人したのは10人）がいた。一家は1904年1月、ハンガリーのショプロンにおいて苗字をローゼンフェルドからハンガリーによくあるラーコシに改名した。以下、本文ではその苗字の「ラーコシ」とだけ表記する。

ラーコシはアダ市のハンガリー民族学校を経て、1898年ショプロン第三学校（Soproni III számú reáliskola）に入学。1905年から1910年までセゲドカレッジ（Szegedi főreáliskola）で学び、その後、1912年までブダペスト王立ハンガリー・東洋貿易アカデミー（Magyar Királyi Keleti Kereskedelmi Akadémia：現・コルヴィヌス大学）で貿易を学んだ。そして卒業後2年間、国際貿易会社のインターンシップでハンブルク（1912年）、ロンドン（1913年）に赴き、実務経験を積んだ。

1910年、東洋貿易アカデミー在学中にハンガリー社会民主党に入党する。学生時代には積極的に学生運動に参加した。当時、反軍国主義運動を活発に行っていた学生サークル、ガリレイ・サークルの幹部にもなった。第一次世界大戦では東部戦線で戦い、ロシアの捕虜になり、シベリアのチタに送られる。1918年、戦争捕虜収容所を脱走しペトログラード（現・ロシア連邦サンクト・ペテルブルグ）へ向かった。そこから捕虜交換でハンガリーへ帰国した。

第一次世界大戦後のラーコシ

ラーコシはハンガリー帰国後すぐにハンガリー共産党に入党した。1919年3月21日、ハンガリー・ソヴィエト共和国が樹立すると、その政権で人民委員の一人として活躍し、7月にはハンガリーの赤軍を指揮するまでとなった。しかしこの政権は短命に終わり、8月1日には崩壊を迎える。ラーコシは8月2日、密出入国斡旋者の助けを借りオーストリア国境を越えた。しかしウィーンに向かう途中、逮捕され国外に追放された。その後、チェコスロヴァキア・ドイツを経て、ソ連に入った。

1920年から1924年の間、ラーコシはコミンテルンの執行委員会のもとで働いた。そして1924年12月、ハンガリーへ帰国す

275

ラーコシと妻フェオドラ・フョードロブナ・コルニーロヴァ　1946年
(https://moravcsikandi.blog.hu/2018/07/03/rakosi_matyasne_szuletett_feodora_fjodorovna_kornyilova)

1950年のポスター

ることができた（密入国）。しかし、1925年10月に逮捕され、軍事裁判にかけられた。その時、検察官は死刑を求刑したが、ヨーロッパの左派からの反対により、案件は民事裁判へと移された。そしてそこでラーコシは8年半の禁固刑を受けた。1934年、刑期が明けると、ラーコシはハンガリー・ソヴィエト共和国時代に犯した罪で再び裁判にかけられ、1935年に終身刑を宣告された。1940年10月、ソ連政府はラーコシの解放を要求、ラーコシはその後ソ連へ亡命した。

第二次世界大戦期とその後のラーコシの活躍

　1940年から1945年の間、ラーコシはソ連共産党の外務局で働いた。1943年にはヤクーツク出身の女性、フェオドラ・フョードロブナ・コルニーロヴァと結婚した。フェオドラは活動的な共産党員であり、後に夫とともにハンガリーに渡ると、そこでは社会的な活動に力を入れた。戦後期にハンガリーの高級陶磁器として有名なヘレンドを保護したのも彼女であった。その後も夫ラーコシと運命を共にしていく。

　1945年1月31日、ラーコシは赤軍と共

にハンガリーへ戻り、ハンガリー共産党の指導者となった。その後、めきめきと政治の舞台で頭角を現していった。1945年11月に行われた選挙では独立小農業者党（Független Kisgazda-, Földmunkás- és Polgári Párt）の支持が57％を占め、共産党の得票率は17％であった。1946年2月に連立政権が発足すると、ラーコシはそこで首相補佐のポストに就く。そして同じ共産党から内務大臣になったライク・ラースローがハンガリー国家警察・国家保衛部（ÁVO）を設立することで、実質、共産党が政治警察権力を掌握したのである。ラーコシは「サラミ戦術」を駆使し、他党の勢力を切り崩してゆき、徐々に反対勢力を排除していった。

ラーコシの独裁

　1948年6月12日、共産党と社会民主党が合流し、ハンガリー勤労者党が発足する。これでハンガリーは実質共産党勢力の独裁となる。ラーコシはハンガリー勤労者党の第一書記になると、恐怖政治を敷いた。ラーコシは、「スターリンの最も優秀な生徒」として、自身の政治的ライバルを次々と粛清していった。ここで特筆すべき事件は、やはり1949年のライク事件であろう。スターリン体制下において頻繁に行われていたいわゆる見せしめ裁判である。当時、ハンガリーの外務大臣であったライク・ラースローは、1949年の5月に緊急逮捕された。その後、6月にその罪状が新聞で公表され、9月に公開裁判が行われると、死刑が宣告された。そしてわずか2週間後に刑が執行されたのである。

　ライクは虚偽の罪名により自白を強要され、処刑された（実際、ライクは1956年10月に名誉回復され、再葬されている）。この一連の事件が起きた背景は、ラーコシが「モスクワ帰り」ではない共産党員で、国民に人気

ブダペストテロ博物館　記念プレート（筆者撮影）

ラーコシ

ドールハウス　ラーコシの絵が掛かっている
(http://riowang.blogspot.com/2012/03/long-live-long-live-comrade-rakosi.html)

ラーコシの60歳の誕生日記念式典 (http://riowang.blogspot.com/2012/03/long-live-long-live-comrade-rakosi.html)

ラーコシの60歳の誕生日記念 (http://riowang.blogspot.com/2012/03/long-live-long-live-comrade-rakosi.html)

があったライクを恐れたことだけではない。1948年7月、ユーゴスラヴィアがコミンフォルムから除名されたことで、ヨーロッパの「人民民主主義」を掲げる国々は、反チトー・キャンペーンを敷いていた。ラーコシは、ライクをチトーのスパイとして公開裁判にかけることで、「人民民主主義」国家の指導者の中でもその指導的立場を確固たるものにしようとしたのである。この反チトー的性格を含む公開裁判は、その後「人民民主主義」国家で模倣され、連鎖を引き起こしたのである。

ラーコシは国民に対しても秘密警察を使い、彼らの不満を押さえつけた。その権力最盛期には、ハンガリーの各街に自身の銅像を建てさせたり、国民の自宅に自身の肖像画を飾らせるなど、強力な個人崇拝を発展させていった。

ラーコシは1952年に首相の座に就くが、1953年3月にスターリンが死去すると、その足場は揺らいだ。ソ連の対ユーゴスラヴィ

278　第六章　ハンガリー人民共和国時代　1949年〜1989年

ラーコシの60歳の誕生日 (http://riowang.blogspot.com/2012/03/long-live-long-live-comrade-rakosi.html)

ア外交路線変更に伴い「新しい外交路線」を採ることを余儀なくされたハンガリーの指導者としては、ラーコシは適任ではなかったのである。ラーコシは、1953年6月のハンガリー勤労者党指導部の会議の場で批判を受け、首相の座をナジ・イムレに譲った。それでもラーコシはハンガリー勤労者党第一書記に留まることができた。しかし、ユーゴスラヴィアとの和解を望むソ連には、反チトー・キャンペーンで先頭を切っていたラーコシの存在が邪魔であったのである。1956年7月、ラーコシはソ連政治局の圧力により、ハンガリー勤労者党の第一書記の座からも降ろされた。

失脚後のラーコシ

ラーコシはその後すぐ「病気療養」の名目でソ連へ出国させられた。しかしそれは実質上の左遷である。その後、モスクワ、クラスノダール、トクマク、アルザマスと、次々と物理的にも政治の中枢から遠ざけられていった。ラーコシは晩年、ゴーリキーで過ごした。1962年8月にはハンガリー社会主義労働者党（1956年11月、カーダール・ヤーノシュがハンガリー勤労者党を再編し、発足）からも除名されている。死の前年（1970年）、一切の政治活動を行わないことを条件にハンガリーへの帰国が許されたが、ラーコシはこれを拒否、ソ連に留まる道を選んだ。1971年2月5日、ラーコシはソ連のゴーリキーにてその人生の幕を閉じた。その後、ラーコシの遺体はハンガリーに返還され、ブダペストのファルカシュレート墓地（Farkasréti temető）に埋葬された。ラーコシは今でもブダペストに眠っている。

ラーコシ失脚後、ユーゴとの和解に呼び出され、帰国直後にハンガリー「革命」勃発

ゲレー・エルネー
Gerő Ernő

- 👤 1898 年 7 月 8 日　テルベゲッツ
  （Terbegec：オーストリア＝ハンガリー二重君主国）生
- ▶ 1920 年　ウィーンへ逃れる
- ▶ 1924 年 11 月　ソ連へ渡る
- ▶ 1956 年 10 月　ソ連へ追放
- ▷ 1960 年　ハンガリーへ帰国する
- ⚰ 1980 年 3 月 12 日　ブダペスト
  （Budapest：ハンガリー人民共和国）没

1898 年 7 月 8 日、オーストリア＝ハンガリー二重君主国の小さな村のユダヤ人の家庭に、男の子が生まれた。シンガー・エルネー。後のゲレー・エルネーである。父は小作農であった。1910 年、エルネーの母エンゲル・マーリアが亡くなると、家族はブダペスト郊外ウーイペシュト（Újpest）に引っ越し、雑貨屋を開いた。

1916 年、カールマン一世ギムナジウムを卒業すると、王立ブダペスト大学医学部に入学した。しかし、4 セメスターが終わると退学し、1918 年末、結党したばかりのハンガリー共産党に加わった。ハンガリー・ソヴィエト共和国時代、ハンガリーの地方青年労働者を指揮し、ハンガリー共産主義青年労働者協会（KIMSZ）の会議には代表者として出席した。また赤軍に志願し、従軍した。ハンガリー・ソヴィエト政権が短命に終わると、エルネーはウィーンへ逃れた。エルネーはウィーンでハンガリー亡命共産主義運動に参加した。また、KIMSZ（ハンガリー・ソヴィエト共和国崩壊後は、地下組織となる）の事務所で働いた。スロヴァキアとルーマニア青年労働者組織の結成に従事し、チェコスロヴァキア、ルーマニアに出向くこともあった。

1922 年 2 月ブダペストに戻ると、非合法の新聞の発行に従事し、9 月にハンガリー政府に逮捕され、1923 年 5 月に 15 年の禁固刑が言い渡された。1924 年 11 月、ハンガリー・ソ連戦争捕虜交換協定の受益者の一人として、ソ連に引き渡された。

ソ連での活動――共産主義者として

エルネーはソ連で内務人民委員部（NKVD）のエージェントとして働いた。この組織を通じ、コミンテルンの活動にも携わった。1925 年にはコミンテルンを通してフランスに送られ、そこのハンガリー人共産主義亡命者の活動を統括した。その後、モスクワの国際レーニン学校（Международная ленинская школа：コミンテルン直属の学校で、「革命活動」の従事者を育てるために作られた学校。1926 年から 1938 年まで存在していた。3000 人以上の共産主義者を輩出し、その中にはユーゴスラヴィアのチトーや東ドイツのホーネッカーなど、共産主義政権の首脳となった人物もいた）で学び、そこのハンガリーとフランス部門のリーダーとなった。

1931 年からはフランス、デンマーク、ス

ウェーデンでコミンテルン実行委員会の指導者として活動し、その後、ルーマニア、ベルギー、イタリアに送られたこともあった。1933年からは主にスペインに滞在し、スペイン内戦においてはNKVDの全権代表として指導した。1938年11月末、モスクワのコミンテルン事務局長になった。ラーコシがモスクワに来る1941年まで、ゲレーはコミンテルンでハンガリー共産主義者代表であった。また、モスクワにおける亡命者たちの雑誌の編集にも携わった。1943年のコミンテルン解散後は赤軍で働いた。ゲレーはそこで、戦争捕虜に対するイデオロギー・プロパガンダの仕事にも従事した。

国際レーニン学校の校舎

戦後──反ライク・キャンペーンを盛り上げる。アカデミー再編にも従事

1944年11月、ハンガリーに赴き、党結成にむけて活動を始めた。11月7日、ファルカシュ・ミハーイ、ナジ・イムレ、レーヴァイ・ヨージェフと共にハンガリー共産党中央委員会を作った。

1945年11月の総選挙で共産党は惨敗したが、ソ連軍の指導の元、連立政権の一角として政治に影響力を持つことができた。その中でゲレーはハンガリー共産党において重要な役割を果たした。運輸大臣、経済大臣のポストを歴任した。また後の話になるが、1952年から54年には副首相を1953年から1954年には内務大臣のポストに就いた。

ゲレーはハンガリー勤労者党中央委員会政治局でもその腕を振るった。1949年のライク・ラースロー事件の時には、積極的に反ライク・キャンペーンを指揮した。このキャンペーンも手伝ってか、ライクは逮捕から5か月で死刑が執行された。

また、ゲレーは党の政治ラインに沿ったアカデミーの再編にも従事した。1948年にハンガリー・学問会議（MTT）が法的に整備され、その組織は6人の党員から組織されたが、ゲレーはその長になった。また、党の指導下でいくつかの新しいインスティテュート（研究機関）がつくられた。古くからハンガリー・科学アカデミー（MTA）の元に数々のインスティテュート（研究機関）はあったのだが、新しく作られたインスティテュートの方が立場が強かった。そして、ゲレーの進言により、MTTは1949年から党の影響下に置かれた。

1948年には「コッシュート功績（Kossuth-érdemrend）」という賞がつくられ、自由と平和に貢献した人々または学問と技術発展に貢献した人々に授与された。また、同年、ハンガリー1848年革命の100周年記念として「コッシュート賞（Kossuth-díj）」がつくられた。ゲレーは1948年に「コッシュート功績」の一等を、1949年には「コッシュート賞」

を授与された。

スターリンの死後

　スターリンの死後、ラーコシ政権の足場は揺らいだが、ラーコシはかろうじてトップの座にしがみついていた。1955年にユーゴスラヴィアと国交を回復したフルシチョフは、他の「人民民主主義」の国々にもユーゴスラヴィアとの関係回復を望んだ。しかし、ハンガリーにとってそれは容易ではなかった。詳しい説明は6章の冒頭部分でしているのでここでは割愛する。

　1956年7月、ラーコシが辞職させられ、代わってゲレーがハンガリー勤労者党第一書記に選出された。フルシチョフは、ラーコシを政治の場から切り離すことで、ハンガリーとユーゴスラヴィアの国交回復が進むと期待したが、ラーコシの後任にラーコシと共に働いていた強固なスターリン主義者のゲレーが就いたことで、両者の話し合いはなかなか前進しなかった。特に、メディアを使ってチトー政権をことあるごとに批判していたハンガリー政府の態度をユーゴスラヴィア側から強く批判された。

　しかしゲレーは着任するとすぐにユーゴスラヴィアとの国交回復にむけて強い意欲を示した。1956年7月21日のハンガリー勤労者党中央委員会会議の決定では、ユーゴスラヴィアとの友好関係を築くための話し合いを進めるという事項が盛り込まれた。また、8月には反チトー主義を掲げるユーゴスラヴィア政治亡命者たちへの援助（資金的援助を含む）を停止するという決定がなされた。しかし、なかなかユーゴスラヴィア側からの理解を得ることができなかった。

　見るに見かねたフルシチョフは、自らがゲレーとチトーの会合を取り持つことを決めた。1956年9月30日、ゲレーはソ連で休暇を過ごしていた。まさにその場所でチトー（チトーはこの時、フルシチョフの招待でクリミアで休暇を過ごしていた）と「偶然に」会ったのである。その時二人は非公式の会談の場を持った。そして、ハンガリー代表団のベオグラード訪問を同年10月15日に決定したのであった。また、これに先駆け、同年9月28日にハンガリー勤労者党中央委員会会議でライクの名誉回復および再葬について話し合われていた。そして同年10月6日、ブダペストにおいて大々的にライクの再葬式が執り行われたのである。

　予定通り、ゲレーのベオグラード訪問は1956年10月15日に実現し、22日に友好関係を再構築するための宣言が調印された。使命を全うしたハンガリー代表団が10月23日にブダペストの東駅に到着すると、その時街はすでに混乱を極めていた。何千もの人々が、ソ連軍撤退、ラーコシの逮捕、民主的な選挙を求めデモ行進を行っていたのである。ハンガリー1956年「革命」であった。

　ゲレーは1956年10月25日に辞職させられ、ハンガリー勤労者党第一書記の座をカーダール・ヤーノシュに明け渡した。そしてゲレーは29日、家族と共にソ連へ出国した。1960年、ハンガリーへの帰国が叶うが、党からは除名された。彼はその後、生涯で培った語学力を活かし、残りの人生を翻訳家として過ごした。

　1980年3月12日、ゲレーは心臓発作のため死亡した。彼の墓は、ブダペストのファルカシュレート墓地（Farkasréti temető）にある。

ハンガリー「革命」ソ連軍侵攻から 15 年間、
アメリカ大使館に匿われた枢機卿

ミンツェンティ・ヨージェフ
Mindszenty József

出生時の名前
ペーム・ヨージェフ
Pehm József

- 1892 年 3 月 29 日　チェヒミンツェント（Csehimindszent：オーストリア＝ハンガリー二重君主国）生
- 1971 年 9 月 23 日　オーストリアへ亡命
- 1975 年 5 月 6 日　ウィーン（Wien：オーストリア）没

　ミンツェンティ・ヨージェフ（出生名・ペーム・ヨージェフ）は 1892 年 3 月 29 日、オーストリア＝ハンガリー二重君主国ヴァシュ県の小さな村、チェヒミンツェント（Csehimindszent）で生まれた。彼の両親、ペーム・ヤーノシュ（Pehm János）とコヴァーチ・ボルバーラ（Kovács Borbála）は農業を営んでいた。父親のヤーノシュは、若いころは村の裁判官や後見人、後に村の学校の校長を務めた人物であった。

　ヨージェフはチェヒミンツェントの小学校を卒業後、1903 年からソンバトヘイにある聖ノルベルト神学校（ギムナジウム）で学んだ。その後 1911 年、ソンバトヘイ教区の神学校に進んだ。ソンバトヘイ教区神学校卒業後の 1915 年 6 月、司教・ミケシュ・ヤーノシュから司祭に叙階された。その後 1917 年 1 月、ザラエゲルセグにあるギムナジウムの校長になった。ヨージェフは厳格な教師であったと言われている。

　第一次世界大戦の敗戦色が色濃くなってきた 1918 年 10 月、ハンガリーでは民主主義革命が起き、カーロイ・ミハーイを長とした連合政権が発足する。11 月にはハンガリー民主共和国が成立した。しかしこの政権はすぐに行き詰まり、3 月にはクン・ベーラのハンガリー・ソヴィエト共和国が樹立する。司教であったヨージェフは社会民主主義、共産主義に対抗し、1919 年 3 月に逮捕される。5 月には釈放されるが、ハンガリー・ソヴィエト共和国が崩壊する 8 月まで故郷の村に幽閉された。

　ヨージェフはその後釈放され、1919 年 10 月、ザラエゲルセグ教区の司祭に任命される。その後、ヨージェフはザラエゲルセグ教区でキリスト教的社会活動に力を入れた。彼の指導の元、たくさんの新しい教会やカトリックの施設、学校が設立された。また、1924 年にはポルノーアパーティ村（Pornóapáti：ヴァシュ県）の修道院長に任命され、彼の影響力はさらに広がったのである。

　1941 年（一説には 1942 年 2 月）、ヨージェフは苗字を故郷の村の名前の一部から取り、ミンツェンティと改名した。以下、本文ではミンツェンティと記す。

ミンツェンティ枢機卿

1956年　ミンツェンティ枢機卿のスピーチ

司教としてのミンツェンティ

　ミンツェンティは1944年3月、エステルゴムのバジリカでヴェスプレーム（ヴェスプレーム県・ハンガリー）教区の司教に叙階された。政治的にはこの時期、ファシストの矢十字党に対抗し、独立小農業者党に加わり活動していた。

　1944年10月、ミンツェンティは数人の司教と共に、反ユダヤ主義批判と停戦要求を含んだ文書を政府に提出した。その2週間後、ミンツェンティは逮捕され、ショプロンクーヒダ（ショプロン郊外の村・ハンガリー）の刑務所に投獄された。そして、1945年1月にソ連軍が解放するまでそこにいたのである。ミンツェンティは1945年4月に釈放され、ヴェスプレームに戻った。

枢機卿ミンツェンティ

　1945年9月、ミンツェンティは教皇ピオ一二世からエステルゴム大司教（ハンガリーの首都大司教）に指名された。彼はそれを受け入れ、エステルゴムに移った。その後、1946年2月には同じく教皇ピオ一二世から枢機卿に任命された。

　1945年の時点では、ミンツェンティはハンガリー国民からだけではなく、ハンガリーの左派勢力からも一目を置かれた存在であった。1945年の農地改革の際には、彼への敬意の証としてハンガリー政府はヴェスプレームのミンツェンティ所有の土地をそのままに留めたほどである。

ミンツェンティの政治活動

　ミンツェンティは政治に関してもはっきりと自身の意思を示し、特に、ドイツ系民族国外追放や修道会の活動制限、学校改革などに関しては声を大にして反対意見を述べた。それはソ連の影響下で共産色が色濃くなってき

ていたハンガリーでは、反共産主義の人物と
して国民の目をひいた。そして、政府からは
要注意人物として目をつけられたのである。
1948 年 5 月、ミンツェンティはカトリック
神学校の国営化に反対する声明を発表した。
しかし、1948 年 6 月の段階で約 6500 もの
カトリック教会付属の学校が国営化された。
教会と政府の対立はまさに 1948 年の 6 月そ
のピークを迎えたのである。

ミンツェンティ逮捕

　1948 年末ごろには、ミンツェンティらカ
トリック教会が反共産勢力の中心になってい
た。政府はそんなカトリック教会とミンツェ
ンティを見過ごすわけにはいかなくなって
きていたのである。そして 1948 年 12 月 26
日、ミンツェンティはついにエステルゴムで
逮捕された。ミンツェンティはブダペストに
連行され、アンドラーシ通り 60 番地にある
ハンガリー国家保衛庁の地下に投獄された。
奇しくもクリスマスの翌日であった。そして
1949 年 2 月、公開裁判で終身刑が課せられ
たのである。

　ミンツェンティは、「ハンガリーでハプス
ブルク王政復古を試みた罪」「アメリカのス
パイ罪」で裁かれた。これは、スターリン期
によく見受けられる冤罪のいわゆる見せしめ
裁判であった。

　当時、罪名を裏付ける証拠として「ミンツェ
ンティとアメリカ大使館との繋がり」「ミン
ツェンティとオットー・ハプスブルクとの繋
がり」が挙げられた。ミンツェンティは実際
ヴェスプレーム時代に、ハンガリー西部地方
でハプスブルク王政復古を求める署名を集め
る活動をしていたことがあった。つまり、ミ
ンツェンティはカトリックの司教であったと
同時に政治的にも活動していたという事実が
裁判において曲解され、政府の都合のいいよ

うに利用されたのである。

　ミンツェンティの公開裁判は 1949 年 2 月
3 日から 8 日に行われた。ミンツェンティは
投獄された後、拷問を受け、自らの罪を「自
白」した。枢機卿であるミンツェンティの投
獄はヴァチカンの反共外交路線を助長した。
教皇ピオ一二世は 1949 年 1 月 2 日、「アチェ
リモ・モエローレ（Acerrimo Moerore）」と
いう文書で公式に枢機卿の投獄を非難した。

　ミンツェンティが逮捕された後のハンガ
リーのカトリック教会はその力を失った。
1950 年の夏にはカトリック教会と政府の間
で、カトリック教会が政府に政治的忠誠を誓
う代わりに、政府が礼拝に必要な援助をする
という取り決めがなされた。教会は経済的に
国家に依存する形になったのである。教会が
運営していた施設（医療施設、公共施設、老
人ホームなど）も徐々に国家にその経営権が
移っていった。また、多くの修道院が閉鎖さ
れた。聖職者の下には最低限の教育機関しか
残らなかった。そのうえ、慈善活動、教育活
動を含む教会が運営するすべての非宗教的な
活動でさえ、制限されていった。この政府に
よる締め付けは、1953 年にナジ・イムレが
政権を取るまで続いた。

　病気であったこと、また、欧米諸国からの
要求を受け、ミンツェンティは 1955 年自宅
軟禁になった。

1956 年ハンガリー「革命」とミンツェン
ティ

　1956 年 10 月 23 日に起きた民衆のデモ
は、ナジ・イムレの政権復帰とミンツェンティ
の釈放を要求した。ナジ・イムレ政府は 10
月 30 日、ミンツェンティを釈放した。ミン
ツェンティは釈放されるとすぐにブダペスト
へ赴き、11 月 3 日まで政治活動に従事した。
11 月 3 日にはラジオで放送も行った。

285

ブダペストテロ博物館　ミンツェンティのデスマスク
（筆者撮影）

11月4日にソ連が軍隊を率いてハンガリーに侵攻すると、ミンツェンティはブダペストのアメリカ大使館に避難所を求めた。それ以来、15年間そこから出ることはなかった。ミンツェンティがアメリカ大使館にいるという事実は、以来15年間ハンガリーとアメリカ、また、ヴァチカンとの関係修復の妨げになっていたということは言うまでもない。

亡命

　1971年9月28日、ヴァチカンとハンガリー政府の合意に基づき、ハンガリー政府はミンツェンティに出国許可を出した。そして、翌月の23日にミンツェンティはオーストリアのウィーンに亡命した。

　1974年2月5日、教皇パウロ六世はミンツェンティの称号を削除し、ミンツェンティは退位した。エステルゴム大司教（ハンガリーの首都大司教）の座は空位となったが、教皇はミンツェンティが存命の間は、その後任者を指名することはなかった。ミンツェンティは最後の数年をオーストリアの修道院で回顧録を執筆しながら過ごした。

　1975年5月6日、ミンツェンティはウィーンの病院で83歳の生涯を閉じた。ミンツェンティの亡骸は、オーストリアのマリアツェルに安置された。ミンツェンティは存命中、ソ連軍がハンガリーから去り、ハンガリーが自由な国になるまで祖国には帰らないと宣言していたが、帰国が叶ったのは彼の死から16年後、1991年のことであった。1991年5月4日、ミンツェンティはエステルゴム大聖堂で再葬された。

ブダペストテロ博物館　聖職者の服（筆者撮影）

「なんの強要もありません」——ライク事件
連座の文学的自白回想録が歴史資料に

サース・ベーラ
Szász Béla

- 🚼 1910年7月9日　ソンバトヘイ
（Szombathely：オーストリア＝ハンガリー二重君主国）生
- ▶ 1937年　フランスへ亡命
- ▶ 1957年　イギリスへ亡命
- 🪦 1999年6月25日　ノーフォーク
（Norfolk：イギリス）没

　サース・ベーラは1910年7月9日、ハンガリーの西側国境に近い町、ソンバトヘイで誕生した。

　1928年よりハンガリー王立工科大学の経済学部で学び、その後パーズマーニ・ペーテル大学の文学部でハンガリー・フランス文学・芸術史を学んだ。同じ時期には、後にユーゴスラヴィアのスパイ容疑で逮捕され、処刑されたライク（ライク事件）やジャーナリストで歴史学者になるフェイトー・フェレンツも在籍していて、交友をもっていた。

　サースはまだ大学在籍中に非合法の共産主義運動に参加し、1932年に逮捕され、3か月の禁固刑を受けた。1937年、フランスに亡命。パリで有名な映画監督で、共産主義者への理解があったジャン・ルノワール（Jean Renoir：1894年生〜1979年没。フランス印象派の画家ピエール＝オーギュスト・ルノワールの次男）のアシスタントとなり、働いた。映画製作に携わるかたわら、ジャーナリズムにも従事し、1939年にはパリのハンガリー作家の雑誌の編集にも携わった。

　ヨーロッパでヒトラーの侵略が始まる目前の1939年、サースは南米のアルゼンチンに移り住んだ。そこで1941年からラテンアメリカ・ハンガリー人組織の指導者として活動した。またそれと同時に、いくつかの反ファシスト運動の雑誌の編集長も務めた。

戦後のハンガリーで

　戦後の1946年ハンガリーに帰国すると、雑誌『週刊芸術（Képes Hét：文学を扱った週刊誌。直訳だと「絵の週」）』や『未来（Jövendő）』の編集者となった。1948年には外務省に入省し、1948年末には農務省にプレス部長として移動になった。

　1949年5月、外務大臣であったライクが緊急逮捕された。そしてライクとその一部の仲間には、9月に死刑判決が出され、間髪おかずにそれは執行された。この一連のライク事件で、ライクと大学時代からの友人であったサースも、ライクの仲間としてスパイ容疑で拘束された。サースは拷問を受けたが自白はせず、1950年に10年間の禁固刑（自由剝奪刑）を言い渡された。1954年9月1日、恩赦で釈放された。そしてその後は出版社で職を見つけ、働いた。

二度目の亡命——回想録の執筆

　1957年、サースは再逮捕される恐れがあるとわかると、友人の勧めで故郷のハンガリーを出国し、亡命することを決意した。短

期間ウィーンに滞在した後、イギリスに渡った。1957年から1961年、サースはハンガリー亡命者たちの新聞『文芸新聞（Irodalmi Újság）』に記事を書いた。1959年から1963年まで、1956年のハンガリー「革命」を研究しているブリュッセルのナジ・イムレ・インスティチュートで季刊ニュースレターの編集者として働いた。

1963年、サースの回想録である『なんの強要もありません——でっち上げられた裁判の物語（a Minden kényszer nélkül – Egy műper kórtörténete)』が当時の西ドイツで出版された。この本はライクの仲間として逮捕された一人の回想録として注目された。その後、この本は多くのヨーロッパ言語に翻訳されたが、ハンガリーで公式にこの本が出版されたのは1989年のことであった。もちろんその間も秘密裏に国境外からハンガリーに持ち込まれ、ハンガリーの人々に読まれてはいたが。出版から26年後、ハンガリーの共産主義政権が倒れるまで、ライク事件の真相を語る最も信頼のおける回顧録として多くの人に読まれたのである。

この本は1940年代後半から1950年代に共産主義政権により執り行われた、いわゆるでっち上げ裁判のメカニズムを、1949年のライクとその仲間たちの裁判に焦点をあてて書かれているが、この本自体は文学的な性質が強い。本の中に描かれている事実は筆者個人の経験によるものであり信頼のおけるものであるが、文才のある筆者により書かれているため、読者が受ける印象は、まるで小説であるかのようである。しかし、この本に描かれた粛清のメカニズム、戦後のハンガリー共産政権の「犯罪行為」のプロセス、そして、それらを基に導き出された考察から得られた、ライク事件を作り上げた人々とその政治的意図に関する結論は、今日歴史家たちが史料をもとに考察した定説と矛盾していない。それ以上に、サース・ベーラのこの書は、公文史料と現在の歴史書に書かれたライク事件の闇の部分に光を当てる役目を果たしているのである。

「なんの強要もありません（Minden kényszer nélkül：当時のハンガリーの裁判では、この文句で自白・証人喚問が始まった)」——こう名付けられたサースの本には重要な歴史的事実の証拠が描かれているだけではなく、そこから得られる教訓が含まれている。その教訓の一つは、サース自身が最終章で語ってる。ほとんどすべてのでっち上げ裁判は、最終的にはそれを作り上げた人々の思惑とは逆の結果を生み出している。スターリンの手でつくりあげた東欧諸国のリーダーたちの運命は、そのことを鮮明に裏付けている。

この本が出版された後、サースは1965年からBBCのハンガリー部に所属した。その後も多くの新聞や雑誌で記事を書き続け、1994年、サースはナジ・イムレ・メダル（Nagy Imre-emlékplakett）を受けた。そして1999年、イギリスのノーフォークにおいて88歳で人生の幕を閉じたのである。

■ コラム　国に残った1956年「革命」の立役者、偉大な政治哲学者

ビボー・イシュトヴァーン
Bibó István

- 1911年8月7日　ブダペスト
  （Budapest：オーストリア＝ハンガリー二重君主国）生
- 1979年5月10日　ブダペスト
  （Budapest：ハンガリー人民共和国）没

　ビボー・イシュトヴァーンは、1911年8月7日、オーストリア＝ハンガリー二重君主国のブダペストに生まれた。イシュトヴァーン少年と同じ名の父は、宗教・教育相の書記官であり、後にセゲド大学の図書館長を務めた人物である。

　イシュトヴァーン少年は、ブダペストにおいてドモコシュ・ラースローネー（Domokos Lászlóné Löllbach Emma：婚前名：リュルバッハ・エマ：1885年生～1966年没。ハンガリーの教育者、心理学者）が主催する「ウーイ・イシュコラ（新学校）」で初等教育を受け、その後、マーチャーシュ・ギムナジウムに入学した。そして父のセゲド大学への転勤に伴い、一家はセゲドに移り、1921年よりセゲドにあるピアリスト・ギムナジウムに編入した。1929年、セゲドのフランツ・ヨージェフ大学の法学部に入学。大学ではホルヴァート・バルナ（Horváth Barna：1896年生～1973年没。法学者）の元で学び、自らの研究を発展させていった。この時期、エルデイ・フェレンツ（Erdei Ferenc：1910年生～1971年没。ホルヴァート・バルナの影響を受けた社会学者。政治家。ハンガリー農民運動の指導者）と知り合い、交友を結んでいった。

　1933年、ビボーは最優秀の成績で法学博士号を取得した。1933年から1934年にかけて、奨学金を得てウィーン、ジュネーヴに留学し、学術研究に打ち込んだ。ビボーはこの留学期間中にハンス・ケルゼン（Hans Kelsen：1881年生～1973年没。オーストリアの法学者、国際法学者。ヨーロッパ各地の大学で教鞭を執った）など、著名な研究者たちの講義を聴講している。1935年にはハンガリー社会科学協会のメンバーに選出された。ビボーは弁護士事務所や裁判所での実習見習いをしながらも自らの学術研究を進めていき、カーネギー国際法アカデミーの奨学金を得てオランダのハーグで聴講したり、パリ国際哲学会議にセゲド大学助手として出席したりもした。1937年には、エルディ・フェレンツとの繋がりから、「三月戦線」（1937年3月から1938年の終わりまでに展開された反ファシズムのための知的・政治運動）に参加することを決めた。ビボーはこの「三月戦線」活動に積極的に協力し、1939年にはその地下組織として形成された芸術家・作家・研究者協同組合（MIKSZ）に参加している。

　1938年、裁判所書記官に任命される。この年、国際連盟図書館から招待を受け、臨時研究員として3か月間ジュネーブに滞在す

289

ウーイ・イシュコラ
(https://gallery.hungaricana.hu/hu/
SzerencsKepeslap/15667/?img=0)

ウーイ・イシュコラ
(https://gallery.hungaricana.hu/hu/
SzerencsKepeslap/15667/?img=0)

ウーイ・イシュコラ
(https://gallery.hungaricana.hu/hu/
SzerencsKepeslap/15667/?img=0)

る。帰国後の11月からハンガリー法務省に勤務した。

　第二次世界大戦が始まって間もない1940年、ビボーはプロテスタントの牧師ラヴァス・ラースローの娘、ラヴァス・ボリシュカと結婚した。ボリシュカはブダで女学校の教師をしていた。この年にビボーのキャリアは飛躍的にアップした。弁護士試験、および裁判官試験に合格、セゲド大学の講師の職を得る。また、この年の終わりには裁判官に任命された。

　1941年、ビボーはトランシルヴァニアのコロジュヴァール大学で20世紀の法哲学の授業を担当した。またこの年、ハンガリー社会科学協会書記長に選出された。

　1944年10月、ビボーはブダペストにおいてユダヤ人を救おうとした罪で矢十字党員たちに逮捕された。その4日後には釈放されたが、懲戒免職の処分を受け、地下活動を余儀なくされた。彼は義理の父であるラヴァスの助けにより、ブダペスト・プロテスタント神学アカデミーの地下に身を隠した。

戦後の活躍

　1945年3月、サーラシの政府が崩壊すると、ビボーは大学時代からの旧友であり、「三月戦線」の仲間であったエルデイ・フェレンツに誘われ、内務省行政課長の職に就いた。5月には民族農民党に入党し、数々の法律草案作成に携わった。特に1945年11月の総選挙に向けた公職選挙法の作成に力を注いだ。また、首都公共労働委員会委員（1947年8月まで）や国家映画委員会の委員長など、各種の委員や役職を内務省代表として、また党代表として務めた。さらに、専門家としても国内の様々な場所で政治理論や国家理論などの講義を行った。

　ビボーは、内務省内の行政改革に取り組

んでいたが、7月には内務省を追われる形と
なった。同じ頃、セゲド大学から召喚を受け、
政治学教授の職に就いた。その傍ら、ブダペ
ストにあるテレキ・パール科学研究所に政府
委員として派遣され、研究にも没頭した。

1946年、ビボーはハンガリー科学アカデ
ミーのメンバーとなり、1947年には宗教・
教育相から研究所理事長代行を命じられた。
1946年から1950年にかけて、研究者とし
て数多くの論文（歴史・政治学・法学）を発
表している。彼は「欧州連合」という考え、
またヨーロッパにおける安定した国際協定シ
ステム構築の考えを支持し、民族主義という
考えには否定的であった。また、ハンガリー
を含む中・東ヨーロッパからのドイツ人追放
政策に関し、不当であるとの問題提起をした
（ハンガリーにおいては、まだ実施前であっ
たこの政策に対し、緩和を打診した）。当時
のハンガリーを徐々に染めていった全体主義
システムとは相いれない、左派リベラルであ
る民主政治的見解を固持していたのである。

1949年、ハンガリー科学アカデミーの一
時閉鎖に伴い、ビボーはアカデミーの職を解
かれた。それと同時期にテレキ・パール科学
研究所での仕事もなくなった。1950年に入
り、セゲド大学もアカデミーの措置に追随
し、ビボーに対して退職願の提出を迫った。
ビボーはブダペスト大学図書館への異動願い
を出し、セゲド大学を一時退職、完全に教職
から退いた形となった。

1951年からはブダペスト大学の図書館司
書として働いた。またその傍ら、ハンガリー
法文献編纂目録の編集作業にも参加した。

1956年～ハンガリー「革命」とビボー・イシュトヴァーンの運命

1956年秋に起こったハンガリー「革命」
はビボーのその後の運命を大きく変えた。

11月3日ビボーはペテーフィ党（旧、民族
農民党。1956年「革命」のさなか改名した）
からの推薦を受け、ナジ・イムレ政権の国務
大臣の任命された。11月4日、ナジ・イム
レがラジオでソ連軍の介入を国民に向けアナ
ウンスすると、ナジ・イムレ政権の指導者の
多くはユーゴスラヴィア大使館の保護を求め
た。一方、ビボーは国会に残り、国務大臣と
して今後のハンガリー問題の解決に向けた計
画書作成に取り組んでいった。嘘か誠かソ連
の介入に伴い、ソ連軍がハンガリー国会に侵
入した時、唯一国会内で職務を遂行していた
のはビボーだったと言われている。その際ビ
ボーは拘束されたが、すぐに釈放された。

ビボーは国務大臣の名でハンガリー国民に
向け、「自由と真実のために」という声明文
をだした。その声明のなかで、国民に「ソ連
の軍事政権およびソ連派の傀儡政権を法的に
正当なハンガリー政府として認めない」と
し、「それらに対する武力抵抗」を呼び掛け
た。さらに、「征服されたハンガリー人の自
由と利益のために、大国および国連に賢明か
つ勇気ある決断」を求めた。この声明文はナ
ジ政権の名で発表され、西側諸国の外交官に
より世界中に伝えられた。これはハンガリー
「革命」の重要な書類として世界中で反響を
呼び起こした。しかしソ連の軍事介入の影響
で革命の失敗が決定的になると、ビボーは「ハ
ンガリー問題の妥協的解決」に向けた計画書
を作成した。それには、ソ連軍撤退時のハン
ガリーにおける社会主義の保存、ハンガリー
のワルシャワ条約機構（もしくはその軍事的
結びつき）からの脱退、ソ連によるナジ・イ
ムレ政権の承認の項目も含まれていた。しか
し、この頃にはソ連はすでにナジ・イムレ派
との一切の妥協を認めないとの決定を下して
いたのである。

1957年5月23日、ビボーは、グゥンツ・

ビボー・イシュトヴァーン記念コイン
https://www.numismaticodigital.com/noticia/2970/ultima-hora/centenario-del-nacimiento-de-bibo-istvan.html

アールパード（Göncz Árpád：1922年生〜2015年没。ハンガリーの作家、政治家）と共に逮捕された。15か月間の取り調べの後、1958年8月2日にハンガリー人民共和国最高裁判所において、「人民民主主義国家体制に反する組織を指導した罪」で終身刑が科せられた。

　1963年3月27日、ビボーは恩赦により釈放された。これはほかのナジ・イムレ派の政治家たちの多くよりも遅い釈放であった。ビボーはこれ以降ずっと国家の監視下におかれることになる。

　同年5月23日より、中央統計事務所図書館の研究員として勤務した。ビボーの仕事は主に書籍分類業務であった。業務のほかにビボーは外交問題を研究し、翻訳業務もこなした。

　1971年図書館を定年退職した。この数年前から彼の健康状態は悪化していたようであった。

　しかし研究活動は生涯続けていたようである。1970年代初頭にはビボーは中東問題の分析をしており、その解決方法を提示した研究書が1971年にハンガリーで出版された。その5年後の1976年、その本は英訳されイギリスで出版された。タイトルは、『国際機関の麻痺とその対策（The Paralysis of International Institutions and the Remedies）』という。

　ビボーは1979年5月10日、心臓発作により亡くなった。妻の死から約1か月後のことであった。ビボーの遺体は、ブダペスト市の北部、オーブダの共同墓地に埋葬されている。

ビボー・イシュトヴァーンの再評価

　1980年代、ビボーの思想は再認識され、ハンガリーで彼の論文集が出版された。特に

ビボー論文集

ハンガリーの共産主義支配も終わろうとしている1986年に彼の論文集三巻が出版されたことは、ハンガリー社会で大きな意味を持っている。

そのハンガリー国外で出版された論文の数だけを見ると、他国でのビボーへの関心はマルクス主義哲学者であったルカーチには及ばない。しかし、この事実はビボーがハンガリーにおける重要な政治哲学者であるという事実を否定するものではない。

ブダペストにはビボーの胸像が建てられ、彼の名を冠したギムナジウム（中学校）もある。2002年に彼の一生を描いた長編ドキュメンタリー・フィルムも作成された。ビボーの思想は1989年の変革以降、ハンガリー人の間で尊重され、今もなお受け継がれているのである。

ブダペスト　ビボーの銅像

オーブダの墓地にあるビボーの墓石

ライク事件で駐仏カーロイ・ミハーイ大使と共にハンガリーとの関わり絶った東欧研究の祖

フランソワ・フェイトー
François Fejtő

ハンガリー語
フェイトー・フェレンツ
Fejtő Ferenc

誕生時の名
フィシェル・フュルプ・フェレンツ
Fischl Fülöp Ferenc

＊この文では彼のハンガリー名、フェレンツ（または苗字のフェイトー）を用いることにする。

- 1909年8月31日　ナジカニジャ（Nagykanizsa：オーストリア＝ハンガリー二重君主国）生
- ▶ 1938年　フランスに亡命
- ▶ 1949年　ハンガリーと繋がりを断つことを決める
- 2008年6月2日　パリ（Paris：フランス）没

フェレンツはハンガリーのナジカニジャで書店・出版業を営むユダヤ人の家庭に生まれた。父方の祖父は19世紀半ばにチェコからハンガリーに渡ってきた印刷工であった。フェレンツの父ラヨシュは、小さい地方紙の編集長をしていた。フェレンツは後に執筆する大著『スターリン以後の東欧』の献辞に「新聞と自由への愛を教えてくれた父親の思い出に」と記しているが、彼がジャーナリズムに携わるきっかけを与えたのは父であった。フェレンツの母はフェレンツがまだ5歳の時に病死している。

フェレンツは母の死後、ザグレブに住む父方の伯母に引き取られ、幼少期をザグレブで過ごした。その後1920年にフェレンツの父は再婚する（フェレンツの父は、後の1944年にアウシュビッツに移送される列車の中で命を落としている）。父の再婚相手であった義理の母はフェレンツに音楽の喜びを教えたようであった。フェレンツの家族の中には、オーストリア＝ハンガリー二重君主国の崩壊に伴い、ユーゴスラヴィア・イタリア・チェコスロヴァキア・ルーマニアなどの隣国の国民になった人もいたということである。

幼いフェレンツは、ザグレブ、そしてナジカニジャで初等教育を受け、1927年に優秀な成績で卒業した。その後、ブダペストのエトヴェシュ・コレギウムで学び、1929年より、パーズマーニ・ペーテル大学で、ハンガリー文学・文学史・ドイツ学を学んだ。この頃同じ学部には、後に内相・外相を務め、ユーゴスラヴィアのスパイ容疑で逮捕され処刑されたライク・ラースローや、ジャーナリストであったサース・ベーラも在籍していた。フェレンツは在学一年目にカトリックに改宗している。この頃フェレンツは、バルタ・ミクローシュ会（Bartha Miklós Társaság：1925年に作家のアスタロシュ・ミクローシュやサース・ベーラらが中心となって結成した

団体。1920 年代に盛んに活動し、特に政治・経済・社会に強い関心のある若いエリートを募った）の活動に積極的に携わった。この活動を通して詩人であるヨージェフ・アッティラ（József Attila：1905 年生～ 1937 年没）と知り合うが、彼の革命的な詩の内容に影響され、非合法の共産主義活動に参加していった。在学中である 1932 年、マルクス主義の勉強サークルを開いたかどで仲間と共に逮捕され、拷問を受けた。10 月には裁判を受け、禁固刑が言い渡される。釈放後、大学に復学することは許されなかった。そして文学・ジャーナリズムの活動に身を投じるようになるのである。

1933 年 12 月 2 日、フェレンツはヒルマイヤー・ローザと結婚した。

ネープサヴァ──亡命生活

1934 年よりハンガリー社会民主党の機関紙『ネープサヴァ（Népszava）』の編集に携わる。1936 年から 1939 年にかけて、詩人ヨージェフ・アッティラらと共にアンチ・ファシズム、アンチ・スターリニズム文芸雑誌『セープ・ソー（Szép Szó）』を刊行した。1938 年、親独政策を採る政府を批判する記事を社会主義党系の新聞に掲載したため再度逮捕された。そして六か月の懲役を言い渡された。フェレンツは刑期を終えるとハンガリーを去り、ユーゴスラヴィア王国・イタリア・スイスを通り抜け、フランスに亡命した。

1938 年よりパリで『人民の声（Népszava）』の特派員として活躍するが、同時に『美しい言葉（Szép Szó）』や雑誌『社会主義（Szocializmus）』などの執筆も続けた。また、いろいろな国からの（ハンガリーからの亡命者も含む）亡命者たちやフランスの知識人たちと交友を結んだ。ポール・ランジュヴァン教授が代表する国際反ファシズム

委員会に参加していたフェレンツは、1939 年第二次世界大戦が勃発すると義勇兵として志願し、フランス軍に編入された。1940 年にフランスが降伏すると非占領地域に逃れ、フランス南西部ロート県カオールの高等学校で教鞭を執った。そしてその傍ら密かに抵抗運動に加わったのであった。

フランスの首都であるパリが解放された後、1944 年 9 月にパリに戻り、パリ近郊の街ヌイイ＝シュル＝セーヌに落ち着いた。そして、フランス通信社という報道機関に仕事を得たのである。フランス通信社は、ハンガリーとドイツのラジオの情報を得ることができた。フェレンツはこの会社で（短い断続期間はあったが）30 年以上にわたり東欧問題専門家、特派員として活躍したのである。1947 年から 1949 年までは在フランス・ハンガリー大使館の広報担当官となり、活躍した。1948 年にはハンガリー 1848 年革命100 周年を記念して「人民の春── 1848 年の世界」を発表する。

ハンガリーと繋がりを断つ──大著『人民民主主義の歴史』を発表

戦後すぐはハンガリーとも繋がりを持ち、新聞・雑誌などにも寄稿していたが、1949 年、長年の交友のあったライクの逮捕および死刑判決に抗議し、当時在フランス・ハンガリー大使であったカーロイ・ミハーイ伯と共にハンガリー大使館の職を辞し、一切ハンガリーとの繋がりを断った。その後、彼が唯一ハンガリーに戻ったのは、1989 年 6 月のナジ・イムレ国葬の時であった。フェレンツがライク事件の政治的背景を分析し、著した論稿はフランスの雑誌『エスプリ』に掲載され、西ヨーロッパで大きな反響をよんだ。

1952 年、フェイトー・フェレンツの名を高めた大著『人民民主主義の歴史　1945 年

～1952年』を発表した。この著書は戦後の東ヨーロッパの政治・歴史を高度に客観分析したものであり、東欧史を志すあらゆる研究者が参考にすべき著書であると言える。後の1990年代、ソ連・東欧諸国の史料が公開されると、フェイトーの分析が導き出した多くの仮説は史料で裏付けされたのである。この『人民民主主義の歴史』は1969年にスターリン以降の歴史が書き加えられて、上下2冊（『人民民主主義の歴史　スターリン時代　1945年～1952年』・『人民民主主義の歴史　スターリン以後　1953年～1968年』）で刊行された。

1955年、フェイトーはフランス国籍を取得した。

1956年、処刑されたライクは再葬され、名誉回復がなされた。フェイトーはハンガリー政府から召喚されるが、その出発直前の10月23日、ハンガリー「革命」が起きた。そのためハンガリー行きを断念し、フランス通信社で東欧問題の解説と分析の仕事を続けた。そして、1956年11月に『ハンガリーの悲劇』を刊行した。この著書は、ハンガリー事件の深層を最も正確に分析した報告書として高い評価を得た。フランスの哲学者・作家であるジャン＝ポール・サルトルはこのフェイトーの著書に序文を書いて、この書がフランス世論にもたらした影響について高く評価をしている。

フェイトーは1972年から1984年までパリ政治学院で教鞭を執った。ソ連・東ヨーロッパの現代史サークルのセミナーで指導するかたわら、ジャーナリスト、歴史家として研究活動を続けた。

23歳の時に祖国の大学から退学処分を受けたフェイトーであったが、1973年にフランスで博士号を取得した。その後もフェイトーはフランスのみならず、ほかの国の新聞・雑誌、また亡命者の新聞にも記事を書き続けた。彼の著書は現在、フランス語、ドイツ語、英語、イタリア語、ハンガリー語、ポーランド語、ブルガリア語、日本語などの多くの言語に翻訳されている。フェイトーは2003年10月にカーロイ・ヨージェフ財団に図書館を寄付している。

フェイトーは2008年6月2日、パリで心臓発作のため亡くなった。葬儀はパリとブダペストで開かれた。フェイトーはブダペストのケレペシュ墓地で旧友のヨージェフ・アッティラの墓地の近くに眠っている。

フェイトーは自身の著書『人民民主主義の歴史　スターリン以後　1953年～1968年』の冒頭でマルク・ブロックとエマニュエル・ムーニエの言葉を引用し、歴史記述の客観性に言及している。彼は執筆時「客観的に、事実に密着し事実をして語らしめようと務めた」が、「歴史を生きずして歴史を書くことはできない」という立場を捨てようとはしなかった。フェイトーの「母国である東ヨーロッパの人々が体験する苦悩と屈辱と希望を分かち合い」、書き上げられた彼の著書は、東欧研究の入門書として21世紀の現在でも確固たる位置を占めている。フェイトーは現在、フランスの20世紀の偉人の一人としてその名を残しているのである。

スターリニズム批判や『真昼の暗黒』で知られ、各地を放浪、女性遍歴多数で最後は自殺

アーサー・ケストラー
Arthur Koestler

- 👶 1905年9月5日　ブダペスト（Budapest：オーストリア＝ハンガリー二重君主国）生
- ▶ 1926年　パレスチナに向かう
- ▶ 1929年　ドイツへ行く
- ▶ 1949年　イギリス国籍を取得
- ▶ 1951年　アメリカ永住権を取得
- ▶ 1953年　イギリスに定住することを決める
- 🪦 1983年3月1日　ロンドン（London：イギリス）没

1940年、スターリンの粛清を題材にした小説『真昼の暗黒（ドイツ語原題：Sonnenfinsternis）』が刊行され、話題になった。そしてその後この小説は世界的にベストセラーとなった。その小説を書いた人物は、アーサー・ケストラー。ブダペスト生まれのユダヤ系ハンガリー人であった。

アーサー・ケストラーは1905年9月5日、ブダペストに生まれた。父の名はヘンリク、母の名はアデールといった。父ヘンリクは独学で英語、ドイツ語など幾つかの言語を習得し、後に繊維の輸入会社を設立した。母アデールは元々プラハの名家に生まれ、ウィーンで育った。しかしその後、彼女の一家の経済状態は破綻し、アデールは母親と共にブダペストに移り住んでいたのであった。そんなヘンリクとアデールはブダペストで出会い、1900年に結婚し、一人の男の子を儲ける。それがアーサーであった。

当時ケストラー家は裕福であり、ブダペストのユダヤ人が多く住む地区にある大きな家に住んでいた。料理人や外国人家庭教師を雇うほどであったという。当時、学者一家ポランニー家の長姉ラウラ（Laura Polányi-Striker）が経営していた幼稚園に通った。後に陶磁器デザイナーになるラウラの娘エヴァとアーサーは1歳違いの幼馴染であり、一時期2人は恋人同士にもなった。

1914年、第一次世界大戦が勃発すると父の事業は立ち行かなくなり、ケストラー家は一時ウィーンに移り住んだ。そして第一次世界大戦が終わるとともにブダペストに戻ってきた。

ケストラー自身が自伝で語っていることによると、ケストラー家はハンガリー・ソヴィエト共和国政府に同調していたということであった。父が当時所有していた石鹸工場は国有化されたが、父はハンガリー・ソヴィエト政府からそこの所長に任命されたとのことである。後に反共産主義者としての発言を多くするようになるアーサーであるが、クン・ベーラと当時の政府に関しては、十代のころのアーサー少年が感じた革命的気運高まるブダペストに対し、希望を抱いていたと述べている。しかし、その後のホルティ政権による白色テロに直面し、ケストラー一家は再びウィーンに逃れ、父はそこで再度ビジネスを起こしたのであった。

シオニズムへの目覚め——パレスチナへ

1922年9月、アーサーはウィーン工科大学（Technische Universität Wien）に入学し、工学を学んだ。在学中はシオニストのクラブに参加した。しかし、父の事業は傾きはじめ、学費が払えなくなると、大学を去らざるを得なくなった。そして1926年、パレスチナで数年間職業の経験を積むこと決め、同年4月、ウィーンを去りパレスチナに向かったのであった。

パレスチナ入りを果たしたアーサーは、最初の数週間キブツに住んだ。しかし、アーサーの正式な入植は却下された。その後約1年間、アーサーはテル・アビブやハイファ、エルサレムなどのイスラエルの都市を転々としながら生活した。主にドイツ語の出版物の編集の仕事をしていたようである。

ベルリンへ

パレスチナで思うような生活基盤を築くことができなかったアーサーは、1927年の春パレスチナを去り、ベルリンに赴いた。そして同年、友人の紹介でドイツに本拠地を置く通信会社ウルシュタイン社の中東特派員の職を得たのであった。その後の2年間はエルサレムに戻り、ジャーナリストとして国家元首などのインタビューを取るなど、ジャーナリストとしての名声を高めるきっかけとなった時期であった。

1929年、アーサーはウルシュタイン社フランス支局の特派員に任命され、パリに送られた。パリでの生活はそう長くはなかった。1931年、アーサーの自然科学の知識が豊富であったことが認められ、新聞の科学欄編集長としてベルリン本社へ配属された。しかし、この頃台頭してきたナチスは、ユダヤ人のアーサーの人生に大きな影響を与えていくことになるのであった。また、幼馴染であったエヴァ・ザイゼルの影響でマルクス・レーニン主義の支持者となり、1931年末にドイツ共産党に入党した。

ソ連の旅

その後、アーサーはソ連に赴き、コーカサス地方、中央アジアを旅した。しかしアーサーは共産主義プロパガンダと、ソ連の現実（全体主義的独裁体制）とのギャップを目の当たりにし、パリに戻ることを決意するのであった。1933年のことであった。

このソ連の旅については1934年に本を書き、出版している。この本は『白い夜と赤い日（Von weissen Nächten und roten Tagen）』と題され、当初はロシア語、ドイツ語、ウクライナ語、グルジア語、アルメニア語での出版が計画されたが、最終的に出版が許可されたのはドイツ語のみであった。

再びパリへ

しかし、この時はまだ共産主義自体に失望したわけではなかったようである。パリに戻ったアーサーは、西側コミンテルンの指導者、ヴィルヘルム・ミュンツェンベルク（Wilhelm Münzenberg：1889年生〜1940年没。ドイツ出身の共産主義者、ジャーナリスト、映画製作者。メディアでの影響力が強く、ドイツのメディアを支配したアルフレート・フーゲンベルクになぞらえ、「赤いフーゲンベルク」の異名を取った）の元で反ファシスト運動に取り組んだ。この時期のアーサーの生活は貧困の底にあったという。私生活では1935年に共産主義活動家であったドロシー・アッシャーと結婚した。しかし、彼らの結婚生活はその後2年で終わった。

1936年に勃発したスペイン内戦時、アーサーはコミンテルンの伝手を頼り、セビリアにあったフランコ将軍率いる右派の反乱軍

（ナショナリスト）側に潜入した。当時ソ連は、反ファシズム陣営である人民戦線側を支持していた。そして、そこでフランコ軍とナチスが協力関係にあるという証拠を集めた。しかし、その直後に共産主義者の身分がばれ、国外に脱出した。1937年、英国ニュース・クロニクル紙の戦争特派員として再びスペインに入国するが、ナショナリストに捕らえられ、死刑を宣告された。約5か月間セビリアに拘留された後、イギリス政府の介入で救出された。この救出劇には妻ドロシー・アッシャーの努力もあったと言われているが、アーサーがイギリスに渡ってから彼らは、結婚生活を続けることはなかった。このスペインでの体験は、『スペインの遺書（Spanish Testament）』（1937年）として出版された。

1938年、アーサーは再びフランスに戻り、そしてドイツ共産党から脱退した。また、同年にはパリのドイツ語週刊誌『未来（Die Zukunft）』の編集者となった。また、翌年の1939年には処女作『グラディエーター（The Gladiators）』が出版された。その後すぐに『真昼の暗黒（Darkness at Noon）』の執筆に入った。

1939年、イギリスの彫刻家であったダフネ・ハーディー（Daphne Hardy：1917年生〜2003年没）と出会い、2人は一緒に暮らすようになる。そして、ダフネ・ハーディーは当時アーサーがドイツ語で書いていた『真昼の暗黒』を英語に訳し、ナチス・ドイツがパリを占領する直前に二人はイギリスへ出国し、1940年それをロンドンで出版した。

イギリスへ──『真昼の暗黒』の出版

さて、時は第二次世界大戦勃発直後に遡る。その時アーサーはパリにいた。そしてそこで「好ましくない外国人（undesirable aliens）」として当局に拘束され、収容所に

『真昼の暗黒』

送られることになる。1939年10月のことであった。その後1940年、イギリス政府の介入により彼は釈放された。ドイツがフランスに侵攻する直前、アーサーはフランス外国人部隊（フランス陸軍に属する外国人志願兵で構成される正規部隊）に入り、国外に出ることができた。アーサーは北アフリカ、ポルトガルを経由してイギリスに入国した。この頃、ハーディーも別のルートでイギリスに入ったようである。入国許可が下りていなかったアーサーは入国許可が下りるまで拘束されていた。ハーディーが『真昼の暗黒』の英訳を出版した時、アーサーはまだ拘束されていたのである。このフランスでの経験およびイギリスへ再入国した経緯は、彼の自伝の一つ『世の中のくず（Scum of the Earth）』（1941年）に書かれている。

1940年にハーディーの手によって出版さ

れた『真昼の暗黒』であるが、アーサーはソ連を旅した経験やスターリンの粛清を逃れてきた知人の証言を基に、いわゆる「モスクワ裁判」を小説化し、非人道性を問いかけている。ソ連の思想に憧れを抱き共産党に入党したアーサー自身が目にした現実を書いたこの小説は、特にヨーロッパの知識層に大きな衝撃を与えた。アーサー・ケストラーの最大の偉業と言っても過言ではない。ジョージ・オーウェル（George Orwell：1903 年生～ 1950年没。イギリスの作家）もアーサー・ケストラーの『真昼の暗黒』に衝撃を受けた。そしてその影響は、自身の作品、『動物農場』（1945年）『1984 年』（1949 年）に表れている。

1941 年、釈放されるとすぐに『世の中のくず』を発表。その後はイギリス軍に入り、戦争に参加した。1942 年にはイギリス情報省でプロパガンダ放送、映画を担当する職を得ることができた。同時に執筆活動は続けており、戦争中もいくつかの作品を発表している。この頃は、特にナチスのユダヤ人に対する残虐行為を非難するものを多く書いていた。恋人であったダフネ・ハーディーはこの頃オックスフォードで働いていたが、1943年ロンドンにいたアーサーの元にむかった。数か月後に破局を迎えることになるが、彼らの友情はその生涯続いた。

1944 年、アーサーは『タイムズ』誌からパレスチナに派遣された。そこでメナヘム・ベギン（Menachem Begin：1913 年生～1992 年没。ロシア帝国生まれのイスラエルの政治家。当時はイギリスの二枚舌外交の現実を目の当たりにし、失望。イギリスへのテロ活動を展開し、懸賞首になっていた）との話し合いの場に立ち会った。アーサー自身もベギンを説得するよう試みるが、それは失敗に終わった。アーサーはこの時のことを何年も後に書いている。パレスチナには 1945 年

8 月までとどまり、次の小説の資料を集め、この時のことを書いた小説は、1946 年に『夜の泥棒：実験の記録（Thieves in the Night: Chronicle of an Experiment ）』という題名で出版されている。

イギリスに戻ったアーサーは、当時の恋人であったマメイン・パジェットと暮らし始める。彼らは北ウェールズの農家のコテージに住み始めた。この場所には知的サークルがあり、アーサーはここで、バートランド・ラッセル（Bertrand Arthur William Russell, 3rd Earl Russell：1872 年生～ 1970 年没。イギリスの貴族。哲学者であり社会評論家、政治活動家でもあった人物。1950 年にノーベル文学賞を受賞）やマイケル・ポランニー、ジョージ・オーウェルなどと交流を深めている。

1948 年、新たに建国されたイスラエルと周辺アラブ諸国との間で第一次中東戦争が勃発すると、アーサーは幾つかの新聞社から特派員としてイスラエルへ派遣された。6 月にイスラエル入りし、約 5 か月そこに留まった。アーサーはイギリスに帰化することを決めていたが、その審査が長引いていた。彼のイギリス国籍が認められたのは 1948 年末であった。

アーサーと恋人マメインは 1949 年 1 月フランスに買った家に引っ越した。アーサーはそこで執筆活動に没頭し、数々の作品を生み出した。

アーサーは正式には既婚者であった。最初の妻との離婚は 1949 年の 12 月に成立しており、その後、マメインと正式に結婚した。マメインとの結婚生活は 1952 年に終わりを迎えた。別れた後も彼らは良い関係を保っていたようである。1954 年にマメインが急死した後、マメインの双子の姉妹が、アーサーとマメインの結婚生活について書いている。

1951年秋、アーサーはアメリカ合衆国に赴き、講演を行った。そして、ペンシルバニアに農場を買い、それ以降は毎年数か月そこに滞在するようになる。

1951年、アーサーの『真昼の暗黒』は劇作家シドニー・キングスレー（Sidney Kingsley：1906年生〜1995年没。アメリカの劇作家）により舞台化された。それはニューヨークで反響を呼び、賞を取ったほどであった。アーサーは舞台で得た収益をすべて作家を育成するための基金に寄付した。アーサーはこの頃アメリカ永住権を獲得している。

イギリスに定住を決める

程なくしてアーサーはイギリスに定住することを決意した。1953年、ロンドンに家を買い、フランスとアメリカの家を売却した。それからも執筆活動を続け、1950年代を通じて数多くの自伝やエッセイを発表した。私生活ではこの頃、つきあっていたヤニーナ・グラッツ（Janine Graetz）が娘のクリスティーナを産んだ。しかし、アーサーは自分の娘にほとんど関心を示さなかったという。

この50年代で特筆するべきアーサーの政治活動は、イギリスにおける死刑廃止運動、そして1956年のハンガリー「革命」に関し、反ソ集会や抗議活動を行ったことである。

1960年代に入ると、表立った政治活動は控えるようになっていったが、相変わらず幅広いテーマでの執筆活動を続けていた。1960年11月、アーサーはイギリス王立文学会のフェローシップに選出された。この頃は自然科学に対する関心も深まっていたようである。元々鬱状態に悩まされることが多かったアーサーは、1967年に発表した『機械の中の幽霊（The Ghost in the Machine）』で薬物と幻覚剤に関する自らの経験も書いている。1964年にはカリフォルニアの幾つかの大学で講義をした。その翌年、アーサーはニューヨークで3度目の結婚をする。相手は、1949年頃から彼の秘書をしていたシンシア・ジェフェリーズ（Cynthia Jefferies）であった。

さて、ここまで見て来て分かるように、アーサーは生涯を通して女性関係が派手であったようである。しかしそれだけに留まらず、1950年代には強姦事件の被告として訴えられたこともあったということである。

1968年、アーサーは「ヨーロッパ文化への傑出した貢献に対し贈られる賞」を受賞した。また、同年秋にはカナダのクイーンズ大学から名誉教授の職を贈られた。1970年代に入ってからも多くの作品を発表した。

1976年、アーサーはパーキンソン病と診断される。また、1980年には慢性白血病とも診断された。この頃から外国への旅行は極力避け、田舎に引きこもることも多くなっていった。1983年3月1日、アーサーは夫人のシンシアと共に安楽死推進団体が規定する手順で睡眠剤を摂取し、自殺した。アーサーは自らの遺書に自殺の動機と残される者たち、そして妻シンシアに対する謝罪と感謝を示した。アーサーの遺書の下には、シンシアの遺書となる文も書かれていた。このアーサーとシンシアの死は物議を醸した。彼らの葬儀はロンドン南部のモートレイク墓地（Mortlake Crematorium）で営まれた。

301

ノリリスクやクラスノヤルスクなどの僻地に送られた「ハンガリーのソルジェニーツィン」

レンジェル・ヨージェフ
Lengyel József

- 1896 年 8 月 4 日　マルツァリ（Marcali：オーストリア＝ハンガリー二重君主国）生
- 1919 年　ウィーンに亡命
- 1927 年　ベルリンに移住する
- 1930 年　ソ連へ渡る
- 1955 年　ハンガリーに帰国する
- 1975 年 7 月 14 日　ブダペスト（Budapest：ハンガリー人民共和国）没

本書で扱う人物の中にも、スターリンの粛清の犠牲になり、ソ連の強制収容所に収容された経験のある人物は数名いるが、このレンジェル・ヨージェフもそのうちの一人であった。

レンジェル・ヨージェフは 1896 年バラトン湖にほど近い村、マルツァリ（Marcali）に生まれた。父の名はレンジェル・パール（Lengyel Pál）、母の名はヴィットマン・ヤンカ（Vittmann Janka）といった。農家であったようではあるが、父パールはブドウ農園を持ちワイン製造をしたり、小麦や豚肉の卸売りをするなど、活発な人であったようである。ヨージェフは初等教育の 4 年間を地元で受けた。幼いころからペテーフィの詩が好きであったようである。そして、その後ケストヘイのギムナジウムで勉強した。しかしそんな折、手広く事業を展開していた父が 1907 年に破産してしまったのである。そのため一家は大都市であるブダペストに移った。父は 1913 年に亡くなっている。

1914 年、ヨージェフはブダペストでギムナジウムを卒業し、その後ブダペスト大学の文学部に入った。ヨージェフは勉強熱心な学生であり、芸術や法学にも興味を持っていた。一時期ポジョニの大学の法学部の授業も聴講していたようである。

1916 年、カシャーク・ラヨシュ（Kassák Lajos：1887 年生〜 1967 年没。ハンガリーの詩人であり画家。ハンガリーにおけるアヴァンギャルドを展開した人物の一人）が主宰した若手詩人サークルに入り、活動をはじめた。ラヨシュの処女作はカシャークの雑誌『行動（A Tett）』に掲載された。そしてその後も積極的に作品を発表し続けた。

1917 年、ロシアで起こった 10 月革命の影響を受けた 4 人の若手ハンガリー人詩人たちが社会主義革命作家グループを立ち上げた。レンジェル・ヨージェフもそのうちの一人であった。彼らは雑誌『1917』を作ったがそれは発禁となり、その雑誌は目次をビラとして印刷することしか叶わなかった。このグループは他の雑誌に共著の詩を発表している。

1918 年、ヨージェフはマルクス主義者であったサボー・エルヴィンと知り合い、反戦運動に加わった。その関係で、非合法の革命活動家たちのグループとも交流をもつことになるのである。1918 年秋、カーロイの「ア

スター革命」が成功すると、ヨージェフたちのグループはそれに不満を持つ労働者たちを集め、反対運動を行った。そしてハンガリー共産党が発足した時、このグループはそれに加わったのである。そこでレンジェル・ヨージェフは『赤い新聞（Vörös Ujság）』の編集の仕事に携わった。その後、クン・ベーラたちが政権を取り、ハンガリー・ソヴィエト共和国が発足すると、『赤い新聞』の文化面の担当をし、そのほかに新聞『青年プロレタリアート（Ifjú Proletár)』編集長をした。また、労働者たちのためのプロパガンダ活動も行った。

1919 年 8 月、ハンガリー・ソヴィエト共和国が崩壊すると、少しの間ブダペスト近郊の村に身を隠した。ヨージェフはその間、初の小説を書き上げた。

亡命生活へ—ウィーン、ベルリン、モスクワ

1919 年末、ヨージェフはオーストリアに逃れた。しかし、国境で拘束され、取り調べを受けた後、カールシュタイン・アン・デル・ターヤ（Karlstein-an-der-Thaya：オーストリア北部に位置する街）にあった政治亡命者のための収容所に送られた。その後ウィーンに住んだ。

ウィーンではオーストリア共産党に参加した。1921 年に意見の相違から一時共産党を離れるが、1924 年には復帰した。また、1922 年から 1923 年において、ウィーン大学の幾つかのセメスターを聴講している。この頃結婚もしている（しかしこの時の結婚生活は短命に終わっている）。ヨージェフと妻はウィーン郊外にある低所得者のための共同住宅に住み、生活保護や日雇い労働で生活の糧を得ていたようである。またヨージェフは、ハンガリー人亡命者たちの新聞に論文を投稿したりもしていた。無給ではあったが、

ベルリンで発行されていた共産党系の新聞『赤旗（Die Rote Fahne)』の在外特派員としても活躍していたようである。翻訳などにも携わっていた。この頃、ヨージェフの初の単著が発行された。

1927 年、ヨージェフはベルリンに移り、ドイツ共産党に参加した（1927 年から 1930 年まで）。反帝国主義同盟という国際組織や赤色労働組合インターナショナル（コミンテルンの支援のもと創設された国際組織）などで働くかたわら、『戦争の脅威（Der drohende Krieg)』誌などの刊行物の編集などにも従事した。また、ドイツの労働者系の映画スタジオ「Prometheus Film」「Weltfilm」でも働いていた。1929 年には、自らの経験をもとに、ハンガリー・ソヴィエト共和国について書いた本『ヴィシェグラーディ通り（a Visegrádi utca)』を完成させたのである。

1930 年 4 月末、新聞『ベルリンの朝（Berlin am Morgen)』の特派員としてソ連に赴いた。1930 年 9 月から、赤色労働者インターナショナルでレファレンスの仕事や、社会経済部長を担当した。また、ソ連・ドイツ合同映画製作会社で脚本家としても活躍した。1932 年から 1934 年には、モスクワ外国人労働者の出版社でハンガリー語部門を担当した。また、1933 年から 1934 年まで、ハンガリー語新聞『鎌と槌（Sarló és Kalapács)』の編集にも携わった。そしてこの頃、リトミックの教師であったキセバルテル・ニーナ・セルゲイヴナと二度目の結婚をしている。1936 年、ヨージェフはソ連国籍を取得した。

モスクワではヨージェフの『ヴィシェグラーディ通り』がロシア語で出版された。また、モスクワでも積極的に創作活動に従事し、雑誌に小説を載せたり、数作の小説を発

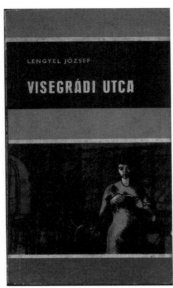

ハンガリー語の『ヴィシェグラーディ通り』

表したりもしている。1934 年には、「ソ連作家連盟」会員にノミネートされた。

逮捕

1938 年 2 月、ヨージェフは突然逮捕された。翌年 5 月、8 年の強制労働の刑を言い渡され、ノリリスクにあった強制収容所に送られた。そこで 1943 年まで過ごすと、その後はクラスノヤルスク地方にあった他の強制収容施設に送られ、1946 年 12 月 29 日に釈放されるまでそこで過ごした。

ヨージェフは釈放された後も、特定の罪名で処罰を受けた人々が科せられた禁止条項、通称「101 キロメートル」の居住禁止 (当時、モスクワやレニングラードなどの特定の都市のほか、大都市、キエフやミンスクなどの各共和国の首都、閉鎖都市から 101 キロメートル以上離れた場所にのみ居住が許された) が科せられた。そのため、ヨージェフはモスクワから 101 キロメートル以上離れたアレクサンドロフ (ヴラジーミル県) に住み、たまにモスクワに住む家族の元に通った。その後、国家出版機関である「外国語文学出版社」で翻訳家としての仕事を得ると、ロシア文学をハンガリー語に訳したり、編集の仕事に携わったりもした。そして、自らの創作活動も再開したのである。

1947 年春、ヨージェフは祖国への帰国願いを出すが、翌年の 4 月にそれは破棄された。しかし、そのことが本人に伝えられることはなかった。1948 年冬、モスクワのヨージェフの家族が住むアパートに抜き打ち検査が入り、そこでヨージェフは拘束された。24 時間以内にアレクサンドロフに戻ることを命じられたのである。その時、外交官であったレフ・アンツィポ=チクンスキー (Лев Владимирович Анципо-Чикунский：1898 年生〜1938 年没。1938 年に逮捕され銃殺刑に処された) の妻で、同じく強制収容所生活を 5 年経験したオリガ・アンツィポ=チクンスキカヤ (Ольга Сергеевна Анципо-Чикунская) が祖国裏切りの罪で刑を受けた人物の家族であったとして、1938 年に 5 年の強制労働の刑が科せられた。釈放後もヨージェフと同じく「101 キロメートル」の居住禁止命令が出されていた。偶然にも彼女はアレクサンドロフでヨージェフと同じ建物に居住登録していた) と知り合った。彼女はアレクサンドロフに居住登録していたが、実質上はモスクワの知り合いの所に住んでいた。そこに抜き打ち検査が入り、捕まったのである。

二度目の逮捕とシベリア送り

1948 年 11 月、ヨージェフはアレクサンドロフで再び逮捕された。アレクサンドロフの刑務所に収監された後、ヴラジーミルの刑務所に送られた。1949 年 2 月に終身シベリア送りの刑が科せられ、クラスノヤルスク地方

に送られた。そこのコルホーズで炭鉱や林業に従事したのである。そして、自らの収容所生活についての本を書き始めた。

1949年秋、オリガ・アンツィポ＝チクンスキカヤがシベリアのヨージェフの元に来た。

1954年9月、ヨージェフは再び逮捕され、1年の禁固刑が科せられた。1955年2月、ヨージェフは釈放されるとオリガと共にモスクワに戻った。その後、妻とは正式に離婚し、オリガと正式に結婚した。1955年6月、ヨージェフは最初の逮捕時の罪が消され、名誉回復を果たすことができたのである（オリガの元夫アンツィポ＝チクンスキーの名誉回復も翌年なされている）。

祖国へ

1955年8月、ヨージェフは妻オリガを伴い36年ぶりに祖国の地を踏んだ。幸いにも彼は出国時にモスクワやシベリアの地で書き溜めた作品を持って出ることができた。そして、翌年から再び創作活動を始めた。しかし、ソ連における生活について書いた作品は当時ハンガリーで出版を許されることはなかったのである。

晩年のヨージェフの伴侶はマルギッタイ・イローナという女性であった。オリガとは正式に離婚はせず、彼らは生涯良き友人として付き合っていたようである。オリガはヨージェフがこの世を去った4年後の1979年に亡くなるが、彼女はファルカシュレート墓地のヨージェフの隣に埋葬された。

1963年、ヨージェフはコッシュート賞を受賞した。この時ラジオ・フリー・ヨーロッパ（Radio Free Europe：1949年につくられたアメリカのラジオ局。冷戦時代、ソ連衛星諸国に向けて活発に放送された）はレンジェル・ヨージェフを「ハンガリーのソルジェニーツィン」と名付けたということである。この頃から各国の出版社が彼の作品に興味を持ち始めるが、依然としてハンガリーでは彼の作品の出版は許可されなかった。

1968年、ヨージェフは友人であり、彼のほとんどの本を英語に翻訳したイロナ・ドゥチンスカと共同でバラトン湖の北側に家を購入し、夏はそこで過ごしたようである。ドゥチンスカによって英語に翻訳されたヨージェフの作品は1970年代にアメリカやイギリスで出版された。ヨージェフはこの頃から再度詩作を始めたり、戯曲を書いたりしながら過ごしたようである。

1968年にワルシャワ条約機構軍がチェコスロヴァキアに侵攻した時、ヨージェフは「私はもう自分が共産党員だとは思えない」と述べ、共産主義と決別することを表明した。ヨージェフは1975年7月14日、ブダペストで死去した。ヨージェフは生前、盛大な葬儀を行わないでほしいとの遺言を残していた。また、彼の発行されなかった作品は公共の図書館もしくは公文書館に寄贈し、人の目に触れるところに保管してほしいとも話していたという。しかし、それは叶わなかった。

カーダール政権は当時、レンジェル・ヨージェフを共産主義を熱狂的に信奉する共産党の創始者の一人として持ち上げたのである。そして、彼の日記やメモは長年研究者の目に届かない場所に保管された。それらが人々の目に触れるようになるのは、1989年以降のことである。彼の日記はメモ、未発表の小説は出版され、ソ連の強制収容所の生活が明らかになっただけでなく、いかにハンガリーの作家たちが自らの小説を出版するために、当時のハンガリー政府と交渉を重ねていたのかをも知ることとなったのである。

305

ロンドン・スクール・オブ・エコノミクスで
「反証可能性」科学哲学を深める

ラカトシュ・イムレ
Lakatos Imre

- 1922年11月9日　デブレツェン
  （Debrecen：ハンガリー王国）生
- 1956年11月　オーストリアへ逃れる
  その後、イギリスに渡る
- 1974年2月2日　ロンドン（London：
  イギリス）没

　1922年11月9日、ハンガリー東部の街デブレツェンのユダヤ人の家庭に一人の男の子が生まれた。リプシッツ・イムレ（Lipsitz Imre）、後にイギリスで名をあげる数学者の誕生であった。父リプシッツ・ヤーコブ・マールトン（Lipsitz Jacob Marton）と母ハルツファルド・マルギット（Herczfeld Margit）はイムレ少年がまだ小さいころに離婚したため、彼は母親と祖母の元で育った。

　1932年から1940年の間は、デブレツェンのギムナジウムで教育を受けた。この頃から数学は得意であったようである。そんなイムレであったが、デブレツェン大学では法律を学び始めた（1940年から）。しかし、法学は合わなかったのであろう、翌1941年からは数学、物理学、哲学に転向し、1944年にはそれらの学位を取得した。

　イムレは大学在学中に共産主義者となり、非合法な地下活動を行った。若かりし頃のイムレは、狂信的なスターリン主義者であったようである。実質的にナチス・ドイツの占領下に置かれていたハンガリーにおいて、多くの革命グループの同志たちが、そして特にユダヤ人同志たちがそうであったように、イムレも自分の周りで起こっている「歴史的状況」を理解することに極度の自信を持っていたようである。イムレの主宰する非合法の勉強会に参加した人たちは、後に共産主義に幻滅し当時の行動を後悔した人たちでさえも、イムレの勉強会で感じた「新たな社会への希望」という感覚を忘れることはできないと言っている。イムレは反ファシスト・レジスタンス的活動やプロパガンダよりも、近未来に予想されうる「革命」のための闘士を育てることに力を注いでいたようであった。

　1944年3月にストーヤイ・デメが首相の座に就くと、ハンガリーのユダヤ人の運命は変わった。ハンガリー政府はユダヤ人の居住区をゲットー内に定め、強制移送を開始したのである。イムレの母と祖母も5月にはデブレツェンのゲットーに移され、そこからアウシュビッツに送られた。ワイン商を営んでいた父は、当時のハンガリー政府の魔の手から逃れ、最終的にはオーストラリアに渡ることができた。イムレ自身は3月にデブレツェンからトランシルヴァニアのナジヴァーラド（Nagyvárad：現ルーマニア領オラデア）に逃れた。イムレはその後、母を死から救えなかったという自責の念を持ち続けていたということである。

　イムレはナジヴァーラドに逃れる際、名前をモルナール・イムレに変えている。イムレ

モスクワ大学旧校舎　1953年に新校舎ができる前まではこの校舎がメインだった
http://sokrytoe.net/28735-mgu-staroe-zdanie-na-mohovoy.html

はナジヴァーラドにおいて、マルクス主義グループを再度組織した。当時の恋人であり、後に妻となるレーヴェース・エーヴァもそのグループのリーダーの一人であった。当時このグループは狂信的な活動を行っており、嘘か誠か、同じ革命グループの若い同志に自殺を強要したこともあったとのことである。

1944年末、ソ連軍がハンガリーに入ると、イムレはデブレツェンに戻った。そして姓をユダヤ人的なドイツ風であった「リプシッツ」からよりプロレタリアート的な響きのある「ラカトシュ（錠前師）」に変えた。イムレが姓をラカトシュに変えた理由には諸説あり、もう一説にはハンガリーの元首相ラカトシュ・ゲーザに敬意を示し、姓をラカトシュに変えたということである。デブレツェンに戻ったイムレは共産党と2つの左派青年学生組織の活動家となった。

モスクワ大学へ

戦後、ラカトシュ・イムレはブダペストに移り、ブダペスト大学大学院に入学した。そしてルカーチ・ジェルジュのもとで学ぶ機会を得たのである。その一方では、ハンガリー教育相の上級職員として働いていた。ブダペスト大学の大学院には在籍していたが、多くの時間を共産党の活動に費やしたのであった。

1948年、ラカトシュ・イムレはデブレツェン大学から博士号を授与された。どうやらブダペストに移った後もデブレツェン大学に籍は置いてあったようである。そして、1948年、ハンガリー勤労者党の独裁体制が固まると、ラカトシュ・イムレはモスクワで勉強するための奨学金を得たのであった。

1949年、モスクワに向かい、モスクワ大学大学院に入った。モスクワ大学ではソフィア・ヤノフスカヤ（Софья Александровна Яновская：1896年生〜1966年没。ソ連の数学者であり哲学者。ソ連における数理哲学の学派を創設した人物として有名である）に師事した。しかし、同年7月、「反党的活動」の嫌疑がかけられ、ハンガリーに呼び戻された。ラカトシュ・イムレは1950年4月に「修正主義」として逮捕され、国家秘密警察の拘置所に入れられ拷問にもかけられた。そして

有罪判決を受け、それから1953年までレチク（Recsk：ハンガリー北東部にある小さな村）にある強制労働収容所に入れられたのである。

1953年、強制労働収容所から解放されるとハンガリー科学アカデミー数学研究所で研究活動を開始した。この頃、初めてカール・ポパーの論文と出会い感銘を受ける。そして、自らの信条であったマルクス主義、スターリン主義から徐々に離れていったのである。また、ハンガリーの高名な農学者であるパプ・エンドレ（Pap Endre）の娘、パプ・エーヴァ（Pap Éva）と二度目の結婚したのもこの時期であった。

1956年、彼は修正主義者ペテーフィ・サークルに参加し、スターリン主義を批判するスピーチを行った。

亡命──ロンドンでの活躍

ラカトシュ・イムレがハンガリーを出たのは、1956年11月ソ連軍がハンガリーに入ってきた時であった。ラカトシュ・イムレは妻とその両親と共に、ハンガリー国境を歩いてオーストリアに渡った。その二か月後にはロックフェラー財団から奨学金を受け、キングスカレッジ（ケンブリッジ大学）でPhD論文に着手した。指導教官は、高名な哲学者リチャード・ブレイスウェイト（Richard Bevan Braithwaite：1900年生 ～ 1990年没。イギリスの哲学者）であった。

1961年にケンブリッジ大学から博士号を授与されると、その後は順当にキャリアを積んでいった。1960年にはロンドン・スクール・オブ・エコノミクスでカール・ポパーの学科の講師に就任した。そして1969年までには、論理学の教授となり、科学哲学者としても世界的に名声を得たのであった。

1960年代、イギリスにおいてロンドン・スクール・オブ・エコノミクスを中心に起こった学生運動の時にも、ラカトシュ・イムレは活躍した。彼はロンドン・スクール・オブ・エコノミクス学長に「広く開かれた学内の自由と自治」を求める手紙を書いた。また、過去の自分と重なったのであろう、この学生運動において過激派の学生たちを非難したりもした。

ラカトシュ・イムレの死は突然訪れた。1974年2月2日、突然の心臓発作でこの世を去ったのである。51歳であった。彼はその死の時までロンドン・スクール・オブ・エコノミクスで働いていた。1986年、ラカトシュ・イムレを記念して、科学哲学の分野の優れた貢献に対し与えられる賞、ラカトシュ賞が設定された。

「1956革命」のフィルムが米CBSで放送、アメリカン・ニューシネマの旗手となる

コヴァーチ・ラースロー
Kovács László

- 1933年5月14日　ツェツェ（Cece：ハンガリー）生
- 1956年11月　オーストリアへ逃れる
- 1957年3月　アメリカに亡命
- 2007年7月22日　ビバリーヒルズ（Beverly Hills：アメリカ合衆国カリフォルニア州）没

　1956年10月23日にブダペストで発生したデモ行進から始まり、その翌月にかけて起こった一連の事件は、初め「制限の中の自由」を求めるものであったが、いつの間にか「無限の自由」を求めるものに変わり、最終的には大きな力の前になす術がなく潰された。しかし、この「潰された革命」を未来における新たなる自由を求める運動に繋げるようとする種は残っていた。「閉ざされた空間」で起こっていることを映像として記録し、「開かれた空間」に発信しようとする者たちもハンガリー人の中にはいたのである。コヴァーチ・ラースローはそんななかの一人であった。

　コヴァーチ・ラースローは1933年5月14日、ハンガリー中部に位置する小さな街ツェツェに生まれた。父のはイムレ、母の名はジュリアナといった。ラースローが10歳の時、村の小学校に移動式映画館が設置された。ラースロー少年すぐに映像の世界の虜になり、上映される映画は逃すことがなかったという。

　ラースロー少年は中等教育はブダペストで受けた。しかし、学校で教えられる科目にはさほど興味は示さず、映画館に足しげく通っていたという。日に2～3本の映画を観ることもあったという。

　学校の成績は芳しくはなかったが、2回目の挑戦でブダペストの演劇・映画芸術アカデミー（a Filmművészeti Akadémia dráma- és filmművészet szak：現演劇・映画大学）に入学することができた。1952年のことであった。

　そして1956年10月23日、先述したブダペストで行われた自由を求めるデモに端を発した一連の事件が起こったのである。

　コヴァーチ・ラースローは学校からカメラを借りると、同じ学校の友人であり、生涯の友であったジグモンド・ヴィルモシュと共に、日を追うごとに勢いを強めていく「革命」の様子を、白黒35ミリフィルムに収めていった。そして騒動が沈静化したかに思えた11月、そのフィルムをもってオーストリアに逃れ、翌1957年3月、アメリカ合衆国に亡命したのである。

アメリカで1956年「革命」フィルムの公開

　しかしこの頃にはすでに人々の間で東欧の小国で起こった「革命」への関心は薄れていた。そしてコヴァーチ・ラースローが命を懸けて持ち出したフィルムが脚光を浴びるのは、その数年後のことであった。1961年、このフィルムはCBSテレビのドキュメンタ

リー番組として放送された。ナレーターは、「アメリカの良心」ウォルター・クロンカイト（Walter Leland Cronkite Jr.：1916年生～2009年没。アメリカのジャーナリスト。第二次世界大戦では従軍記者としてヨーロッパ戦線をレポートした。また戦後は、黎明期のテレビジャーナリズムの世界で活躍した人物である）であった。

アメリカ・ニューシネマでの活躍

コヴァーチはアメリカに住み続けることを決め、1963年にアメリカ市民権を得た。そうはいってもすぐには映像の仕事を得ることはできなかったようで、いくつかの仕事を転々とした時期があった。メープルシロップ工場で働いたり、保険会社の文書管理をしたりもしたようである。しかしその後、同じくアメリカに亡命してきたジグモンド・ヴィルモシュと共に映像の撮影技師として活動を始めた。

1969年、コヴァーチ・ラースローはデニス・ホッパー監督のアメリカ・ニューシネマの代表作、『イージー・ライダー（Easy Rider）』の撮影を担当し、その名を世に知らしめた。そしてその後、アメリカ・ニューシネマの多くの作品の映像を担当したほか、B級映画、ドキュメンタリー映画の撮影も手掛けた。作品を挙げるときりがないが、『ペーパー・ムーン』（1973年）、『ラスト・ワルツ』（1976年）、『サンフランシスコ物語』（1980年）、『ゴーストバスターズ』（1984年）、『マスク』（1985年）、『ラジオ・フライヤー』（1992年）、『ベスト・フレンズ・ウェディング』（1997年）、『トゥー・ウィークス・ノーティス』（2002年）などがある。2002年、全米撮影監督協会から特別功労賞を授与された。

コヴァーチ・ラースローの私生活についても少し書いておく。コヴァーチ・ラースローは、51歳の時に結婚し、2人の娘を儲けた。晩年には孫娘も生まれ、私生活では穏やかな生活を送っていたようである。

コヴァーチ・ラースローの死は突然訪れた。2007年7月22日、ビバリーヒルズの自宅で就寝中に息を引き取ったのである。74歳であった。

2008年、アメリカ映画協会はコヴァーチ・ラースローを偲んで、コヴァーチ・ラースロー賞を設けた。その賞は映像を学ぶ優秀な学生に授与される。そして2008年、コヴァーチ・ラースローとジグモンド・ヴィルモシュの50年に渡る友情をたどるドキュメンタリー映画がつくられた。映画評論家レオナルド・マルティン（Leonard Michael Maltin：1950年生～。アメリカの映画評論家であり歴史家でもある。映画に関する本も書いている）は、コヴァーチ・ラースローとジグモンド・ヴィルモシュなしに、60年代70年代アメリカ映画は花開かなかっただろうと語っている。

『ペーパー・ムーン』

「1956革命」のフィルムをアメリカに持ち出し、カメラマンとして大成

ジグモンド・ヴィルモシュ
Zsigmond Vilmos

- 1930年6月16日　セゲド（Szeged：ハンガリー）生
- 1956年11月　オーストリアへ逃れる
- 1957年3月　アメリカに亡命
- 2016年1月1日　ビッグサー（Big Sur：アメリカ合衆国カリフォルニア州）没

1956年10月、ブダペストで起こった一連の事件の様子をフィルムに収める人がいた。自由を求めて行進する人々、新たなる政権の誕生の瞬間、ソ連軍の撤退を要求する人々、それに対し武力で鎮圧しようとするソ連軍の様子。このフィルムはハンガリー国境を越え、遠いアメリカの地で発表された。そのフィルムを命がけで持ち出したのは（数名の中の一人であるが）、ジグモンド・ヴィルモシュという人物であった。

ジグモンド・ヴィルモシュは1930年6月16日、ハンガリーのセゲドで誕生した。父は高名なサッカー選手兼サッカーコーチであった。

ジグモンド・ヴィルモシュは、中等教育まででセゲドで受けた。セゲドで1番古いギムナジウムに通っていたようである。ヴィルモシュ少年は小さいころから絵画や写真に強い関心を示していた。また、好きな学科は文学であったということである。その延長であろうか、ヴィルモシュ少年は自然と映画の道へと進むことを決意した。ブダペストの演劇・映画芸術アカデミーに入学し、映像の勉強をしたのである。この映像アカデミーで、生涯の友であるコヴァーチ・ラースローと出会うのである。

決死の国境越え——アメリカへの亡命

1956年のハンガリー「革命」が起きたのはそんな時であった。ジグモンド・ヴィルモシュは、コヴァーチ・ラースローと共に、混乱するブダペストの街の様子をフィルムに収めた。そして、事態が収束したかに思えた翌11月、その9000メートルにも及ぶ量のフィルムをカバンに詰め、決死の覚悟でオーストリア国境を越えたのであった。この2人のハンガリー人青年たちの勇気ある行動のおかげで、「西側」の人々が1956年のハンガリー「革命」の実態を知ることとなったのである。このフィルムの映像が実際「西側」の人々の目に触れたのは1963年のことであった。フィルムは体制転換後、ハンガリーへと還された。

1957年、コヴァーチ・ラースローと共にアメリカへ亡命した。1962年にはアメリカ合衆国市民権を取得した。亡命直後は語学の面においても苦労し、なかなか思うような映画の職に就くことはできなかったようである。写真の現像の仕事をするなど、いろいろな職を転々とした。1960年代中盤になると、当時流行っていた低予算映画の世界に入り込むことができ、晴れてアメリカで映像の仕事に就くことができた。ジグモンド・ヴィルモシュは、B級ホラー映画やドキュメンタ

リー映画などを手掛け、一躍有名になった。彼の撮影技術は、ブライアン・デ・パルマ（Brian De Palma：1940年生〜。アメリカの映画監督）やロバート・アルトマン（Robert Altman：1925年生〜2006年没。アメリカの映画監督）、スティーヴン・スピルバーグ（Steven Spielberg：1946年生〜。アメリカの映画監督）などの当時若手であった監督の目に留まり、当時全盛期であったアメリカン・ニューシネマの有名作を数多く担当した。

アメリカン・ニューシネマでの活躍――アカデミー撮影賞

1977年11月に公開されたスティーブン・スピルバーグ監督の作品『未知との遭遇』では、コヴァーチ・ラースローと共に映像を担当し、見事アカデミー撮影賞に輝いた。また、撮影技術だけでなく現像処理についても新たな技術を追求し、表現を豊かにさせるために

『未知との遭遇』

多大なる貢献を果たしている。

彼の手掛けた作品も、コヴァーチ・ラースロー同様挙げるときりがないのだが、少し挙げておきたい。『ギャンブラー』（1971年）、『脱出』（1972年）、『未知との遭遇』（1977年）、『天国の門』（1980年）、『暗殺者』（1995年）、『世界で一番パパが好き』（2004年）『ウディ・アレンの夢と犯罪』（2007年）、『恋のロンドン狂騒曲』（2010年）などがある。ジグモンド・ヴィルモシュは、生涯で80以上の映画作品の映像を撮り続けた。70歳を過ぎても現役で、意欲的に活動していたようであった。

ジグモンド・ヴィルモシュは生涯2度結婚している。最初の妻はエリザベス・フーゼスといい、2人の間には2人の娘がいる。2人目の妻は、作家であり監督でもあるスーザン・レーテルである。

ジグモンド・ヴィルモシュの撮影技術はアメリカで高く評価され、生前も多くの功労賞も受けた。2003年には、ICG（映画撮影監督協会）に映画撮影史上最も影響を与えた人物の一人としてその名が挙げられたほどである。

ジグモンド・ヴィルモシュは、生涯の友コヴァーチ・ラースローの死から9年後の2016年1月1日、カリフォルニア州のビッグサーにある自宅でその人生の幕を閉じた。85歳であった。ジグモンド・ヴィルモシュが旅立った2016年、アメリカだけでなく、彼の生まれ故郷である遠いセゲドの地でも記念碑が建てられるなど、人々は彼の死を悲しんだ。2017年からは、ジグモンド・ヴィルモシュの功績を讃えたジグモンド・ヴィルモシュ国際映画祭がセゲドで毎年開催されている。人々はこれからもジグモンド・ヴィルモシュの功績を忘れることはないだろう。

世界各地の名門交響楽団の指揮者に就任するも、43歳の若さでイスラエルで溺死

ケルテース・イシュトヴァーン
Kertész István

- 1929年8月28日　ブダペスト
  （Budapest：ハンガリー王国）生
- 1956年　ハンガリーを出る
- 1973年4月16日　ヘルツリーヤ
  （Herzliya：イスラエル）没

ケルテース・イシュトヴァーンは1929年ブダペストのユダヤ人の家庭に生まれた。父は、ケルテース・ミクローシュ（Kertész Miklós）。ハンガリー北部の街セーチェーニィ（Szécsény）出身のユダヤ人であった。ブダペストでは革製品を扱う仕事をしており、1938年に病死している。そのため母マルギットは働きに出て、女手一つで家族を支えた。この時代のハンガリーは、社会で働く女性は冷遇する傾向にあったが、マルギットはめきめきと昇進していき、その職場を任される側にまでなった、非常に賢く才能のある人物であったようである。イシュトヴァーンが生まれて1年後、妹のヴェラが誕生した。

イシュトヴァーン少年は幼いころより音楽に対する愛情を示し、6歳の頃からヴァイオリンのレッスンを始める。彼自身が後に語るところによると、イシュトヴァーン少年が音楽を始めた1935年はヨーロッパで悲しいことが起こっており（反ユダヤ主義の風が吹き始めていた時代）、彼は音楽の中に安らぎを見つけたとのことである。イシュトヴァーン少年はピアノやヴァイオリンのレッスン、ソルフェージュなどの中に、現実世界からの「逃げ場」を求めていた。

1944年3月、ハンガリーはナチス・ドイツ軍に占領された。危険はケルテース一家にもおよび、家族は隠れて生活する道を選んだ。ケルテース家の親戚の多くは1944年の7月にアウシュヴィッツに移送され、戦後生き残って帰ってくることはなかったという。

イシュトヴァーンの母親は、戦時中でもイシュトヴァーン少年に音楽を続けさせた。12歳の頃にはヴァイオリンのほかにもピアノや作曲の勉強を始めた。イシュトヴァーン少年はオペラやオーケストラのコンサートがあれば出かけていった。彼が指揮者になろうと決めたのもこの頃である。イシュトヴァーン少年は戦後クルチェイ・フェレンツ・ギムナジウムで学び、1947年に卒業した。

ギムナジウムを卒業した1947年、イシュトヴァーンはリスト・フェレンツ音楽院の特待奨学生となり、コダーイ・ゾルターンやウェイネル・レオー（Weiner Leó：1885年生～1960年没。ハンガリーの作曲家。ユダヤ系）などに師事した。

ケルテースは同時に指揮にも強い関心を持ち、フェレンツィク・ヤーノシュ（Ferencsik János：1907年生～1984年没。ハンガリーの指揮者。ウィーン国立歌劇場の常任指揮者や、ハンガリー国立交響楽団の音楽監督を務める。世界各国で客演もした）に師事する。リスト・フェレンツ音楽院在学中に未来の妻、ガブリィ・エディット（Gabry Edit）

と出会い、1951 年に 2 人は結婚した。妻エ
ディットはソプラノ歌手であった。夫婦は後
に 2 人の子を儲けた。

指揮者としてのキャリア

　1948 年 12 月、ケルテース・イシュトヴァー
ンはモーツアルトの曲でデビューを果たし
た。ケルテースの指揮者としてのキャリアは
ここから始まった。

　1953 年から 1955 年の間、ケルテースは
ジェール（Győr）市管弦楽団のチーフ・コ
ンダクターとして働いた。また、1955 年か
ら 1957 年までは、ブダペスト・オペラの管
弦楽団を指揮すると同時にリスト・フェレン
ツ音楽院で講師として指揮を教えた。ケル
テース自身も幅広い音楽を学んだ時期でも
あった。

　1956 年のハンガリー「革命」が失敗に終
わると、ケルテースは家族と共にハンガリー
を出る決意した。

外国へ

　ケルテース・イシュトヴァーンはローマ
のサンタ・チェチーリア国立アカデミー
（Accademia Nazionale di Santa Cecilia：
イタリアの音楽大学）のフェローで、そこで
学ぶ機会を得た。この間、妻のエディットは
ドイツのブレーメン歌劇場でオペラ歌手とし
て働いた。その後ケルテースはアカデミーを
最高成績で卒業したのだった。

　ローマで学んだ後、ハンブルク交響楽団と
ハンブルク国立歌劇場で客演した。また、ウィ
スバーデンやハノーファーなどのドイツの各
都市で公演を行う機会を得ることができた。

　1960 年 3 月、アウクスブルク国立歌劇場
はケルテースを音楽監督として迎えた。特に
彼の紡ぎだすモーツアルトのオペラ作品の
数々は高い評価を受けた。また、イタリアの

ロマン派オペラでも観客を魅了したのであっ
た。ザルツブルク音楽祭にも何度か招待され
るとともに、ベルリン・フィルハーモニー管
弦楽団、ロンドン交響楽団、ハンブルク交響
楽団、ミュンヘン交響楽団、バイエルン放送
交響楽団、イスラエル・フィルハーモニー管
弦楽団、サンフランシスコ・オペラなどを指
揮している。

　1964 年、ケルン国立歌劇場に音楽監督と
して迎え入れられた。それと同時に、1965
年から 1968 年の間はロンドン交響楽団の指
揮者でもあった。ケルテースの評判は非常に
高く、ヨーロッパだけではなく、アメリカの
フィラデルフィア管弦楽団、シカゴ交響楽団
などでも公演している。また日本でも公演を
行っており、1968 年に日本フィルハーモニー
交響楽団を指揮した。

　ケルテースの死は突然訪れた。1973 年 4
月 16 日、イスラエルでのコンサートツアー
の時、ヘルツリーヤの海岸で泳いでいた際、
高波にさらわれ溺死したのである。43 歳の
若さであった。同年よりハイデルベルク交響
楽団の首席指揮者に就任する予定であった
が、それは果たすことができなかった。ケル
テースはその生涯で多くの曲を指揮し、それ
がレコーディングされ残されている。ケル
テースの突然の死により、ウィーン・フィル
との「ハイドンの主題による変奏曲」の一部
が未収録のまま残ってしまったが、ウィー
ン・フィルはケルテース追悼の意を込め、そ
の部分を指揮者なしの演奏でレコーディング
を完成させたという。

稀代の投機家、ポパー提唱「開かれた社会」
実践するもオルバーンから睨まれる

ジョージ・ソロス
György Soros

出生時の名前
Schwartz György
シュワルツ・ジェルジ

- 1930年8月12日　ブダペスト
（Budapest：ハンガリー共和国）生
- ▶ 1947年　イギリスへ渡る
- ▶ 1956年　アメリカに移る

　ジョージ・ソロス（本書では、一般に広く知られる名・姓の順で記す。出生時の姓はシュワルツ）は、1930年8月12日ハンガリーのブダペストに生まれた。2人兄弟の次男であった。父は弁護士でエスペラント語の第一人者であり、作家でもあったシュワルツ・ティヴァダル、母はエルジェーベトと言った。家庭は、当時のブダペストの中流家庭であったようである。ソロス一家は反ユダヤ主義が色濃くなり始めた1936年、姓をシュワルツ（Schwartz）からハンガリーでよくある姓であるソロス（Soros：ハンガリー語読みでショロシュ）に姓を変えた。4歳年上であった兄パール（Soros Pál：1926年生〜2013年没）は機械技師で、後にビジネスマン、発明家にもなった。

　父親の影響でジョージは生まれた時からエスペラント語を学んだ。ジョージは世界に数少ないエスペラント母語話者である（しかし、現在特に熱心にエスペラント普及に取り組んでいるというわけではない）。宗教に関しては、一応は正統派ユダヤ教に属する家庭であったが、実質的にそれほど宗教を重んじて暮らしていたわけではなかったようである。実際、ジョージは自身が無神論者であると公言している。

戦時下の生活

　1944年3月、ハンガリーがナチス・ドイツの軍事的支配下に置かれるとハンガリーのユダヤ人に対する締め付けが一段と厳しくなった。ジョージ・ソロスが13歳の時であった。ユダヤ人の子供たちは学校に行くことを禁止され、ジョージ少年も他のユダヤ人の子供たちと同様にユダヤ人評議会（ナチス・ドイツ占領下の国において（主に東欧諸国）つくられた「自治組織」。ゲットーの管理などが主な仕事とされた）に従事することとなった。

　ユダヤ人評議会の運営はその街によって多少の差異があったが、ジョージ・ソロスによるとハンガリーのユダヤ人評議会は子供たちに弁護士の強制送還通知を渡すよう指示したという。ジョージ少年はユダヤ人評議会で紙切れを渡され、それを父に見せたところ、父は言った。

　「お前がこの紙を渡したら、その人は強制追放されるだろう」

　その後ジョージ少年はこの仕事には戻らなかったという。

ソロス家はその後「キリスト教徒証明」なる書類を買い、ブダペストの激しい戦禍を生き延びることができた。父ティヴァダルは、自らの家族や親戚を救っただけでなく、多くのユダヤ人を救うために力を尽くした。ジョージ・ソロスはそのような父を誇りに思っていたという。1945年、ソ連軍がブダペストに入り、激しい市街戦が繰り広げられたが、ソロス家はそれを生き延びた。

戦後──イギリスへ

1947年、ソロスはイギリスへ渡り、ロンドン・スクール・オブ・エコノミクスへ入学した。1952年に同校を卒業するが、在学中は家族からの援助はなく、苦学生であったようである。ソロスは学費と生活費を稼ぐため、鉄道駅でポーターの仕事をしたり、ウェイターの仕事をしたりした。

ソロスは在学中カール・ポパー（Sir Karl Raimund Popper：1902年生〜1994年没。オーストリア出身の哲学者。ロンドン・スクール・オブ・エコノミクスの教授。社会哲学、政治哲学も研究する）に師事した。カール・ポパーの哲学は、その後のソロスの人生に大きな影響を与えたと言われている。ソロスは1954年にロンドン・スクール・オブ・エコノミクスにおいて修士号を取得した。

大学卒業後ソロスは金融界で働くことを希望したが、すぐには仕事は見つからなかった。そこでイングランド北部の街ブラックプールで宝飾品のセールスなどをして生計を立てながら、金融機関に履歴書を送っていた。1953年、念願叶ってロンドンで「シンガー＆フリードランダー（Singer and Friedlander）」という金融会社に入社することができた。初めは書記官として働き、後に裁定部門に移った。その後、会社の同僚であったロバート・メイヤー氏の勧めで、ニューヨー

クにある彼の父親のブローカー会社「F.N. Mayer」に履歴書を送ったのである。

ニューヨーク、ウォール街へ

1956年、ソロスはアメリカに渡りニューヨークのウォール街で働き始めた。これがソロスの投資家としてのキャリアの本当の始まりである。「F.N. Mayer」では裁定トレーダーとしての本領を発揮した。彼は後にコモン・マーケットとなった石炭および鉄鋼共同体の形成に続き、アメリカの機関投資家の間で人気が高まっていたヨーロッパの株式を専門としていた。

3年後の1959年、ソロスは「F.N. Mayer」から「Wertheim & Co.」に移った。そしてそこでヨーロッパ証券のアナリストとして1963年まで働いたのである。

一方、ソロスのロンドンで学んだ哲学に対する興味は薄れることなく、ゆくゆくはイギリスに戻り、学業を修めることを望んでいた。そのため1960年代初めから半ばにかけて、自身の経済哲学を発展させていったのである。1963年から1973年にかけて、投資銀行「Arnhold and S. Bleichroeder」の副社長を務めるが、実務に対する熱意よりは哲学の学位論文に対するそれの方が強く、そちらのほうに力を注いだ。

ソロスはこの「Arnhold and S. Bleichroeder」で、後にパートナーとなるジム・ロジャーズ(Jim Rogers：1942年生まれ。アメリカ出身の投資家。1968年にウォール街で見習いアナリストして働きはじめる）と出会う。2人の投資家は1973年にクォンタム・ファンドを設立し、大きな成功を収める。クォンタム・ファンドの運営では、ジム・ロジャーズがアナリスト的な役割を果たし、ソロスはトレーダー的役割を果たしていた。しかし2人の経営者の間で運営に対する考え

方の違いが表れてきたため、1980年、2人は決別し、ジム・ロジャーズがクォンタム・ファンドを去った。そして翌年の1981年、クォンタム・ファンドは設立以来初めて、資産の半分を失うほどの大きな損失を出したのである。

また、1988年にはソロスはフランス大手金融機関であるソシエテ・ジェネラルの乗っ取り計画への参加を頼まれた。その時にソロスはこの会社の株式を買ったのだが、この行為に対し、フランスの裁判所は14年後の2002年にフランス証券取引法に依拠し、インサイダー取引であるとの判決を下し、200万ドルの罰金を科した。

ポンド危機

1992年、ジョージ・ソロスの名を世界に知らしめる大きな出来事が起こるのである。それはイギリスで起こったポンド危機であった。少し説明すると、1992年9月16日、イギリス通貨であるポンドの為替レートが急落し、それによりイギリスが欧州為替相場メカニズム（ERM）を離脱したと表明した。「ブラック・ウェンズデー」と名づけられたこの一連の出来事は、結果的に見るとイギリス経済が改善するきっかけとなった。そのため現在では「ホワイト・ウェンズデー」とも呼ばれているようである。ソロスは当時買われすぎていて割高となっていたポンドに狙いを定めて、一気に空売りを仕掛けた。その額は概算で100億ドルであったといわれている。イングランド銀行はこれに対抗し、必死に買い支えを行ったが最終的には破れ、この時にソロスが得た利益は、10億から20億ドルにものぼるといわれている。また、ソロスはこのほかにも1997年のアジア通貨危機でも大きな利益を得たと言われており、投機家としての才能を大いに発揮した。2011年1月、

ソロスはスイスで行われていた世界フォーラムの場で、投機家からは引退し、それまでに行ってきた慈善活動や新しい経済理念の構築に力を入れることを表明した。

ソロスの慈善事業

経済活動のかたわらソロスは慈善活動にも関心を持ち、力を注いできた。それは1970年代以来行われてきたことである。例えば、アパルトヘイト時代の南アフリカで、黒人がケープタウン大学へ通えるよう基金を提供したり、70年代の東欧諸国における反体制運動への資金援助であったりした。1993年にはオープン・ソサエティ財団（OSF）（本部：ニューヨーク。世界37カ国に支部がある）が設立されると、広く世界中の市民社会を支援している。特に教育、公共衛生、メディアの独立などに対する支援には力を注いでおり、学者への援助、中・東ヨーロッパ各国の大学への援助、世界規模のドラッグ禁止に対する支援は特筆すべきことである。ソロスは1991年にブダペストとプラハ（プラハからは翌年撤退）につくられた中央ヨーロッパ大学（CEU）の共同創設者であり、多額の資金援助を行っている。彼の慈善事業への取り組みに関し、彼自身は「自分にそれをする余裕があるからしているのだ」と話している。また、ソロスはオックスフォード大学やブダペスト経済大学、イェール大学などから名誉博士号を授与されている。

私生活

私生活では、ソロスは3回結婚している。最初の妻との結婚は、1960年であった。相手はドイツ系アメリカ人のアナリース・ウィッチャック（Annaliese Witschak）。2人の間にはロバート（Robert Daniel Soros：1963年生まれ）、アンドレア（Andrea

317

ブダペスト５区　中央ヨーロッパ大学の校舎の一つ（筆者撮影）

ブダペスト５区　オープン・ソサエティ・アーカイブ（筆者撮影）

Soros Colombel：1965年生まれ）、ジョナサン（Jonathan Tivadar Soros：1970年生まれ）の３人の子供がおり、いずれもソロスの財団で貢献したり、慈善事業に従事したりしている。この夫婦は1983年に離婚している。同年の1983年、ソロスは２度目の結婚をした。相手はアメリカ人歴史家のスーザン・ウェーバー（Susan Weber）という女性である。彼らは２人の子供を儲けた。兄のアレクサンダー（Alexander Soros：1985年生まれ）は他の兄弟同様ソロスの財団で働き、弟のグレゴリー（Gregory Soros：1988年生まれ）はアーティストである。ソロスはこの妻とも2005年に離婚している。2013年、42歳年下のアメリカ人タミコ・ボルトンと結婚した。３番目の妻の母親は日系アメリカ人、父親はアメリカ人軍人である。

　また、ソロスは多くの著書を世に送り出したり政治にも言及しており、その活動には目が離せない。ソロスの考え方の根底にあり、彼を突き動かしているものは、ロンドン・スクール・オブ・エコノミクス時代にカール・ポパーから学んだ哲学「オープン・ソサエティ（開かれた社会）」というコンセプトなのであろう。ポパーが提唱した「オープン・ソサエティ（開かれた社会）」は、人道主義、平等主義、政治的自由が保障されており、「社会的地位によって能力が評価されなかったり、属する階級によって才能が妨げられたり、貧困により将来への道が妨げられる」ものではなく、「自分の能力を社会に還元できる人であれば、その出生が不明であってもそれがハンディになることはない」社会である。ブダペストの中央ヨーロッパ大学校舎には、「Popper Room」と名付けられた大講堂がある。

1956「革命」時にスペインからの帰国命令を拒否した歴史に名を残す名サッカー選手

プシュカーシュ・フェレンツ
Puskás Ferenc

- 1927年4月1日　ブダペスト
  （Budapest：ハンガリー王国）生
- 1956年　スペインに亡命する
- 2006年11月17日　ブダペスト
  （Budapest：ハンガリー）没

1927年4月1日、ブダペストの貧しい労働者階級の家に一人の男の子が生まれた。プルツェルト・フェレンツ、後にハンガリーを代表するサッカー選手となった人物である。

父、フェレンツ（息子と同じ名前。1903年生〜1952年没）は鉄道の整備工や屠殺場で働く一方、セミプロのサッカー選手としてキシュペシュトAC、キシュペシュトFCなどでプレーした。引退後には指導者となり、ホンヴェードのチーム監督も任されるようになった。母、ビーロー・マルギット（1904年生〜1976年没）は裁縫で家計を助けていた。元々ドイツ系の家系であったが、一家は1937年に苗字をプルツェルトからハンガリー風のプシュカーシュに変更し、家庭ではハンガリー語で話していたようである。

プシュカーシュ一家はキシュペシュトFCのホームグラウンドに隣接するアパートに住み、フェレンツはそこで幼少期を過ごした。一家の住むアパートには、大人子供合わせて160人以上が住んでいた。そんな環境のなか、フェレンツ少年は4歳の時からサッカーを始めたのである。後に同じハンガリー代表となるボジク・ヨージェフ（Bozsik József：1925年生〜1978年没。ハンガリーを代表するサッカー選手。後にハンガリー代表監督、政治家になる）はフェレンツの家の近所に住んでいて、子供のころは一緒にサッカーをして遊んでいた。お金がなかったということもあり、フェレンツ少年は一日中友達と一緒にサッカーをしていた。

1936年、親友であるボジクは12歳になるとキシュペシュトFCのジュニアチームに入団した。フェレンツ少年の父は、2人の少年にサッカーの才能を見出していた。彼はチームに懇願し、フェレンツ少年もボジクと一緒に入団させた（フェレンツ少年の入団は、1938年、11歳の時であったという説もある）。しかし、フェレンツ少年は当時クラブの定めていた下限年齢に満たなかったため、最初の数年間はコヴァーチ・ミクローシュという偽名を使い、年齢を偽ってプレーしていたという。

プシュカーシュ・フェレンツのデビュー──得点王へ

プシュカーシュ・フェレンツは16歳の時、キシュペシュトFCでデビューを果たした。そして、デビュー後3試合目で見事に初ゴールを決めたのである。

第二次世界大戦後の1945年8月、プシュカーシュ・フェレンツはハンガリー代表の選手としてオーストリア戦でデビューした。そ

して、ハンガリー代表としての初ゴールを決めたのもこの試合であった。その後、国際試合でめきめき頭角を現していったのである。

ハンガリー国内リーグが再開されたのは、1946年であった。フェレンツの父親はキシュペシュトの監督に復帰し、フェレンツ自身もチームのキャプテンを任されるようになった。1947年〜1948年のシーズンでは50ゴールを決め、得点王に輝くとその後、数シーズン続けて得点王となった。

1948年、ハンガリー勤労者党の一党独裁政権が確立すると、1949年1月、キシュペシュトFCはハンガリー国防省の管轄下に置かれ、陸軍のクラブとして再編された。そして、クラブの名前も「ブダペスト・ホンヴェードSE」と改名されたのである。自動的にホンヴェードの選手たちは軍人という身分となった。1947年からハンガリー代表の監督となったシェベシュ・グスターヴ（Sebes Gusztáv：1906年生〜1986年没。ハンガリー出身のサッカー選手であり、サッカーの指導者。1947年からはハンガリー代表の監督を務め、チームを優勝に導いた）は、国内の有力選手を一つのチームに集結させることがハンガリー代表チームの強化に繋がると考え、国内各チームの最高の選手たちを軍に徴兵し、ホンヴェードに引き入れた。そのおかげでホンヴェードは1950年代、常に国内リーグのトップを走っていた。プシュカーシュ・フェレンツはキシュペシュトFC及びホンヴェードにおいて、通算354試合に出場し、357ゴールを決めている。

「マジック・マジャール」

1950年代前半のハンガリー代表チームは「マジック・マジャール」と呼ばれ、無敵であった。特に1950年から1954年（7月4日、ワールドカップ決勝戦という最も重要な試合

で西ドイツに2-3で敗れたことにより、無敗記録が4年で途切れた形となった）までは4年間の無敗記録をつくり、ヨーロッパ最強チームと謳われた。プシュカーシュ・フェレンツはそのチームのキャプテンであり、勝利に大いに貢献していたのである（ハンガリー代表としての通算成績は、85試合84ゴール）。

西ドイツに敗れたことにより無敗記録は止まったが、ハンガリー代表チームはその後すぐに持ち直し、1956年にトルコに敗れるまで、18試合無敗を続けた。プシュカーシュ・フェレンツは、ハンガリー代表としては1956年10月にウィーンで行われたオーストリア戦が最後であった。

1956年「革命」と亡命

1956年10月23日、ブダペストで市民のデモが起こった時、プシュカーシュ・フェレンツはハンガリー代表の練習場にいた。

1956年〜1957年シーズン、ホンヴェードは欧州チャンピオンズカップに参加していた。ホンヴェードは11月23日、アスレティック・ビルバオ（スペインのバスク州・ビルバオに本拠地をおくサッカークラブ）に一回戦で敗退したが、選手たちはスペインから帰国しようとはしなかった。本国からの帰国命令を拒否し、スペインで親善試合を続けたのである。FIFAは1957年1月に全ての連盟にホンヴェードとの対戦を禁止するよう通達を発したが、ブラジルから誘われ、チームは南米に遠征した。2月にヨーロッパに戻ると、ホンヴェードの選手たちはウィーンを仮の拠点とした。そこでハンガリーサッカー協会から、ハンガリーに戻り、制裁を受けるよう通達を受けたのである。プシュカーシュ・フェレンツには18か月の出場停止処分が科せられた。その時、プシュカーシュ・フェレンツ

は数名の仲間とともに、自分たちに帰国する意思がないことを表明したのである。ハンガリーサッカー協会は FIFA に彼らの処分を求め、その結果、プシュカーシュ・フェレンツは 2 年間、世界のどのクラブでもプレーができないという処分が下されたのだった（この処分は後に 15 か月に短縮された）。

レアル・マドリードでのプシュカーシュ
——スペインでの得点王への道

1958 年 7 月、プシュカーシュ・フェレンツはレアル・マドリードと 10 万ドルの 4 年契約を交わすことができた。これは、かつてのホンヴェードの財務部長で、当時レアル・マドリードの技術部長に就いていた旧友の口添えがあったからであった。プシュカーシュ・フェレンツは 1958 年〜 1959 年のシーズンよりレアル・マドリードに加入した。多くの人は 31 歳で太っていたプシュカーシュ・フェレンツとの契約には懐疑の目を向けていたが、チームのスター選手であったアルフレッド・ディ・ステファノ（Alfredo Stefano Di Stéfano Laulhe：1926 年 生 〜 2014 年没。アルゼンチン・ブエノスアイレス出身のサッカー選手。レアル・マドリードで活躍する）とともに良いプレーを見せ、スペインの観客から声援を受けた。

1959 年〜 1960 年のシーズンでは、プシュカーシュ・フェレンツは出場した 24 試合で合計 26 ゴールを決め、スペインでその年の得点王となった。彼はそれ以降 1967 年 6 月 30 日に引退するまで多くの試合で活躍した。

1961 年、プシュカーシュ・フェレンツはスペイン国籍を取得した。その年の 11 月に行われた 1962FIFA ワールドカップ予選ヨーロッパ＝アフリカ間プレイオフにはスペイン代表として出場した。

1969 年、レアル・マドリードのホームス

タジアムであるエスタディオ・サンディアゴ・ベルナベウにおいてプシュカーシュ・フェレンツのための記念試合が行われた。その試合には 8 万人の観客が集まったと言われている。プシュカーシュ・フェレンツは、レアル・マドリードでは 528 試合も出場し、計 512 ゴールを挙げた。リーグの得点王には 4 回なっている。そのほかにもチームの優勝に多大なる貢献をしている。

引退後——世界のプシュカーシュへ

プシュカーシュ・フェレンツは引退後、マドリードにバーを開いたが、すぐに店を閉め、それ以降はサッカー指導者としての道を進む。監督としては、ヨーロッパの国々だけでなく、アメリカやカナダ、サウジアラビア、エジプト、オーストラリアなどの世界中の国々を渡り歩いた。

1981 年、プシュカーシュ・フェレンツは 25 年ぶりにハンガリーに帰国し、大勢の人々から歓迎を受けた。その後は時々ハンガリーにも帰るようになり、1992 年、ブダペストに戻ることを決意した。1993 年には 4 試合だけハンガリー代表を指導し、ハンガリーサッカー協会から名誉職の地位を与えられた。国民からは非常に愛され、70 歳を祝う式典もブダペストで催されたほどであった。

『ワールドサッカー誌』（イギリスの IPC メディアによって月に 1 回発行されているサッカーの専門誌）は 1999 年 12 月号で「20 世紀の偉大なサッカー選手 100 人」を発表した。プシュカーシュ・フェレンツはその中で 7 位に選出されたのである。また、国際サッカー歴史統計連盟（IFFHS：1984 年にライプツィヒで発足した、サッカーに関する様々な歴史を記録している組織）において、20 世紀の最も偉大な選手としては 6 位にランクインしている。

2000年、ホンヴェードはプシュカーシュ・フェレンツの背番号10を永久欠番とした。その後、プシュカーシュ・フェレンツは、国際サッカー歴史統計連盟により「20世紀の得点王」に選ばれた。また、ハンガリー国内では「過去50年における最優秀選手（ゴールデンプレーヤーズ）」（UEFAジュビリーアワーズ：欧州サッカー連盟が創立50周年の式典にむけて加盟各国に自国の過去50年（1954年～2004年）の間で最も優秀な選手を選ぶよう依頼し、選出されたサッカー選手たち。計52人が各国から選出され、2003年11月に発表された）に選ばれた。2002年には、ハンガリー代表のホームスタジアムが、プシュカーシュ・フェレンツの功績を称え、プシュカーシュ・フェレンツ・シュタディオンと改名された。

プシュカーシュ・フェレンツは晩年アルツハイマーを患い、6年間病院で過ごした。経済的に苦しい状態にあり、家族はワールドカップ準優勝メダルなどプシュカーシュ・フェレンツの品物100点以上をオークションにかけ、入院費用を捻出した。2005年10月、FIFAの会長がプシュカーシュ・フェレンツとその妻に経済的援助をすることを発表した。

プシュカーシュ・フェレンツは、2006年11月17日、ブダペストで79年の生涯を閉じた。最後は肺炎であった。その遺体はブダペストの聖イシュトヴァーン大聖堂に安置されている。

レアル・マドリードはプシュカーシュ・フェレンツの功績を称え、練習場に彼の銅像を設置した。2013年のことだった。ハンガリーでは至る所でプシュカーシュ・フェレンツの生きた証を感じることができる。2007年4月、プシュカーシュ・フェレンツの名を冠したサッカークラブ、プシュカーシュ・アカデミアFC（ブダペストから40キロの街、フェルチュートをホームタウンとするサッカークラブ）が当時の首相であったオルバーン・ヴィクトルによって設立された。また、同クラブは2008年にマジャールスズキと共同で国際クラブユースサッカー大会（U-17）、「プシュカーシュ＝スズキ・クパ」を創設した。才能のある若い選手たちに国際試合経験を積ませることとプシュカーシュ・フェレンツの追悼の意味が込められた大会である。プシュカーシュ・フェレンツが活躍したチーム、ブダペスト・ホンヴェード、レアル・マドリード、パナシナイコスは必ず毎年招待されている。また2009年には、FIFA主催の試合において一年間で最も優れたゴールを決めた選手に与えられる賞、「FIFAプシュカーシュ賞」が創設されたのだ。プシュカーシュ・フェレンツはハンガリーだけでなく世界でも認められたサッカー選手なのである。

ブダペストにあるプシュカーシュ像

フランスに出国後、日本に定住した
ユダヤ系数学者兼大道芸人

ピーター・フランクル
Péter Frankl

ハンガリー語
フランクル・ペーテル
Frankl Péter

- 1953 年 3 月 26 日　カポシュヴァール
（Kaposvár：ハンガリー人民共和国）生
▶ 1979 年　フランスに移る
▶ その後、各国に住む。日本在住

　ハンガリー人数学者であり、12 か国語を操る語学の達人、ジャグリングでもその才能を発揮し、日本語でも数々の著書をもつピーター・フランクも、共産党体制のハンガリーから西側の国に出た人物であった。ハンガリー式に彼の氏名を書くと、フランクル・ペーテルであるが、本書では日本における彼の通称であるピーター・フランクルと表記する。

　ピーター・フランクルは、ソ連の独裁者スターリンの死後すぐの 1953 年 3 月 26 日、ハンガリーの小さな街、カポシュヴァール（Kaposvár：ハンガリー西部に位置する街。ショモジ県の県都である）に生まれた。両親はユダヤ人であり、共にナチスの強制収容所に入れられていた経験を持つ。父フランクル・ヨージェフ（Frankl József：1908 年生〜 1994 年没）、母フランクル・ジュジャンナ（Frankl Zsuzsanna：1927 年生〜）は共に医師であり、無神論者であったようである。ピーターもその影響を受けていて、物事を宗教的に捉える人を批判的にみてしまう傾向があると本人は言っている。

　父は当初、生まれたばかりの息子に「アーロン」と名付けたかったようであったが、ユダヤ人特有の名前であったために、母が猛反対したということである。最終的に、キリスト教圏に多い名前「ペーテル（ピーター）」と名付けた。幼少期のピーターは、物事に夢中になるとその集中力を大いに発揮することができる少年であったという。

　両親はピーターが医学の道に進むことを切望したが、ピーターは数学の道に進むことを選んだ。自身は、元々数学が好きであったこともちろんであるが、紙とペンさえあれば研究できるという手軽さに惹かれたと話している。1971 年、エトヴェシュ・ロラーンド大学の理学部数学科に入学し、同年、国際数学オリンピックで金メダルを取得した。

　1973 年、アメリカ人数学者ロナルド・グラハム（Ronald Lewis "Ron" Graham：1935 年生〜。アメリカの数学者。アメリカ数学会の会長を務めるなど、アメリカで最も優れた数学者の一人である）に出会い、その影響でジャグリングを始めた。ピーターはグラハムの人柄に大いに感銘を受け、自分もこんな面白い数学者になりたいと思い、ジャグリングを始めたということである。ピーターはジャグリングにおいても持ち前の集中力を

発揮したようで、1978 年にはハンガリーの
サーカス学校において舞台芸人の国家資格を
取得している。

1975 年、パリ第七大学に国費留学する。
このパリにおいて初めて謳歌した「自由」が、
後の移住のきっかけとなったのであった。
1977 年、エトヴェシュ・ロラーンド大学に
おいて、数学博士号を取得した。

博士号取得後、兵役を逃れるためにいろい
ろな手を使うが結局それは実らず、25 歳の
時に 6 か月間ハンガリー軍に徴兵された。
その苦い軍隊経験から、徴兵制に関しては批
判的な発言をしている。

フランスへの脱出

1979 年、ピーターはフランスに活動の場
を移した。フランスに選んだのは、留学して
いた時の繋がりがあったからであったとい
う。留学時にはフランスで数学の論文をいく
つか発表しため、フランスの研究者とも繋が
りがあった。そのため、他の国と比べると研
究職に就くチャンスが高かったと話してい
る。紙とペンがあればどこでも研究ができる
と始めた数学は、国が変わっても全く影響が
なく、同じ研究をすることができるという利
点もあったのである。フランスに拠点を移し
た後はインドやアメリカ、イギリスに招かれ
て共同研究や講演会を行うようになった。
1987 年にはフランス国籍を取得している。

1982 年、ピーターは東京大学に招かれ、
初来日を果たした。ユダヤ人差別がなかった
日本はピーターにとって、とても居心地が良
い国であったため、これ以降たびたび日本を
訪れるようになった。1984 年から日本の数
学者たちと手を組み、日本チームが国際数学
オリンピックに出場できるよう尽力した。そ
して 1990 年、ついに日本チームはその年、
北京で開催された国際数学オリンピックに参

加することができたのである（日本チームは
この年から国際数学オリンピックに毎年参加
している）。

日本定住

1990 年、ピーターは日本に定住すること
を決意した。本人はその時の心境を「第二の
青春の始まり」だと表現している。日本にお
いて子供たちにも数学に親しんでもらう機会
をつくるということで、日本の数学者たちと
ともに「算数オリンピック」を提唱した。そ
して、それは 1992 年より毎年開催されてい
る。算数オリンピック委員会専務理事、国際
数学オリンピック・日本チームコーチ、東京
大学非常勤講師、日本ジャグリング協会名誉
理事も兼任する一方、全国各地を周り、公演
を行っている。また、時間が許す限り、全国
を周り、大道芸を披露している（大道芸人と
しての名前は、富蘭玖瑠 平太（読み：フラ
ンクル・ペーター））。日本語で多くの本を出
しており、その内容は数学に留まらず、日本
文化や教育、旅行、言語の習得法などとても
幅広い。

ハンガリー体制転換後の 1998 年、ハンガ
リー科学アカデミーのメンバーに選出され
た。このことが本人にとって一番名誉なこと
であると語っている。ユダヤ人として迫害を
受けたピーターの父ヨージェフは、生前ピー
ターに「人間の財産は頭と心の中にあるもの
だけだ」と常に言い聞かせていた。ピーター
はそのことを常に忘れず、努力を重ねてきた
ようである。

第七章

民主化以降

ハンガリー共和国（1989年～）
ハンガリー（2011年～）

国家最高責任者		国家最高責任者であった期間	
スーレシュ・マーチャーシュ （Szűrős Mátyás）	暫定大統領	1989年10月18日 ～1990年5月2日	首相：ネーメト・ミクローシュ （Németh Miklós） 1989年10月23日 ～1990年5月23日
ゲンツ・アールパード （Göncz Árpád）	大統領	1990年5月2日 ～2000年8月4日	首相：アンタル・ヨージェフ （Antall József） 1990年5月23日 ～1993年12月12日
			首相：ボロシュ・ペーテル （Boross Péter） 1993年12月12日 ～1994年7月15日
			首相：ホルン・ジュラ （Horn Gyula） 1994年7月15日 ～1998年7月6日
			首相：オルバーン・ヴィクトル （Orbán Viktor） 1998年7月6日 ～2002年5月27日
マードル・フェレンツ （Mádl Ferenc）	大統領	2000年8月4日 ～2005年8月5日	首相：メッジェシ・ペーテル （Medgyessy Péter） 2001年5月27日 ～2004年9月29日
ショーヨム・ラースロー （Sólyom László）	大統領	2005年8月5日 ～2010年8月6日	首相：ジュルチャーニ・フェレンツ （Gyurcsány Ferenc） 2004年9月29日 ～2009年4月14日
			首相：バイナイ・ゴルドン （Bajnai Gordon） 2009年4月14日 ～2010年5月29日
			首相：オルバーン・ヴィクトル （Orbán Viktor） 2010年5月29日 ～現在
シュミット・パール （Schmitt Pál）	大統領	2010年8月6日 ～2012年4月2日	
クヴェール・ラースロー （Kövér László）	大統領代行	2012年4月2日 ～2012年5月10日	
アーデル・ヤーノシュ （Áder János）	大統領	2012年5月10日 ～	

1989 年 10 月 23 日、ハンガリーの暫定国家元首となった当時の国会議長、スゥールシュ・マーチャーシュ（Szűrös Mátyás：1933 年生〜。ハンガリーの政治家。外交官出身）が国会前広場で共和国宣言を読みあげると、ハンガリー人民共和国は完全に終焉を迎えた。

ハンガリーにおける民主化勢力であったハンガリー民主フォーラムは、「ヨーロッパ・ピクニック」からベルリンの壁崩壊までの一連の民主化の風に後押しされ、めきめき力をつけていった。1990 年 3 月から 4 月に行われた国会選挙では 1989 年にハンガリー社会主義労働者党が改名してできたハンガリー社会党は惨敗し、ハンガリー民主フォーラムが勝利した。そして同年 5 月、民主フォーラムは独立小農業者党、キリスト教民主人民党と組み、連立政権を発足させ、民主フォーラムのアンタル・ヨージェフ（Antall József：1932 年生〜 1993 年没。ハンガリーの政治家。1990 年から 1993 年までハンガリー首相を務める）が首相の座に就いた。そして 8 月、国会は自由民主連合のグゥンツ・アールパード（Göncz Árpád：1922 年生〜 2015 年没。ハンガリーの政治家）を大統領に選んだ。

新政府は議会主義、市場経済、西欧的自由主義の導入を目指していった。しかし、民主フォーラムのなかの左派が離脱したことで、その後の政局は不安定になった。その結果、民主フォーラムは民族主義派やキリスト教派などの右派・中道派が支配することになったのである。

経済面においては、国家からの様々な補助金は削減または撤廃され、国有企業の民営化が推し進められていった。1991 年 6 月、ソ連軍がハンガリーから撤退すると、広大な基地も民営化されることになった。同月に「補償法」が成立すると、社会主義時代の農業の集団化などにより損害を被った個人への補償が行われ、土地もかつての所有者に返還された。また社会主義時代の生産協力組合や国営農場も解体され、個人の土地所有が可能になった。国有工場も民営化され、社会福祉事業も市場化されていった。

しかしこの「民主化」の結果、様々な分野における国民への補償はなくなった。それに加えインフレが進行していくと、国民の生活は苦しくなっていった。また、市場経済への移行によって年金や社会保障に頼らざるを得ない層が生活苦を強いられるようになっていったのである。また対外関係においては、民主フォーラムの民族主義的な性格が表面化すると、次第に近隣諸国との軋轢を生みだすようになっていった。

「改革派」的性格を持っていたハンガリー社会党は、他の東欧諸国の旧共産党とは違い、ハンガリー国民の支持を失うことはなかった。民主フォーラム政権の影響でつくりあげられた国民に厳しい社会の情勢と相まって、1994 年 5 月の国会選挙では社会党が勝利した。次位には自由民主連合がつき、民主フォーラムは惨敗を喫した。

社会党は自由民主連合と連立政権をつくり、政権の安定を図った。首相には社会党のホルン・ジュラ（Horn Gyula：1932 年生〜2013 年没。ハンガリーの政治家。1988 年にオーストリアとの国境の鉄条網を撤去した時の外相）が就いた。前政権のもと不安定になっていた経済の立て直しが期待されていた新政権だが、民営化、市場化を急速に推し進める動きは止めることができず、社会的弱者の生活を保障することは実質上不可能であった。しかし、対外関係は比較的安定しており、1995 年 3 月にはスロヴァキアと、1996 年 9 月にはルーマニアを条約を結び、それぞれの

国の中でのハンガリー系住民の権利保障や国境の保全などを取り決めた。また、ハンガリーのNATO加盟を目指し、1998年にはEU加盟のための交渉に入った。

1998年5月の国会選挙では青年民主連合（フィデス）が勝ち、社会党は僅差で第二党となった。この選挙で民主フォーラムと自由民主連合はますます力を弱め、実質的には社会党とフィデスの一騎打ちとなったのである。この結果、フィデスのオルバーン・ヴィクトル（Orbán Viktor：1963年生〜。ハンガリーの政治家。1998年に首相の座に就いたときは弱冠35歳であり、ヨーロッパ最年少の首相であった）が首相になり、フィデス、独立小農業者党、民主フォーラムが連立政権を形成した。

オルバーン政権は経済の自由化に一定の制限を設けた。また、連立内閣を組んだ小農業者党の影響で農業支持政策にも力を入れた。しかし、民族主義的な発言が多かったことから、近隣諸国との関係に緊張が走った。1999年3月、ハンガリーは国民60%の支持を受けて、NATOに加盟したのである。また2004年5月にはポーランド、チェコ、スロヴァキアと共にEUに加盟した（この時の首相はメッジェジであった）。EU加盟には国民の三分の二が支持していた。

しかしこのEU加盟により西欧やアメリカからの資本流入が盛んになり、国民からは経済活動の活性化が期待されるようになると、経済の自由化に一定の制限を設けていたオルバーン内閣は支持率を落としてしまう結果となった。そして2006年の国会選挙では社会党が勝ち、政権復帰を果たした。社会党員であり、自身が実業家でもあるジュルチャーニ・フェレンツ（Gyurcsány Ferenc：1961年生〜。ハンガリーの政治家。若い頃、政治に携わるが、その後、実業家に転向。2002

年に再び政治の世界に戻る）内閣が発足すると、2007年12月にはシェンゲン協定に参加し、加盟国同士での国境検査を撤廃した。

しかし、このような経済の自由化に伴い、多国籍企業が無制限流入してくると、ハンガリーの経済、社会において格差が拡大してしまう結果となった。それにより国民の不満は一気に高まっていったのである。また2008年以降の、世界金融危機の影響によって外国資本の企業が一気に引き揚げていったことで、ハンガリーの経済は大打撃を受けた。

このような状況を受けて2010年4月の国会選挙ではフィデスが圧勝、オルバーンが首相の座に返り咲いた。この選挙で、「より良いハンガリーのための運動（ヨビック）」という極右政党が47議席を獲得し、ハンガリーの政治動向における右傾化が見て取れるようになった。

オルバーン政権は国会議員定数の削減、憲法裁判所の権限縮小、新メディア法制定などを行い、政権の基礎を固めることに成功した。また、ハンガリー国境外に住むハンガリー系住民に二重国籍を認めた。そして2011年4月に新憲法を採択し（施行は2012年1月1日）、国名を「ハンガリー共和国」から「ハンガリー」に変更した。

1989年の体制転換以降の社会・経済の目まぐるしい変化により、ハンガリー国民は価値観の大きな転換と生活の激変に見舞われている。ハンガリー経済は国際金融に大きく左右される構造となった。しかし、1989年から現在までの流れを見ると、結果的に経済成長を遂げた点は外国資本導入に関連した分野だけであり、根本的にハンガリーの経済が成長しているとは言い難い。現在のハンガリー社会は、外国資本とそれに強く左右されるハンガリー市場によって動かされている形となっている。

2015年夏：ハンガリーに押し寄せる難民たちとハンガリー政府の対応

　2015年9月、ハンガリー国境警備隊がセルビアとの国境沿いでフェンスを越えてハンガリー領内に入ろうとした移民・難民に対し放水し、時には催涙スプレーを使用するなど厳しい対応に出たというニュースが世界中を駆け巡った。このニュースが流れると、ヨーロッパ諸国や人権グループがハンガリー政府の対応を激しく非難した。それまで、ヨーロッパが直面している移民・難民問題を静観してきた国連の潘基文事務総長も、ハンガリー政府の対応を批判した。またそれと同時に、国連難民高等弁務官事務所（UNHCR）もハンガリーが移民・難民に関する国際法に違反しているという異例の批判を発表したのだった。ハンガリーは2015年9月にセルビア、10月にクロアチアとの国境にフェンスを設置し、正規の国境通過点以外からの不法入国者に対し、刑事罰を科すという厳格な国境管理体制を敷いた。これにより、難民のハンガリーへの「流入」は大幅に減少し、難民たちはこの後、クロアチア・スロヴェニアを経由してEUに入るようになった。2016年3月、EUとトルコとの間で合意が交わされ、トルコからヨーロッパに渡った不法移民のトルコへの送還が実現された。

1989年ハンガリーが「西側」へ空けた「穴」
──「人道的措置」の名のもとに

　ハンガリーは東欧諸国の中でいち早く西側への窓口が開いた国であった。1980年代後半、ポーランド人民共和国やハンガリー人民共和国は民主化への道を模索し始めた。1989年5月、ハンガリー社会主義労働者党の改革派であった当時のネーメト・ミクローシュ首相が、まず初めにオーストリアとの国境にある鉄条網の撤去に着手したのである。

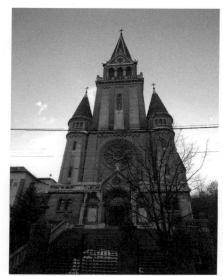

ブダペスト2区　東ドイツ人たちが西側に逃げる前に匿われていた教会（筆者撮影）

ブダペスト2区　東ドイツ人たちが西側に逃げる前に匿われていた教会のプレート（筆者撮影）

この頃、東ドイツだけは東欧諸国に押し寄せる民主化の波に抗い続けていた。分断国家であった東ドイツは、「社会主義のイデオロギー」だけが国家の存在意義であった。政治の民主化、市場経済の導入は、西ドイツとの差異をなくすことに繋がり、ひいては東ドイツとして国家が存続する意義が消滅することを意味していたのである。

東ドイツ市民は西側への旅行は許可されていなかったが、東側への旅行は比較的簡単に許可された。そのため、多くの東ドイツ市民はハンガリーまでは難なくたどり着くことができ、そこからオーストリアに向けて空いた「穴」を通り、西ドイツに亡命できるのではないかと考えたのだった。実際にこの時ハンガリー・オーストリア国境を通れたのはハンガリーパスポートを保持している者だけであったが、それでも東ドイツ市民は希望を持ってハンガリーに押し寄せたのである。

ハンガリーはこの頃すでに非共産党勢力の活動が認められており、民主フォーラムを始めとする民主化を求める勢力の活動が盛んになっていた。そして彼らはこの東ドイツ市民たちをオーストリアに越境させようと考えるようになったのである。

オーストリア＝ハンガリー二重君主国最後の皇太子であるハプスブルク＝ロートリンゲン家当主、オットー・フォン・ハプスブルクは、1989年夏、デブレツェン大学で公演を行った。そしてその後の懇親会の場で、すでに開いていたオーストリア・ハンガリー国境地帯でバーベキューパーティーを行い、フェンスを囲んでお互いの食べ物を交換し合い、フェンスの意味を世界に問いかけようということで話が盛り上がった。最初はパーティーの席での冗談であったが、本格的に実行しようという人々が現れたのである。

彼らはオットー・フォン・ハプスブルクと

ハンガリー社会主義労働者党の改革派からの支援の約束をとりつけると、その歯車が動き出した。特にハンガリー社会主義労働者党の改革派たちは、これをハンガリーが「共産圏」から離脱することを世界にアピールするいい機会だと考え、積極的に協力した。しかしもちろん計画は慎重にかつ秘密裏に実行される必要があった。東ドイツの秘密警察シュタージ（Stasi）やハンガリー社会主義労働者党の保守派側からの妨害に遭う可能性があったからである。

こうして1989年8月19日、ハンガリーとオーストリアの国境地帯の街、ショプロンで「汎ヨーロッパ・ピクニック」と名付けられた集会が開かれた。集会自体は公的行事と民間行事を同時に行う形で開かれ、関係者やマスコミなど大勢の人たちが詰め掛けた。その裏側では、ハンガリー政府側が手配したバスが大勢の東ドイツ市民を乗せ、ショプロンに到着していた。その人々をハンガリー政府側の人と西ドイツ領事館のスタッフが誘導したのだ。また、国境をはさんだオーストリア側にも西ドイツ政府の要請によりバスが何台か用意されていて、その日のうちに西ドイツに到着できるよう用意されていた。

集会ではオーストリア、ハンガリー両国の公人、民間人ともに和気あいあいとお祭り騒ぎに興じ、一見しただけではただのフェスティバルにしか見えなかった。そこに東ドイツ市民がバスで到着したのである。彼らはこの「フェスティバル」には目もくれず、ひたすら国境に足をむけた。この時ハンガリー側国境の国境管理官は出ていく東ドイツ市民には背を向け、入国してくるオーストリア人たちのパスポートを「入念に」チェックしていた。見て見ぬふりをして東ドイツ市民たちを出国させたのである。その結果、この日のうちに600人以上の東ドイツ市民が国境を越

えることができた。

この後、続々と東ドイツ市民はハンガリー経由でオーストリアに抜けていった。9月11日には、ハンガリーは東ドイツとの査証協定（査証免除および相手国の国民が自国経由で西側に亡命するのを防ぐ義務をお互いに課すという協定）を破棄し、ハンガリー国内でキャンプをしていた東ドイツ「難民」のために、「人道的措置」としてオーストアへの国境を開放した。これを受けて東ドイツは若者、頭脳の流出という危機に直面し、その社会は大きく揺さぶられた。しかし、東ドイツ政府はハンガリーに対し、何の報復措置も取れないでいた。10月3日に東ドイツ政府はチェコスロヴァキアとの国境を閉鎖したが、それによって出国できなくなった（旅行さえできなくなった）東ドイツ市民がその不満の矛先を政府に向けるようになり、東ドイツ各地で体制を批判するデモが盛んに行われるようになった。東ドイツ政府は事態を収拾することができず、10月18日ホーネッカー政権は退陣に追い込まれ、その3週間後の11月9日、ついにベルリンの壁が壊されたのである。

2015年ハンガリーが閉じた国境──「人道的措置」の名のもとに

このように1980年代には「民主化」の中の「人道的措置」として、「東ドイツ市民の自由を得るため」国境を開いたハンガリーであったが、21世紀には「人道的措置」としてそのセルビアとの国境線約175kmをフェンスで閉じた。このことについて、ハンガリー首相オルバーン・ヴィクトルは次のように弁明している。

「1989年は共産政権時代から民主化へ向かう転換期であった。ハンガリーは旧東ドイツ国民のためにその国境を開放しなければな

らなかった。そして昨年と今年（2015年〜2016年）、ハンガリーは国境を閉鎖しなければならかった。なぜなら、自由を守らなければならないからだ。両者はコインの両面である。ハンガリーは常にヨーロッパの自由を守る側に立っているのだ」

この移民・難民がヨーロッパに流入するようになった背景を少し見ていく。2011年にシリア紛争が始まると、中東または北アフリカからヨーロッパへの移民・難民の数は急増した。ゆえにEUの領域外と国境を接しているハンガリーにとって移民・難民問題はとても深刻な問題となったのである。移民・難民がヨーロッパに大量に流入し始めた頃である2015年5月13日には、EU加盟国で「難民を受け入れる割り当て制度」案が欧州委員会から出された。この時、ハンガリー政府はこれに反対し、この問題解決を世論調査という形でハンガリーの国内世論に委ねたのである。その内容は、あたかも政府が人々の不安感を煽るような内容であった。ハンガリー政府は全有権者およそ800万人にアンケートを送り、その回答を待った。そのアンケートがハンガリー政府のウェブサイトに残っているので少し見ていきたいと思う。

その内容は、2015年7月1日を返送締め切りとし、有権者から返ってきたアンケートの集計結果を踏まえ、政府がこれからの対応を決定していくというものであった。オルバーン首相の顔写真とサイン入りで政府から送られたこのアンケートは12項目から成り、それぞれの項目に「完全に賛同」「どちらかと言えば賛同」「賛同しない」の3つの回答から選択するというものである。ここではすべての項目を紹介することはしないが、その質問ではしきりに「テロの脅威」「ブリュッセル（EU）の難民政策の失敗」が強調されており、最後の質問は「ハンガリー政

331

府はハンガリー人家族と子供たちを支援することが難民よりも必要であると考えるが、これに賛成か」という、とても耳障りのいい内容で締めくくられている。また、質問の中には、ハンガリー政府による不法越境移民の身柄拘束および強制送還を可能にするよう規制を強化することの是非を問うものもあり、1から順にこのアンケートに答えた場合、これらの質問にする答えが肯定的な回答になる確率は高いと思われる（それでなくても、回答3つのうち2つは肯定的解答になっているのである）。

一国の政府が、ここまで露骨にテロリズムと難民問題を結び付け、それを「国民が望むように」解決できるのは現ハンガリー政府しかないという誘導尋問的なアンケートを国民に送ったということは、民主主義社会にとっては脅威であると言わざるを得ない。この調査項目の内容は、国際社会でも批判を浴びている。

ハンガリーは、中東、北アフリカ諸国から移民・難民が押し寄せてきた2015年9月から「非常事態宣言」をだし、強硬的な政策を採った。カミソリの刃の付いた有刺鉄線によりハンガリーに入れなくなった移民・難民の中には、ハンガー・ストライキを始めた人たちもいた。ドイツを目指す移民・難民で溢れかえるブダペストの東駅では、ドイツ行きの列車が一時運航停止された。移動手段がなく、しびれをきらした移民・難民たちのなかには、徒歩でドイツに向けて出発した人がいたほどであった。そんな中、ハンガリーからオーストリアへ向かう高速道路の路肩に放置されていた保冷車の中から、子供を含む71体のシリア難民の遺体が発見され（のちに犯人3人が逮捕される）、欧州は事の重大さに気づいた。これを受けてドイツのメルケル首相は、「欧州は団結して早急に移民・難民問題に取り組まなければならない」と発表した。

その後、EUは2015年9月22日、協議が難航していた12万人の難民のEU加盟国での受け入れ分担案を賛成多数で可決した。この案に反対だったのが、チェコ、ハンガリー、ルーマニア、スロヴァキアの4カ国（フィンランドが棄権）であった。EUは、「EU加盟国には決定を拒絶する権利はない」とし、多数決に基づく分担案に反対している中東欧諸国も従う必要があるとの認識を示したが、中東欧は諸国は素直に応じなかった。この時、分担案の反対派の急先鋒であったのがハンガリーのオルバーン首相であり、彼はしきりに「ヨーロッパの自由を守る」ことを主張した。またその後、この受け入れ分担案の決定無効を主張し、スロヴァキアと共にEUの欧州司法裁判所に提訴したのだった。

さて、ここでオルバーンのいう「ヨーロッパの自由を守る」とは何か。それは、ヨーロッパのキリスト教社会、文化を、異なる存在であるイスラム教徒から守るということだということは、彼の言動から容易に理解できる。ハンガリーは16世紀にオスマン帝国の侵略を受け、その後の約150年間はオスマン帝国、つまりイスラム教徒の支配下にあったという歴史がある。ゆえにハンガリー人の中にイスラム教徒への潜在的恐怖があるのは否めない。それに加え、昨今世界中で起こっているテロリズムがイスラム教徒によるものだという事実が、ハンガリー国民のなかで難民受け入れ受諾を難しいものにしているというのも事実である。オルバーン政権はそのような国民感情を巧みに利用し、難民問題をテロリズムのみならず宗教問題に挿げ替えることで国民に不安感を植え付け、オルバーン政権こそが「ヨーロッパのキリスト教社会」「ハンガリー国民の幸せ」を守る救世主であると思

わせることで政府への国民の支持率を集めて
いるのである。

オルバーン政権の移民・難民政策

　オルバーン首相は、EU で可決された受け
入れ分担案の是非を国民投票で問うことを主
張し、それは受け入れ分担案が EU で可決
されてから 1 年後の 2016 年 10 月に実施さ
れた。その結果、国民の反対票 330 万票、
有効票の 98% 以上に上ったのである。しか
し、投票率は 43% と国民投票の成立に必要
な 50% には届かず、投票自体は無効となっ
た。それでもオルバーン首相は「ブリュッセ
ルはハンガリー国民の意思を無視することは
できない。主権国家では国民が誰と一緒に住
みたいかを決定する権利を有している」と、
この国民投票の結果を重視する意見を強調し
た。

　2017 年 3 月、ハンガリーはセルビアとの
国境に設置されたフェンスの内側に、第二の
フェンスを設置した。そして、難民申請を行っ
ている者は、その判決が下されるまで国境地
域に留まらなくてはいけないことなどを明記
した法の改正案が国会で可決された。さらに
この法案により、警察は難民申請の審査もせ
ずに移民を国外追放することが実質上可能に
なったのである。ハンガリーは国連で制定さ
れている難民条約の締結国であるため、これ
は条約違反となる。

　2017 年 9 月 6 日、EU の欧州司法裁判所
は難民受け入れ分担案に対する EU の決定を
支持し、割り当てを不当だとするハンガリー
とスロヴァキアの訴えを棄却した。しかし、
両国はそれ以降も割り当てられた難民は受け
入れない構えを見せた。

　欧州司法裁判所は判決を「難民危機の衝撃
からギリシャとイタリアを救うためには適切
である」とした。これに対し、ハンガリーの

シーヤールトー外相は「理不尽で無責任だ」
と判決を強く非難した。そして、前年の国民
投票の結果を挙げ、「国民の希望に反した難
民割り当てを拒否するためには何でもする」
と述べ、今後も強硬姿勢を維持する意向を示
した。EU は割り当てを決めた当初は約 16
万人の難民を 2 年かけて移送・解決する計
画であったが、2017 年の 9 月時点で全体で
約 2 万 7000 人ほどしか解決していない。ハ
ンガリーとポーランドはこの時点で割り当て
られた難民の 1 人も受け入れていない状況
であった。

　しかし、ハンガリーは決して難民の受け入
れ自体を否定しているわけではないのであ
る。2017 年の難民申請者は 3347 名であっ
た。その中で 1291 名が難民資格、補完的保
護および一時的保護を受ける資格を得てハン
ガリー滞在を許可されている。この事実はど
のように理解したらいいだろうか。

　EU 加盟国（および、いくつかの非加盟国）
はダブリン規約によって、難民認定手続きお
よび保護の義務を、その難民が最初に入国し
た EU 加盟国が負うということが定められ
ている。そして、難民申請者が手続き中に他
国に移動した場合、その人はその手続きをし
ている国に送還されることになる。つまり、
EU 領域外と国境を接している国々は必然的
に負担が増えることになるのである。このダ
ブリン規定自体が不公平であるとの意見もあ
るが、ここではそれは問わない。ハンガリー
は 2017 年の段階で、正規の国境地点で難民
申請を開始した者に対してはその審査を開始
し、難民資格を与えているのである。なぜ頑
なに EU の割り当て案を拒否するのだろう
か。

ハンガリー人の歴史観と民族性

　筆者はその理由の根幹にあるものを歴史

333

とそこからくるハンガリー国民のメンタリティーだと考える。ハンガリーの過去の歴史を物語のように歌いあげているハンガリー国歌がその国民性を象徴しているというのはよく聞く話である。8番から成るその国家は、「讃称（Himnusz）」と名付けられ、神への訴えから始まる。宗教色が色濃いこの国歌の歌詞は、全体を通して「自分たちマジャール人はモンゴルやトルコから襲撃を受け、彼らの圧政に耐えてきた苦難の歴史がある。この『罪深きマジャール人』を許したまえ」というように、神へ許しを請う内容になっているのだ。またそれ以外にも、ハンガリー人たち自身からも自らを「悲観的であると」評しているのもよく耳にする。歴史的に13世紀にモンゴルの襲来に遭い、16世紀にはオスマン帝国に、18世紀から20世紀にはハプスブルク帝国、第二次世界大戦後にはソ連の東欧支配などの「圧政」に「耐えてきた」ハンガリー国民にとって、EUといえども彼らの政治に強制力を与えることに関して恐怖の念を持っていることは容易に想像できる。元は経済的統合から始まったEUも、2009年のリスボン条約により政治的統合体としての性格を強めていった。国家主権や自国のアイデンティティーが脅かされることに対し、敏感になっているハンガリー国民にとってはEUの政治的性格もその脅威になりえるのである。

2018年6月、EUは首脳会談において移民・難民に対する対応をめぐり協議し、加盟国が複数の難民審査施設をヨーロッパ域内に「自主的に」設けることで一致した。それと共に、北アフリカなどのヨーロッパ域外に難民申請手続きができる施設を設ける案の検討も急ぐことで合意した。その難民審査施設はEUが全面的に支援することとし、設置場所についてはこの時点では確定しなかった。また、アフリカからヨーロッパへ渡る移民・難民の数を削減することを狙いとしたEUが設置したアフリカ基金への資金の追加援助や、EUとその域外との境の警備をする欧州国境沿岸系部隊の機能強化についても合意された。そして更にダブリン規定の見直しも進めていくことが言及された。この首脳会談では、改めて難民問題がヨーロッパ全体の問題であることを強調された形となったのである。これから先、ハンガリーがどの程度EUの難民問題に関する決定に譲歩できるかが今後のEUとの関係を左右する。

オルバーン政権の内政

もちろん、オルバーンの強硬的な姿勢や態度に人権的な立場から反対する政治家や国民もいる。そのような政府を批判するメディアや非政府機関（NGO）、学校は運営ができない状態に追い込まれていったのである。

オルバーン政権はこの間「言論の自由」や「司法の独立性」を無視する改革案を実施していった。またそれだけではなく、非政府機関（NGO）の監視強化を目指す改正法を議会に提出するなどの強権的な統治政策を採っている。これに対しEUは大きな懸念を表明しているのである。

2017年に入ってからハンガリーのみならず世界全体を騒がせたニュースは、ブダペスト出身のユダヤ系投資家であるジョージ・ソロスが1991年に故郷のブダペストに創設した大学、中央ヨーロッパ大学（CEU）を閉校に追い込もうとするハンガリー政府の法改正であった。ハンガリー国民議会によって2017年4月4日に可決された高等教育関連法の改正案によれば、国外の高等教育機関がハンガリーで開校する場合、

1）該当国政府とハンガリー政府の間で協定が締結されていること

ソロスが野党と結託し難民をハンガリーに入れていると謳ったポスター（https://www.reddit.com/r/europe/comments/7u3kje/campaign_poster_of_ruling_populist_party_fidesz/）

2）該当教育機関が該当国で実際に高等教育を行っており、該当政府によって高等教育機関であると認められていること
3）該当教育機関がハンガリー国内で授与される学位が該当国政府により認定されること
4）該当教育機関が該当国政府により教育機関として認められていること

以上の条件を満たさなければならない。その条件を満たさない学校は、2018年1月1日から新入生を受け入れることはできなくなる」というのである。同月10日、この改正法案にアーデル大統領（Áder János：1959年生〜。2012年5月10日より、ハンガリーの大統領を務める。政党はフィデス）が署名をしたため、ブダペストでは大規模な反対デモが起こった。これは意図的に中央ヨーロッパ大学に向けられた法改正であるということは、明らかであった。さらにオルバーン首相は、ヨーロッパに殺到する難民・移民の背後にはそれを支援するソロスの関与があると指摘し、全土に反ソロス・キャンペーンを展開していったのである。

「ストップ・ソロス！」法案の可決

2018年4月のハンガリー国民議会選挙では、オルバーン首相が率いる右派政党、フィデスが得票率の約49％を獲得し、第一党の座を維持した。これを受け、オルバーン首相は2010年と2014年に続き、3期連続政権を担当することになったのである（オルバーン首相は1998年にも政権を担当しているので、通算で言うと4期目である）。投票率は約70％であり、国民の政治に対する関心がうかがえた。フィデスと連立である「キリスト教民主国民党（KDNP）」合わせると、199議席中133席という約三分の二の議席を獲得することができた（これは、議席数だけでいうと憲法改正が可能となることを意味している）。オルバーン首相は選挙後支持者の前で「母国を守るための可能性を得た」と発言した。オルバーン首相はこの2018年の選挙戦では移民・難民対策に絞り、戦術を展開していった。「移民・難民が殺到することにより、ヨーロッパの伝統的なキリスト教社会には暗雲がたちこめ、危機に瀕している。ヨーロッパの都市では近い将来イスラム系住民が半数を占めることになるだろう」と国民

の不安を巧みに煽り、政権を獲得することに成功した。20世紀の歴史がすでに示している「国民は希望よりも不安によって動かされる」ということを実証したことになる。国民の「他を受け入れること」に対する不安は、民主主義崩壊の危険への不安よりも強かったのである。

2018年4月、与党フィデスは移民を支援する非政府組織（NGO）に対する処罰などを盛り込んだ一連の法案、「ストップ・ソロス！」法案（オルバーン首相は、ジョージ・ソロスがヨーロッパへの移民流入を画策してきたとして批判していた。この法案は外国からの資金提供を受けるNGOへの規制を強化する法律である）のパッケージを国会に提出し、同年6月20日、ハンガリー議会がこの法案を賛成160、反対8で可決した。この法案は、4月の総選挙で再選を果たしたフィデスが掲げていた選挙公約の主要な一つであり、論争を呼んでいた。この前日の19日には、移民支援の疑いがあるNGOに対し、25％の税を課すという財政法案が可決されていた。

処罰の対象者は、「シェンゲン協定の参加国（旅券なしで自由な行き来が認められている国）以外からの、差し迫った生命の危険に晒されていない不法入国者」を手助けして有罪となった者であり、最長で1年の禁錮刑が科せられる。さらに議会は、「ハンガリーの人口構成」に影響を与えることは、いかなる権力にも認められないとした憲法規定の改正も可決した。この条項は、難民割り当ての受け入れを強制するEUの計画にハンガリーが参加することを防ぐためのものであると言える。他にも同日、「すべての国家機関に「キリスト教文化の擁護」を義務付ける憲法規定」や、「路上生活者が公共の場で一夜を過ごすことを禁じる規定」が可決した。

これを受けてソロスの慈善団体「オープン・ソサエティー財団」は5月15日、ハンガリーでの事業を中止し、その拠点をドイツのベルリンへ移すと発表、8月にそれが実行された。そして9月、「オープン・ソサエティ財団」は、人権を侵害し民主主義を制限する法律を施行したとして、欧州人権裁判所（在フランス・ストラスブール）にハンガリー政府を訴えた。「ストップ・ソロス法」が欧州評議会で定められた『人権と基本的自由の保護のための条約』に反し、EUにおける表現の自由ならびに結社の自由を侵害していると申し立てたのである。

実は同年7月に欧州委員会も「ストップ・ソロス法」はEU法に違反すると判断し、改正しなければ、欧州司法裁判所で訴訟を起こすことを示唆していた。欧州議会は9月12日、ハンガリーではEUの基本理念が「大きく踏みにじられるリスクが明らかに存在している」という決議を採択したばかりであった。

ハンガリーにおける人口流出問題とそれに対する政策

このような政治のポピュリズム的傾向が強まる母国に失望し、見切りをつける人は年々後を絶たない。

本書でも触れているが、さかのぼること19世紀末、ハンガリー王国（当時はオーストリア＝ハンガリー二重君主国の一部であった）において農村からの人口流出が問題になったことがあった。その多くは、急速な工業発展により雇用機会が見込まれたアメリカ合衆国へと向かったのである。その100年後の1990年代、新たにハンガリーからの人口流出が深刻な問題となった。そのきっかけは1989年の体制転換であったのは言うまでもない。また、2004年にはハンガリーはEUに加盟し、それにより人口流出はさらに

ブダペストの地下鉄の駅に貼られていたポスター　オルバーン政権によるプロパガンダは続いている（筆者撮影）

加速した。多くのハンガリー人はより良い労働条件を求め、「西側」の国へ移住したのである。

そして、オルバーン政権が発足した2010年以降、ハンガリーでは60万人以上の若い世代が国を出た。こうした事態は深刻な人手不足にも繋がり、経済にも悪影響を及ぼしている。

人口が減少しているハンガリーで反移民を掲げるオルバーン政権は近年、外国人労働者に頼ることなく、いかに人材不足に対応するかという問題に直面している。若い人材の海外流出に加え、ハンガリーの1980年代以降の出生率はヨーロッパ最低水準となっており、総人口は2016年の時点で、1000万人を切る981万人であった。その影響で国内企業の多くは人材不足に悩んでいる。

ハンガリーはこれまで移民受け入れに消極的であったが、長年続く労働力不足と経済停滞を解消するために2010年5月26日、ハンガリー国会は新しい国籍法を可決して、周辺国からの人口流入を期待した。これはこの年の4月の総選挙で圧勝したフィデスの公約であったのである。

この時、ハンガリー政府が制定した新国籍法は、「直系の祖先がハンガリーの市民権を持っていること」と「ハンガリー語の基礎的な知識を有していること」を条件として、周辺国のハンガリー系住民が、国外で暮らしながらハンガリー国籍を取得できるようにする（しかし、選挙権は与えていない）法案であった。つまり、受け入れるのは第一次世界大戦での敗戦に伴い、「他国」に「少数民族」として取り残された人々に向けられたもので

あった。周辺諸国からこの新国籍法はハンガリー人の連帯感を示すのが狙いであるともとられたのである。これに対し、人口の約1割をハンガリー系住民が占める隣国スロヴァキアはハンガリーから政治的介入を招く恐れがあるとして猛反発し、両国の関係は一時期険悪になった。

オルバーン政権は人口減少の現状を改善するため、出生率向上、ハンガリー人国外移住者のUターンを促す一連の施策を打ち出した。ハンガリー国家経済省は2015年4月、頭脳流出を防ぐため1億フォリント（約32万ユーロ）を投じると発表した。そして、同年6月以降、ハンガリーから移住した帰国者（外国で1年以上働くハンガリー出身の者）に対し、「帰国歓迎金」として3000ユーロ（約35万円）が支給されている。さらに、その人たちは就労先や住居を探す際の支援も受けられるという優遇措置が取られている。しかし、この制度を活用した人はこれまでに100人弱にとどまり、この政策自体が芳しい成果をあげているとは言い難い。

また、出生率向上を図るために採られた政策としては、今後10年間に子どもを3人以上持つ予定、もしくはすでに子どもが3人いるカップルは、1000万フォリントの住宅購入補助金に加え、同額の融資を低金利で受けることができるというものがある。2015年のこの制度の申請者は1万2500人を超えた。しかし、この政策自体が「女性が子供を産む道具」として捉えられるとして反対する人もいる上、経済学者の中には、この政策のせいでブダペストの地価が急騰したとの見方をするものもいる。

一方で、この労働力不足問題の解決策となり得るのは「移民」なのではとの認識を示している政治家たちもいる。しかし、「外国人はハンガリー人の職を奪う。それに立ち向か

うのはオルバーン首相だけだ」「移民では労働力不足を補えない」などとハンガリー国民に対して呼び掛けて支持率を集めてきたオルバーン政権にとって、外国人労働者の受け入れに着手するのはそう容易なことではない。2016年にはオルバーン首相が「移民など（ハンガリー経済を機能させ、人口を維持するという意味で）一人もいらない」と言い切ったこともあったほどである。

しかし、もうハンガリーはオルバーン首相の反移民政策と民間企業の人材への需要に妥協点を見出さなければいけない時期に来ている。そして、国家経済省はハンガリー経営者全国協会（MGYOSZ）が打診しているEU圏外から「熟練した技能を持ち、ハンガリーの社会に適応することができる外国人労働者」の受け入れについて検討し始めた。

参考文献

公文書

ロシアの公文書

Архив Внешней Политики Российской Федерации

Фонд 077. Референтура по Венгрии

Оп. 7. П. 22. Д. 18

Оп. 19. П. 12а. Д. 11

Оп. 25. П. 23. Д. 20, 21

Оп. 25. П. 24. Д. 41

Оп. 25. П. 25. Д. 13, 14, 15, 16, 61

Оп. 29. П. 137. Д. 55, 56

Ф. 0144

Оп. 30. П. 118. Д. 15

Российский Государственный Архив Социально-Политической Истории

Фонд. 17

Оп. 137. Д. 44

Оп. 128. Д. 314

Фонд 82

Оп. 2. Д. 1151

Фонд 575. Информационное бюро коммунистических и рабочих партии (1947-1956)

Оп. 1. Д. 50, 94, 95, 188

Оп. 2. Д. 50, 188

Российский Государственный Архив Новейшей Истории

Ф. 5. Оп. 28. Д. 404

セルビアの公文書

Diplomatski Arhiv Ministarstva Inostranih Poslova Repubrike Srbuje

Fond. Politička arhiv. pov. Mađarska

Fasc. 17, 23. 1945 godine

Fasc. 68. 1949 godine

Fasc. 59. 1950 godine

Fasc. 52. 1951 godine

Fasc. 50, 51. 1953 godine

Fasc. 50, 51, 52. 1954 godine

Fasc. 36, 37. 1955 godine

Fasc. 51, 52. 1956 godine

339

Arhiv Jugoslavije

Fond. Kabineta Maršala Jugoslavije.

I-1/ 983, I-1/ 713, I-3-a/ 72-3, 1-3-b, II-3a-1/8 (V Kongras)

Fond. Kabineta Pretsedinka Republike.

I-1/ 982, I-3-a/ 72-1, I-3-c

Fond. 507/ IX – Komisija za međunarodne odnose i veze Ceutralnog komiteta SKJ (KMOV CK SKJ).

75/ I-14, III-2, III-8, III-21, III-23, III-24

119/ I-48, I-50, I-54

Fond. TANJUG-112

Fac. 35

ハンガリーの公文書

Politikatörténeti és Szakszervezeti Levéltár

Főcsoport 274 (Magyar Kommunista Párt)

Állag 10. ő.e.szám 16

Magyar Országos Levéltár

Fond. XIX-J-1-j 1945-1964 Jugoszlávia, 42d. 30/e, 25 d

Fond. IV 170/5

Fond. XIX-A-1-j-XIII/ b-5011-1945. 31 d

Fond. KÜM. Jugoszlavia TÜK 1945-1964. 38 d

Fond. MDP-MSZMP Iratok. 276. F. 53, F. 52, F. 98

以下、執筆にあたり参考にした文献の一部を挙げる。

書籍および論文

日本語（著者の姓を 50 音順に並べている。外国人が著者の場合、必ずしも姓が先に来ているわけではないが、筆者が訳したものではないので、その姓名順を変えることははばかられるため、名に依拠して 50 音順に組み込む）

アーサー・ケストラー（中島健二訳）『真昼の暗黒』岩波文庫、2009 年。

アーサー・ケストラー（日高敏隆、長野敬訳）『機械の中の幽霊』ちくま学芸文庫、1995 年。

足立壽美『原爆の父オッペンハイマーと水爆の父テラー　悲劇の物理学者たち』現代企画室、1987 年。

アブラハム・クーパー（徳留絹枝訳）『いのちのパスポート』潮出版社、2002 年。

アンドレ・ケルテス（片桐ユズル、中尾ハジメ訳）『アンドレ・ケルテス写真集』岩波書店、1986 年。

アンリ・ボグダン（高井道夫訳）『東欧の歴史』中央公論社、1993 年。

池田浩士『ルカーチとこの時代』平凡社、1975 年。

今橋映子『ブラッサイ　パリの越境者』白水社、2007 年。

大嶋正瑠「暗黙知を理解する」[http://www.tku.ac.jp/kiyou/contents/hans/127/127_oosaki.pdf]

倉金佳「「我々は移民の国にはなりたくない」——ハンガリー基本法体制から見た欧州の難民・移民危機——」[http://www.iisr.jp/journal/journal2018/P133-P172.pdf]

柴宜弘監修『東欧を知る事典』平凡社、2001 年。

ジェルジ・ルカーチ、フェレンツ・ケーテイ（羽場久美子、家田修訳）『ルカーチとハンガリー』未来社、1989 年。

ジョセフ・ロスチャイルド（大津留厚訳）『大戦間期の東欧　民族国家の幻影』刀水書房、1994 年。

菅原憲二、安田浩編『国境を貫く歴史認識・教科書・日本 そして未来』青木書店、2002 年。

辻川典子「1920 年代初頭のハンガリー系亡命者と中央ヨーロッパ政治情勢——『ウィーン・ハンガリー新聞』の動向を中心に——」『境界研究』4 号、2013 年、53-75 頁。

辻川典子「ヤーシ・オスカールの 1920 年代初頭における地域再編構想——『ドナウ文化同盟』（1921 年）を手がかりに——」『ヨーロッパ研究』8 号、2009 年、62-81 頁。

スティーブ・ハイムズ（高井信勝訳）『フォン・ノイマンとウィーナー　2 人の天才の生涯』工学社、1985 年。

羽場久美子編『ハンガリーを知るための 47 章　エリア・スタディーズ』明石書店、2002 年。

ひのまどか『バルトーク 歌のなる木と亡命の日々（作家の物語シリーズ）』リブリオ出版、1989 年。

フランク・ティボル（寺尾信昭訳）『ハンガリー西欧幻想の罠』彩流社、2008 年。

フランソワ・フェイト（熊田亨訳）『スターリン時代の東欧』岩波書店、1979 年。

フランソワ・フェイト（熊田亨訳）『スターリン以後の東欧』岩波書店、1978 年。

フランソワ・フェイト（村松剛、橋本一明、清水徹訳）『民族社会主義革命——ハンガリア十年の悲劇——』近代生活社、1957 年。

ベルント・シラー（田村光彰、中村哲夫訳）『ユダヤ人を救った外交官　ラウル・ワレンバーグ』明石書店、2001 年。

M. ニコルソン、D. ウィナー（日暮雅通訳）『伝記世界を変えた人々（6）ワレンバーグ　ナチスの大虐殺から 10 万人のユダヤ人を救った、スウェーデンの外交官』偕成社、1991 年。

ノーマン・マクレイ（渡辺正、芦田みどり訳）『フォン・ノイマンの生涯（朝日選書 610)』朝日新聞社、1998 年。

マイケル・ポランニー（高橋勇夫訳）『暗黙知の次元』ちくま学芸文庫、2003 年。

マルクス・ジョルジュ（盛田常夫編訳）『異星人伝説　20 世紀を創ったハンガリー人』日本評論社、2001 年。

南塚慎吾『図説　ハンガリーの歴史（ふくろうの本／世界の歴史)』河出書房新社、2012 年。

山本明代「アメリカ合衆国におけるハンガリー系エスニック集団の形成とコシュート像建設運動」『スラヴ研究』45 号、1998 年、197 – 219 頁。

吉岡栄二郎『ロバート・キャパの謎　「崩れ落ちる兵士」の真実を追う（写真叢書)』青弓社、2014 年。

横木安良夫『ロバート・キャパ最期の日』東京書籍、2004 年。

レオ・シラード（朝長梨枝子訳）『イルカ放送』みすず書房、1963 年。

レオ・シラード（伏見康治、伏見諭訳）『シラードの証言　核開発の回想と資料 1930 ～ 1945 年』みすず書房、1982 年。

ローズ・リチャード（神沼二真、渋谷泰一訳）『原子爆弾の誕生　科学と国際政治の世界史』啓学出版、1993 年、紀伊國屋書店、1995 年。

ロシア語
百科事典

Большая советской энциклопедия: (в 30 т.) / Под ред. А.М. Прохоров. 3-е изд. М., 1969.

ロシア語文献 （著者の姓をアルファベット順）

Айрапетов А.Г. «Красный граф» Каройи – первый президент Венгрии // Новая и новейшая история. 2013. № 3.

Безыменский Л.А. Будапештская миссия. М., 2001.

Бирман Джон. Праведник: история о Рауле Валленберг, пропавшем герое Холокоста (Пер. с англ. Б. Ерхова). М., 2007.

Бибо И. О смысле европейского развития, и другие работы. М., 2004.

Бибо И. Еврейский вопрос в Венгрии после 1944 года. М., 2005.

Волокитина Т.В. и др. Москва и Восточная Европа. Становление политических разумов советского типа (1949 – 1953). М., 2002.

Волокитина Т.В. и др. Советский фактор в Восточной Европе. 1944-1953 гг. Документы. Т. 1. 1944-1948 гг. М., 1999.

Волокитина Т.В. и др. Советский фактор в Восточной Европе. 1944-1953 гг. Документы. Т.2. 1949-1953 гг. М., 2002.

Гибианский Л.Я. Советский Союз и территориальный проблемы южнославянских государств после второй мировой войны// Acta contemporanea. Kpetašedesátunám Viléma Prečana. Praha, 1998.

Гибианский Л.Я. Триестский вопрос в конце Второй мировой войны (1944-1945)// Славяноведение. 2001. №3-4.

Гогуев Б.Б. Социально-экономическое и политическое положение венгерского национального меньшинства в Чехословакии и Румынии в 1918–1939 гг. Ставрополь, 2009.

Данилов Ю.А. Джон фон Нейман. М., 1981.

Дмитриев А. Н. Марксизм без пролетариата: Георг Лукач и ранняя Франкфуртская школа (1920-1930-е гг.). СПб., 2004.

Ижак Л. Политическая история Венгрии 1944–1990. М., 2006.

Исламов Т.М., Волокитина Т.В., Покивайлова Т.А. Трансильванский вопрос. Венгеро-румынский территориальный спор и СССР. 1940-1946 гг. М., 2000.

Мартынов Д. Е. Судьба одной утопии: роман Теодора Герцля и Государство Израиль // Арабо-израильский конфликт и роль России в его урегулировании: материалы международного научно-практического симпозиума (14-15 мая 2010 г.): в 2-х томах. Т. 1 / Под ред. Б.М. Ягудина. Казань, 2013.

Желицки Б. Венгрия новейших времен. Очерки политической истории. 1944-1994 гг. М., 2017.

Желицки Б. Миграция и эмиграция в странах Центральной и Юго-Восточной Европы в XVIII–XX вв.: Сохранение национальной идентичности и историко-культурного наследия России. СПб., 2011.

Желицки Б. Трагическая судьба Ласло Райка. Венгрия 1949 г. // Новая и новейшая история. 2001. №2-3.

Земляной С. Духовные искания молодого Лукача [http://www.ruthenia.ru/logos/number/52/08.pdf]

Кимура К. Югославско-венгерские отношения в 1944-1956 гг.: Диссертация канд. ист. наук. М., 2013.

Кимура К. Политэмигранты-информбюровцы в Венгрии в 1949-1954 гг.: их взаимоотношения с венгерской властью и роль в антититовской кампании в Венгрии// Вынужденное соседство – добровольное приспособление в дипломатических и межнациональных отношениях в Центральной и Восточной Европе XVIII–XX вв., Москва, СПб., 2017.

Кимура К. Проблемы национальных меньшинств в контексте венгерско-югославских отношений, 1945-1948 гг.// Национальные меньшинства в странах Центральной и Юго-Восточной Европы: исторический опыт и современное положение. М. 2014.

Контлер Л. История Венгрии – Тысячелетие в центре Европы. М., 2002.

«Людям свойственно ошибаться». Из воспоминаний М.Ракоши // Исторический архив. 1997. №3-6, 1998. № 3, 5-6, 1999. №1.

Манхейм Карл. Избранное: Диагноз нашего времени. Москва., 2010.

Мурашко Г.П. и др. Венгерское национальное меньшинство в Чехословакии в контексте межгосударственных отношений: Документы и материалы. 1944-1951 г. М., 2017.

Мурашко Г.П. и др. Восточная Европа в документах Российских архивов, 1944 – 1953 гг. Документы. Т. 1. 1944-1948 гг. М.-Новосибирск, 1997.

Мурашко Г.П. и др. Восточная Европа в документах Российских архивов, 1944 – 1953 гг. Документы. Т. 2. 1949-1953 гг. М.-Новосибирск, 1999.

Монастырский М.И. Джон фон Нейман – математик и человек // Историко-математические исследования. 2006. № 46 (11).

Ойзерман Т.И. Дьердь Лукач как исследователь философии Гегеля // Вопросы философии. 1985. № 11.

Певзнер Я.А. Жизнь и труды Е.С. Варги в свете современности // Мировая экономика и международные отношени. 1989. № 10.

Сас Б. Бес всякого принуждения – история одного сфабрикованного процесса. М., 2003.

Стыкалин А.С. Прерванная революция. Венгерский кризис 1956 года и политика Москвы. М., 2003.

Стыкалин А.С. Венгерский кризис 1956 года в исторической ретроспективе. М., 2016.

Стыкалин А.С. Кимура К. Дело Райка 1949 г.: взгляд из Югославии// Уроки Истории XX века. 2014. [http://urokiistorii.ru/node/52183]

Стыкалин А.С. Кимура К. Трианонский мирный договор 1920 г. и его последствия для системы международных отношений в Центральной Европе// Европейские сравнительно-исторические исследования. Вып. 5. Парижская мирная конференция, 1919-1920. Взгляд из XXI века. М., 2017.

Янгфельдт Б. Рауль Валленберг. Исчезнувший герой Второй мировой. М., 2014.

クロアチア語（著者の姓をアルファベット順）

Hrvoje Matković, *Designirani Hrvatski Kralj Tomislav II. Vojvoda od Spoleta. Povijest Hrvatskotalijanskih Odnosa u Prvoj Polovici XX.st.*, Zagreb, 2007.

Ondřej Vojtěchovský, *Iz Praga protiv Tita : Jugoslavenska Informbiroovska Emigracija u Čehoslovačkoj*, Zagreb, 2016.

英語・ドイツ語（著者の姓をアルファベット順）

S. Avineri, *Herzl, Theodor Herzl and the Foundation of the Jewish State*, London, Weidenfeld & Nicolson, 2013.

T. Ball, *The Cambridge History of Twentieth-Century Political Thought*, London, Cambridge University Press, 2003.

A. Bandy, *Chocolate and Chess. Unlocking Lakatos*, Budapest, Akadémiai Kiadó, 2010.

L. Borhi, *Hungary in the Cold War 1945-1956. Between the United States and Soviet Union*, Budapest, New York, Central European University Press, 2004.

Borhan Pierre, *André Kertész*: His Life and Work, Boston, Bulfinch Press, 2000.

Brassai, *Letters to My Parent*, Chicago, University of Chicago Press, 1995.

I. Carlberg, *Raoul Wallenberg: The Heroic Life and Mysterious Disappearance of the Man Who Saved Thousands of Hungarian Jews from the Holocaust Hardcover*, London, MacLehose Press, 2016.

J. Corkin, B. Lifson, *André Kertész:* A Lifetime of Photography, London, Thames and Hudson, 1982.

T. Frank, *Double Exile: Migrations of Jewish-Hungarian Professionals through Germany to the United States*, 1919–1945, Oxford, Peter Lang, 2009.

A. Freifeld, *Nationalism and the Crowd in Liberal Hungary, 1848-1914*, Baltimore and London, Johns Hopkins University Press, 2000.

L. Gibianski, *The Hungarian-Yugoslav territorial Problem in Soviet-Yugoslav Political Contacts 1945 – 1946 // "History & Politics" III. Bratislava Symposium November 12-15. 1992*, Bratislava, 1993.

J. Granvilie, *The first Domino. International Decision Making during the Hungarian Crisis of 1956*, Collage Station, Texas A&M University press, 2004.

L. György, *A Twentieth-Century Prophet: Oscar Jászi 1875-1957*, Budapest, Central European University Press, 2006.

I. Hargittai, *The Martians of Science: Five Physicists Who Changed the Twentieth Century*, Oxford, Oxford University Press, 2006.

I Hargittai, *Judging Edward Teller: A Closer Look at One of the Most Influential Scientists of the Twentieth Century*, New York, Prometheus Book, 2010.

J. Kadvany, *Imre Lakatos and the Guises of Reason*, Durham and London, Duke University Press, 2001.

M. T. Kaufman, *Soros: The Life and Times of a Messianic Billionaire*, New York, Vintage, 2003.

G. Kelley, G. Upton, *Edouard Remenyi. Musician, Litterateur, and Man*, A. C. McClurg, Chicago, 1906.

A. Koestler, C. Koestler, *Stranger on the Square*, New York, Random House, 1984.

G. Lakatos, *As I saw it: the Tragedy of Hungary*, Englewood, N.J., Universe Publishing Company, 1993.

W. Lanouette, B. Silard, *Genius in the Shadows: A Biography of Leo Szilárd: The Man Behind The Bomb*, Chicago, University of Chicago Press, 1992.

M. Löwy, *Redemption and Utopia: Jewish Libertarian Thought in Central Europe: a Study in Elective Affinity,* Redwood City, Stanford University Press, 1992.

L. Löb, *Dealing with Satan,* London, Jonathan Cape, 2008.

J. Muller, *Capitalism and the Jews,* Princeton, Princeton University Press, 2010.

F. Nagy, S. Swift, *The Struggle behind the Iron Curtain,* New York, Macmillan Company, 1948.

B. Nathans, *Beyond the Pale: The Jewish Encounter with Late Imperial Russia,* Berkeley, University of California Press, 2002.

E. Pawel, *The Labyrinth of Exile: A Life of Theodor Herzl,* New York, Farrar, Straus and Giroux, 1992.

K. Passuth, "Hungarian Art Outside Hungary: Berlin in the 1920s" *Hungarian Studies,* 1994, Vol.19, No. 1-2.
[http://epa.oszk.hu/01400/01462/00015/pdf/EPA01462_Hungarian_Studies_1994_Vol9_No1-2.pdf]

S. G. Payne, *A History of Fascism, 1914–1945,* Madison, University of Wisconsin Press, 1996.

S. Persson, "Folke Bernadotte and the White Buses" *J. Holocaust Education, Vol. 9, Iss. 2-3,* 2000.

A. Porter, *Kasztner's Train. The True Story of Rezso Kasztner,* Unknown Hero of the Holocaust, Bloomsbury Publishing, New York, 2007.

R. Rhodes, *The Making of the Atomic Bomb,* New York, Simon & Schuster, 1987.

R. Rhodes, *Dark Sun: The Making of the Hydrogen Bomb,* New York, Simon & Schuster, 1995.

M. Scammell, Koestler: *The Literary and Political Odyssey of a Twentieth-Century Skeptic,* New York, Random House, 2009.

R. Slater, *Soros: The Unauthorized Biography, the Life, Times and Trading Secrets of the World's Greatest Investor,* New York, McGraw-Hill Education, 1997.

A. Szanton, *The Recollections of Eugene P. Wigner,* New York, Plenum, 1992.

E. Teller, J. Shoolery, *Memoirs: A Twentieth-Century Journey in Science and Politics,* New York, Perseus Publishing, 2001.

H. Toth, *An Exiled Generation: German and Hungarian Refugees of Revolution, 1848-1871,* New York, Cambridge University Press, 2014.

J. Reiss (ed.), *Aus den Sieben-Gemeinden. Ein Lesebuch über Juden im Burgenland, Eisenstadt,* 1997.

ハンガリー語（著者の姓をアルファベット順）

Arenyossi Magda, *Frankel Leó - Életek és korok,* Budapest, Akadémiai Könyvkiadó, 1978.

Bakó Ágnes (szerk.), *A szocialista forradalomért. A magyar forradalmi munkásmozgalom kiemelkedő harcosai,* Budapest, Kossuth Könyvkiadó, 1975.

Balogh Margita, *Mindszenty-per [http://real.mtak.hu/8393/1/Balogh%20Margit-pdfA.pdf]*

Bán Tibor, Harmos Zoltán, *Puskás Ferenc,* Budapest, Aréna, 2000, 2011.

Bartusz-Dobosi László. *Aki hitét veszti, elmerül - Báró Eötvös József katolicizmusa - Báró Eötvös József katolicizmusa,* Budapest, Kairosz Kiadó, 2011.

Bolyki Tamás, *A legnagyobb Magyar emigránsok akik megváltoztatták a világot,* Budapest, Jövővilág Kiadó, 2004.

Bődy Pál, *Eötvös József,* Budapest, Eötvös József Könyvkiadó, 2004.

Balla Antal, Dávid Géza, Fodor Pál és mások (Szerzők), *II. Rákóczi Ferenc élete és törökországi emigrációja (Kétnyelvű kötet, magyar és török nyelven)*, Budapest, A Magyar–Török Baráti Társaság kiadása, 2005.

Robert Capa, *Kissé elmosódva - Emlékeim a háborúról,* Budapest, Park Kiadó, 2015.

Devescovi Balázs, *Eötvös József,* Budapest, Könyvkiadó, 2007.

Diószegi Gyrögy-Bakosné, *Kossuth Lajos és a Pesti Hírlap a társadalmi változtatásokért,* Budapest, Variant-Média Kft, 2001.

Duczynska Ilona, *Bécs – 1934 – Schutzbund,* Magvető Könyvkiadó, Budapest, 1976.

Hajdu Tibor, *Ki volt Károlyi Mihály,* Budapest, Napvilág Kiadó, 2012.

Hamar Péter, *Karöltve a kísértettel. Balázs Béla utolsó évei,* Budapest, Írott Szó Alapítvány, 2017.

Horthy Miklósné, *Napló 1944-45,* Budapest, Libri Könyvkiadó, 2015.

Károlyi Mihály, *Hit, illúziók nélkül,* Budapest, Európa Könyvkiadó, 2013.

Ignotus Pál, *Jegyzetek a szabadságról,* Budapest, Gondolat Kiadó, 2010.

Karsai László, *Szálasi Ferenc,* Budapest, Balassi Kiadó, 2016.

Kershaw A, *Vér és pezsgő - Robert Capa élete és kora,* Budapest, Park Kiadó, 2018.

Kozák Péter, *Doktor Szélpál Margit. Az első tudósnő magyar színpadon,* Budapest, Gabbiano Print, 2011.

Kozári Mónika, *Andrássy Gyula,* Budapest, Gondolat Kiadói Kör, 2018.

Kozári Mónika, *Sorsfordítók a magyar történelemben - Andrássy Gyula,* Budapest, Kossuth Kiadó, 2018.

Mindszenty József, *Emlékirataim,* Budapest, Helikon Kiadó, 2015.

Mindszenty József, *1956,* Budapest, Szépmíves Könyvek, 2016.

Nagy Csaba, *A Magyar Emigráns Irodalom Lexikona,* Budapest, Argumentum Kiadó Petőfi Irodalmi Múzeum és Kortárs Irodalmi Központ, 2000.

Nemere Istán, *Kossuth Lajos magánélete – Az ügynek szentelt élet,* Budapest, Csengőkert Kiadó, 2015.

Nemere István, *Rákosi Mátyás magánélete,* Budapest, Adamo Books, 2015.

Paksa Rudolf, *Szálasi Ferenc és a hungarizmus,* Budapest, Jaffa Kiadó, 2013.

Petrák Katalin, *Emberi sorsok a 20. században – Magyar hadifoglyok és emigránsok a Szovjetunióban a két világháború között,* Budapest, Napvelág Kiadó, 2012.

Pilch Jenő, *Horthy Miklós - A tízéves kormányzói évfordulóra,* Budapest, Hermit Könyvkiadó, 2016.

Pulszky Ferenc, *Életem és korom I-II,* Budapest, Szépiridalmi Könyvkiadó, 1958.

Rosta István, *Szent-Györgyi Albert (1893-1986) - Új állapotú!,* Budapest Medicina Könyvkiadó Zrt., 2013.

Nemere István, *Horthy Miklós magánélete,* Budapest, Adamo Books, 2015.

Soros György, *Soros-előadások a Közép-európai Egyetemen,* Budapest, Scolar Kiadó, 2013.

Szász Béla, *Rajk László és társai a Népbíróság előtt,* Paris, Irodalmi Újság, 1984.

Torrance, Thomas F, *Polányi Mihály és a keresztény hit: személyes beszámoló, 2002.* [http://chemonet. hu/polanyi/02_12/15-hit.pdf]

Turbucz Dávid, *Horthy Miklós,* Budapest, Napvilág Kiadó, 2014.

Ungváry Krisztián, Meruk József, *Rákosi Mátyás eltitkolt szolgálatai - Egy sztálinista diktátor börtönben, jólétben és száműzetésben,* Budapest, Jaffa Kiadó, 2018.

Andreas von Rétyi, George Soros - *A multimilliárdos globális hálózata és az általunk ismert világ vége,* PestiSrácok.hu, 2017.

R. Whelan, Robert *Capa kalandos élete,* Budapest, Glória Kiadó, 2009.

Wisinger István, *A Nobel-díjas kém - Dokumentumregény Szent-Györgyi Albert életéről,* Budapest, Athenaeum Kiadó, 2016.

ウェブサイト（タイトルをアルファベット順）

A fiatal Lukács György és a zsidóság [http://www.szombat.org/archivum/kokai-karoly-a-fiatal-lukacs-gyorgy-es-a-zsidosag-1352774035]

A szerelmes Rákosi (By Pünkösti Árpád) [http://www.forrasfolyoirat.hu/0310/punkosti.html]

Andre Kertesz, 91, Pioneer in Photography, Dies (New York Times) [https://www.nytimes.com/1985/09/30/arts/andre-kertesz-91-pioneer-in-photography-dies.html]

André Kertész: Seven Decades [http://www.getty.edu/art/exhibitions/kertesz/]

Archiinform [https://www.archinform.net/index.htm]

Augusztus 4.: Wallenberg születésének napja (1912) [https://helsinkifigyelo.blog.hu/2018/08/04/augusztus_4_wallenberg_szuletesenek_napja]

Az OR-ZSE rövid története [https://or-zse.hu/az-or-zse-tortenete/]

Aztán jött az 1944-es év, a csillagos ház, a sárga csillag, a félelem és a borzalmak ideje [http://www.bzsh.hu/aztan-jott-az-1944-es-ev-a-csillagos-haz-a-sarga-csillag-a-felelem-es-a-borzalmak-ideje/]

Balázs Béla [http://mek.oszk.hu/01100/01149/html/balazsb.htm]

Balázs Béla [https://www.irodalmijelen.hu/05242013-0955/balazs-bela]

Bartók Béla (MTA) [http://www.zti.hu/index.php/hu/bartok/bartok-bela]

B. Bartók [http://uudb.org/articles/belabartok.html]

Beszélő-beszélgetés Szász Bélával [http://beszelo.c3.hu/cikkek/beszelo-beszelgetes-szasz-belaval]

Cornell Capa: 'Concerned' photographer (Independent) [https://www.independent.co.uk/news/obituaries/cornell-capa-concerned-photographer-835820.html]

Csatáry László – egy kőszívű kassai rendőrtiszt [https://felvidek.ma/2012/05/egy-koszivu-kassai-rendortiszt/]

Cseszneky Gyula – I. Gyula – macedón nagyvajda [http://szegedem.hu/evfordulok/2013/06/28/cseszneky-gyula-i-gyula-macedon-nagyvajda/]

Csillagos Házak 1944-2014 [http://www.yellowstarhouses.org/#]

David Cooper, *Béla Bartók* [https://books.google.hu/books?id=Xe-5BwAAQBAJ&pg=PA430&lpg=PA430&dq=Bartok+Bela+Hospital+New+York&source=bl&ots=KaZOdqcaX3&sig=ACfU3U3WIT-ncmOI1q6NOgBLMqcXjCMDFA&hl=ru&sa=X&ved=2ahUKEwiOrrb_vrgAhXhs4sKHdzsAgIQ6AEwBnoECBYQAQ#v=onepage&q=Bartok%20Bela%20Hospital%20New%20York&f=false]

Encyclopedia Britannica [https://www.britannica.com/]

Eva Zeisel obituary [http://www.government-online.net/eva-zeisel-obituary/]

Eva Zeisel, Ceramic Artist and Designer, Dies at 105 [https://www.nytimes.com/2011/12/31/arts/design/eva-zeisel-ceramic-artist-and-designer-dies-at-105.html]

117 éve született Bíró László, a golyóstoll atyja [http://mazsike.hu/hirek/117-eve-szuletett-biro-laszlo-golyostoll-atyja]

Fejtő Ferenc története [https://cultura.hu/kultura/fejto-ferenc-tortenete/]

Fejtő Ferenc [http://www.fejto100.hu/eletrajz/]

Fejtő Ferenc [http://www.bibliomonde.com/pages/fiche-auteur.php3?id_auteur=344]

Felmentették Képíró Sándort [https://index.hu/belfold/2011/07/18/kepiro_itelet/]

Filmhíradók [https://filmhiradokonline.hu/index.php]

Gerő Ernő, Singer [http://mek.iif.hu/porta/szint/egyeb/lexikon/eletrajz/html/ABC04834/05192.htm]

Herzl Tivadar [https://web.archive.org/web/20150427143118/http://www.mtva.hu/en/sajto-es-fotoarchivum/8432-herzl-tivadar-magyar-szueletesu-iro-ujsagiro-politikus-a-cionista-mozgalom-alapitoja-az-oenallo-zsido-allam-szorgalmazoja-110-eve]

Ignotus Pál [https://www.arcanum.hu/hu/online-kiadvanyok/Lexikonok-magyar-eletrajzi-lexikon-7428D/i-75F28/ignotus-pal-75F31/]

Internet Archive Wayback Machine [https://web.archive.org/]

International Center of photography [https://www.icp.org/browse/archive/constituents/cornell-capa?all/all/all/all/0]

Interview Eva Zeisel [https://www.ted.com/talks/eva_zeisel_on_the_playful_search_for_beauty?language=ru#t-36741]

István Bibó [http://www.rev.hu/history_of_56/szerviz/kislex/biograf/bibo_uk.htm]

Jewish virtual library [https://www.jewishvirtuallibrary.org/cornell-capa]

Kamera által homályosan Zsigmond Vilmos-portré [https://www.filmtett.ro/cikk/4155/kamera-altal-homalyosan-zsigmond-vilmos-portre]

Kenneth McRobbie, *Ilona Duczynska (1897-1978) From "Early Morning": Memories of a Hungarian Childhood* [https://web.archive.org/web/20150111233008/http://regi.oszk.hu/kiadvany/hsr/1999/duczynska.htm]

Képíró Sándor - Életrajz [http://nja.hu/tortenelmi-igazsagtetel/kepiro-sandor-csendor-ugye/kepiro-sandor-eletrajz.jog]

Lásyló Kovács [http://www.cinematographers.nl/PaginasDoPh/kovacs.htm]

Laszlo Kovacs Biography [http://www.filmreference.com/film/73/Laszlo-Kovacs.html]

Imre Lakatos (Stanford Encyclopedia of Philosophy) [https://plato.stanford.edu/entries/lakatos/]

Lakatos Géza miniszterelnök halála [http://www.rubicon.hu/magyar/oldalak/1967_majus_21_lakatos_geza_miniszterelnok_halala/]

Legyőzetve győzött: Mindszenty 120 [http://www.mindszenty.hu/index.php?option=com_content&view=article&id=439:legyzetve-gyzoett-mindszenty-120&catid=12:hir&Itemid=27]

Leopold Auer [https://www.encyclopedia.com/people/literature-and-arts/music-history-composers-and-performers-biographies/leopold-auer]

Life [https://books.google.hu/books?id=rEEEAAAAMBAJ&pg=PA89&redir_esc=y#v=onepage&q&f=false]

Lukács György és a szocialista alternatíva [http://www.eszmelet.hu/wp-content/uploads/2018/06/Luka%CC%81cs-1.pdf]

Magyar hírszerzés 1957–1967 [https://mult-kor.hu/cikk.php?id=5585]

Marton Ervin [http://www.kieselbach.hu/muvesz/marton-ervin-_preisz-ervin_3433]

Meghalt Csatáry László (Index) [https://index.hu/belfold/2013/08/12/meghalt_csatary_laszlo/]

Megszüntették a büntetőeljárást a Simon Wiesenthal Központ vezetője ellen [https://hvg.hu/itthon/20101216_simon_wiesenthal_kozpont]

Mannheim Károly [https://www.arcanum.hu/hu/online-kiadvanyok/Lexikonok-magyar-eletrajzi-lexikon-7428D/m-76AF9/mannheim-karoly-76BD7/]

Michael Polanyi (1891-1976) [http://www.hyle.org/journal/issues/8-2/bio_nye.html]

Moldova György, *A végtelen vonal. Legenda a golyóstollról*, Budapest, ICO, 2001 [http://dia.pool.pim.hu/xhtml/moldova_gyorgy/Moldova_Gyorgy-A_vegtelen_vonal.xhtml]

Múltkor [https://mult-kor.hu/]

Nagy Ferenc [https://www.arcanum.hu/en/online-kiadvanyok/Lexikonok-magyar-eletrajzi-lexikon-7428D/n-ny-76F7D/nagy-ferenc-76FCD/]

Nol [http://nol.hu/]

The Novel Prize [https://www.nobelprize.org/prizes/medicine/1937/szent-gyorgyi/biographical/]

Peter Frankl [http://peterfrankl.com/]

Politikatörténeti [http://polhist.hu/?option=com_phlev&controller=rep&fond_id=269&Itemid=68]

Port.hu [https://port.hu/]

Pulszky Ferenc [https://web.archive.org/web/20041220154127/http://www.sulinet.hu/eletestudomany/archiv/1998/9803/egy/egy.html]

Rákosi, Sztálin legjobb tanítványa (Pünkösti Árpád) [http://mek.oszk.hu/05300/05384/05384.htm#2]

Rákosi Mátyás hatvanadik születésnapjának megünneplése [http://www.archivnet.hu/politika/rakosi_matyas_hatvanadik_szuletesnapjanak_megunneplese.html]

Rodosto Museum [https://rodosto.hu/hu/rodosto.html]

Rubicon [http://www.rubicon.hu/]

Szalay László, a reformkor történetírója [https://mult-kor.hu/cikk.php?id=8800]

Seán Mac Mathúna, Hannah Arendt on Kastner and the fate of Hungary's Jews [http://www.fantompowa.net/Flame/arendt.htm]

Soros György [https://www.georgesoros.com/]

Sweden declares Holocaust hero Raoul Wallenberg officially dead (BBC) [https://www.bbc.com/news/world-europe-37824692]

Szép szópárbaj (hvg.hu) [https://hvg.hu/kultura/200502HVGFriss149]

Sz. Nagy Gábor, Nagy Ferenc és Rajk László sajtórendészeti vitája 1946-ban. Adalékok Rajk László belügyminiszteri működéséhez [http://media-tudomany.hu/archivum/nagy-ferenc-es-rajk-laszlo-sajtorendeszeti-vitaja-1946-ban/]

Tarján M. Tamás, Nagy Ferenc miniszterelnök halála [http://www.rubicon.hu/magyar/oldalak/1979_junius_12_nagy_ferenc_miniszterelnok_halala/]

The Kastner affair [https://www.jewishhistory.org/the-kastner-affair/]

Vida István, *Nagy Ferenc (1903–1979)* [http://www.rev.hu/sulinet45/szerviz/szakirod/vida.htm]

Vidin [http://www.vidin.bg/]

Vilmos Zsigmond, Cinematographer, Dies at 85; Gave Hollywood Films a New Look [https://www.nytimes.com/2016/01/05/movies/vilmos-zsigmond-cinematographer-who-gave-hollywood-films-a-new-look-dies-at-85.html]

Raoul Wallenberg's Biographer Uncovers Important Clues to What Happened in His Final Days [https://www.smithsonianmag.com/smithsonian-institution/raoul-wallenbergs-biographer-uncovers-important-clues-his-final-days-180957837/]

Wikipedia Commons [https://commons.wikimedia.org/wiki/Main_Page]

Zsigmond Vilmos [http://mmakademia.hu/alkoto/-/record/MMA37430]

Zsidók Budapesten [http://www.rubicon.hu/magyar/oldalak/zsidok_budapesten/]

Брассай (Большая российская энциклопедия) [https://bigenc.ru/fine_art/text/1882281]

Будапешт 1956: восстание свободного ватника. 60 лет сражающегося Будапешта [https://www.sensusnovus.ru/featured/2016/10/23/24189.html]

Варга Евгений Самуилович [https://www.oval.ru/enc/11994.html]

В Венгрии судят "самого разыскиваемого нациста" [https://www.bbc.com/russian/international/2011/05/110505_hungary_nazi_trial.shtml]

Гере Эрне (Электронная Еврейская энциклопедия) [https://eleven.co.il/jews-in-world/politics/11120/]

***Кимура К., Стыкалин А.С.* Дело Райка 1949 г.: взгляд из Югославии (Уроки истории)** [http://urokiistorii.ru/article/52183]

***Желицкий Б.* Бела Кун** [https://rabkrin.org/zhelitski-b-y-bela-kun-statya/]

LENGYEL JÓZSEF (1896-1975)[http://mek.niif.hu/01100/01149/html/lengyej.htm]

Кто изобрел шариковую ручку? [https://www.rutvet.ru/in-kto-izobrel-sharikovuyu-ruchku-1775.html]

Лакатос Имре [http://sbiblio.com/biblio/persons.aspx?id=131]

Шандор Кепиро признан невиновным в преступлениях нацистов [https://vz.ru/news/2011/7/18/508079.html]

Радио свобода [https://www.svoboda.org/a/28105974.html]

Радио свобода [https://www.svoboda.org/a/28090821.html]

あとがき

2015 年の晩夏、当時社会評論社で編集の仕事をなさっていた濱崎誉史朗さんから執筆の依頼があった。日本でほとんど活動をしていなかった筆者にまさか日本からの執筆依頼が来るとは思わず、驚いたのを覚えている。引き受けるかどうかを悩み、当時ブダペストに滞在していた『アイラブユーゴ』の筆者の一人である鈴木健太さんのお話を聞き、執筆してみようと思えるようになった。あれから4 年、なんとか本の形になった。

今回の執筆にあたり、やはり書ききれなかったこともある。もちろんここに述べられているハンガリー人亡命偉人たち以外の亡命者たちの人生もそうであるが、一番残念に思うことは、他の近隣のヨーロッパ諸国（ポーランド・チェコスロヴァキア・ルーマニア・セルビアなど）の亡命（人口移動）の状況と比較し、ハンガリー人亡命者たちを相対的に見た時に、その数が多いのかどうかをじっくり検討できなかった点である。この点に関して本書で全く触れられなかったのはとても残念である。この点は今後の自分の課題であると同時に、もしこの本を読んで東欧の歴史に興味を持っていただけた読者の方と共有できれば、それほど嬉しいことはない。

本書の執筆にあたり、多くの方の助けを得た。私の本が日本で出版されることを誰よりも喜んでくれたのは、敬愛する恩師スティカーリン・アレクサンドル・セルゲイヴィチ（Стыкалин Александр Сергеевич）であった。アレクサンドル・セルゲイヴィチには修士論文を書いている時からお世話になり、かれこれ12 年の付き合いとなる。今回は特に 20 世紀の部分を記述する際に数々の助言をもらった。また、同じ研究所のオリガ・ヴラジーミロヴナ・ハヴァーノヴァ（Ольга Владимировна Хаванова）にはドイツ語の訳をする時に助言をもらった。また、同期の親友でマケドニア研究者であるコロスコフはユーゴスラヴィア関係のことで表記を迷った時に助言してくれた。この三人には心からの感謝の意を表したい。

また、校正作業を手伝ってくれた家族・峯田慶治、友人・橋詰大輔さん、仲川寿一さん、ロシア語のカタカナ表記についての助言をくれたマリーナ先生、ハンガリー語の文献を読んでいて自信のないところを読むのをいつも手伝ってくれるラパイ・絵梨香さん、そして、自らの出版社で働いた経験を活かし、一番最後の校正を手伝うと言ってくれた妹・木村正美には深く感謝している。そのほか本書の草稿を読みコメントをくださった方、外国語のスペルチェックをしてくださった方などたくさんの人に支えられこの本を完成させることができた。

また、モスクワ大学の大学院に進学することを許し、サポートしてくれた父・勲、母・千代子がいたからこそ、この本が出来上がったのだと思う。二人には本当に感謝している。

最後になるが、企画をいただいた時から刊行までの間、執筆の遅い筆者を辛抱強く励まし、時には厳しく叱ってくださった濱崎さんには心からの感謝を伝えたい。

2019 年 3 月
木村香織

木村香織　Kimura Kaori

1980 年埼玉県生まれ。法政大学法学部政治学科卒。モスクワ大学大学院歴史学部 20 世紀の祖国史学科修士課程修了（2008 年）、同大学院南西スラヴ史学科博士課程修了（2013 年）。歴史学博士（Кандидат Исторических Наук）。ロシア科学アカデミースラヴ学研究所研究員。専門は第二次世界大戦後のソ連・東欧史。主な論文に、「コミンフォルム派ユーゴスラヴィア人政治亡命者たちのハンガリーにおける活動──ハンガリー政府との関係と反チトー政治キャンペーン　1949 年〜 1954 年──」（露文）「1940 年から 1950 年代におけるハンガリー・ユーゴスラヴィア外交関係」（共著、露文）、「ハンガリー・ユーゴスラヴィア国際関係における少数民族問題」（露文）がある。

kaoritokagetora@gmail.com

世界ディアスポラ列伝 Vol.1

亡命ハンガリー人列伝
脱出者・逃亡犯・難民で知るマジャール人の歴史

2019 年 5 月 1 日　初版第 1 刷発行
著者：木村香織
装幀＆デザイン：合同会社パブリブ
発行人：濱崎誉史朗
発行所：合同会社パブリブ
〒 140-0001
東京都品川区北品川 1-9-7 トップルーム品川 1015
03-6383-1810
office@publibjp.com
印刷＆製本：シナノ印刷株式会社